Wechsel von beschränkter und unbeschränkter Steuerpflicht bei Kapitalgesellschaften

Europäische Hochschulschriften

Publications Universitaires Européennes
European University Studies

Reihe II
Rechtswissenschaft

Série II Series II
Droit
Law

Bd./Vol. 4439

PETER LANG
Frankfurt am Main · Berlin · Bern · Bruxelles · New York · Oxford · Wien

Petra Eckl

Wechsel von beschränkter und unbeschränkter Steuerpflicht bei Kapitalgesellschaften

PETER LANG
Europäischer Verlag der Wissenschaften

Bibliografische Information Der Deutschen Bibliothek
Die Deutsche Bibliothek verzeichnet diese Publikation in der Deutschen Nationalbibliografie; detaillierte bibliografische Daten sind im Internet über <http://dnb.ddb.de> abrufbar.

Zugl.: Passau, Univ., Diss., 2006

D 739
ISSN 0531-7312
ISBN 3-631-55779-5

www.peterlang.de

Vorwort

Die vorliegende Arbeit wurde von der juristischen Fakultät der Universität Passau im Sommersemester 2006 als Dissertation angenommen. Rechtsprechung und Literatur konnten bis 10. Dezember 2005 berücksichtigt werden. Die Arbeit wurde von meinem Doktorvater, Herrn Prof. Dr. Hartmut Söhn, betreut, dem ich, ebenso wie dem Zweitgutachter, Herrn Prof. Dr. Michael Schweitzer, herzlich danke.

Die Arbeit hätte neben meiner Tätigkeit als Rechtsanwältin ohne die Unterstützung meines Ehemannes, Herrn Sven Vockert, nicht entstehen können. Ihm widme ich diese Arbeit.

Frankfurt, im Juni 2006

Petra Eckl

Inhaltsverzeichnis

Abkürzungsverzeichnis

a.A.	anderer Ansicht
ABl.	Amtsblatt der Europäischen Gemeinschaften, seit 1.2.2003 Amtsblatt der Europäischen Union
abl.	ablehnend
Abs.	Absatz
Abschn.	Abschnitt
a.E.	am Ende
a.F.	alte Fassung
AG	Aktiengesellschaft oder Die Aktiengesellschaft (Zeitschrift)
AktG	Aktiengesetz
Anm.	Anmerkung
AO	Abgabenordnung
Art./Artt.	Artikel
AStG	Außensteuergesetz
Aufl.	Auflage
Az.	Aktenzeichen
BayObLG	Bayerisches Oberstes Landesgericht
BB	Betriebs-Berater
Bd.	Band
Begr.	Begründer
Bek.	Bekanntmachung
betr.	betreffend
BFH	Bundesfinanzhof
BFH/NV	Sammlung amtlich nicht veröffentlichter Entscheidungen des Bundesfinanzhofes
BGB	Bürgerliches Gesetzbuch
BGBl	Bundesgesetzblatt
BGH	Bundesgerichtshof
BGHZ	Amtliche Sammlung der Entscheidungen des Bundesgerichtshofes in Zivilsachen
BMF	Bundesminister der Finanzen
BStBl	Bundessteuerblatt
BT-Drucks.	Drucksachen des Deutschen Bundestags
Buchst.	Buchstabe
BVerfG	Bundesverfassungsgericht
BVerfGE	Amtliche Sammlung der Entscheidungen des Bundesverfassungsgerichts
bzgl.	bezüglich
bzw.	beziehungsweise

ca.	circa
CDFI	Cahiers de droit fiscal international
CFC	Controlled Foreign Company
DB	Der Betrieb
DBA	Doppelbesteuerungsabkommen
d.h.	das heißt
Diss.	Dissertation
DOK	Dokumente (der Kommission der Europäischen Gemeinschaften)
DStJG	Veröffentlichung der Deutschen Steuerjuristischen Gesellschaft e.V.
DStR	Deutsches Steuerrecht
DStZ	Deutsche Steuer-Zeitung
DVBl.	Deutsches Verwaltungsblatt
EFG	Entscheidung der Finanzgerichte
EFTA	European Free Trade Association
EG	Europäische Gemeinschaft(en)
EGBGB	Einführungsgesetz zum Bürgerlichen Gesetzbuch
EGV	Vertrag zur Gründung der Europäischen Gemeinschaft
Einf.	Einführung
Einl.	Einleitung
Erg. Lief.	Ergänzungslieferung
EStG	Einkommensteuergesetz
EStR	Einkommensteuer-Richtlinien
etc.	et cetera
EU	Europäische Union
EuGH	Gerichtshof der Europäischen Gemeinschaften
EuR	Europarecht (Zeitschrift)
EUV	Vertrag über die Europäische Union (Vertrag von Maastricht)
EuZW	Europäische Zeitschrift für Wirtschaftsrecht
e.V.	eingetragener Verein
evtl.	eventuell
EWGV	Vertrag zur Gründung der Europäischen Wirtschaftsgemeinschaft
EWG	Europäische Wirtschaftsgemeinschaft
EWiR	Entscheidungen zum Wirtschaftsrecht
EWR	Europäischer Wirtschaftsraum
EWRA	Abkommen über den Europäischen Wirtschaftsraum
EWS	Europäisches Wirtschafts- und Steuerrecht (Zeitschrift)
f., ff.	folgende, fortfolgende
FG	Finanzgericht

FGG	Gesetz über die Angelegenheiten der freiwilligen Gerichtsbarkeit
FinArch	Finanz-Archiv
Finbeh	Finanzbehörde
FinMin	Finanzminister(ium)
Forum	Forum des Internationalen Steuerrechts
FR	Finanz-Rundschau
FRL	Fusionsrichtlinie
FS	Festschrift
G.	Gesetz
GA	Generalanwalt/-anwältin
Ges.-Samml.	Gesetz-Sammlung für die Königlichen Preußischen Staaten
GewStR	Gewerbesteuer-Richtlinien
GG	Grundgesetz
ggf.	gegebenenfalls
GmbH	Gesellschaft mit beschränkter Haftung
GmbHG	Gesetz betreffend die Gesellschaften mit beschränkter Haftung
GmbHR	GmbH-Rundschau
GmbH-StB	Der GmbH-Steuer-Berater
GrS	Großer Senat
GS	Gedächtnisschrift
H	Hinweise (zu Einzelrichtlinien)
Habil.-Schr.	Habilitationsschrift
Halbs.	Halbsatz
HGB	Handelsgesetzbuch
h.M.	herrschende Meinung
Hrsg.	Herausgeber
hrsg.	herausgegeben
idF	in der Fassung vom
idS	in diesem Sinne
IFSt.-Schrift	Schriftenreihe des Instituts „Finanzen und Steuern“, Bonn
i.H.v.	in Höhe von
inkl.	Inklusive
insbes.	insbesondere
IPRax	Praxis des Internationalen Privat- und Verfahrensrechts
i.S.d.	im Sinne der, im Sinne des
i.S.v.	im Sinne von
IStR	Internationales Steuerrecht
i.V.m.	in Verbindung mit

IWB	Internationale Wirtschafts-Briefe
JbFStR	Jahrbuch der Fachanwälte für Steuerrecht
Jg.	Jahrgang
JuS	Juristische Schulung
JZ	Juristen-Zeitung
KGaA	Kommanditgesellschaft auf Aktien
KÖSDI	Kölner Steuerdialog (Zeitschrift)
KOM (...) endg.	Dokumente der Kommission der Europäischen Gemeinschaft
KStG	Körperschaftsteuergesetz
KStR	Körperschaftsteuer-Richtlinien
LG	Landgericht
lt.	laut
m.w.N.	mit weiteren Nachweisen
n.F.	neue Fassung
NJW	Neue Juristische Wochenschrift
NJW-RR	Neue Juristische Wochenschrift Rechtsprechungs-Report
no	Nummer
Nr.	Nummer
Nrn.	Nummern
NWB	Neue Wirtschaftsbriefe
NZG	Neue Zeitschrift für Gesellschaftsrecht
OECD	Organization for Economic Cooperation and Development
OECD-MA	OECD-Musterabkommen
öBGBl	Bundesgesetzblatt für die Republik Österreich
öEStG	österreichisches Einkommensteuergesetzbuch
ÖStZ	Österreichische Steuerzeitung
öVwGH	österreichischer Verwaltungsgerichtshof
OFD	Oberfinanzdirektion
OHG	Offene Handelsgesellschaft
OLG	Oberlandesgericht
PIStB	Praxis Internationaler Steuerberatung
PrOVG	Preussisches Oberverwaltungsgericht
R	Einzelrichtlinie
Randnr./Randnrn.	Randnummer/Randnummern
RFH	Reichsfinanzhof
RFHE	Sammlung der Entscheidungen des Reichsfinanzhofes
RG	Reichsgericht
RGBl	Reichsgesetzblatt

RGZ	Amtliche Sammlung der Entscheidungen des Reichsgerichts in Zivilsachen
RIW	Recht der Internationalen Wirtschaft
Rs.	Rechtssache(n)
Rspr.	Rechtsprechung
RStBl	Reichssteuerblatt
RT-Drucks.	Drucksachen des Reichstags
Rz.	Randziffer(n)
S.	Seite(n), Satz
SCE	Societas Cooperativa Europaea (Europäische Genossenschaft)
SchlA	Schlussanträge
SE	Societas Europaea (Europäische Aktiengesellschaft)
Slg.	Amtliche Sammlung der Rechtsprechung des Gerichtshofs und des Gerichts erster Instanz der Europäischen Gemeinschaften
sog.	sogenannte (-n/-r/-s)
StbJb.	Steuerberater-Jahrbuch
Stbg	Die Steuerberatung
StBp	Steuerliche Betriebsprüfung
SteuerStud	Steuer und Studium (Zeitschrift)
st. Rspr.	Ständige Rechtsprechung
StuB	Steuer und Bilanzen
StuW	Steuer und Wirtschaft
SWI	Steuer & Wirtschaft International
Tz.	Textziffer
u.a.	und andere
UmwG	Umwandlungsgesetz
UmwStG	Umwandlungssteuergesetz
Urt.	Urteil
v.	von, vom
VG	Verwaltungsgericht
vgl.	vergleiche
Vol.	Volume
Vor	Vorbemerkung
WM	Wertpapier-Mitteilung
WPg	Die Wirtschaftsprüfung
z.B.	zum Beispiel
ZGR	Zeitschrift für Unternehmens- und Gesellschaftsrecht
ZHR	Zeitschrift für das gesamte Handels- und Wirtschaftsrecht
ZIP	Zeitschrift für Wirtschaftsrecht

zit.	zitiert
zust.	zustimmend

1. Teil: Einführung

A. Problemstellung

Die Globalisierung hat dazu geführt, dass deutsche Unternehmen in den letzten Jahren ihre Aktivitäten zunehmend über die nationalen Grenzen ausdehnten, um ihre Lohn- und Produktionskosten zu senken. Großkonzerne, aber auch mittelständische und kleinere Unternehmen erwägen dabei häufig nicht nur die Verlagerung einzelner wirtschaftlicher Aktivitäten in das Ausland, sondern auch die Verlegung des Sitzes oder der Geschäftsleitung. Gleichzeitig ist zu beobachten, dass vermehrt ausländische Gesellschaftsformen auf den „inländischen Markt" drängen. Ein Beispiel hierfür ist die *private company limited by shares* britischen Rechts (sog. „Limited"), die von immer mehr Unternehmensgründern gegenüber der Rechtform der GmbH bevorzugt wird[1]. Es ist zu erwarten, dass sich die Tendenz zur grenzüberschreitenden Ausweitung der geschäftlichen Aktivitäten nach der nunmehr erfolgten EU-Osterweiterung noch verstärken wird.

Das Steuerrecht, zumindest das Recht der direkten Steuern, hält mit dieser Entwicklung nicht Schritt. Das deutsche Körperschaftsteuerrecht differenziert wie viele Steuerrechtsordnungen zwischen beschränkter und unbeschränkter Steuerpflicht[2]. Zwar wurde die Besteuerung von beschränkt und unbeschränkt steuerpflichtigen Kapitalgesellschaften in der Vergangenheit bereits in vielen Punkten angeglichen. Gerade für den Wechsel von der einen in die andere Steuerpflicht sind allerdings noch eine Reihe von Beschränkungen zu verzeichnen, die häufig dazu führen, dass wirtschaftlich notwendige Umstrukturierungsmaßnahmen aus rein steuerlichen Gründen unterbleiben.

Vor dem Hintergrund dieser Entwicklung beschäftigt sich die vorliegende Arbeit mit dem Wechsel von beschränkter und unbeschränkter Steuerpflicht bei Kapitalgesellschaften, der anhand der Verlegung von Sitz und/oder Geschäftsleitung in das Ausland bzw. in das Inland dargestellt wird. Angesichts des voranschreitenden europäischen Harmonisierungsprozesses wird auch analysiert, ob die einschlägigen Vorschriften des deutschen Steuerrechts den Vorgaben des Gemeinschaftsrechts genügen. Die Untersuchung beschränkt sich auf die körperschaftsteuerliche Situation der Kapitalgesellschaft selbst. Die Auswirkungen auf die Anteilseigner der Kapitalgesellschaft werden nicht behandelt. Auch gewerbe- und umsatzsteuerliche Aspekte, Fragen der Grunderwerbsteuer oder des

---

1 Siehe Dierksmeier, BB 2005, 1516 m.w.N.; Graf von Bernstorff, RIW 2004, 498; Grütters, BB 2005, 1523; Heckschen, GmbHR 2004, R 25 f.; Hirte, EWS 2003, 521 (522); Hirte in: Hirte/Bücker, S. 1 (17 ff.); Wachter, GmbHR 2005, 717 (718).

2 Schaumburg, IntStR Rz. 5.11 ff., 6.2 ff., 6.25 ff.; Seer in: Gassner/Lang/Lechner, Beschränkte Steuerpflicht, S. 37 (39); Seer, IWB v. 8.10.2003, Fach 11, Gruppe 2, S. 573.

Umwandlungssteuerrechts sowie des Verfassungsrechts bleiben ausgeklammert. Die spezielle Situation der Europäischen Aktiengesellschaft wird nur am Rande angesprochen.

B. Überblick über den Gang der Untersuchung

Die folgenden Ausführungen gliedern sich in acht Teile. Zunächst wird ausgehend von der Situation im 19. Jahrhundert aufgezeigt, wie und weshalb sich die Unterteilung in unbeschränkte und beschränkte Körperschaftsteuerpflicht entwickelt hat und welche steuerlichen Folgen sich aus dem Wechsel zwischen beschränkter und unbeschränkter Steuerpflicht bei Kapitalgesellschaften ergaben (2. Teil).

In Anschluss daran erfolgt eine Darstellung der gemeinschaftsrechtlichen Rahmenbedingungen (3. Teil), wobei Prüfkriterien entwickelt werden, die vom nationalen Gesetzgeber bei der Ausgestaltung des Wechsels der beschränkten und unbeschränkten Steuerpflicht zu beachten sind.

Der 4. Teil beschreibt den Wechsel von unbeschränkter und beschränkter Steuerpflicht nach nationalem Recht. Hierbei erfolgt zuerst ein Überblick über die unbeschränkte (Abschnitt A) und beschränkte (Abschnitt B) Steuerpflicht bei Kapitalgesellschaften. Anschließend wird die Bedeutung des Zivilrechts für die Besteuerung von Kapitalgesellschaften erläutert (Abschnitt C).

Abschnitt D widmet sich der steuerlichen Behandlung des Wechsels von der unbeschränkten in die beschränkte Steuerpflicht anhand der Verlegung von Sitz und Geschäftsleitung einer Kapitalgesellschaft in das Ausland unter Beibehaltung einer inländischen Betriebsstätte. Im Mittelpunkt steht die Frage, ob die stillen Reserven (bzw. Lasten) der Kapitalgesellschaft aufzudecken sind. Auch die Auswirkungen auf bestehende Verlustvorträge oder Organschaftsverhältnisse und ggf. vorhandene Altbestände an Körperschaftsteuererhöhungs- oder Körperschaftsteuerminderungspotential werden angesprochen. Die Ergebnisse werden anhand zweier Abwandlungen verdeutlicht, in denen die beschränkte Steuerpflicht nicht aus einer im Inland beibehaltenen Betriebsstätte, sondern aus der Vermietung eines im Inland belegenen Gebäudes (Abwandlung 1) sowie aus Dividendeneinkünften (Abwandlung 2) resultiert. Die steuerlichen Auswirkungen der isolierten Verlegung von Sitz oder Geschäftsleitung in das Ausland werden ebenfalls behandelt.

Abschnitt E beschäftigt sich mit dem Wechsel von der beschränkten in die unbeschränkte Steuerpflicht anhand der Verlegung von Sitz und/oder Geschäftsleitung einer Kapitalgesellschaft vom Ausland in das Inland. Spiegelbildlich zu

Abschnitt D stehen eine bereits der beschränkten Steuerpflicht unterliegende inländische Betriebsstätte und die mit der Aufdeckung der stillen Reserven (bzw. Lasten), der Behandlung der Verluste oder der Einbindung in eine Organschaft zusammenhängenden Fragen im Vordergrund. In einem kurzen Exkurs wird schließlich die Situation der Europäischen Aktiengesellschaft angesprochen (Abschnitt F).

Im 5. Teil wird untersucht, ob die in Deutschland geltenden Vorschriften für den Wechsel von unbeschränkter und beschränkter Steuerpflicht mit den im 3. Teil identifizierten europarechtlichen Vorgaben, insbesondere mit der Niederlassungsfreiheit gemäß Art. 43 EGV, vereinbar sind. Der 5. Teil gliedert sich in die Abschnitte A bis E, worin jeweils die im 4. Teil angesprochenen Vorschriften auf ihre Vereinbarkeit mit dem Europarecht hin untersucht werden: Aufdeckung der stillen Reserven/Lasten im „Wegzugsfall" (Abschnitt A) und „Zuzugsfall" (Abschnitt B), Einschränkungen bei der Verlustnutzung (Abschnitt C), Hemmnisse für Organschaftsbegründungen (Abschnitt D), Verfall von Altbeständen an Körperschaftsteuerguthaben (Abschnitt E).

Im 6. Teil werden Lösungsvorschläge für eine europarechtskonforme Ausgestaltung des Wechsels von beschränkter und unbeschränkter Steuerpflicht diskutiert. Dabei wird zunächst untersucht, ob die Vereinbarkeit der im Rahmen dieser Arbeit behandelten Vorschriften mit dem Europarecht dadurch herbeigeführt werden könnte, indem die Dichotomie von beschränkter und unbeschränkter Steuerpflicht aufgehoben wird (Abschnitt A). Anschließend werden Vorschläge zur Neufassung der im Rahmen dieser Arbeit als europarechtlich bedenklich identifizierten Bestimmungen unterbreitet (Abschnitt B). Der 7. Teil enthält eine thesenartige Zusammenfassung der gefundenen Ergebnisse. Im 8. Teil findet sich eine abschließende Bemerkung zur Rolle des EuGH im Unternehmenssteuerrecht.

2. Teil: Historischer Rückblick

A. Zeit vor dem 1. Weltkrieg

I. Anfänge der Besteuerung „nicht-physischer" Personen

Ein Blick in die früheren gesetzlichen Bestimmungen zum Wechsel von beschränkter und unbeschränkter Steuerpflicht von Kapitalgesellschaften mündet zwangsläufig in das Einkommensteuerrecht, da die Besteuerung der sog. „nicht-physischen Personen" ab Mitte des 19. Jahrhunderts ihren Anfang in den jeweiligen Landeseinkommensteuergesetzen nahm[3]. Die Ausdehnung der Einkommensteuer auf Körperschaften erfasste vorrangig die Aktiengesellschaften sowie die Kommanditgesellschaften auf Aktien. Ein Beispiel hierfür ist Hessen[4]. In einigen Steuerrechtsordnungen wie z.B. derjenigen des Herzogtums Anhalt[5] war jedoch auch bereits die Steuerpflicht von Genossenschaften, Gewerkschaften oder juristischen Personen des öffentlichen Rechts vorgesehen. Eine Reihe von Staaten wie Preussen[6] oder Sachsen-Coburg-Gotha verneinte die Steuerpflicht für juristische Personen allerdings zunächst gänzlich. Die Regelungen waren insgesamt sehr uneinheitlich[7]. Auch die Gründung des Deutschen Reichs 1871 führte zu keiner wesentlichen Harmonisierung, weil die Finanzhoheit hinsichtlich der Einkommensteuern faktisch bei den einzelnen Bundesstaaten verblieb.

II. Miquel'sche Steuerreform

Im Jahre 1891 kam es in Preußen zu einer umfangreichen Reform der direkten Steuern, die als Meilenstein für die Entwicklung des heutigen Einkommen- und Körperschaftsteuerrechts gilt[8]. Treibende Kraft war der preussische Finanzmi-

---

3 Überblick bei Kennerknecht, Einleitung A.I.

4 Gesetz, die allgemeine Einkommensteuer betreffend vom 8. Juli 1884, FinArch 1885, 2. Jg., Bd. I, S. 383 ff.

5 Gesetz vom 18. April 1886, die Einführung einer Einkommensteuer und einer festen Grundsteuer betreffend; siehe hierzu Schanz, FinArch 1887, 4. Jg., Bd. II, S. 961 (1035 f.).

6 Die Tendenz, auch juristische Personen der Besteuerung zu unterwerfen, manifestierte sich in Preussen jedoch bereits durch das Gesetz betreffend Ergänzung und Abänderung einiger Bestimmungen über Erhebung der auf das Einkommen gelegten direkten Kommunalabgaben vom 27. Juli 1885, wonach die AG, die KGaA sowie andere juristische Personen den auf das Einkommen gelegten Gemeindeabgaben unterworfen wurden. Siehe hierzu Herrfurth, FinArch 1886, 3. Jg., Bd. I, S. 168 (174 f.).

7 Überblick bei Antoni, FinArch 1888, 5. Jg., Bd. II, S. 916 (998 f.).

8 Siehe Lehner/Waldhoff in: Kirchhof/Söhn/Mellinghoff § 1 EStG A 625, A 642; Metzger/Weingarten, S. 21 ff.

nister *Johannes von Miquel*[9]. Man erhoffte sich, durch die Steuerreform mittelfristig eine Harmonisierung der direkten Steuern im Deutschen Reich zu erreichen[10].

Das schließlich verabschiedete preussische Einkommensteuergesetz[11] unterschied der Sache nach bereits zwischen unbeschränkter und beschränkter Steuerpflicht. § 1 Nr. 4 EStG 1891 bestimmte die Einkommensteuerpflicht von *„Aktiengesellschaften, Kommanditgesellschaften auf Aktien und Berggewerkschaften, welche in Preussen einen Sitz haben [...]"*. Einkünfte, die von diesen (unbeschränkt steuerpflichtigen) Steuersubjekten in einem anderen Bundesstaat erzielt wurden, waren in Preußen steuerfrei, nicht jedoch sonstige außerpreußische Einkünfte (§ 6 Nr. 1 EStG 1891). § 2 EStG 1891 sah die Steuerpflicht von Aktiengesellschaften, Kommanditgesellschaften auf Aktien und Berggewerkschaften vor, die keinen Sitz in Preussen hatten. Diese Steuerpflicht bezog sich gemäß § 2 Buchst. b) EStG 1891 allerdings nur auf Einkommen aus *„preussischem Grundbesitz und aus preussischen Gewerbe- oder Handelsanlagen oder sonstigen gewerblichen Betriebsstätten"*. Mit der Novelle vom 19.6.1906[12] wurde die Steuerpflicht auf Gesellschaften mit beschränkter Haftung und weitere juristische Personen ausgedehnt. Ebenso wenig wie in den anderen Landesgesetzen wurden indes die Begriffe der „beschränkten" oder der „unbeschränkten" Steuerpflicht im EStG 1891 verwendet. Dennoch war es die Miquel'sche Steuerreform, die entscheidend zur Prägung des Begriff der „beschränkten Steuerpflicht" beitrug[13]. Der Ausdruck findet sich in der Ausführungsanweisung[14] sowie in der Gesetzesbegründung zum EStG 1891[15].

Die Einbeziehung der ausländischen juristischen Personen war zunächst von der Erwägung getragen, dass die ausländischen Gesellschaften nicht besser behan-

---

9 Johannes von Miquel (* 19.2.1828, † 8.9.1901).

10 A. Wagner, FinArch 1891, 8. Jg., Bd. II, S. 551 (599).

11 Preussisches Einkommensteuergesetz v. 24. Juni 1891, Ges.-Samml. 1891, 175 (im Folgenden „EStG 1891").

12 Gesetz, betreffend die Änderung des Einkommensteuergesetzes und des Ergänzungssteuergesetzes v. 19. Juni 1906, Ges.-Samml. 1906, 259 (im Folgenden „EStG 1906").

13 Siehe Lehner/Waldhoff in: Kirchhof/Söhn/Mellinghoff § 1 EStG A 630; Liedtke, DB 1985, 671.

14 Artikel 2 der Anweisung des Finanzministers vom 5. August 1891 zur Ausführung des Einkommensteuergesetzes vom 24. Juni 1891, FinArch 1891, 8. Jg., Bd. II, S. 833 ff. (im Folgenden "Ausführungsanweisung EStG 1891").

15 Begründung des Regierungsentwurfs zum preußischen EStG von 1891, Anlagen zu den Stenographischen Berichten über die Verhandlungen des Hauses der Abgeordneten während der 3. Session der 17. Legislatur-Periode 1890/91, Erster Band, No. 1-26, Aktenstück No. 5, S. 218.

delt werden sollten als die in Preussen ansässigen. *Antoni* führte zu den in Deutschland geltenden Steuerordnungen aus[16]:

> *„ [...] doch ist dabei noch zu berücksichtigen, dass die auswärtigen Aktiengesellschaften auf keinen Fall günstiger mit Bezug auf die Besteuerung gestellt sein dürfen, als die inländischen, da diese sonst zum Schaden des Inlandes in der Konkurrenz mit jenen unterliegen würden. In der That unterliegt denn auch der inländische Geschäftsbetrieb auswärtiger Aktiengesellschaften in allen deutschen Staaten denselben Besteuerungsgrundsätzen wie derjenige inländischer Gesellschaften. Davon macht nur Oldenburg, aber gerade nicht zu gunsten der auswärtigen Aktiengesellschaften, eine Ausnahme, indem es dieselben (bei Freilassung der inländischen Gesellschaften) zur Einkommensteuer heranzieht, wenn ihr aus dem Herzogtume bezogenes Einkommen mindestens 50 Thaler jährlich beträgt (Art. 2 § 2 Ziff. 3).“*

Mit der Beschränkung der Steuerpflicht der ausländischen juristischen Personen auf Einkünfte aus (preussischem) Gewerbebetrieb und Grundvermögen[17] hatte man dem bestehenden Reichsgesetz vom 13.5.1870 wegen Beseitigung der Doppelbesteuerung[18] Rechnung getragen[19], dessen § 3 wie folgt lautete:

> *„Der Grundbesitz und der Betrieb eines Gewerbes, sowie das aus diesen Quellen herrührende Einkommen darf nur von demjenigen Bundesstaate besteuert werden, in welchem der Grundbesitz liegt oder das Gewerbe betrieben wird.“*

Die Beschränkung auf inländisches Grund- und Betriebsvermögen war auch von Praktikabilitätserwägungen getragen. *Schanz* führte dazu aus[20]:

> *„Es entspricht diese Teilung der praktischen Rücksicht, dass die Durchführung der Besteuerung in dieser Begrenzung leicht ist, und auch den Interessenkonflikt einer teilweisen Versöhnung entgegenführt.“*

Sowohl beschränkt als auch unbeschränkt steuerpflichtige Gesellschaften hatten Steuererklärungen abzugeben. Ihr Einkommen wurde mit dem gleichen Steuersatz besteuert[21]. Betriebsausgaben waren steuerlich abzugsfähig, soweit sie sich

16 Antoni, FinArch 1888, 5. Jg., Bd. II, S. 916 (1015).

17 Nicht erfasst waren z.B. auch die aus der Veräußerung des Grundvermögens resultierenden Gewinne: Siehe Fuisting § 2 EStG 1891 Rz. 10.

18 BGBl des Norddeutschen Bundes 1870 Nr. 14, S. 119.

19 So Fuisting § 1 EStG 1891 Rz. 2. Ähnliche Regelungen fanden sich daher auch in Anhalt, Sachsen, Hessen, Baden sowie Sachsen-Weimar, siehe Schanz, FinArch 1887, 4. Jg., Bd. II, S. 961 (1014).

20 Schanz, FinArch 1887, 4. Jg., Bd. II, S. 961 (1014).

21 Dieser Steuersatz war bis zu einem Einkommen von 100.000 Mark progressiv (0,6% - 4%), sodann proportional.

auf inländische Erwerbsquellen bezogen[22]. Bei einem Wechsel von beschränkter und unbeschränkter Steuerpflicht waren bestimmte Meldepflichten einzuhalten, die in Artt. 75 ff. der Ausführungsanweisung detailliert geregelt waren. Eine spezielle gesetzliche Bestimmung für die Verlegung von Sitz und/oder Geschäftsleitung einer Kapitalgesellschaft existierte jedoch nicht.

Die Miquel'sche Steuerreform beeinflusste die Steuergesetzgebung der einzelnen Länder des Deutschen Reichs. Insgesamt lässt sich jedoch feststellen, dass die von der Steuerreform angestrebte Vereinheitlichung der Rechtsordnungen nicht erreicht wurde[23].

B. Zeit zwischen dem 1. und dem 2. Weltkrieg

Nach dem ersten Weltkrieg ging die Steuerhoheit gemäß Art. 8 der Weimarer Reichsverfassung[24] auf das Reich über[25]. Der damalige Reichsfinanzminister *Erzberger*[26] leitete eine weitreichende Steuerreform ein, die unter anderem dazu führte, dass die Körperschaftsteuer im Jahre 1920 in ein eigenständiges Gesetz gefasst wurde[27]. Seit längerer Zeit war man sich bereits darüber einig gewesen, dass die Besteuerung nicht-physischer Personen im Einkommensteuerrecht einen Fremdkörper darstellte und die Besteuerung der Gesellschaften in einem separaten Gesetz geregelt werden sollte[28]. Mit der Schaffung eines eigenständigen Körperschaftsteuergesetzes war der Weg für eine geordnete Entwicklung der Körperschaftsteuer und eine stärkere Emanzipation von der Einkommensteuer geebnet.

---

22 Siehe z.B. Fuisting § 9 EStG 1891 Rz. 16 K, 15 C; § 24 Nr. 5 der Ausführungsanweisung EStG 1891: *„Erstreckt sich die Besteuerung einer Person lediglich auf Einkommen aus [...] preussischem Grundbesitz oder preussischem Gewerbebetrieb (Art. 2 zu a) bis c), so sind nur die Zinsen solcher Schulden und solche Lasten abzugsfähig, welche auf den bezeichneten inländischen Quellen haften oder für deren Erwerb aufgenommen sind.*"

23 In Bayern kam es z.B. erst durch das Gesetz vom 14. August 1910 ab 1912 zur Einführung einer allgemeinen Einkommensteuer. Zur Entwicklung in Bayern siehe Schanz, FinArch 1900, 17. Jg., Bd. II, S. 551 ff.; von Breunig, Das bayerische Einkommensteuergesetz vom 14. August 1910, S. XI ff.

24 Verfassung des Deutschen Reichs („Weimarer Reichsverfassung") vom 11.8.1919, RGBl 1919, 1383.

25 Siehe Evers, 1. Aufl. 1923, Einleitung, S. 29.

26 Matthias Erzberger (* 20.9.1875, † 26.8.1921).

27 Körperschaftsteuergesetz v. 30.3.1920, RGBl 1920, 393 (im Folgenden „KStG 1920").

28 Siehe hierzu Rasenack, S. 77 ff. m.w.N.; insbes. in Preussen gab es derartige Diskussionen, siehe Evers, 1. Aufl. 1923, § 1 KStG Anm. 1 m.w.N.

I. KStG 1920

Die Kapitalgesellschaften unterlagen von Anfang an der Körperschaftsteuer, auch wenn der Begriff „Kapitalgesellschaften“ im Gesetzestext erst später (KStG 1934) verwendet wurde[29]. Das KStG 1920 differenzierte zwischen der Besteuerung von in- und ausländischen Kapitalgesellschaften. Die Begriffe „unbeschränkte“ und „beschränkte“ Steuerpflicht fanden allerdings - wie in den Landesgesetzen - im Gesetzestext noch keinen Niederschlag.

Im Gegensatz zu den in vielen Landesgesetzen enthaltenen konkreten Aufzählungen der jeweiligen Körperschaften und Rechtsgebilde, die der Körperschaftsteuer unterworfen waren, bestimmte das KStG 1920 die Steuersubjekte bereits abstrakt. § 1 Abs. 1 Nr. 1 KStG 1920 sah vor, dass *„juristische Personen des öffentlichen und des bürgerlichen Rechtes sowie alle Berggewerkschaften“* mit ihrem Einkommen der Körperschaftsteuer unterfielen. Das KStG 1920 knüpfte dabei alternativ an den Sitz oder die Geschäftsleitung der Kapitalgesellschaft im Inland an[30]. Es galt das Welteinkommensprinzip. Die Gesetzesbegründung führte hierzu aus[31]:

> *„Hervorzuheben ist, daß bei den Steuerpflichtigen, die den Sitz oder den Ort der Leitung im Inland haben, das Gesamteinkommen steuerpflichtig sein soll, also insbesondere auch das aus ausländischem Grundbesitz und Gewerbebetriebe fließende.“*

Das KStG 1920 entfernte sich damit von den meisten Einkommensteuergesetzen der Länder[32]. Soweit eine Doppelbesteuerung auftrat, weil die außerdeutschen Einkünfte auch im Ausland zur Steuer herangezogen wurden, wurde eine Ermäßigung oder Befreiung nach §§ 7, 108 der Reichsabgabenordnung gewährt, die im wesentlichen in der Anrechnung der im Ausland erhobenen Steuer bestand[33].

Bei Gesellschaften mit Sitz und Ort der Geschäftsleitung im Ausland bestand die Steuerpflicht gemäß § 1 Abs. 2 KStG 1920 nur für Einkommen aus inländischem Grundbesitz und inländischem Gewerbebetrieb, für den eine Betriebsstätte unterhalten wurde. Die beschränkt steuerpflichtige Gesellschaft musste zudem

---

29 Siehe dazu unter 2. Teil B III.

30 Evers, 1. Aufl. 1923, § 1 KStG Anm. 31 ff.; § 2 der Ausführungsbestimmungen zum Körperschaftsteuergesetz in der Fassung der Bekanntmachung vom 2. Mai 1922, RGBl I 1922, 472.

31 Drucksache der Deutschen Nationalversammlung 1920, Band 341, Nr. 1976, S. 21.

32 Es stand jedoch im Einklang mit dem preußischen Einkommensteuergesetz, siehe 2. Teil A II.

33 Siehe Drucksache der Deutschen Nationalversammlung 1920, Band 341, Nr. 1976, S. 21.

im Ausland als eine eigene Rechtsperson (juristische Person, Personenvereinigung, Anstalt, Stiftung, Zweckvermögen) angesehen werden und auch als solche besteuert werden[34]. Bereits das KStG 1922[35] dehnte die beschränkte Steuerpflicht auf gewerbliche Einkünfte eines inländischen Vertreters aus.

Der Steuersatz war für in- und ausländische Gesellschaften gleich hoch. Im KStG 1920 setzte er sich aus einem proportionalen Grundtarif i.H.v. 10% für thesaurierte Gewinne und einer progressiven Zuschlagsteuer für ausgeschüttete Gewinne zusammen, die in Abhängigkeit von der Rentabilität der Erwerbsgesellschaft[36] zwischen 2% und 10% betrug[37].

Das KStG 1920 sah bereits eine Schlussbesteuerung bei der Verlegung von Sitz und Geschäftsleitung in das Ausland vor. § 18 KStG 1920 verlangte eine analoge Anwendung der für die Auflösung einer Erwerbsgesellschaft geltenden Bestimmung des § 17 KStG 1920, die ähnlich der heutigen Vorschrift des § 11 KStG eine Aufdeckung der stillen Reserven vorsah[38]. § 18 KStG 1920 lautete:

> *„§18*
>
> *Wird der Sitz und der Ort der Leitung einer Erwerbsgesellschaft ins Ausland verlegt, so findet § 17 sinngemäß Anwendung. An die Stelle des zur Verteilung kommenden Vermögens tritt der gemeine Wert des vorhandenen Vermögens. Die Steuer bleibt zu dem Betrag unerhoben, der dem Verhältnis des im Inland verbliebenen Grund- und Betriebsvermögens zum gesamten Vermögen der Gesellschaft entspricht.“*

Die Gesetzesbegründung zum KStG 1920 enthielt keinerlei Angaben zu den Motiven der Einführung einer derartigen „Auswanderungssteuer“[39]. In der Kommentarliteratur der damaligen Zeit wurde die „*Vermeidung der Domizilverlegung von Erwerbsgesellschaften zwecks Steuerhinterziehung in das Aus-*

34 Einzelheiten siehe Geiler § 1 KStG Anm. 9.

35 Körperschaftsteuergesetz in der Fassung des Gesetzes zur Änderung des Körperschaftsteuergesetzes vom 8. April 1922 vom 2.5.1922, RGBl I 1922, 472 (im Folgenden „KStG 1922“).

36 Als „Erwerbsgesellschaft“ galten gemäß § 12 Abs. 1 KStG 1920 die AG, die KGaA, die GmbH, die Kolonialgesellschaft, die bergbautreibende rechtsfähige Vereinigung, die nichtrechtsfähige Berggewerkschaft sowie sonstige Personenvereinigungen mit wirtschaftlichem Geschäftsbetrieb mit dem Zweck der Erzielung wirtschaftlicher Vorteile für sich oder ihre Mitglieder.

37 § 15 KStG 1920 bestimmte, dass der Zuschlag für ausländische Erwerbsgesellschaften sich nach dem Teil der ausgeschütteten Gewinnanteile bestimmte, der verhältnismäßig auf das inländische Grundvermögen und den inländischen Gewerbebetrieb entfiel.

38 Einzelheiten siehe Geiler § 15 KStG (1922) Anm. 2.

39 So auch Evers, 2. Aufl. 1927, § 18 KStG Anm. 3.

land"[40] bzw. die *„Nachholung"*[41] einer lediglich aufgeschobenen Besteuerung genannt. Da sie stillen Reserven der sitzverlegenden Kapitalgesellschaft ohne die Regelung des § 18 KStG 1920 (bzw. sodann des § 15 KStG 1922)[42] der Besteuerungshoheit des Deutschen Reichs entzogen worden wären, erscheint die Sicherung des in Deutschland erwirtschafteten Steuersubstrats als Gesetzeszweck des § 18 KStG 1920 naheliegend. Die Sanktionierung des Wegzugs war bereits 1920 kein neues Phänomen mehr. Schon im Mittelalter wurden Abwanderungen natürlicher Personen mit einer Abgabe belegt. Auch das Preussische Allgemeine Landrecht hatte vorgesehen, dass jeder Abwandernde 10% seines Vermögen an den Staat zu entrichten hatte[43]. Im engen zeitlichen Zusammenhang mit der Einführung des KStG 1920 waren ferner eine Reihe von gesetzgeberischen Maßnahmen zur Eindämmung der Steuerflucht auf dem Gebiet der Einkommensteuer ergriffen worden[44]. Es erscheint damit plausibel, dass der Gesetzgeber mit der Einführung des § 18 KStG 1920 vor allem die steuerfreie Verlagerung von im Inland gebildeten stillen Reserven in das Ausland verhindern wollte, zumal es sich bei den Kapitalgesellschaften wie *Schanz* bemerkte[45] *„um beträchtliche Steuerkapitalien"* handelte. 1889/1890 hatte das eingezahlte Kapital der Aktiengesellschaften und der Kommanditgesellschaften auf Aktien in Deutschland nahezu 5 Milliarden Mark betragen[46].

§ 18 KStG 1920 war nur dann anwendbar, wenn der Sitz und der Ort der Geschäftsleitung in das Ausland verlegt wurden. Bei isolierter Verlegung der Geschäftsleitung oder des Sitzes in das Ausland blieb die Gesellschaft im Inland unbeschränkt steuerpflichtig. Zwar führten die Verlegungstatbestände aus gesellschaftsrechtlicher Sicht bereits im Jahre 1920 zum Verlust der Rechtspersönlichkeit und zur Auflösung der Gesellschaft[47]. Soweit die Gesellschaft aus der Auflösung allerdings keine weiteren Folgerungen zog, nicht in die Liquidation

---

40 So auch Evers, 1. Aufl. 1923, § 15 KStG Anm. 1; Geiler § 15 KStG (1922) Anm. 1; Seweloh, StuW 1934, 953 (957).

41 Evers, 2. Aufl. 1927, § 18 KStG Anm. 2; Mirre § 18 KStG Anm. 1.

42 Mit Ausnahme der weiterhin im Inland steuerverhafteten Wirtschaftsgüter gemäß § 18 Satz 3 KStG 1920.

43 Siehe auch Lehner/Waldhoff in: Kirchhof/Söhn/Mellinghoff § 1 EStG A 633; Seweloh, StuW 1934, 953 (955).

44 Deutsches Reichsgesetz gegen die Steuerflucht vom 26. Juli 1918 (RGBl 1918, 951) nebst Ergänzung vom 24. Juni 1919 (RGBl 1919, 583); Deutsches Reichsgesetz gegen die Kapitalflucht vom 8. September 1919 (RGBl 1919, 1540); Deutsche Reichsverordnung über Massnahmen gegen die Kapitalflucht vom 24. Oktober 1919 (RGBl 1919, 1820); Zweite Verordnung über Massnahmen gegen die Kapitalflucht vom 14. Januar 1920 (RGBl 1920, 50).

45 Schanz, FinArch 1892, 9. Jg., Bd. II, 365 (417).

46 Schanz, FinArch 1892, 9. Jg., Bd. II, 365 (417).

47 RG v. 5.6.1882, I 291/82, RGZ 7, 68; RG v. 22.1.1916, V 293/15, RGZ 38, 53.

eintrat und ohne Rechtspersönlichkeit weiter bestand und wirtschaftete, wurde eine Anwendung der Vorschriften für die Liquidationsbesteuerung einhellig abgelehnt[48]. Die spezielle Vorschrift des § 17 KStG 1920 (bzw. § 14 KStG 1922) war nur dann unmittelbar anwendbar, wenn die Liquidation der Gesellschaft tatsächlich durchgeführt wurde.

§ 18 KStG 1920 enthielt zwei Regelungslücken, die im Schrifttum kritisiert wurden[49]. Behielt die Gesellschaft Grund- und Betriebsvermögen im Inland bei und wechselte zur beschränkten Steuerpflicht, blieb der Teil der Steuer unerhoben, der dem im Inland verbliebenen Grund- und Betriebsvermögen zum gesamten Vermögen der Gesellschaft entsprach (§ 18 Satz 3 KStG 1920). Dies hatte zur Folge, dass nicht lediglich die in dem im Inland verbleibenden Betriebsvermögen enthaltenen stillen Reserven unversteuert blieben, sondern - sofern lediglich der Sitz und die Geschäftsleitung verlegt wurde, das gesamte Grund- und Betriebsvermögen jedoch im Inland blieb - auch der gesamte im Wirtschaftjahr der Verlegung erzielte Gewinn. Zudem konnten ausländische Gesellschaften ihre inländischen Betriebsstätten steuerfrei in das Ausland verlegen. Die Aufdeckung der stillen Reserven inländischer Tochtergesellschaften konnte so umgangen werden, indem im ersten Schritt die Geschäftsleitung und der Sitz (ohne den Geschäftsbetrieb) und erst im zweiten Schritt die Betriebsstätte ins Ausland verlegt wurde[50].

Die Steuererhebung erfolgte für beschränkt wie auch für unbeschränkt steuerpflichtige Kapitalgesellschaften im Wege der Veranlagung. Sämtliche körperschaftsteuerpflichtigen Subjekte hatten eine Steuererklärung abzugeben (§ 22 KStG 1920). Für den Übergang von der beschränkten zur unbeschränkten Steuerpflicht war in § 21 Nr. 2 KStG 1920 eine besondere Veranlagung auf den Zeitpunkt des Wechsels von unbeschränkter und beschränkter Steuerpflicht vorgesehen.

II. KStG 1925

Das KStG 1925[51] enthielt erstmals die Begriffe der „beschränkten" und „unbeschränkten" Steuerpflicht. Die beschränkte Steuerpflicht wurde durch einen

---

48 Evers, 1. Aufl. 1923, § 15 KStG Anm. 2.

49 Siehe nur Evers, 1. Aufl. 1923, § 15 KStG Anm. 10.

50 Evers, 1. Aufl. 1923, § 15 KStG Anm. 12, schlug eine analoge Anwendung der Missbrauchsvorschrift § 5 Reichsabgabenordnung vor, wonach die Steuern – vergleichbar mit der heutigen Regelung in § 42 AO - wie bei einer den wirtschaftlichen Verhältnissen angemessenen rechtlichen Gestaltung zu erheben waren.

51 Körperschaftsteuergesetz vom 10. August 1925, RGBl I 1925, 208 (im Folgenden „KStG 1925").

Verweis auf das EStG auf weitere Einkunftsarten ausgedehnt. Beschränkt steuerpflichtige Kapitalgesellschaften waren damit nicht mehr lediglich mit den inländischen Einkünften aus Grundvermögen und Gewerbebetrieb steuerpflichtig, sondern mit sämtlichen Einkünften gemäß § 3 Abs. 2 EStG 1925[52], darunter z.B. auch Dividenden und Zinseinkünfte oder Einkünfte aus der Veräußerung inländischer Grundstücke[53]. Neu eingeführt wurde auch eine Steuerpflicht bestimmter inländischer Kapitalerträge (§ 3 Abs. 1 Nr. 2 KStG 1925), wobei es nicht auf den Sitz oder den Ort der Geschäftsleitung der Empfängerin der Kapitalerträge ankam. Die Erweiterung des Steuertatbestandes sollte sicherstellen, dass alle aus dem Inland stammenden Einkünfte der Körperschaftsteuer unterworfen werden.

Der Steuersatz für aus- wie für inländische Kapitalgesellschaften betrug grundsätzlich 20%. Ausländische Kapitalgesellschaften, die keine Einkünfte aus Land- und Forstwirtschaft oder aus Gewerbebetrieb erzielten, wurden jedoch mit dem niedrigeren Steuersatz von 10% besteuert. Hinsichtlich der Steuererhebung trat eine neue Regelung in Kraft, die der Ausweitung der beschränkten Steuerpflicht auf weitere Einkunftsarten Rechnung trug. Stammte das Einkommen der ausländische Kapitalgesellschaft nur aus Einkünften, die dem Steuerabzug vom Kapitalertrag unterlegen hatten und auch nicht in einem inländischen land- und forstwirtschaftlichen Betrieb oder Gewerbebetrieb angefallen war, fand nach § 26 KStG 1925 keine Veranlagung statt[54].

Die Vorschrift zur Wegzugsbesteuerung wurde überarbeitet (§ 19 KStG 1925) indem ausdrücklich die Fälle aufgenommen wurden, in denen die unbeschränkte Steuerpflicht entweder durch den Sitz oder die Geschäftsleitung im Inland begründet war. Die Neufassung trug ferner den kritisierten Regelungslücken des § 18 KStG 1920/§ 15 KStG 1922 Rechnung[55]. Sie stellte zum einen sicher, dass auch das Betriebsergebnis in dem Wirtschaftsjahr des Wegzugs (ggf. lediglich teilweise) besteuert wurde, wenn eine Betriebsstätte oder Grundvermögen im Inland zurückblieb. § 19 Abs. 1 KStG 1925 lautete wie folgt:

---

52 Einkommensteuergesetz vom 10. August 1925, RGBl I 1925, 189 (im Folgenden „EStG 1925").

53 Nicht alle in § 3 Abs. 2 EStG 1925 aufgelisteten Einkünfte kamen jedoch für beschränkt steuerpflichtige Kapitalgesellschaften in Frage, siehe hierzu Mirre § 3 KStG Anm. 4.

54 Im übrigen war weiterhin eine Veranlagung durchzuführen. Auch die Aufteilung in zwei Veranlagungszeiträume bei einem Wechsel zwischen beschränkter und unbeschränkter Steuerpflicht blieb bestehen (siehe hierzu § 29 Abs. 3 der Ausführungsbestimmungen zum Körperschaftsteuergesetz vom 8. Mai 1926, Reichsministerialblatt 1926, 361).

55 Siehe Begründung zum Entwurf des KStG 1925 in RT-Drucks. Nr. 796 (1924/25), S. 11 (19).

„Scheidet eine bisher unbeschränkt steuerpflichtige Erwerbsgesellschaft (§ 4 Abs. 1, 3) durch Verlegung des Sitzes und Ortes der Leitung oder eines von beiden in das Ausland aus der inländischen Steuerpflicht aus oder wird sie dadurch beschränkt steuerpflichtig, so findet § 18 Abs. 1 sinngemäß Anwendung. An die Stelle des zur Verteilung kommenden Vermögens tritt der gemeine Wert des vorhandenen Vermögens. Der nicht auf das letzte Betriebsergebnis entfallende Teil der Steuer bleibt zu dem Betrag unerhoben, der dem Verhältnis des im Inland verbliebenen Vermögens zum gesamten Vermögen der Gesellschaft entspricht.“

Zum anderen wurde in § 19 Abs. 2 KStG 1925 eine Regelung aufgenommen, nach der die stillen Reserven auch aufzudecken waren, wenn eine Betriebsstätte in das Ausland verlegt wurde. Die oben angesprochene Umgehungsmöglichkeit (1. Schritt: Verlegung von Sitz/Geschäftsleitung, 2. Schritt: Verlegung der Betriebsstätte) wurde dadurch unterbunden[56]:

„Die Vorschrift des Abs. 1 gilt entsprechend, wenn die inländische Betriebstätte einer Erwerbsgesellschaft, deren Sitz und Ort der Leitung sich im Ausland befinden, aufgelöst oder in das Ausland verlegt oder ihr Vermögen als Ganzes an einen andern übertragen wird“.

Im Jahre 1929 wurde durch das ESt.- und KStGÄndG[57] eine Vorschrift in das KStG aufgenommen, wonach der im Einkommensteuerrecht neu eingeführte 2-jährige Verlustvortrag auch für die Körperschaftsteuer gelten sollte. Für beschränkt Steuerpflichtige galt dieser Verweis jedoch nicht. Beschränkt steuerpflichtige Körperschaften konnten allerdings wie unbeschränkt steuerpflichtige Körperschaften die zur Deckung einer Unterbilanz[58] eingestellten Beträge unbegrenzt abziehen, sofern die Unterbilanz im inländischen Betrieb entstanden war und die zu ihrer Beseitigung verwendeten Beträge den Erträgnissen des inländischen Betriebs entstammten (§ 16 S. 1 KStG 1929)[59].

III. KStG 1934

Das KStG 1934[60] fasste den subjektiven und objektiven Anwendungsbereich der unbeschränkten und beschränkten Steuerpflicht neu, auch wenn es inhaltlich im Vergleich zum KStG 1925 zu keiner Änderung kam. § 1 Abs. 1 Nr. 1 KStG

56 Siehe Begründung zum Entwurf des KStG 1925 in RT-Drucks. Nr. 796 (1924/25), S. 11 (19); RFH v. 30.4.1935, I A 58/34, RFHE 38, 99.

57 Gesetz zur Änderung des Einkommensteuer- und Körperschaftsteuergesetzes vom 29. Juni 1929, RGBl I 1929, 123 (im Folgenden „ESt.- und KStGÄndG 1929“).

58 Siehe § 7 Nr. 3 KStG 1920 bzw. § 15 Nr. 3 KStG 1925, Einzelheiten siehe Orth in: HHR § 10d EStG Rz. 30.

59 Weitere Einzelheiten siehe Kennerknecht/Pißel, S. 31 f.

60 Körperschaftsteuergesetz vom 16. Oktober 1934, RGBl I 1934, 1031 (im Folgenden „KStG 1934“).

1934 regelte die unbeschränkte Steuerpflicht der „Kapitalgesellschaften“[61], die wie in der heute noch gültigen Fassung durch einen Klammerzusatz näher bestimmt wurden:

> „*§ 1*
> *Unbeschränkt körperschaftsteuerpflichtig sind die folgenden Körperschaften, Personenvereinigungen und Vermögensmassen, die ihre Geschäftsleitung oder ihren Sitz im Inland haben:*
> *1. Kapitalgesellschaften (Aktiengesellschaften, Kommanditgesellschaften auf Aktien, Gesellschaften mit beschränkter Haftung, Kolonialgesellschaften, bergrechtliche Gewerkschaften);*“

Auch die beschränkte Steuerpflicht wurde neu gefasst. Der Wortlaut des § 2 Nr. 1 KStG 1934 hat die Änderungen und Neufassungen des KStG bis zum heutigen Tage unverändert überstanden:

> „*§ 2*
> *Beschränkt körperschaftsteuerpflichtig sind:*
> *1. Körperschaften, Personenvereinigungen und Vermögensmassen, die weder ihre Geschäftsleitung noch ihren Sitz im Inland haben, mit ihren inländischen Einkünften;*“

Geändert wurde auch die die Sitzverlegung betreffende Rechtsnorm. § 19 Satz 3 KStG 1920 hatte die Aufdeckung der stillen Reserven eingeschränkt, wenn ein Teil des Vermögens der Kapitalgesellschaft, die durch Verlegung von Sitz und/oder Geschäftsleitung in das Ausland aus der unbeschränkten Steuerpflicht ausschied, im Inland verblieb. In der entsprechenden Vorschrift § 16 KStG 1934 wurde diese Einschränkung gestrichen. In der Literatur entbrannte daraufhin ein Streit, ob die Änderung bedeutete, dass die stillen Reserven auch hinsichtlich der im Inland verbleibenden Wirtschaftsgüter aufgedeckt werden sollten[62]. Nach der Gesetzesbegründung sollte die Neufassung der Sitzverlegungsnorm jedoch im Wesentlichen § 19 KStG 1925 entsprechen[63]. Eine Auffassung, die entgegen der in der amtlichen Gesetzesbegründung zum Ausdruck gekommenen Rege-

---

61 Der im KStG 1925 verwendete Ausdruck „*Erwerbsgesellschaften*“ war kritisiert worden, da darunter auch offene Handelsgesellschaften verstanden werden konnten, die jedoch nicht körperschaftsteuerpflichtig waren (siehe Begründung zum Körperschaftsteuergesetz vom 16. Oktober 1934, RStBl I 1935, 82). Auch § 16 KStG 1934, die Norm, die die Verlegung der Geschäftsleitung in das Ausland betraf, sprach nunmehr in Abkehr von der Vorgänger-Vorschrift § 19 KStG 1925 von einer unbeschränkt steuerpflichtigen „*Kapitalgesellschaft*“.

62 IdS Bender § 16 KStG 1934 Rz. 6 Buchst. b); Blümich, Körperschaftsteuergesetz vom 16. Oktober 1934, § 16 KStG Anm. 2; a.A. Kennerknecht § 16 KStG 1934 Anm. 11, der von einer im Vergleich zum KStG 1925 unveränderten Rechtslage ausging.

63 Die Begründung zu § 16 KStG 1934 (RStBl I 1935, 85) lautete: „*Die Vorschrift entspricht im wesentlichen dem § 19 des bisherigen Gesetzes.*“

lungsabsicht des Gesetzgebers von einer geänderten Behandlung der stillen Reserven ausgegangen wäre, hätte dies ignoriert. Da der Rechtsanwender an den objektivierten Willen des Gesetzgebers gebunden ist[64], war der Wortlaut des § 16 KStG 1934 damals (wie auch heute[65]) teleologisch zu reduzieren.

Das KStG 1934 zeichnete sich ferner durch eine Vereinfachung der Körperschaftsteuertarife aus, die für beschränkt und unbeschränkt Steuerpflichtige gleichermaßen galten[66]. Der mit dem ESt.- und KStGÄndG 1929 eingeführte Verlustvortrag wurde 1934 wieder gestrichen, in den Folgejahren jedoch in abgewandelter Form wieder eingeführt[67]. Ansonsten waren im Vergleich zum KStG 1925 keine wesentlichen Änderungen festzustellen.

C. Zeit nach dem 2. Weltkrieg

Die Regelungen der beschränkten und unbeschränkten Steuerpflicht, der Sitzverlegung sowie der Veranlagung und des Steuerabzugs blieben auch in der Zeit nach dem 2. Weltkrieg im Großen und Ganzen unverändert[68].

I. Nachkriegsjahre

Die Zeit unmittelbar nach dem 2. Weltkrieg war durch einen stetigen Anstieg der Steuersätze gekennzeichnet. Ab dem Veranlagungszeitraum 1951 wurde der Körperschaftsteuersatz auf 60% angehoben[69]. Im Rahmen der kleinen Steuerreform 1953 kam es sodann zur erstmaligen Einführung eines gespaltenen Tarifs, d.h. eines Ausschüttungssteuersatzes von 30%[70], der jedoch nur für unbeschränkt steuerpflichtige Kapitalgesellschaften galt. Ab dem Jahr 1955 wurde der Steuersatz tendenziell wieder abgesenkt[71].

---

64 Siehe Larenz, S. 164 f.

65 Siehe 4. Teil D II 3 c).

66 Zur kontinuierlichen Erhöhung der Körperschaftsteuersätze in den Folgejahren siehe J. Hey in: HHR Dok. KSt. Rz. 50.

67 Gesetz zur Änderung des Einkommensteuergesetzes vom 1. Februar 1938, RGBl I 1938, 99.

68 Zur Entwicklung im Einzelnen siehe J. Hey in: HHR KSt. Dok. 1 Rz. 60 ff.

69 Gesetz zur Änderung und Vereinfachung des Einkommensteuergesetzes und des Körperschaftsteuergesetzes (ESt- und KSt-Änderungsgesetz 1951) v. 27.6.1951, BGBl I 1951, 411.

70 Gesetz zur Änderung steuerlicher Vorschriften und zur Sicherung der Haushaltsführung v. 24.3.1953, BGBl I 1953, 413.

71 Das Gesetz zur Neuordnung von Steuern v. 16.12.1954 (BGBl I 1954, 373) führte zu einer Ermäßigung des Thesaurierungssteuersatzes auf 45%.

Im Jahre 1968 wurde die körperschaftsteuerliche Organschaft kodifiziert[72]. Der Gesetzgeber reagierte damit auf ein Urteil des BFH[73], in dem der Gerichtshof sich geweigert hatte, die von der Rechtsprechung des RFH[74] entwickelten Grundsätze zur Organschaft im Körperschaftsteuerrecht ohne gesetzliche Grundlage weiterhin anzuerkennen. Wie in der heute geltenden Regelung § 14 KStG setzte § 7a Abs. 1 S. 1 KStG 1968 voraus, dass Organgesellschaft nur eine Gesellschaft mit Sitz und Geschäftsleitung im Inland sein konnte. Auch für die Funktion als Organträger wurde ein inländischer Sitz und eine inländische Geschäftsleitung verlangt (§ 7a Abs. 1 Nr. 3 KStG 1968). Allerdings eröffnete § 7a Abs. 6 KStG 1968 - entgegen der damals bestehenden Verwaltungspraxis[75]- auch ausländischen Kapitalgesellschaften die Möglichkeit, durch eine im Inland belegene Zweigniederlassung als Organträger zu fungieren.

II. Einführung des Steueranrechnungsverfahrens

Durch das KStG 1977[76] ist das körperschaftsteuerliche Anrechnungsverfahren eingeführt worden. Der gespaltene Tarif für unbeschränkt steuerpflichtige Kapitalgesellschaften wurde beibehalten (56% Tarifbelastung gemäß § 23 Abs. 1 KStG 1977, 36% Ausschüttungsbelastung gemäß § 27 KStG 1977). Beschränkt steuerpflichtige Kapitalgesellschaften unterlagen einem Körperschaftsteuersatz von 50% (§ 23 Abs. 3 KStG 1977).

Der Regierungsentwurf des KStG 1977 sah zunächst keine spezielle Vorschrift für eine Sitzverlegung vor, weil im Zuge einer Einkommensteuerreform eine allgemeine Regelung zur Entstrickung stiller Reserven geschaffen werden sollte[77]. Nachdem jedoch die Reform im Bereich der Einkommensteuer gescheitert war, wurde die bis dahin seit dem KStG 1934 unveränderte Sitzverlegungsbestimmung des § 16 KStG wiederum als § 12 aufgenommen[78].

III. Zeit nach der Einführung des Steueranrechnungsverfahrens

In der Zeit nach der Einführung des Steueranrechnungsverfahrens erfolgten keine größeren Änderungen der unbeschränkten und beschränkten Steuerpflicht.

---

72 Gesetz zur Änderung des Körperschaftsteuergesetzes und anderer Gesetze vom 15. August 1969, BGBl I 1969, 1182 (im Folgenden „KStG 1968“).

73 BFH v. 17.11.1966, I 280/63, BStBl III 1967, 118.

74 Siehe nur RFH v. 11.11.1927, I A 75/27, RFHE 22, 183; RFH v. 26.7.1932, I D 2/31/III D 2/32, RFHE 31, 297.

75 FinMin Nordrhein-Westfalen v. 23.10.1959, BStBl II 1959, 161.

76 Körperschaftsteuerreformgesetz v. 31.8.1976, BGBl I 1976, 2597 (im Folgenden „KStG 1977“).

77 BT-Drucks. 7/5310, S. 12; Wacht in: Ernst & Young § 12 KStG Rz. 18.

78 Siehe Dötsch in: Dötsch/Eversberg/Jost § 12 KStG Rz. 1.

Obsolet gewordene Gesellschaftsformen sind aus dem Klammerzusatz des § 1 Abs. 1 Nr. 1 KStG entfernt worden. Durch das Steueränderungsgesetz 1992[79] wurden die Kolonialgesellschaften[80], durch das StBereinG vom 22.12.1999[81] die bergrechtlichen Gewerkschaften[82] gestrichen. Die Vorschrift des § 12 KStG, der seit dem KStG 1977 die Rechtsfolgen der Sitzverlegung regelte, ist an das UmwStG angepasst worden[83]. Schließlich wurde § 12 Abs. 2 S. 2 KStG neu gefasst[84]. Die Änderung sollte sicherstellen, dass die stillen Reserven bei einer Verschmelzung nur dann besteuert werden, wenn diese tatsächlich der inländischen Besteuerung entzogen werden.

D. Zusammenfassung

Die Besteuerung der Kapitalgesellschaften sowie die Einteilung in beschränkte und unbeschränkte Steuerpflicht hat ihren Ursprung in den in der zweiten Hälfte des 19. Jahrhunderts geschaffenen Einkommensteuergesetzen der Länder. Die Besteuerung im Inland tätiger ausländischer Gesellschaften sollte Wettbewerbsverzerrungen im Verhältnis zu inländischen Gesellschaften verhindern. Aus Praktikabilitätsgründen war die beschränkte Steuerpflicht anfänglich auf Einkünfte aus inländischem Grundvermögen und Gewerbebetrieb begrenzt. Bereits im Jahre 1925 wurde sie jedoch auf weitere Einkunftsarten ausgedehnt.

Beschränkt und unbeschränkt steuerpflichtige Gesellschaften wurden von Anfang an unterschiedlich behandelt. Bei beschränkt steuerpflichtigen Kapitalgesellschaften, die lediglich steuerabzugspflichtige Einkünfte erzielten, war die Steuer ab dem Zeitpunkt der Ausdehnung der beschränkten Steuerpflicht auf

---

79 Gesetz zur Entlastung der Familien und zur Verbesserung der Rahmenbedingungen für Investitionen und Arbeitsplätze (Steueränderungsgesetz 1992 – StÄndG 1992) v. 25.2.1992, BGBl I 1992, 297.

80 Kolonialgesellschaften dienten hauptsächlich der Erschließung der Kolonien. Die gesetzliche Grundlage war das Schutzgebietsgesetz v. 17.4.1886 i.d.F. v. 10.9.1900, RGBl 1900, 812. Sie galten zum 31.12.1976 als aufgelöst, wenn nicht zuvor ein Umwandlungsbeschluss gefasst worden war (Gesetz über die Auflösung, Abwicklung und Löschung von Kolonialgesellschaften v. 20.8.1975, BGBl I 1975, 2253).

81 Gesetz zur Bereinigung von steuerlichen Vorschriften (Steuerbereinigungsgesetz 1999 – StBereinG 1999) v. 22.12.1999, BGBl I 1999, 2601.

82 Die bergrechtlichen Gewerkschaften waren Kapitalgesellschaften. Sie beruhten auf Landesrecht und wurden zum Ablauf des 1.1.1994 aufgelöst (Bundesberggesetz (BBergG) v. 13.8.1980, BGBl I 1980, 1310).

83 Dies geschah durch das Gesetz zur Änderung des Umwandlungssteuerrechts v. 28.10.1994, BGBl I 1994, 3267. Es wurde der heute noch in § 12 Abs. 2 S. 3 KStG enthaltene Satz angefügt: „*Unberührt bleiben die Regelungen des Umwandlungssteuergesetzes.*"

84 Gesetz zur Fortentwicklung des Unternehmenssteuerrechts (UntStFG) v. 20.12.2001, BGBl I 2001, 3858 (im Folgenden „UntStFG").

Einkünfte aus Kapitalvermögen im Jahre 1925 mit dem Steuerabzug abgegolten. Ausländische Kapitalgesellschaften konnten auch nicht in Organschaften einbezogen werden. Der 1929 eingeführte Verlustvortrag wurde auf unbeschränkt steuerpflichtige Kapitalgesellschaften beschränkt. Zum Teil galten auch höhere Steuersätze.

Der Wechsel von einer Steuerpflichtart in die andere war frühzeitig mit dem Risiko der Aufdeckung der stillen Reserven behaftet. Bereits § 18 KStG 1920 ordnete eine Schlussbesteuerung bei der Verlegung von Sitz und Geschäftsleitung einer Kapitalgesellschaft in das Ausland an, um die Besteuerung von im Inland erwirtschafteten stillen Reserven sicherzustellen bzw. die Kapitalgesellschaften von der Verlagerung ihrer Geschäftstätigkeit in das Ausland abzuhalten. § 18 S. 3 KStG 1920 enthielt jedoch die Einschränkung, dass die stillen Reserven insoweit nicht aufzudecken waren, als die Wirtschaftsgüter in einem inländischen Betriebs- oder Grundvermögen steuerverhaftet blieben. Im Jahre 1934 wurde dieser einschränkende Satz 3 gestrichen. Seitdem ist es streitig, ob bei einer Verlegung von Sitz und/oder Geschäftsleitung auch die im Inland weiterhin steuerverstrickten stillen Reserven aufzudecken sind.

Die geschichtliche Entwicklung zeigt, dass die heutigen Regelungen zu den Steuersubjekten, zur beschränkten und unbeschränkten Steuerpflicht, zur Steuererhebung sowie zu den Rechtsfolgen einer Verlegung von Sitz und Geschäftsleitung in das Aus- bzw. Inland im Wesentlichen seit 1934 bestehen. Dies spricht zwar einerseits für die damals geschaffenen gesetzlichen Grundlagen. Allerdings ist auch zweifelhaft, ob das KStG – trotz der Möglichkeiten einer zweck- und europarechtskonformen Auslegung – den Anforderungen des 21. Jahrhunderts insbesondere auch im Hinblick auf den europäischen Harmonisierungsprozess noch gerecht wird.

3. Teil: Gemeinschaftsrechtliche Rahmenbedingungen

A. Zunehmende Bedeutung des Europarechts

Das Europäische Recht übt zunehmenden Einfluss auf die Körperschaftsbesteuerung aus. Die direkten Steuern befinden sich zwar nach wie vor im Zuständigkeitsbereich der Mitgliedstaaten[85]. Auch die Anzahl der Richtlinien, die die direkte Besteuerung betreffen, nimmt wegen des in Art. 94 EG-Vertrag[86] enthaltenen Einstimmigkeitserfordernisses für den Erlass nur langsam zu. Die Einflussnahme erfolgt jedoch durch den EuGH, der gemäß Art. 220 EGV darüber zu wachen hat, ob die einzelnen Mitgliedstaaten ihre Befugnisse unter Wahrung des Gemeinschaftsrechts ausüben[87]. Ist fraglich, wie Europarecht auszulegen ist oder ob nationale Gesetze eines Mitgliedstaates mit dem Europarecht vereinbar sind, kann entweder die EG-Kommission den betreffenden Mitgliedstaat wegen des vermuteten Vertragsverstoßes vor dem EuGH verklagen (Vertragsverletzungsverfahren gemäß Art. 226 EGV) oder ein nationales Gericht, das die streitige Frage für entscheidungserheblich hält, kann vom EuGH eine Stellungnahme zu den relevanten Fragen einholen (Vorabentscheidungsverfahren gemäß Art. 234 EGV)[88]. Der EuGH hat seine Kompetenzen bei der Auslegung des Gemeinschaftsrechts auf dem Gebiet der direkten Steuern in den letzten Jahren immer intensiver ausgeschöpft, was wiederum zu einer Zunahme der Vorlageverfahren führte. Die Mitgliedstaaten sehen sich so immer häufiger Entscheidungen des EuGH ausgesetzt, die die Unvereinbarkeit oft zentraler steuerlicher Vorschriften mit den Grundfreiheiten des EGV feststellen. Zwar kann der EuGH keine nationalen Vorschriften verwerfen, da die im Vorlageverfahren erlassenen Urteile des EuGH nur Wirkung für die am Rechtsstreit beteiligten Parteien entfalten. Die im Einzelfall vorgenommene Norminterpretation bindet jedoch alle

---

85 Auch in dem Vertrag über eine Verfassung für Europa (ABl. 2004 Nr. C 310/01 v. 16.12.2004) ist kein Harmonisierungsauftrag enthalten. Von der in Art. 96 EGV enthaltenen Befugnis zur Beseitigung vorhandener Wettbewerbsverzerrungen wurde im Bereich der direkten Steuern noch kein Gebrauch gemacht.

86 Vertrag zur Gründung der Europäischen Gemeinschaft v. 25.3.1957 (Bek. v. 27.12.1957, BGBl II 1958, 1) idF des Vertrags von Nizza zur Änderung des Vertrags über die Europäische Union, der Verträge zur Gründung der Europäischen Gemeinschaften sowie einiger damit zusammenhängender Rechtsakte („Vertrag von Nizza") v. 26.2.2001 (BGBl II 2001, 1667), im Folgenden „EGV".

87 St. Rspr., siehe nur EuGH v. 14.2.1995, Rs. C-279/93 (Schumacker), Slg. 1995, I-225, Randnr. 21; EuGH v. 11.8.1995, Rs. C-80/94 (Wielockx), Slg. 1995, I-2493 Randnr. 16; EuGH v. 16.7.1998, Rs. C-264/96 (ICI), Slg. 1998, I-4695, Randnr. 19; EuGH v. 29.4.1999, Rs. C-311/97 (Royal Bank of Scotland), Slg. 1999, I-2651, Randnr. 19; EuGH v. 12.12.2002, Rs. C-324/00 (Lankhorst), Slg. 2002, I-11779, Randnr. 26; vgl. dazu auch Klein in: DStJG 19 (1996), S. 7 (15).

88 Zur Vorlage sind alle Gerichte berechtigt, die letztinstanzlichen Gerichte verpflichtet.

nationalen Gerichte[89], so dass die Entscheidungen mittelbar einen großen Einfluss auf das Steuerrecht der Mitgliedstaaten ausüben. Die Harmonisierung des Steuerrechts tritt damit gewissermaßen „durch die Hintertür" ein[90].

B. Grundfreiheiten

I. Überblick

Die gemeinschaftsrechtlichen Rahmenbedingungen für die Unternehmensbesteuerung ergeben sich im Wesentlichen aus den Grundfreiheiten des EGV, insbesondere aus der Niederlassungsfreiheit gemäß Art. 43 EGV, der Dienstleistungsfreiheit gemäß Art. 49 EGV sowie aus der Freiheit des Kapital- und Zahlungsverkehrs gemäß Art. 56 EGV. Der Schutz der Grundfreiheiten wird durch das allgemeine Diskriminierungsverbot gemäß Art. 12 EGV abgerundet. Das Freizügigkeits- und Aufenthaltsrecht nach Art. 18 EGV sowie die Freizügigkeit der Arbeitnehmer nach Art. 39 EGV sind nur auf natürliche Personen anwendbar und spielen im Unternehmenssteuerrecht keine Rolle.

Alle Grundfreiheiten gelten unmittelbar und begründen Individualrechte[91], auf die sich auch Gesellschaften berufen können. Die Grundfreiheiten setzen bereits tatbestandlich einen grenzüberschreitenden Sachverhalt voraus[92]. „Inländerdiskriminierung", d.h. die Besserstellung von EG-Ausländer im Vergleich zu Inländern, ist vom Gemeinschaftsrecht allerdings bislang nicht untersagt. Den Inländern steht es jedoch frei, die Rechtfertigung der Ungleichbehandlung durch das Bundesverfassungsgericht überprüfen zu lassen[93].

Der bloße Eingriff in den Schutzbereich einer Grundfreiheit hat allerdings nicht zwangsläufig die Europarechtswidrigkeit der Norm zur Folge. Ein Verstoß gegen das Gemeinschaftsrecht liegt nur vor, wenn der Eingriff auch nicht gerechtfertigt und/oder verhältnismäßig ist[94]. Bei den Rechtfertigungsgründen wird

---

89 Zum uneingeschränkten Anwendungsvorrang des Gemeinschaftsrechts bei einer Kollision mit nationalem Recht siehe EuGH v. 15.7.1964, Rs. C-6/64 (Costa/ENEL), Slg. 1964, 1251; EuGH v. 9.3.1978, Rs. C-106/77 (Simmenthal), Slg. 1978, 629; Weber-Grellet, EuStR, S. 15; 183)

90 So Alber in: Forum Bd. 28 (2004), S. 1 (23).

91 Auch die Kapitalverkehrsfreiheit gemäß Art. 56 EGV ist seit dem Vertrag über die Europäische Union v. 7.2.1992, BGBl II 1992, 1253 (im Folgenden „EUV"), mit Wirkung vom 1.1.1994 an eine unmittelbar anwendbare Grundfreiheit.

92 Eine Ausnahme bildet das in Art. 39 EGV normierte Recht auf Freizügigkeit der Arbeitnehmer, das jedoch für Gesellschaften keine Rolle spielt.

93 Streinz § 12 Rz. 685.

94 Vgl. Cordewener, S. 333 ff.

zwischen geschriebenen, d.h. ausdrücklich im EGV genannten[95], und ungeschriebenen, d.h. nicht im EGV verankerten, Rechtfertigungsgründen unterschieden. Die „ungeschriebenen“ Rechtfertigungsgründe wurden durch die Rechtsprechung des EuGH entwickelt und sind Ausdruck der dem EGV immanenten Schranken für die Ausübung der Grundfreiheiten (sog. „zwingende Gründe des Allgemeininteresses“). Das Verhältnis der geschriebenen zu den ungeschriebenen Rechtfertigungsgründen ist dogmatisch noch nicht geklärt. So wird z.B. vertreten, dass direkte (bzw. „offene“ oder „unmittelbare“) Diskriminierungen, d.h. nachteilige Folgen, die bei natürlichen Personen an die Staatsangehörigkeit bzw. bei juristischen Personen an den gesellschaftsrechtlichen Sitz, d.h. ihre Rechtsordnungszugehörigkeit, geknüpft werden, nur durch geschriebene Rechtfertigungsgründe und nicht durch zwingende Gründe des Allgemeininteresses gerechtfertigt werden können[96].

II. Niederlassungsfreiheit gemäß Art. 43 EGV

1. Schutzbereich

a) Niederlassung

Die Niederlassungsfreiheit gilt als eine der grundlegenden Vorschriften des Gemeinschaftsrechts[97]. Sie ist auch für die grenzüberschreitende Tätigkeit von Kapitalgesellschaften sehr bedeutsam. Art. 43 Abs. 1 S. 1 EGV untersagt Beschränkungen bei der Neuaufnahme einer Tätigkeit in einem anderen Mitgliedstaat oder bei der Übersiedlung der Hauptverwaltung dorthin (sog. „primäre Niederlassung“). Art. 43 Abs. 1 S. 2 EGV weitet das Verbot auf Beschränkungen aus, die die Gründung von Agenturen, Zweigniederlassungen oder Tochtergesellschaften erschweren (sog. „sekundäre Niederlassung“). Der Begriff der „Niederlassung“ ist nicht definiert. Art. 43 Abs. 2 EGV bestimmt lediglich, dass die Niederlassungsfreiheit die Aufnahme und Ausübung selbständiger Erwerbstätigkeiten sowie die Gründung und Leitung von Unternehmen, insbesondere von Gesellschaften i.S.d. Art. 48 Abs. 2 EGV, umfasst. Der Begriffsinhalt ist

---

95 Beispiele: Art. 39 Abs. 3 EGV (Einschränkung der Freizügigkeit der Arbeitnehmer), Art. 46 Abs. 1 EGV (Einschränkung der Niederlassungsfreiheit), Art. 58 Abs. 1 Buchst. a) und b) EGV (Einschränkung der Kapitalverkehrsfreiheit).

96 Siehe SchlA GA Alber v. 19.11.1998, Rs. C-311/97 (Royal Bank of Scotland), Slg. 1999, I-2652, Randnr. 39; Müller-Graff in: Streinz Art. 43 EGV Rz. 44; Randelzhofer/Forsthoff in: Grabitz/Hilf, vor Art. 39-55 EGV Rz. 137 ff.; Wernsmann, EuR 1999, 754 (760 f.) m.w.N.

97 So EuGH v. 21.9.1999, Rs. C-307/97 (Saint-Gobain), Slg. 1999, I-6161, Randnr. 33; EuGH v. 11.3.2004, Rs. C-9/02 (Lasteyrie du Saillant), GmbHR 2004, 504, Randnr. 40.

daher durch die Abgrenzung zu den anderen im EGV enthaltenen Grundfreiheiten näher zu bestimmen[98].

In Abgrenzung zur Dienstleistungsfreiheit muss sich eine „Niederlassung" i.S.d. EGV dauerhaft in die nationale Volkswirtschaft des anderen Mitgliedstaates integrieren[99]. Teilweise wird daher eine feste Einrichtung im Niederlassungsstaat gefordert[100], wobei jedoch keine hohen Anforderungen gestellt werden. Es reicht aus, wenn die Einrichtung die Möglichkeit bietet, in stabiler und kontinuierlicher Weise am Wirtschaftsleben des anderen Mitgliedstaates teilzunehmen[101]. Die Begründung einer Betriebsstätte in einem anderen Mitgliedstaat wird im Regelfall als sekundäre Niederlassung zu qualifizieren sein, da sowohl das nationale Recht (§ 12 AO)[102] als auch das Abkommenrecht (Art. 5 OECD-MA)[103] hierfür eine gewisse nachhaltige und selbständige unternehmerische Betätigung bzw. eine feste Geschäftseinrichtung voraussetzen.

Nach Art. 43 Abs. 2 EGV fällt auch die Gründung einer Tochtergesellschaft in einem anderen Mitgliedstaat unter den Schutzbereich der Niederlassungsfreiheit. Da Art. 43 Abs. 2 EGV allerdings von „selbständigen" Erwerbstätigkeiten spricht, sollen nach herrschender Meinung nur solche Beteiligungen erfasst sein, mit denen eine Kontrolle über die Tätigkeit der Gesellschaft ausgeübt werden kann[104]. Aus dem Begriff „Erwerbstätigkeiten" in Art. 43 Abs. 2 EGV wird zudem abgeleitet, dass sich rein vermögensverwaltende Holdinggesellschaften nicht auf die Niederlassungsfreiheit berufen können[105].

---

98 Vgl. Müller-Graff in: Streinz Art. 43 Rz. 11.

99 SchlA GA Léger v. 20.6.1995, Rs. C-55/94 (Gebhard), Slg. 1995, I-4168, Randnr. 19.

100 SchlA GA Mischo v. 13.3.1991, Rs. C-221/89 (Factortame II), Slg. 1991, I-3932, Randnr. 58: *„Es kann keine ‚Niederlassung ohne Niederlassung' geben."*.

101 EuGH v. 25.7.1991, Rs. C-221/89 (Factortame II), Slg. 1991, I-3905, Randnr. 20; EuGH v. 30.11.1995, Rs. C-55/94 (Gebhard), Slg. 1995, I-4165, Randnr. 28;

102 Birk in: Hübschmann/Hepp/Spitaler § 12 AO Rz. 8 ff.; BMF v. 24.12.1999, Schreiben betr. Grundsätze der Verwaltung für die Prüfung der Aufteilung der Einkünfte bei Betriebsstätten international tätiger Unternehmen (Betriebsstätten-Verwaltungsgrundsätze), BStBl I 1999, 1076 (im Folgenden: „Betriebsstätten-Erlass"), Tz. 1.1.1.1.

103 Vgl. Ziffern 2 und 6 Kommentar zu Art. 5 OECD-MA; Görl in: Vogel/Lehner Art. 5 OECD-MA Rz. 12 ff.

104 Siehe EuGH v. 5.11.2002, Rs. C-208/00 (Überseering), Slg. 2002, I-9919, Randnr. 77. Dient die Beteiligung lediglich der Kapitalanlage, unterfällt die Investition der Kapitalverkehrsfreiheit. Einzelheiten siehe 3. Teil B VI.

105 Für Zwecke der Umsatzsteuer hat der EuGH die Unternehmereigenschaft bei bloßem Halten von Beteiligungen in einigen Fällen versagt, siehe z.B. EuGH v. 20.6.1991, Rs. C-60/90 (Polysar), Slg. 1991, I-3111 sowie EuGH v 20.6.1996, Rs. C-155/94 (Wellcome Trust), Slg. 1996, I-3013; vgl. Hahn, IFSt-Schrift Nr. 378, S. 147 ff.

b) Gesellschaften als Träger der Niederlassungsfreiheit

Gesellschaften, die nach dem Recht eines Mitgliedstaats gegründet sind[106] und die ihren satzungsmäßigen Sitz, ihre Hauptverwaltung oder ihre Hauptniederlassung innerhalb der Gemeinschaft haben, werden durch Art. 48 EGV für die Ausübung der Niederlassungsfreiheit natürlichen Personen gleichgestellt. Die Anknüpfung an den satzungsmäßigen Sitz, die Hauptverwaltung oder die Hauptniederlassung im Gemeinschaftsgebiet steht alternativ nebeneinander. Als „Gesellschaften" gelten gemäß Art. 48 Abs. 2 EGV die Gesellschaften des bürgerlichen Rechts und des Handelsrechts einschließlich der Genossenschaften und der sonstigen juristischen Personen des öffentlichen und privaten Rechts mit Ausnahme derjenigen, die keinen Erwerbszweck verfolgen. Als Handelsgesellschaften des Privatrechts mit juristischer Persönlichkeit können damit auch Kapitalgesellschaften Träger der Niederlassungsfreiheit sein[107].

Der gesellschaftsrechtliche Sitz bei juristischen Personen entspricht der Staatsangehörigkeit bei natürlichen Personen. Damit ist auch hinsichtlich des dogmatischen Streits, ob eine direkte Diskriminierung nur durch geschriebene Rechtfertigungsgründe oder durch den richterrechtlich entwickelten Rechtfertigungsgrund der zwingenden Erfordernisse des Allgemeininteresses gerechtfertigt werden kann[108], zwischen dem gesellschaftsrechtlichen und dem steuerrechtlichen Sitz zu unterscheiden. Erfolgt eine Ungleichbehandlung wegen des gesellschaftsrechtlichen Sitzes, liegt eine direkte Diskriminierung vor, die ggf. nur durch geschriebene Gründe gerechtfertigt werden kann. Knüpft eine Regelung hingegen an den steuerlichen Sitz an, liegt aus dogmatischer Sicht eine indirekte Diskriminierung vor, bei der eine Rechtfertigung durch zwingende Gründe des Allgemeininteresses nicht angezweifelt wird. Stehen steuerliche Vorschriften auf dem Prüfstand des EuGH, geht es meistens um eine Anknüpfung an den steuerlichen Sitz. Somit dürfte der Rechtfertigungsgrund der zwingenden Erfordernisse des Allgemeininteresses nach allen Auffassungen offen stehen.

---

106 Die Frage ob eine Gesellschaft wirksam gegründet ist, bestimmt sich nach der Rechtsordnung des jeweiligen Mitgliedstaats. Mit wirksamer Gründung steht das Subjekt der Niederlassungsfreiheit fest. Die weitergehende Ansicht, dass die Gesellschaft nicht nur wirksam gegründet sein, sondern auch wirksam fortexistieren muss, um sich auf die Niederlassungsfreiheit berufen zu können, ist abzulehnen. Eine derartige Ausweitung hätte eine Einschränkung der Niederlassungsfreiheit gerade in Zuzugs- und Wegzugsfällen zur Folge, siehe Randelzhofer/Forsthoff in: Grabitz/Hilf Art. 48 EGV Rz. 12.

107 Müller-Graff in: Streinz Art. 48 EGV Rz. 3 ff.

108 Siehe 3. Teil B I.

c) Gleichbehandlung von Betriebsstätten und Tochtergesellschaften

Art. 43 Abs. 1 S. 2 EGV zählt Agenturen, Zweigniederlassungen sowie Tochtergesellschaften gleichberechtigt nebeneinander auf. Die Niederlassungsfreiheit beinhaltet damit auch die freie Wahl der jeweiligen Form der sekundären Niederlassung. Da dieses Wahlrecht jedoch eingeschränkt oder im ungünstigsten Fall völlig ausgehöhlt wäre, wenn die steuerliche Behandlung von Betriebsstätte und Tochtergesellschaft zu sehr voneinander abweichen würde, wird im Schrifttum aus Art. 43 Abs. 1 S. 2 EGV vereinzelt ein allgemeines Gleichbehandlungsgebot von Betriebsstätten und Tochtergesellschaften abgeleitet[109]. Zum Teil wird sogar diskutiert, ob das Gleichbehandlungsgebot von Betriebsstätten und Tochtergesellschaften nicht zu einer allgemeinen Verpflichtung der Mitgliedstaaten zur Einführung einer rechtsformneutralen Besteuerung weiterzuentwickeln ist[110].

Es ist zu klären, ob diese Ansätze vor dem Hintergrund der Rechtsprechung des EuGH zur Besteuerung von beschränkt und unbeschränkt steuerpflichtigen Kapitalgesellschaften Bestand haben können.

aa) „avoir fiscal“

Im Fall „avoir fiscal“[111] ging es um eine Vorschrift des französischen Steuerrechts (Art. 158b CGI), die das anrechenbare Körperschaftsteuerguthaben (avoir fiscal) alleine für solche Anteilseigner reservierte, die ihren tatsächlichen Wohnsitz oder ihren Gesellschaftssitz („siège social“) in Frankreich hatten. Der „avoir fiscal“ stand damit zwar Tochtergesellschaften von ausländischen (und französischen) Kapitalgesellschaften zu, nicht jedoch ausländischen Gesellschaften, die Dividenden im Rahmen einer in Frankreich belegenen Betriebsstätte vereinnahmten und damit der regulären französischen Körperschaftsbesteuerung unterlagen. Der EuGH entschied, dass die Versagung des Anrechnungsanspruchs zu einer ungerechtfertigen Benachteiligung von französischen Betriebsstätten gegenüber Tochtergesellschaften führt und sah die Niederlassungsfreiheit gemäß Art. 43 EGV als verletzt an[112]:

---

[109] Dautzenberg, EWS 2001, 270; Kellersmann/Treisch, S. 137; Schön in: FS Lutter, 2000, S. 685 (693); Schön, EWS 2000, 281, fordert ein *„diskriminierungsfreies Angebot“* von selbständigen und unselbständigen Zweitniederlassungen als Rechtsformen grenzüberschreitender Wirtschaftstätigkeit.

[110] Dautzenberg, EWS 2001, 270; Herzig in: GS Knobbe-Keuk, S. 627 (633 ff.) für die Kapitalverkehrsfreiheit gemäß Art. 56 EGV; Zoll, S. 295 f.; a.A. Cordewener, DStR 2004, 6 (8); Cordewener, S. 831 ff.; Englisch, StuW 2003, 88 (94); Seer in: Gassner/Lang/Lechner, Beschränkte Steuerpflicht, S. 37 (54).

[111] EuGH v. 28.1.1986, Rs. C-270/83 (avoir fiscal), Slg. 1986, 273.

[112] EuGH v. 28.1.1986, Rs. C- 270/83 (avoir fiscal), Slg. 1986, 273, Randnrn. 18 und 22.

„Würde man also zulassen, daß der Mitgliedstaat der Niederlassung nach seinem Belieben eine ungleiche Behandlung allein deshalb vornehmen kann, weil sich der Sitz einer Gesellschaft in einem anderen Mitgliedstaat befindet, so würde diese Vorschrift ausgehöhlt." [...] „Die Tatsache, daß es den Versicherungsgesellschaften mit Sitz in einem anderen Mitgliedstaat freisteht, für ihre Niederlassung die Form einer Tochtergesellschaft zu wählen, um das Steuerguthaben erhalten zu können, kann auch keine Ungleichbehandlung rechtfertigen. Denn da Artikel 52 Absatz 1 Satz 2 den Wirtschaftsteilnehmern ausdrücklich die Möglichkeit läßt, die geeignete Rechtsform für die Ausübung ihrer Tätigkeit in einem anderen Mitgliedstaat frei zu wählen, darf diese freie Wahl nicht durch diskriminierende Steuerbestimmungen eingeschränkt werden."

Die Diskriminierung einer Zweigniederlassung kann damit nicht dadurch gerechtfertigt werden, dass andere Formen der Sekundärniederlassung, wie z.B. eine Tochtergesellschaft, offen stehen. Diese Feststellung deutet auf einen Anspruch auf rechtsformneutrale Besteuerung hin. An anderer Stelle stellt der Gerichtshof jedoch klar, dass er als Vergleichspaar die Kapitalgesellschaft mit Sitz in Frankreich auf der einen Seite[113] und die in Frankreich belegene Zweigniederlassung einer ausländischen Kapitalgesellschaft auf der anderen Seite untersucht[114]:

„Da im Laufe des Verfahrens verschiedentlich Unsicherheit über die Abgrenzung des Streitgegenstands entstanden ist, ist noch zu bemerken, daß die Klage die ungleiche Behandlung in bezug auf die Gewährung des Steuerguthabens von Versicherungsgesellschaften mit Sitz in Frankreich einschließlich der in Frankreich gegründeten Tochtergesellschaften ausländischer Gesellschaften auf der einen und in Frankreich errichteten Zweigniederlassungen und Agenturen von Versicherungsgesellschaften mit Sitz in einem anderen Mitgliedstaat auf der anderen Seite betrifft. Die Klage bezieht sich also nicht allgemein auf jede unterschiedliche Behandlung von Gesellschaften als unabhängigen juristischen Körperschaften einerseits und Zweigniederlassungen und Agenturen ohne eigene Rechtspersönlichkeit andererseits."

Der Gerichtshof bildet damit keinen „horizontalen" Vergleich, da er nicht die Betätigung durch eine Kapitalgesellschaft mit Sitz in Frankreich der Betätigung durch eine in Frankreich belegene Betriebsstätte gegenüberstellt. Durch die Bezugnahme auf die Betriebsstätte als Teil einer ausländischen Kapitalgesellschaft wird vielmehr ein grenzüberschreitendes Element eingeführt. Der EuGH vergleicht „vertikal" einen grenzüberschreitenden mit einem innerstaatlichen Wirtschaftsvorgang. Die Schlechterstellung der ausländischen Kapitalgesellschaft im

113 Und zwar sowohl eine Tochterkapitalgesellschaft einer französischen Gesellschaft als auch eine Tochterkapitalgesellschaft einer in einem anderen Mitgliedstaat ansässigen Gesellschaft. Das französische Steuerrecht sah in den urteilsrelevanten Fakten keine Unterschiede in der Besteuerung vor.

114 EuGH v. 28.1.1986, Rs. C-270/83 (avoir fiscal), Slg. 1986, 273, Randnr. 10.

Vergleich zu einer inländischen Kapitalgesellschaft beinhaltet lediglich gleichzeitig eine Diskriminierung einer Betriebsstätte gegenüber einer Tochtergesellschaft. Eine generelle Verpflichtung zur rechtsformneutralen Besteuerung von Tochtergesellschaften und Betriebsstätten kann der Entscheidung damit nicht entnommen werden.

In den folgenden Rechtssachen „Commerzbank“ sowie „Futura“ wurde hinsichtlich des Verhältnisses der Besteuerung von Betriebsstätten und Tochtergesellschaften lediglich auf die Ausführungen in der „avoir fiscal“-Entscheidung verwiesen[115].

bb) „Royal Bank of Scotland“

In dem Verfahren „Royal Bank of Scotland“[116] ging es um den Körperschaftsteuertarif einer in Griechenland belegenen Betriebsstätte. Das griechische Körperschaftsteuerrecht sah vor, dass Gesellschaften mit Sitz in Griechenland unter gewissen Voraussetzungen mit einem niedrigeren Steuersatz von 35% besteuert wurden, während Betriebsstätten ausländischer Kapitalgesellschaften immer einem Tarif von 40% unterlagen, ohne sich für den niedrigeren Steuersatz qualifizieren zu können. Der EuGH sah darin einen Verstoß gegen die Niederlassungsfreiheit. Er wies darauf hin, dass eine Steuervergünstigung, die Gebietsfremden nicht gewährt wird, als eine Diskriminierung angesehen wird, wenn kein objektiver Unterschied zwischen den Gebietsfremden und den Ansässigen besteht, der eine solche Ungleichbehandlung rechtfertigen könnte[117]:

> *„Zwar werden die Gesellschaften, die ihren Sitz in Griechenland haben, dort auf der Grundlage ihrer weltweit erzielten Einnahmen besteuert (unbeschränkte Steuerpflicht), während die ausländischen Gesellschaften, die in diesem Staat durch eine dauerhafte Niederlassung eine Geschäftstätigkeit ausüben, dort nur auf der Grundlage der Gewinne besteuert werden, die diese dauerhafte Niederlassung dort erzielt (beschränkte Steuerpflicht). Dieser Umstand, der darauf beruht, daß der Staat, in dem sich die Einkommensquelle befindet, im Verhältnis zu dem Staat, in dem die Gesellschaft ihren Sitz hat, nur über eine beschränkte Steuerhoheit verfügt, hindert jedoch nicht daran, die Situation beider Gruppen von Gesellschaften bei Gleichartigkeit sämtlicher übrigen Faktoren in bezug auf das Verfahren zur Ermittlung der Besteuerungsgrundlage als vergleichbar anzusehen.“*

---

[115] EuGH v. 13.7.1993, Rs. C-330/91 (Commerzbank), Slg. 1993, I-4017, Randnr. 13; SchlA GA Léger v. 15.5.1997, Rs. C-250/95 (Futura), Slg. 1997, I-2471, Randnr. 36.

[116] EuGH v. 29.4.1999, Rs. C-311/97 (Royal Bank of Scotland), Slg. 1999, I-2651.

[117] EuGH v. 29.4.1999, Rs. C-311/97 (Royal Bank of Scotland), Slg. 1999, I-2651, Randnr. 29.

Der EuGH vergleicht damit auch in der Rechtssache „Royal Bank of Scotland" lediglich die Besteuerung einer mit einer Betriebsstätte beschränkt steuerpflichtigen Kapitalgesellschaft mit einer in Griechenland ansässigen Kapitalgesellschaft (vertikaler Vergleich mit grenzüberschreitendem Bezug). Ein Gebot zur rechtsformneutralen Besteuerung lässt sich daraus nicht ableiten, da kein horizontaler Vergleich der Besteuerung von Betriebsstätten und der Besteuerung von Kapitalgesellschaften vorgenommen wird.

Die Entscheidung „Royal Bank of Scotland" ist allerdings in einer anderen Hinsicht interessant. Der EuGH wich darin erstmals von der im Einkommensteuerrecht verfolgten Linie ab, wo die Situation von beschränkt und unbeschränkt Steuerpflichtigen grundsätzlich als nicht vergleichbar angesehen wurde. In der Entscheidung „Schumacker"[118] hatte der EuGH zur steuerlichen Behandlung des belgischen Staatsangehörigen *Schumacker*, der mit seiner Familie in Belgien wohnte, sämtliche Einkünfte jedoch in Deutschland erzielte, noch ausgeführt[119]:

> *„Im Hinblick auf die direkten Steuern befinden sich Gebietsansässige und Gebietsfremde in der Regel nicht in einer vergleichbaren Situation. Das Einkommen, das ein Gebietsfremder im Hoheitsgebiet eines Staates erzielt, stellt meist nur einen Teil seiner Gesamteinkünfte dar, deren Schwerpunkt an seinem Wohnort liegt. Außerdem kann die persönliche Steuerkraft des Gebietsfremden, die sich aus der Berücksichtigung seiner Gesamteinkünfte sowie seiner persönlichen Lage und seines Familienstands ergibt, am leichtesten an dem Ort beurteilt werden, an dem der Mittelpunkt seiner persönlichen Interessen und seiner Vermögensinteressen liegt. Dieser Ort ist in der Regel der ständige Aufenthaltsort der betroffenen Person. So geht auch das internationale Steuerrecht, u.a. das Muster-Doppelbesteuerungsabkommen der Organisation für wirtschaftliche Zusammenarbeit und Entwicklung (OECD), davon aus, daß es grundsätzlich Sache des Wohnsitzstaats ist, den Steuerpflichtigen unter Berücksichtigung der seine persönliche Lage und seinen Familienstand kennzeichnenden Umstände umfassend zu besteuern."*

Die Unvergleichbarkeit wurde im Falle „Schumacker" vor allem auch auf die persönlichen oder familiären Verhältnisse (subjektives Nettoprinzip) bezogen. Da im Körperschaftsteuerrecht derartige persönliche Verhältnisse von vornherein nicht berücksichtigt werden können, ist dieser aus dem Urteil „Schumacker" resultierende Gedanke nicht übertragbar. Dies stellte auch der Generalanwalt in den Schlussanträgen zur Rechtssache „Royal Bank of Scotland" ausdrücklich fest[120]:

---

118 EuGH v. 14.2.1995, Rs. C-279/93 (Schumacker), Slg. 1995, I-225.

119 EuGH v. 14.2.1995, Rs. C-279/93 (Schumacker), Slg. 1995, I-225, Randnrn. 31 f.; vgl. auch EuGH v. 12.6.2003, Rs. C-234/01 (Gerritse), Slg. 2003, I-5933, Randnr. 43.

120 SchlA GA Alber v. 19.11.1998, Rs. C-311/97 (Royal Bank of Scotland), Slg. 1999, I-2652, Randnr. 44.

„Zunächst jedoch sollte eine klare Trennung zwischen natürlichen Personen und juristischen Personen im Hinblick auf etwaige Diskriminierungen auf dem Gebiet direkter Besteuerung vollzogen werden. Denn die bei der Besteuerung des Einkommens natürlicher Personen maßgeblichen Umstände, wie der Familienstand und die persönliche Lage (vgl. Urteil in der Rechtssache C-279/93 (Schumacker, [...]) gelten in der Weise nicht für juristische Personen."

Für das Körperschaftsteuerrecht lässt sich aus der Entscheidung „Royal Bank of Scotland" damit eine Vermutung dafür ableiten, dass die steuerliche Situation von beschränkt und unbeschränkt steuerpflichtigen Gesellschaften vergleichbar ist, soweit das objektive Nettoprinzip betroffen ist[121]. Der Generalanwalt führte hierzu aus[122]:

„Um einen Ausgleich zwischen der grundsätzlich berechtigten Differenzierung von Gebietsansässigen und Gebietsfremden [..] einerseits und der damit verbundenen Gefahr einer mittelbaren Diskriminierung andererseits zu schaffen, bedarf es einer Prüfung der Vergleichbarkeit der Situation. [...] Ist diese zu bejahen, müssen dann an die objektiv gleichartigen Situationen die gleichen Rechtsfolgen etwa in Form der Gewährung steuerlicher Vergünstigungen geknüpft werden.[...] Soweit die einschlägigen Vorschriften des griechischen Einkommensteuergesetzes in den Verfahrensunterlagen wiedergegeben sind, scheint die Ermittlung des versteuerbaren Einkommens inländischer und ausländischer Gesellschaften auf die gleiche Art und Weise zu erfolgen. [...] Letztlich ist es Sache des vorlegenden Gerichts, diese Bewertung im Tatsächlichen vorzunehmen."

cc) „Saint-Gobain"

In der Entscheidung „Saint-Gobain" stellt der EuGH fest, dass Betriebsstätten genauso wie inländischen Kapitalgesellschaften das internationale körperschaft- und vermögensteuerliche Schachtelprivileg sowie die indirekte Steueranrechnung zustünden[123]:

„Wenn danach die im Ausgangsverfahren streitigen Steuervergünstigungen den in Deutschland gelegenen Betriebsstätten ausländischer Gesellschaften versagt werden, sind für letztere Schachtelbeteiligungen über deutsche Betriebsstätten weniger attraktiv, da nach den deutschen Rechtsvorschriften und den Doppelbesteuerungsabkommen nur die deutschen Tochtergesellschaften, die als juristische Personen unbeschränkt steuerpflichtig sind, in den Genuß der betreffenden Steuererleichterungen kommen können, wodurch die freie Wahl der für die Ausübung der Tätigkeit in einem anderen Mitgliedstaat geeigneten Rechtsform, die Artikel 52

---

121 Ebenso Cordewener, S. 890 ff.; J. Hey, StuW 2004, 193 (195); Reimer in: Lehner, Grundfreiheiten, S. 39 (86); Schnitger, IStR 2004, 821 (822); Seer in: Gassner/Lang/Lechner, Beschränkte Steuerpflicht, S. 37 (52).

122 SchlA GA Alber v. 19.11.1998, Rs. C-311/97 (Royal Bank of Scotland), Slg. 1999, I-2652, Randnrn. 48 ff.

123 EuGH v. 21.9.1999, Rs. C-307/97 (Saint-Gobain), Slg. 1999, I-6161, Randnrn. 42 f.

Abs. 1 Satz 2 EG-Vertrag den Wirtschaftsteilnehmern ausdrücklich einräumt, eingeschränkt wird. Die unterschiedliche Behandlung der Zweigniederlassungen ausländischer Gesellschaften und der inländischen Gesellschaften sowie die Einschränkung der freien Wahl der Form des Zweigbetriebs sind somit als ein einheitlicher Verstoß gegen die Artikel 52 und 58 EG-Vertrag anzusehen."

Der EuGH weist damit zwar auf die Wahlfreiheit bezüglich der Form des Zweigbetriebs nach Art. 43 Abs. 1 S. 2 EGV hin. Die Einschränkung der Wahlfreiheit wird allerdings nur zusammen mit der unterschiedlichen Behandlung der Zweigniederlassung einer ausländischen Gesellschaft im Vergleich zu inländischen Gesellschaft als ein einheitlicher Verstoß gegen Art. 52 EWGV (jetzt Art. 43 EGV) bezeichnet. Der EuGH stellt somit auch auf die Ungleichbehandlung der Betriebsstätte einer ausländischen Kapitalgesellschaft im Vergleich zu einer inländischen Kapitalgesellschaft ab und nimmt dadurch einen vertikalen Vergleich vor. Ein Anspruch auf rechtsformneutrale Besteuerung kann daher aus der Entscheidung „Saint-Gobain" ebenfalls nicht abgeleitet werden[124].

dd) „Marks & Spencer"

Der anhängige Fall „Marks & Spencer" hat die Berücksichtigung von Verlusten ausländischer Tochtergesellschaften bei der Muttergesellschaft zum Gegenstand. Der Generalanwalt nimmt in seinen Schlussanträgen zur Frage der Vergleichspaarbildung folgendermaßen Stellung[125]:

„In der vorliegenden Rechtssache gelten für ausländische Zweigniederlassungen und Tochtergesellschaften unterschiedliche Steuerregelungen. [...] Dies rührt davon her, dass die Tochtergesellschaften noch immer als unabhängige rechtliche und steuerliche Einheiten behandelt werden. Somit besteht der Unterschied, der die Behandlung der beiden Niederlassungskategorien kennzeichnet, nicht nur darin, das eine besondere Vergünstigung auf Grund der Entscheidung, sich im Ausland in der Form von Tochtergesellschaften niederzulassen, entzogen wird. Sie beruht auf einem Unterschied der für die verschiedenen Niederlassungsformen geltenden Steuerregelungen. [...] Die Bestimmungen über die Niederlassungsfreiheit stehen jedoch einer unterschiedlichen steuerlichen Behandlung natürlicher oder juristischer Personen, deren Rechtstellung unterschiedlich ist, nicht entgegen. Zweck dieser Bestimmungen ist es nicht, einheitliche Regelungen für die verschiedenen Niederlassungsformen vorzuschreiben. In diesem Kontext soll sie nur die steuerliche Neutralität der Ausübung des Rechts auf Niederlassungsfreiheit in der Gemeinschaft gewährleisten. Jede andere Lösung würde darauf hinauslaufen, dass die einschneidendsten Besteuerungsregelungen in den Mitgliedstaaten in Frage gestellt würden, auch wenn diese nicht eigens auf eine transnationale Si-

124 Ebenso Cordewener, S. 832 ff.

125 SchlA GA Maduro v. 7.4.2005, Rs. C-446/03 (Marks & Spencer), RIW 2005, 383, Randnrn. 48 f.

tuation abstellen. Dies kann nicht Ziel der Vertragsbestimmungen über die Freizügigkeit sein.“

Der Generalanwalt bringt damit eindeutig zum Ausdruck, dass sich eine pauschale Gleichbehandlung von Betriebsstätten und rechtlich selbständigen Tochtergesellschaften gemeinschaftsrechtlich nicht begründen lässt. Er erteilt damit einer horizontalen Vergleichspaarbildung eine klare Absage[126]. Das Urteil des EuGH steht noch aus.

ee) Bewertung der EuGH-Rechtsprechung

Der EuGH hat sich in einer Reihe von Entscheidungen mit der Besteuerung von beschränkt steuerpflichtigen Kapitalgesellschaften, insbesondere mit der Besteuerung von Betriebsstätten, befasst und dabei regelmäßig eine Verletzung der Niederlassungsfreiheit festgestellt, wenn die ausländische Gesellschaft, die in einem anderen Mitgliedstaat durch eine Betriebsstätte tätig wurde, schlechter gestellt war als eine gebietsansässige Gesellschaft. Im Bereich der Körperschaftsteuer lässt sich damit die Vermutung ableiten, dass die steuerliche Situation unbeschränkt und beschränkt Steuerpflichtiger grundsätzlich vergleichbar ist.

Eine Verpflichtung der Mitgliedstaaten zu einer rechtsformneutralen Besteuerung ergibt sich aus der bisherigen EuGH-Rechtsprechung indes nicht. Zwar hat der EuGH in einigen Entscheidungen, insbesondere in den Rechtssachen „avoir fiscal“ und „Saint-Gobain“, festgestellt, dass die in Art. 43 EGV niedergelegte freie Wahl der Form der Niederlassung nicht durch eine diskriminierende Behandlung der einen oder andere Form ausgehöhlt werden dürfe. In allen bislang ergangenen Urteilen handelte es sich jedoch nicht nur um eine Betriebsstätte, die mit einer Tochtergesellschaft verglichen wurde, sondern zugleich um eine Betriebsstätte einer ausländischen Kapitalgesellschaft. Der sog. „horizontale“ Vergleich verschiedener Niederlassungsformen beinhaltete damit zugleich einen sog. „vertikalen“ Vergleich von grenzüberschreitenden und rein innerstaatlichen Wirtschaftsvorgängen[127].

---

126 So auch Herzig/Englisch/Wagner, Der Konzern 2005, 298 (304); vorsichtiger M. Lang, SWI 2005, 255 (259 f.), der darauf hinweist, dass die Beurteilung nicht automatisch auf die Steuerrechtsordnungen anderer Mitgliedstaaten übertragen werden könne; differenzierend Scheunemann, IStR 2005, 303 (305): Die Muttergesellschaft mit einer ausländischer Tochtergesellschaft könne nur dann mit einer Muttergesellschaft mit einer ausländischen Betriebsstätte verglichen werden, wenn sich die Muttergesellschaft hinsichtlich der Tochtergesellschaft verpflichtet habe, für deren Schulden einzustehen (z.B. durch eine Patronatserklärung).

127 So auch Herzig/Englisch/Wagner, Der Konzern 2005, 298 (301).

Die Forderung einer rechtsformneutralen Besteuerung würde auch keine Stütze im Wortlaut des Art. 43 EGV finden, in dem die verschiedenen Niederlassungsformen gleichberechtigt nebeneinander aufgezählt sind, ohne dass zum Ausdruck kommt, dass die Unterschiede in der steuerlichen Behandlung von den Mitgliedstaaten aufzuheben sind[128]. Der mit einer horizontalen Vergleichspaarbildung verbundene Anspruch auf eine rechtsformneutrale Besteuerung würde zudem zu einer (aus europarechtlicher Sicht nicht zu rügenden) Diskriminierung von Inländern führen, die eine unterschiedliche Behandlung von Betriebsstätten und Tochtergesellschaften nicht beanstanden dürften. Die Einführung einer rechtsformneutralen Besteuerung würde diese Ungleichbehandlung der Inländer zwar beseitigen. Die Entscheidungsfreiheit des nationalen Gesetzgebers in der Ausgestaltung seines Steuersystems wäre durch eine solche Forderung jedoch zu weitgehend beschnitten[129]. Die gegenwärtige Fassung des EGV bietet keine ausreichende Rechtsgrundlage für eine derart extensive Auslegung der europarechtlichen Grundfreiheiten. Die Zuständigkeit für den Bereich der direkten Steuern liegt nach wie vor bei den Mitgliedstaaten[130].

2. Schutzrichtung

Die Niederlassungsfreiheit wurde ursprünglich als reines Diskriminierungsverbot verstanden[131]. Mittlerweile entspricht es allgemeiner Auffassung in Rechtsprechung[132] und Literatur[133], dass die europarechtlichen Grundfreiheiten, insbesondere die Niederlassungsfreiheit, nicht nur ein Diskriminierungsverbot, sondern auch ein Beschränkungsverbot enthalten. In der Funktion als Diskriminierungsverbot (Gleichheitsrecht) stellt Art. 43 EGV z.B. in „Zuzugsfällen" sicher, dass ausländische Staatsangehörige bzw. im Ausland gegründete Gesellschaften

---

128 In diese Richtung tendiert nunmehr auch *Schön*, siehe IStR 2004, 289 (300).

129 So auch Cordewener, S. 832 f.; Schnitger, IStR 2004, 821 (825); siehe auch GA Maduro v. 7.4.2005, Rs. C-446/03 (Marks & Spencer), RIW 2005, 383, Randnr. 49.

130 Siehe hierzu 5. Teil D I 3 b) dd) (7) (β).

131 Überblick über die Entwicklung vom Diskriminierungs- zum Beschränkungsverbot siehe Everling in: GS Knobbe-Keuk, S. 607 ff.; vgl. Troberg in: GTE Art. 52 EGV Rz. 46 m.w.N.

132 St. Rspr., vgl. EuGH v. 27.9.1988, Rs. C-81/87 (Daily Mail), Slg. 1988, 5483, Randnr. 16; EuGH v. 30.11.1995, Rs. C-55/94 (Gebhard), Slg. 1995, I-4165, Randnr. 37; EuGH v. 15.12.1995, Rs. C-415/93 (Bosman), Slg. 1995, I-4921, Randnr. 96; EuGH v. 16.7.1998, Rs. C-264/96 (ICI), Slg. 1998, I-4695, Randnr. 21.

133 Classen, EWS 1995, 97 (98); Herzig in: GS Knobbe-Keuk, S. 627 ff.; Knobbe-Keuk, DB 1990, 2573; Kokott in: Lehner, Grundfreiheiten, S. 12 ff.; Lackhoff/Raczinski, EWS 1997, 109 (111); Müller-Graff in: Streinz Art. 43 EGV Rz. 57; Randelzhofer/Forsthoff in: Grabitz/Hilf Art. 43 EGV Rz. 84 ff.; Roth in: GS Knobbe-Keuk, S. 729 (741); Streinz § 12 Rz. 671 ff.; Thömmes, DStJG 19 (1996), S. 81 (87 f.); kritisch Lehner in: DStJG 23 (2000), S. 263 ff.

im Inland nicht schlechter behandelt werden als Inländer[134]. In der Funktion als Beschränkungsverbot (Freiheitsrecht) wendet sich die Niederlassungsfreiheit gegen eine Behinderung der wirtschaftlichen Betätigung in einem anderen EU-Mitgliedstaat. Die vom EuGH zum Beschränkungsverbot entwickelte Formel stellt darauf ab, ob die zu prüfende Vorschrift die Ausübung der Grundfreiheit behindert oder weniger attraktiv macht[135]. Die Niederlassungsfreiheit beinhaltet damit auch eine Wegzugsfreiheit[136].

Die Dogmatik für die freiheitsrechtliche Komponente der Grundfreiheiten ist im Vergleich zu den Diskriminierungsverboten weit weniger ausgereift[137]. Bei extensiver Auslegung wäre nahezu jede steuerrechtliche Vorschrift als Beschränkung auszulegen. In der Literatur wird daher angenommen, dass die Dimension als Freiheitsrecht die gleichheitsrechtliche Komponente ergänzt und im Zweifel nur dann anwendbar ist, wenn das Diskriminierungsverbot das Ziel der Grundfreiheiten, die Marktöffnung, nicht ermöglicht[138].

III. Dienstleistungsfreiheit gemäß Art. 49 EGV

Die Dienstleistungsfreiheit gemäß Art. 49 EGV gewährleistet den freien Dienstleistungsverkehr zwischen den Mitgliedstaaten. Sie kann gemäß Art. 55 EGV auch von Gesellschaften i.S.d. Art. 48 EGV in Anspruch genommen werden[139]. „Dienstleistungen“ sind nach Art. 50 EGV Leistungen, die in der Regel gegen Entgelt erbracht werden, z.B. gewerbliche, kaufmännische, handwerkliche sowie freiberufliche Tätigkeiten. Die Dienstleistungsfreiheit und die Niederlassungsfreiheit schließen sich grundsätzlich tatbestandsmäßig aus, wobei Art. 49 EGV als subsidiäre Norm zurücktritt[140]. Im Gegensatz zur Niederlassungsfreiheit, die auf ein zeitlich unbegrenztes Engagement abstellt, erfasst die Dienstleistungsfreiheit die punktuelle, vorübergehende oder nur gelegentliche Tätigkeit in einem anderen Mitgliedstaat. Wird eine Kapitalgesellschaft daher auf Dauer in dem anderen Mitgliedstaat durch eine Betriebsstätte tätig, unterfällt dieses Tä-

---

134 Die Diskriminierungsverbote führen damit zur sog. „Kästchengleichheit“ in den Mitgliedstaaten, so Birk in: DStJG 19 (1996), S. 63 (77 f.); Lehner in: FS Offerhaus, S. 117 (131); Wernsmann, EuR 1999, 754 (757).

135 EuGH v. 31.3.1993, Rs. C-19/92 (Kraus), Slg. 1993, I-1663, Randnr. 32; EuGH v. 30.11.1995, Rs. C-55/94 (Gebhard), Slg. 1995, I-4165, Randnr. 37.

136 So Behrens, ZGR 1994, 1 (15 f.); Sandrock, BB 1999, 1337.

137 Cordewener, DStR 2004, 6 (8); Randelzhofer/Forsthoff in: Grabitz/Hilf Art. 43 EGV Rz. 89.

138 Cordewener, S. 324; Reimer in: Lehner, Grundfreiheiten, S. 39 (44).

139 Müller-Graff in: Streinz Art. 49 EGV Rz. 56.

140 EuGH v. 30.11.1995, Rs. C-55/94 (Gebhard), Slg. 1995, I-4165, Randnr. 22; Müller-Graff in: Streinz Art. 43 EGV Rz. 101.

tigwerden dem Schutzbereich der Niederlassungsfreiheit, welche die Dienstleistungsfreiheit verdrängt.

IV. Kapitalverkehrsfreiheit gemäß Art. 56 EGV

1. Schutzbereich

Art. 56 EGV verbietet sämtliche Beschränkungen des Kapital- und Zahlungsverkehrs[141] zwischen den Mitgliedstaaten sowie zwischen den Mitgliedstaaten und dritten Ländern. Der Begriff „Kapitalverkehr" ist im EGV nicht definiert. Der EuGH[142] orientiert sich bei der Auslegung an einem Katalog im Anhang zur Kapitalverkehrsrichtlinie[143]. Der Schutzbereich der Kapitalverkehrsfreiheit umfasst danach den grenzüberschreitenden Transfer von Geld- und Sachkapital, der zu Geldforderungen oder Verpflichtungen führt[144]. Die Kapitalverkehrsfreiheit gilt auch für Gesellschaften[145].

Investiert eine Gesellschaft in einem anderen Mitgliedstaat, indem sie z.B. eine Tochtergesellschaft gründet oder Geld- bzw. Sachkapital gegen die Gewährung neuer Gesellschaftsanteile überträgt, kann der Schutzbereich der Kapitalverkehrsfreiheit tangiert sein. Unternehmerischer Einfluss ist für die Inanspruchnahme der Kapitalverkehrsfreiheit nicht erforderlich, aber auch nicht schädlich. Die Kapitalverkehrsfreiheit ist bereits dann anwendbar, wenn eine ausländische Gesellschaft auch nur einen einzigen Anteil an einer deutschen Gesellschaft erwirbt.

2. Schutzrichtung

Schon der Wortlaut des Art. 56 EGV verbietet sämtliche Beschränkungen des Kapitalverkehrs zwischen den Mitgliedstaaten und dritten Ländern. Die Kapitalverkehrsfreiheit erweist sich damit von vorneherein nicht nur als Diskriminierungs-, sondern auch als Beschränkungsverbot[146].

---

141 Der Zahlungsverkehrsfreiheit kommt in vielen Fällen nur eine Hilfsfunktion zu. Sie wird daher im Folgenden nicht näher behandelt.

142 Vgl. EuGH v. 16.3.1999, Rs. C-222/97 (Trummer und Mayer), Slg. 1999, I-1661, Randnr. 21.

143 Richtlinie 88/361/EWG v. 24. Juni 1988 zur Durchführung von Art. 76 des Vertrags, ABl. 1988 Nr. L 178 v. 8.7.1988, S. 5 ff. Beispiele: Direkt- und Immobilieninvestitionen, Geschäfte mit Wertpapieren, Investmentanteilen, Einfuhr und Ausfuhr von Vermögenswerten.

144 So Sedlaczek in: Streinz Art. 56 EGV Rz. 6.

145 Vgl. nur Randelzhofer/Forsthoff in: Grabitz/Hilf Art. 48 EGV Rz. 27.

146 Vgl Freitag, EWS 1997, 186 (187); zur Wirkung gegenüber Staaten außerhalb der EU siehe 5. Teil F.

3. Ausnahme gemäß Art. 58 Abs. 1 Buchst. a) EGV

Die sog. „Steuerklausel" gemäß Art. 58 Abs. 1 Buchst. a) EGV gestattet den Mitgliedstaaten die Anwendung steuerlicher Vorschriften, die Steuerpflichtige mit unterschiedlichem Wohnort oder Kapitalanlageort unterschiedlich behandeln. Art. 58 Abs. 3 EGV schränkt diese Erlaubnis jedoch wiederum dadurch ein, dass die steuerlichen Vorschriften nicht willkürlich sein bzw. keine verschleierte Beschränkung des freien Kapital- und Zahlungsverkehrs darstellen dürfen.

Die Bedeutung der Steuerklausel wurde im Schrifttum lange Zeit heftig diskutiert. Vereinzelt wurde die Vorschrift als allgemeiner Anwendungsvorbehalt verstanden, der die unterschiedliche steuerliche Behandlung von beschränkt und unbeschränkt Steuerpflichtigen bzw. von unbeschränkt Steuerpflichtigen mit unterschiedlichem Kapitalanlageort von dem Anwendungsbereich der Kapitalverkehrsfreiheit gemäß Art. 56 EGV ausnimmt[147].

Mehrheitlich wurde dem Steuervorbehalt des Art. 58 Abs. 1 Buchst. a) EGV jedoch eine lediglich deklaratorische Bedeutung beigemessen[148]. Der Steuervorbehalt solle nur klarstellen, dass die Unterscheidung zwischen unbeschränkter und beschränkter Steuerpflicht (bzw. zwischen in- und ausländischem Kapitalanlageort) im Steuerrecht sachgerecht sein könne. Bei einer unterschiedlichen Behandlung sei jedoch – wie bei jedem anderen Eingriff in die Kapitalverkehrsfreiheit - ein anerkennenswerter Rechtfertigungsgrund erforderlich[149]. Dieser Ansicht ist zu folgen. Dies ergibt sich bereits aus Art. 58 Abs. 3 EGV, der die Ausnahmen des Absatzes 1 wiederum dadurch beschränkt, indem er willkürliche Diskriminierungen verbietet. Eine Auslegung des Steuervorbehalts als allgemeiner Anwendungsvorbehalt bei Differenzierungen zwischen beschränkter und unbeschränkter Steuerpflicht (bzw. bei unterschiedlichem Kapitalanlageort) hät-

---

147 So de Bont, EC Tax Review 1995, 136 (138 f.). Diese Interpretation würde dazu führen, dass die unterschiedliche Behandlung von beschränkt und unbeschränkt Steuerpflichtigen (bzw. eine Unterscheidung nach der unterschiedlichen Belegenheit des Kapitalanlageortes) in den nationalen Steuerrechtsordnungen nicht anhand der Kapitalverkehrsfreiheit gemäß Art. 56 EGV überprüft werden könnte.

148 So Bachmann, EC Tax Review 1995, 237 (239); Dautzenberg, RIW 1998, 537 (538); Hinnekens, European Taxation 1996, 286; Kiemel in: von der Groeben/Schwarze Art. 58 EGV Rz. 2; Matzka, S. 91 ff.; Schön in: GS Knobbe-Keuk, S. 743 (768); Ståhl, EC Tax Review 1997, 227 (229); Tumpel in: DStJG 23 (2003), S. 321 (327).

149 Ebenso Frotscher, IntStR, S. 40 f.; Kluge, IntStR, S. 122; Reimer in: Lehner, Grundfreiheiten, S. 39 (73); Ruppe in: Lechner/Staringer/Tumpel, Kapitalverkehrsfreiheit, S. 9 (21); Schön in: GS Knobbe-Keuk, S. 743 (767); Sedlaczek in: Lechner/Staringer/Tumpel, Kapitalverkehrsfreiheit, S. 27 (52); Ståhl, EC Tax Review 1997, 227 (229).

te zudem einen Rückschritt, einen Verlust des „acquis communautaire" bedeutet. Die Artt. 56 ff. EGV waren zwar erst mit Wirkung ab dem 1.1.1994 durch den Vertrag von Maastricht als unmittelbar anwendbares Recht in den EGV aufgenommen wurden. Die Kapitalverkehrsfreiheit war jedoch bereits vorher als Individualrecht für den einzelnen Marktbürger in der ab dem 1.7.1990 anwendbaren Kapitalverkehrsrichtlinie[150] etabliert, ohne dass die Unterscheidung zwischen unbeschränkter und beschränkter Steuerpflicht aus dem Anwendungsbereich ausgenommen gewesen wäre[151]. Die lediglich deklaratorische Bedeutung des Art. 58 Abs. 1 Buchst. a) EGV ergibt sich schließlich auch der jüngeren EuGH-Rechtsprechung[152]. In der Entscheidung „Verkooijen"[153] legte der EuGH die Kapitalverkehrsfreiheit nach Art. 73d EWGV so aus, wie sie ohne den Steuervorbehalt bestehen würde, auch wenn anzumerken ist, dass die dort überprüften Vorgänge aus der Zeit vor dem Inkrafttreten des Vertrags von Maastricht stammten[154].

V. Allgemeines Diskriminierungsverbot gemäß Art. 12 EGV

Die im EGV verankerten Grundfreiheiten werden durch das allgemeine Diskriminierungsverbot aus Gründen der Staatsangehörigkeit gemäß Art. 12 EGV ergänzt, das auch juristische Personen erfasst (Art. 48 EGV)[155].

VI. Konkurrenzen

Die herrschende Meinung in der Literatur geht davon aus, dass die Grundfreiheitsrechte sich nicht gegenseitig ausschließen, sondern jedes Recht eine andere

---

150 Richtlinie 88/361/EWG v. 24. Juni 1988 zur Durchführung von Art. 76 des Vertrags, ABl. 1988 Nr. L 178 v. 8.7.1988, S. 5 ff.

151 Dass ein derartiger Rückschritt nicht gewollt war, wird auch aus der gemeinsamen Erklärung der Mitgliedstaaten zur Maastrichter Schlussakte: (Maastrichter) Schlussakte zum EUV v. 7.2.1992, Abschnitt III Nr. 7: Erklärung [Nr. 7] zur Art. 73d EGV [a.F.] deutlich: *„Die Konferenz bekräftigt, dass das in Art. 73d Absatz 1 Buchstabe a des Vertrages zur Gründung der Europäischen Gemeinschaft erwähnte Recht der Mitgliedstaaten, die einschlägigen Vorschriften ihres Steuerrechts anzuwenden, nur für die einschlägigen Vorschriften gilt, die Ende 1993 bestehen. Diese Erklärung betrifft jedoch nur den Kapital- und Zahlungsverkehr zwischen den Mitgliedstaaten."*

152 So auch Mössner/Kellersmann, DStZ 1999, 505 (510); Seer/Haken, SteuerStud 2001, 344 (348).

153 EuGH v. 6.6.2000, Rs. C-35/98 (Verkooijen), Slg. 2000, I-4071, Randnr. 43; vgl. auch EuGH v. 26.9.2000, Rs. C-478/98 (Kommission ./. Belgien), Slg. 2000, I-7587.

154 Siehe ferner SchlA GA Kokott v. 12.2.2004, Rs. C-242/03 (Weidert und Paulus), Randnrn. 23 ff. (abrufbar unter: http://curia.eu.int); SchlA GA Kokott v. 18.3.2004, Rs. C-319/02 (Manninen), IStR 2004, 313, Randnrn. 36 ff.

155 Streinz in: Streinz Art. 12 EGV Rz. 33.

Dimension des Vorgangs schützt[156]. Der EuGH hat sich bislang nicht ausdrücklich zum Konkurrenzverhältnis der Grundfreiheiten geäußert. In seiner Spruchpraxis spielt die Abgrenzung jedoch oftmals keine Rolle[157]. In Vorlagefällen, in denen es um Beteiligungen geht, prüft der EuGH zunächst die Vereinbarkeit mit der Niederlassungsfreiheit und verzichtet, soweit er die Unvereinbarkeit feststellt, mangels Entscheidungsrelevanz auf die Prüfung der Kapitalverkehrsfreiheit[158]. Rechtfertigungsgründe für die Einschränkung der Niederlassungsfreiheit sind auch für die Kapitalverkehrsfreiheit anwendbar[159]. Das gilt auch im Verhältnis zwischen der Kapitalverkehrsfreiheit und der Dienstleistungsfreiheit[160]. Die Verfahrensweise des EuGH spricht damit ebenfalls für eine parallele Anwendung der Grundfreiheiten[161].

Aufgrund der wechselseitigen Vorbehalte in Art. 43 Abs. 2 EGV und Art. 58 Abs. 2 EGV besteht zwischen der Kapitalverkehrsfreiheit und der Niederlassungsfreiheit ein besonders enger Zusammenhang. Die Kreuzverweise sollen verdeutlichen, dass jede Maßnahme auf der Basis einer der Grundfreiheiten auch vor der anderen Grundfreiheit Bestand haben soll. Der Anwendungsbereich der beiden Grundfreiheiten ist danach abzugrenzen, ob die Beteiligung an der in dem anderen Mitgliedstaat belegenen Gesellschaft lediglich eine Kapitalanlage darstellt oder ob die Beteiligung mit der Absicht gehalten wird, eine Form von unternehmerischer Kontrolle auszuüben, wobei hierbei zum einen auf die Beteiligungsquote[162], zum anderen auf die Kontrollmöglichkeiten nach dem jeweili-

---

156 Dautzenberg, BB 2001, 2137; Eicker/Obser, IStR 2004, 443; Kessler/Eicker/Obser, IStR 2004, 325 (326); Lausterer, IStR 2003, 19 (22); Mössner/Kellersmann, DStZ 1999, 505 (508 f.); Schön in: GS Knobbe-Keuk, S. 743 (749 f.); Schön in: FS Wassermeyer, S. 489 (499); Sedlaczek in: Streinz Art. 56 EGV Rz. 12 f.; Ress/Ukrow in: Grabitz/Hilf Art. 56 EGV Rz. 33; a.A. Freitag, EWS 1997, 186 (190 f.); Ohler, WM 1996, 1801 (1802); Weber EuZW 1992, 561 (564).

157 So auch Prinz/Cordewener, GmbHR 2003, 80 (83).

158 So z.B. EuGH v. 18.11.1999, Rs. C-200/98 (X-AB und Y-AB), Slg. 1999, I-8261, Randnrn. 29 f.

159 EuGH v. 18.11.1999, Rs. C-200/98 (X-AB und Y-AB), Slg. 1999, I-8261, Randnrn. 29 f.; EuGH v. 13.4.2000, Rs. C-251/98 (Baars), Slg. 2000, I-2787; EuGH v. 8.3.2001, Rs. C-397/98 und C-410/98 (Metallgesellschaft/Hoechst), Slg. 2001, I-1727, Randnr. 74.

160 EuGH v 14.11.1995, Rs. C-484/93 (Svensson und Gustavsson), Slg. 1995, I-3955; EuGH v. 28.4.1998, Rs. C-118/96 (Safir), Slg. 1998, I-1897.

161 Siehe insbes. SchlA GA Alber v. 14.10.1999, Rs. C-251/98 (Baars), Slg. 2000, I-2789, Randnrn. 21 ff.

162 Daniels, EC Tax Review 1999, 39 (Quote von 49% unter Hinweis auf EuGH v. 16.7.1998, Rs. C 264/96 (ICI), Slg. 1998, I-4695); Geurts, IStR 2000, 572 (573) (Quote von 25%); Sedlaczek in: Streinz Art. 56 EGV Rz. 12 (Verweis auf die Vierte gesellschaftsrechtliche Richtlinie 78/660/EWG ABl. 1978 Nr. L 222/11 und die Siebte gesellschaftsrechtliche Richtlinie 83/349/EWG ABl. 1983 Nr. L 193/1).

gen Gesellschaftsvertrag[163] abgestellt wird. Im ersten Fall, in dem die bloße Finanzanlage im Vordergrund steht, ist die Kapitalverkehrsfreiheit einschlägig. Im zweiten Fall, der Ausübung unternehmerischer Kontrolle, ist die Niederlassungsfreiheit anwendbar[164].

Das allgemeine Diskriminierungsverbot gemäß Art. 12 EGV ist gegenüber den Grundfreiheiten des EGV, insbesondere gegenüber der Niederlassungsfreiheit, der Dienstleistungsfreiheit und der Kapitalverkehrsfreiheit subsidiär[165]. Der Vorschrift kommt allerdings als Strukturprinzip der Gemeinschaft die Funktion einer Interpretationsmaxime bei der Auslegung der anderen Bestimmungen zu[166].

C. EG-Richtlinien

EG-Richtlinien wirken zwar im Regelfall nicht unmittelbar, weil sie erst von den Mitgliedstaaten umgesetzt werden müssen (Art. 249 EGV). Zu einer unmittelbaren Wirkung der Richtlinie kommt es vielmehr lediglich, wenn die Umsetzung nicht innerhalb der dafür vorgesehenen Frist erfolgt, die Richtlinie hinreichend genau formuliert ist sowie die konkrete Bestimmung eine den Einzelnen gegenüber dem Staat begünstigende Regelung enthält (sog. „unmittelbare Wirkung")[167]. Aus der Verpflichtung zur Umsetzung der Richtlinien leitet der EuGH jedoch auch die Verpflichtung der Mitgliedstaaten ab, das nationale Recht im Regelungsbereich einer bestimmten Richtlinie richtlinienkonform auszulegen[168].

Der Wechsel von unbeschränkter und beschränkter Steuerpflicht bei Kapitalgesellschaften könnte insbesondere von der Fusionsrichtlinie[169] beeinflusst sein. Die FRL sieht für bestimmte grenzüberschreitende Umstrukturierungsmaßnahmen (Verschmelzung, Spaltung, Einbringung, Anteilstausch) Steuerneutralität

---

163 SchlA GA Alber v. 14.10.1999, Rs. C-251/98 (Baars), Slg. 2000, I-2789, Randnr. 33.

164 Kellersmann/Treisch, S. 169 ff.; Sedlaczek in: Streinz Art. 56 EGV Rz. 12 f.

165 EuGH v. 12.5.1998, Rs. C-336/96 (Gilly), Slg. 1998, I-2793, Randnr. 37; EuGH v. 13.4.2000, Rs. C-251/98 (Baars), Slg. 2000, I-2787, Randnr. 23; SchlA GA Alber v. 19.11.1998, Rs. C-311/97 (Royal Bank of Scotland), Slg. 1999, I-2652, Randnr. 31; Müller-Graff in: Streinz Art. 43 EGV Rz. 96; Müller-Graff in: Streinz Art 49 EGV Rz. 134; Streinz in: Streinz Art. 12 EGV Rz. 14.

166 Siehe Holoubek in: Schwarze Art. 12 EGV Rz. 5.

167 Streinz § 5 Rz. 395 ff.

168 Streinz § 5 Rz. 403 ff. m.w.N.

169 Richtlinie EWG Nr. 90/434 v. 23.7.1990 über das gemeinsame Steuersystem für Fusionen, Spaltungen, die Einbringung von Unternehmensteilen und den Austausch von Anteilen, die Gesellschaften verschiedener Mitgliedstaaten betreffen, ABl. 1990 Nr. L 225/1 v. 20.8.1990, geändert durch Beitrittsakte 1994, ABl. 1995 Nr. L 1 S. 1/144 und Betrittsakte 2004, ABl. 2003 Nr. L 236 S. 1/559, im Folgenden „FRL".

vor, indem die in den nationalen Steuerrechtsordnungen an sich vorgesehene Aufdeckung der stillen Reserven aufgeschoben wird. Der Tatbestand der grenzüberschreitenden Sitzverlegung war über lange Zeit von der FRL nicht erfasst. Anlässlich der Schaffung der Europäischen Aktiengesellschaft (Societas Europaea – SE[170]) und der Europäischen Genossenschaft (Societas Cooperativa Europaea - SCE[171]) wurden jedoch „Regeln für die Sitzverlegung einer SE oder einer SCE“ als Titel IVb in die FRL aufgenommen[172]. Die Ausdehnung der FRL auf die Sitzverlegung „gewöhnlicher“ Gesellschaften wird vielfach gefordert[173].

D. Zusammenfassung

Die direkten Steuern befinden sich zwar nach wie vor im Zuständigkeitsbereich der Mitgliedstaaten. Die Mitgliedstaaten müssen ihre Befugnisse aber unter der Wahrung des Gemeinschaftsrechts ausüben. Der Gesetzgeber ist daher bei der Ausgestaltung der beschränkten und unbeschränkten Steuerpflicht sowie bei der Regelung des Wechsels der Steuerpflichtart an die europarechtlichen Vorgaben gebunden. Der Wechsel von unbeschränkter und beschränkter Steuerpflicht von Kapitalgesellschaften durch die Verlegung von Sitz und/oder Geschäftsleitung kann insbesondere vom Schutzbereich der Niederlassungsfreiheit gemäß Art. 43 EGV umfasst sein, die den Gesellschaften im Gemeinschaftsgebiet das Recht auf freie Standortwahl der Hauptniederlassung und der Gründung von Tochtergesellschaften, Zweigniederlassungen oder anderen Sekundärniederlassungen gewährt. Die Niederlassungsfreiheit wirkt sowohl als Diskriminierungs- als auch als Beschränkungsverbot. Das bedeutet einerseits, dass ausländische Kapitalgesellschaften bei der Ausübung ihrer sekundären Niederlassungsfreiheit durch die Begründung oder Unterhaltung einer Betriebsstätte in Deutschland nicht schlechter behandelt werden dürfen als inländische Kapitalgesellschaften. Andererseits dürfen die in Deutschland ansässigen Kapitalgesellschaften auch nicht behindert werden, wenn sie sich in einem anderen Mitgliedstaat niederlassen oder dort Geschäfte betreiben wollen. Eine allgemeine Verpflichtung zur rechts-

170 Verordnung (EG) Nr. 2157/2001 des Rates v. 8.10.2001 über das Statut der Europäischen Gesellschaft (SE), ABl. 2001 Nr. L 294, S. 1 v. 10.11.2001, im Folgenden „SE-VO“.

171 Verordnung (EG) Nr. 1435/2003 des Rates v. 22.7.2003 über das Statut der Europäischen Genossenschaften (SCE), ABl. 2003 Nr. L 207/1 v. 18.8.2003.

172 Richtlinie 2005/19/EG des Rates vom 17.2.2005 zur Änderung der Richtlinie 90/434/EWG über das gemeinsame Steuersystem für Fusionen, Spaltungen, die Einbringung von Unternehmensteilen und den Austausch von Anteilen, die Gesellschaften verschiedener Mitgliedstaaten betreffen, ABl. 2005 Nr. L 58, S. 19 (im Folgenden „ÄndRL zur FRL“). Die geänderte Richtlinie wird im Folgenden als „FRL n.F.“ bezeichnet.

173 Albrecht in: Haritz/Benkert § 23 UmwStG Rz. 24; Herzig/Dautzenberg/Heyeres, DB 1991, Beilage 12 zu Heft 41, S. 15; Hügel, ZGR 1999, 71 (108).

formneutralen Besteuerung kann aus dem EGV und der Rechtsprechung des EuGH indes nicht abgeleitet werden. Neben der Dienstleistungsfreiheit gemäß Art. 49 EGV ist die Kapitalverkehrsfreiheit nach Art. 56 EGV zu beachten; Art. 58 EGV enthält keine allgemeine Erlaubnis zur Ungleichbehandlung von beschränkt und unbeschränkt Steuerpflichtigen.

4. Teil: Derzeitige Rechtslage in Deutschland

A. Unbeschränkte Körperschaftsteuerpflicht

I. Wesen der unbeschränkten Körperschaftsteuerpflicht

Die Körperschaftsteuer kennt wie die Einkommensteuer ein Nebeneinander von beschränkter und unbeschränkter Steuerpflicht. Unbeschränkt steuerpflichtig sind die in § 1 Abs. 1 KStG aufgeführten Körperschaften, Personenvereinigungen und Vermögensmassen mit Sitz oder Geschäftsleitung im Inland. Die unbeschränkte Körperschaftsteuerpflicht erstreckt sich nach § 1 Abs. 2 KStG auf das gesamte Welteinkommen (Welteinkommensprinzip[174]). Vorbehaltlich einer anderweitigen Regelung in den nationalen Steuergesetzen oder in den Doppelbesteuerungsabkommen unterfallen damit sämtliche positive und negative Einkünfte aus dem In- und Ausland der Besteuerung nach dem KStG. Das Welteinkommensprinzip entspricht der Forderung der Besteuerung nach der wirtschaftlichen Leistungsfähigkeit, indem es in- und ausländisches Einkommen grundsätzlich gleich behandelt[175]. Die Besteuerung des gesamten Welteinkommens wird aber auch damit gerechtfertigt, dass der Bezieher der Einkünfte den Schwerpunkt seiner Geschäftstätigkeit innerhalb des staatlichen Hoheitsbereichs hat[176]. Aus wirtschaftswissenschaftlicher Sicht verwirklicht das Welteinkommensprinzips die sog. „Kapitalexportneutralität", indem es Wettbewerbsverzerrungen nach Maßgabe des Ortes einer Investition vermeidet[177].

II. Kreis der Steuerpflichtigen

1. Kapitalgesellschaft

Kapitalgesellschaften sind nach § 1 Abs. 1 Nr. 1 KStG unbeschränkt körperschaftsteuerpflichtig, wenn sie ihre Geschäftsleitung oder ihren Sitz im Inland haben. Die Anknüpfung an Sitz bzw. Geschäftsleitung ist alternativ[178]. Der Begriff der Kapitalgesellschaften wird in § 1 Abs. 1 Nr. 1 KStG durch eine Klammerdefinition näher bestimmt, die die Aktiengesellschaft (AG)[179], die Komman-

---

174 Bzw. Totalitäts-, Universalitäts- oder Globalprinzip, siehe Schaumburg, IntStR Rz. 5.62 m.w.N.

175 Debatin, FR 1969, 277 ff.; Menck in: Engelschalk, S. 28 (33); Schön, StbJb 2003/2004, S. 27 (36); kritisch hierzu: Schaumburg in: FS Tipke, S. 125 (130 ff.); Schaumburg, IntStR Rz. 5.70; Vogel in: FS Klein, S. 361 ff.

176 Debatin, BB 1960, 1015; Debatin, FR 1969, 277; Vogel in: FS Klein, 361 (365) m.w.N.

177 Jacobs, S. 19 f.

178 Statt aller: Kalbfleisch in: Ernst & Young § 1 KStG Rz. 12.

179 Gesetzliche Grundlage ist das AktG v. 6.9.1965, BGBl I 1965, 1089.

ditgesellschaft auf Aktien (KGaA)[180] sowie die Gesellschaft mit beschränkter Haftung (GmbH)[181] aufführt. Die Aufzählung ist nach herrschenden Meinung abschließend[182]. Die genannten Rechtsformen können insbesondere nicht im Wege der Auslegung um andere körperschaftsähnliche Gesellschaftsformen, z.B. eine kapitalistisch strukturierte Personengesellschaft, erweitert werden[183]. Allerdings soll auch die Vorgesellschaft unter § 1 Abs. 1 Nr. 1 KStG zu fassen sein, wenn sie ihre geschäftliche Betätigung aufgenommen hat, Gesellschaftsvermögen vorhanden ist und der Eintragung in das Handelsregister keine ernsthaften Hindernisse entgegen stehen[184].

2. Geschäftsleitung

§ 10 AO definiert die Geschäftsleitung als „Mittelpunkt der geschäftlichen Oberleitung". Maßgebend sind die tatsächlichen Verhältnisse im konkreten Einzelfall[185]. Die geschäftliche Oberleitung wird regelmäßig an dem Ort ausgeübt, an dem der für die Geschäftsführung maßgebliche Wille gebildet wird und die für das Unternehmen wichtigen Entscheidungen getroffen werden[186], wobei auf die kaufmännischen, nicht auf die technischen Entscheidungen abzustellen ist[187]. In der Regel ist der Ort der Geschäftsleitung i.S.v. § 10 AO das Büro des Geschäfts- oder Betriebsleiters[188]. Es kommt nicht darauf an, wo die Willenserklärungen der kaufmännischen Oberleitung wirksam werden, sondern wo sie abgegeben werden[189]. Bei Unternehmen mit Sitz im Ausland kann dies in einzelnen Fällen dazu führen, dass der Mittelpunkt der geschäftlichen Oberleitung im Inland liegt[190]. Abgrenzungsschwierigkeiten können sich ergeben, wenn neben dem eigentlichen Geschäfts- oder Betriebsleiter ein Gesellschafter Einfluss ausübt. Die bloße Tatsache, dass ein Gesellschafter dem Geschäftsführer fallweise

---

180 Gesetzliche Grundlage ist das AktG v. 6.9.1965, BGBl I 1965, 1089, hier insbes. §§ 278 ff. AktG.

181 Gesetzliche Grundlage ist das GmbHG v. 20.5.1898, RGBl 1898, 846.

182 BFH v. 2.12.1970, I R 122/68, BStBl II 1971, 187; R 2 Abs. 1 S. 1 KStR 2004; Frotscher in: Frotscher/Maas § 1 KStG Rz. 16; Herrmann/Klempt in: HHR § 1 KStG Rz. 21; Kalbfleisch in: Ernst & Young, § 1 KStG Rz. 81.

183 BFH v. 25.6.1984, GrS 4/82, BStBl II 1984, 751.

184 St. Rspr., siehe nur BFH v. 8.4.1960, III 129/57 U, BStBl II 1960, 319; BFH v. 14.10.1992, I R 17/92, BStBl II 1993, 352; H 2 KStR 2004; h.M. im Schrifttum, statt aller: Graffe in: Dötsch/Eversberg/Jost § 1 KStG Rz. 109.

185 RFH v. 20.12.1933, I A 133/32, RStBl 1934, 140: *„Wo sich der ‚Ort der Leitung' befindet, ist Tatfrage."*

186 RFH v. 23.6.1938, III 40/38, RStBl 1938, 949; BFH v. 17.7.1968, I 121/64, BStBl II 1968, 695.

187 BFH v. 3.8.1977, I R 128/75, BStBl II 1977, 857.

188 BFH v. 23.1.1991, I R 22/90, BStBl II 1991, 554.

189 RFH v. 23.6.1938, III 40/38, RStBl 1938, 949.

190 RFH v. 25.7.1935, III A 98/35, RStBl 1935, 1366.

Anweisungen erteilt, soll zwar nicht zur Folge haben, dass sich die Geschäftsleitung der Gesellschaft am Wohnsitz oder geschäftlichen Aufenthaltsort des Gesellschafters befindet[191]. Greift ein Gesellschafter jedoch ständig in den gewöhnlichen Geschäftsverkehr ein und beeinflusst er damit die laufende Geschäftstätigkeit maßgebend, übt er die Geschäftsleitung selbst aus[192].

Der BFH hat bisher die Ansicht vertreten, dass die Geschäftsleitung nicht an mehreren Orten gleichzeitig bestehen könne. Es sei festzustellen, wo sich der Schwerpunkt der Tätigkeit befinde, wenn der maßgebliche Wille an mehreren Orten gebildet werde[193]. Im Zuge der Globalisierung werden jedoch vermehrt Organisationsstrukturen mit mehreren gleichberechtigten Leitungszentren eingesetzt[194]. Auch der BFH hat daher zwischenzeitlich bestätigt, dass es mehrere als einen Ort der Geschäftsleitung geben kann, wenn etwa verschiedene gleichberechtigte Geschäftsführer an dezentralisierten Orten gleichgewichtig tätig sind[195]. In Ausnahmefällen kann es damit zu einer Doppelansässigkeit von Kapitalgesellschaften kommen[196].

3. Sitz

„Sitz" ist nach § 11 AO der Ort, der durch Gesetz, Gesellschaftsvertrag, Satzung oder dergleichen bestimmt ist[197]. Er entspricht dem statuarischen Sitz[198]. Im Unterschied zum Ort der Geschäftsleitung kommt es damit nicht auf die tatsächlichen, sondern die rechtlichen Verhältnisse an[199].

---

191 RFH v. 11.7.1940, III 135/39, RStBl 1940, 706; BFH v. 17.7.1968, I 121/64, BStBl II 1968, 695.

192 RFH v. 3.7.1936, I A 150/36, RStBl 1936, 804; RFH v. 11.7.1940, III 135/39, RStBl 1940, 706.

193 BFH v. 1.3.1966, I 13/65, BStBl III 1966, 207; BFH v. 23.1.1991, I R 22/90, BStBl II 1991, 554; BFH v. 16.3.1994, I B 171/93, BFH/NV 1994, 770; BFH v. 7.12.1994, 1 K 1/93, BStBl II 1995, 175; BFH v. 3.7.1997, IV R 58/95, BStBl II 1998, 86.

194 Breuninger/Krüger in: FS Rädler, S. 79 (80 ff.).

195 BFH v. 15.10.1997, I R 76/95, BFH/NV 1998, 434; BFH v. 16.12.1998, I R 138/97, BStBl II 1999, 437; BFH v. 30.1.2002, I R 12/01, BFH/NV 2002, 1128; zust. Kessler/Müller, IStR 2003, 361; Kruse in: Tipke/Kruse § 10 AO Rz. 9 m.w.N.; Lambrecht in: Gosch § 1 KStG Rz. 47 f.; abl. hingegen Birk in: Hübschmann/Hepp/Spitaler § 10 AO Rz. 41 m.w.N.

196 Siehe hierzu unter 4. Teil A III.

197 Siehe z.B. § 5 AktG (AG), §§ 5, 278 AktG (KGaA) , § 3 GmbHG (GmbH).

198 Birk in: Hübschmann/Hepp/Spitaler § 11 AO Rz. 16 m.w.N.

199 Im Folgenden wird von einer Identität des gesellschaftsrechtlich bedeutsamen statuarischen Sitzes und des Sitzes i.S.v. § 11 AO ausgegangen.

4. Inland

Der Begriff „Inland“ ist im KStG (und auch im EStG) nicht definiert. § 1 Abs. 3 KStG normiert lediglich, dass auch der der Bundesrepublik Deutschland zustehende Festlandsockel zum Inland gehört, soweit dort Naturschätze des Meeresgrundes und des Meeresuntergrundes erforscht und ausgebeutet werden[200]. Der Begriff „Inland“ entspricht damit der politischen Gebietsdefinition und umfasst den Geltungsbereich des Grundgesetzes[201].

III. Abkommensrechtliche Aspekte

Die unbeschränkte Körperschaftsteuerpflicht kann durch ein Doppelbesteuerungsabkommen eingeschränkt sein. Die Bundesrepublik Deutschland verfügt über ein dichtes Abkommensnetz. In der Praxis sind abkommensrechtliche Fragestellungen daher sehr bedeutsam[202]. Nach Art. 4 Abs. 1 OECD-MA bestimmt sich die Ansässigkeit einer Person (worunter auch eine nicht-natürliche Person zu verstehen ist) nach dem Recht des Vertragsstaates, wo sie aufgrund ihres Ortes der Geschäftsleitung oder eines ähnlichen Merkmals (unbeschränkt) steuerpflichtig ist. Wenn eine Gesellschaft in beiden Vertragsstaaten ansässig ist, gilt sie nach der sog. „tie breaker rule“ nur in dem Staat ansässig, in dem sich der Ort ihrer tatsächlichen Geschäftsleitung befindet (Art. 4 Abs. 3 OECD-MA). Dies hat jedoch nicht zur Folge, dass die Gesellschaft aus der deutschen unbeschränkten Steuerpflicht ausscheidet[203]. Art. 4 OECD-MA regelt lediglich die Ansässigkeit für Zwecke des Abkommensanwendung. Die unbeschränkte Steuerpflicht bestimmt sich weiterhin nach nationalem Recht[204].

---

200 Siehe hierzu Heinicke in: L. Schmidt § 1 EStG Rz. 30 ff.

201 Kalbfleisch in: Ernst & Young, § 1 KStG Rz. 132.

202 Insbes. Doppelbesteuerungsabkommen, die in neuerer Zeit abgeschlossen wurden, orientieren sich größtenteils am OECD-Musterabkommen. Abkommensrechtliche Fragestellungen werden daher im Folgenden anhand des OECD-Musterabkommens 2003 zur Vermeidung der Doppelbesteuerung auf dem Gebiet der Steuern vom Einkommen und vom Vermögen (OECD-MA 2003), Stand: Januar 2003, BStBl I 2004, 286 (im Folgenden „OECD-MA“) dargestellt.

203 So Frotscher in: Frotscher/Maas § 12 KStG Rz. 11; Hofmeister in: Blümich § 12 KStG Rz. 7; Kolbe in: HHR § 12 KStG Rz. 16; Lehner in: Vogel/Lehner Art. 4 OECD-MA Rz. 105; Rengers in: Blümich § 1 KStG Rz. 24; a.A. Knobbe-Keuk, JbFStR 1990/91, S. 69 (82); Knobbe-Keuk, StuW 1990, 372 (378); Knobbe-Keuk, DB 1991, 298 (300); Saß, IWB v. 24.5.2000, Fach 11, Gruppe 2, S. 409 (415); Zisowski, S. 84 ff.

204 BFH v. 13.10.1965, I 410/61 U, BStBl III 1965, 738; BFH v. 4.6.1975, I R 250/73, BStBl II 1975, 708; Krug, S. 173 f.; Lehner in: Vogel/Lehner Art. 4 OECD-MA Rz. 107; Wassermeyer in: Debatin/Wassermeyer Art. 4 OECD-MA Rz. 91; a.A. Knobbe-Keuk, StuW 1990, 372 (378).

Ist der Sitz einer Kapitalgesellschaft in dem einen und die Geschäftsleitung in dem anderen Staat angesiedelt, kann – da viele Rechtsordnungen die unbeschränkte Steuerpflicht entweder an den Sitz oder die Geschäftsleitung anknüpfen - eine doppelte unbeschränkte Steuerpflicht eintreten. Folgt keiner der beiden Staaten dem Territorialitätsprinzip, unterliegt das gesamte Welteinkommen der doppelten Besteuerung. Selbst wenn viele der im Rahmen dieser Arbeit angesprochenen steuerlichen Konsequenzen auch für den Wechsel von unbeschränkter und beschränkter Steuerpflicht bei doppelt ansässigen Kapitalgesellschaften gelten[205], soll die Behandlung doppelt ansässiger Kapitalgesellschaften im Folgenden nicht Gegenstand der Ausführungen sein. Die damit verbundenen speziellen Rechtsfragen wurden bereits in einer Reihe von Abhandlungen umfassend behandelt, auf die hiermit verwiesen sei[206].

IV. Zusammenfassung

Die unbeschränkte Körperschaftsteuerpflicht für Kapitalgesellschaften ergibt sich aus § 1 Abs. 1 Nr. 1 KStG. Sie knüpft alternativ an den Sitz oder die Geschäftsleitung der Kapitalgesellschaft im Inland an und erstreckt sich auf das gesamte Welteinkommen (§ 1 Abs. 2 KStG).

B. Beschränkte Körperschaftsteuerpflicht

I. Wesen der beschränkten Körperschaftsteuerpflicht

Bei der beschränkten Steuerpflicht gilt nicht das Welteinkommensprinzip, sondern das Quellenprinzip bzw. Territorialitätsprinzip. Die beschränkte Körperschaftsteuerpflicht erfasst lediglich die inländischen Einkünfte i.S.v. § 49 EStG. Sie verfolgt damit vorrangig den Gedanken der Äquivalenz[207]. Der Steuerausländer soll sich an der Finanzierung der vom Quellenstaat zur Verfügung gestellten Infrastruktur besteiligen. Aus ökonomischer Sicht verwirklicht das Territorialitätsprinzip den Aspekt der Kapitalimportneutralität. Die in einem Ho-

---

205 Vgl. Großmann, S. 51 f.

206 Siehe nur Balser, DB 1972, 2049; Breuninger, JbFStR 1993/94, S. 406 ff.; Breuninger/Heimann, GmbHR 2000, 1037; Eilers/Wienands, IStR 1999, 289; Großmann, Doppelt ansässige Kapitalgesellschaften im internationalen Steuerrecht, München 1995; Hausmann, Steuergestaltung durch doppelt ansässige Gesellschaften?, München 1988; Raupach in: Forum Bd. 7 (1996) S. 28 ff.; K. Schmidt, RIW 1987, 35; R. Schmidt/Sedemund, DStR 1999, 2057; zum österreichischen Steuerrecht: Staringer, Besteuerung doppelt ansässiger Kapitalgesellschaften, Wien 1999.

207 J. Hey, IWB v. 14.1.2004, Deutschland, Gruppe 1, S. 2003 (2004); J. Hey in: Gassner/Lang/Lechner, Beschränkte Steuerpflicht, S. 15 (17); Rudolf in: FS Bärmann, S. 769 (780 ff.).

heitsgebiet tätigen Unternehmen und Personen werden einer vergleichbaren Belastung unterworfen[208].

Die beschränkte Körperschaftsteuerpflicht hat wie die beschränkte Einkommensteuerpflicht einen objektsteuerartigen Charakter[209]. Im Gegensatz zum Einkommensteuerrecht, wo vor allem auch das subjektive Nettoprinzip, d.h. die Berücksichtigung der subjektiven Leistungsfähigkeit (z.B. der Sonderausgabenabzug oder die Geltendmachung von außergewöhnlichen Ausgaben), eingeschränkt wird, fehlt es im Körperschaftsteuerrecht – mangels einer persönlichen Sphäre der Körperschaftsteuersubjekte – lediglich an der durchgängigen Umsetzung des objektiven Nettoprinzip, der Berücksichtigung von Aufwendung bei der Ermittlung des erzielten Einkommens[210]. Dies wird als „Bruttobesteuerung"[211] bezeichnet.

II. Kreis der Steuerpflichtigen

Der beschränkten Körperschaftsteuerpflicht unterliegen gemäß § 2 Nr. 1 KStG sämtliche Körperschaften, Personenvereinigungen und Vermögensmassen, die weder ihren Sitz noch ihre Geschäftsleitung im Inland haben, mit ihren inländischen Einkünften. Die Begriffe „Geschäftsleitung", „Sitz" sowie „Inland" sind grundsätzlich wie in § 1 KStG auszulegen[212]. Bei ausländischen Gesellschaften ist der Ort des Sitzes derjenige, der durch die entsprechende Urkunde, d.h. in einer dem deutschen Gesellschaftsvertrag vergleichbaren Vereinbarung, bestimmt ist und in dem ggf. vorgesehenen ausländischen Register angemeldet worden ist[213]. Die Einordnung des ausländischen Rechtsgebildes ist nach den leitenden Gedanken des deutschen Einkommensteuer- und Körperschaftsteuerrechts vorzunehmen (sog. „Typenvergleich")[214].

Die Regelung des § 2 Nr. 1 KStG wird durch § 3 Abs. 1 KStG eingeschränkt, wonach nichtrechtsfähige Personenvereinigungen, Anstalten, Stiftungen und andere Zweckvermögen nur dann körperschaftsteuerpflichtig sind, wenn ihr

---

208 Jacobs, S. 19 ff.

209 Die Körperschaftsteuer ist jedoch keine Objektsteuer, h.M., siehe nur Debatin, BB 1960, 1015 (1016); Engelschalk, S. 83 ff. m.w.N.; Mössner in: Forum Bd. 2 (1993), S. 110 (121); Schaumburg, IntStR Rz. 5.122; a.A. jedoch H.-W. Bayer in: FS Mosler, S. 59 (69).

210 J. Hey in: HHR Einf KStG Rz. 3 m.w.N.; Schaumburg, IntStR Rz. 5.125 ff.; Seer in: Gassner/Lang/Lechner, Beschränkte Steuerpflicht, S. 37 (58).

211 Definition siehe Engelschalk, S. 3 f.

212 Siehe 4. Teil A II 2 - 4.

213 BFH v. 28.2.1990, I R 120/86, BStBl II 1990, 553.

214 RFH v. 12.2.1930, VI A 899/27, RStBl 1930, 444; BFH v. 23.6.1992, IX R 182/87, BStBl II 1992, 972, siehe dazu 4. Teil C III 1 a) und c).

Einkommen weder nach dem Körperschaftsteuer- noch nach dem Einkommensteuergesetz bei einem anderen Steuerpflichtigen zu versteuern ist. Ist das der beschränkten Steuerpflicht unterliegende Einkommen nach den leitenden Gedanken des deutschen Einkommen- und Körperschaftsteuerrechts den hinter dem ausländischen Gebilde stehenden Personen direkt zuzurechnen und bei diesen der Besteuerung unterworfen, scheidet eine beschränkte Körperschaftsteuerpflicht aus.

§ 2 Nr. 2 KStG erstreckt die beschränkte Körperschaftsteuerpflicht auf sonstige Körperschaften, Personenvereinigungen und Vermögensmassen, die nicht unbeschränkt steuerpflichtig sind. Die Regelung des § 2 Nr. 2 KStG ist gegenüber § 1 KStG sowie § 2 Nr. 1 KStG subsidiär[215]. Da Kapitalgesellschaften je nachdem, ob sie Sitz oder Geschäftsleitung im In- oder Ausland haben, bereits von § 1 Abs. 1 Nr. 1 oder § 2 Nr. 1 KStG erfasst sind, ist § 2 Nr. 2 KStG auf Kapitalgesellschaften nicht anwendbar[216].

III. Inländische Einkünfte

Die beschränkte Steuerpflicht erstreckt sich auf die inländischen Einkünfte[217]. Der Begriff der „inländischen Einkünfte" ist im Körperschaftsteuergesetz nicht definiert und bestimmt sich gemäß § 8 Abs. 1 S. 1 KStG nach § 49 Abs. 1 EStG, der eine abschließende Aufzählung enthält.

1. Einzelne Einkunftsarten

§ 49 Abs. 1 EStG orientiert sich an den für die unbeschränkte Einkommensteuerpflicht maßgeblichen sieben Einkunftsarten des § 2 Abs. 1 EStG[218]. Der Inlandsbezug wird einkunftsabhängig und nicht tätigkeitsbezogen definiert[219], wobei unterschiedlich intensive territoriale Bezüge gefordert werden[220]. Eine

---

215 So Bornheim in: HHR § 2 KStG Rz. 81; Kalbfleisch, in: Ernst & Young § 2 KStG Rz. 31 f.

216 § 2 Nr. 2 KStG betrifft vorwiegend Einkünfte von juristischen Personen des öffentlichen Rechts, die diese außerhalb ihrer Betriebe gewerblicher Art erzielen und die dem Steuerabzug unterliegen.

217 Die Beschränkung auf inländische Einkünfte ist zugleich Tatbestandsmerkmal und Teil der Rechtsfolge, vgl. Lehner/Waldhoff in: Kirchhof/Söhn/Mellinghoff § 1 EStG A 410, E 30, E 34.

218 Lehner/Waldhoff in: Kirchhof/Söhn/Mellinghoff § 1 EStG E 31

219 Mössner in: FS Flick, S. 939 ff.

220 Dies ist nach h.M. vom Gestaltungsspielraum des Gesetzgebers gedeckt, siehe Roth in: HHR § 49 EStG Rz. 7, 10; Wassermeyer in: DStJG 8 (1985), S. 49 (56 ff.); a.A. J. Hey, IWB v. 14.1.2004, Deutschland, Gruppe 1, S. 2003 (2007 f.); J. Hey in: Gassner/Lang/Lechner, Beschränkte Steuerpflicht, S. 15 (22).

beschränkt steuerpflichtige Kapitalgesellschaft kann folgende Einkünfte erzielen:

a) Einkünfte aus Land- und Forstwirtschaft

§ 49 Abs. 1 Nr. 1 EStG erfasst Einkünfte aus einer im Inland betriebenen Land- und Forstwirtschaft, d.h. die bewirtschafteten Ländereien müssen im Inland belegen sein.

b) Einkünfte aus Gewerbebetrieb

Wichtigster Anknüpfungspunkt der Einkünfte aus Gewerbebetrieb gemäß § 49 Abs. 1 Nr. 2 EStG ist die im Inland belegene Betriebsstätte gemäß § 49 Abs. 1 Nr. 2 Buchst. a) EStG. Als Betriebsstätte gilt gemäß § 12 AO eine feste Geschäftseinrichtung oder Anlage, die der Tätigkeit eines Unternehmens dient. Verlegt eine Kapitalgesellschaft lediglich ihren Sitz und ihre Geschäftsleitung ins Ausland und wird der Geschäftsbetrieb im Inland weitergeführt, begründet sie dadurch regelmäßig eine Betriebsstätte[221]. Die Qualifikation als „Betriebsstätte“ setzt nicht voraus, dass diese als Zweigniederlassung i.S.v. §§ 13d ff. HGB im Handelsregister eingetragen ist. Als Betriebsstätte gelten z.B. auch Fabrikations- und Werkstätten oder Warenlager (§ 12 S. 2 Nrn. 4, 5 AO). Besteht eine Zweigniederlassung, ist sie jedoch nach § 12 S. 2 Nr. 2 AO in der Regel auch als Betriebsstätte zu qualifizieren. Die Definition der Betriebsstätte nach § 12 AO wird jedoch ggf. durch ein anwendbares Doppelbesteuerungsabkommen eingeschränkt.

c) Einkünfte aus Kapitalvermögen

§ 49 Abs. 1 Nr. 5 EStG enthält eine eingeschränkte Auswahl der Einkünfte i.S.d. § 20 EStG. Jeder der Einkunftstatbestände setzt einen gewissen Inlandsbezug voraus. Nach §§ 49 Abs. 1 Nr. 5 Buchst. a), § 20 Abs. 1 Nr. 1 EStG i.V.m. § 8 Abs. 1 S. 1 KStG unterfallen z.B. auch Dividenden, die von Kapitalgesellschaften mit Geschäftsleitung oder Sitz in Deutschland ausgeschüttet werden, der beschränkten Körperschaftsteuerpflicht.

d) Einkünfte aus Vermietung und Verpachtung

Gemäß § 49 Abs. 1 Nr. 6 EStG i.V.m. § 8 Abs. 1 S. 1 KStG, § 2 Nr. 1 KStG unterliegen Einkünfte aus Vermietung und Verpachtung gemäß § 21 EStG der beschränkten Steuerpflicht, wenn das unbewegliche Vermögen, die Sachinbegriffe

---

[221] Es sei denn, es würden lediglich vorbereitende Tätigkeiten oder Hilfstätigkeiten entfaltet. Zu weiteren Ausnahmen siehe Becker in: Löwenstein/Looks Rz. 15 ff.

oder Rechte im Inland belegen sind oder in ein inländisches öffentliches Buch oder Register eingetragen sind oder sie in einer inländischen Betriebsstätte oder in einer anderen Einrichtung verwertet werden.

e) Sonstige Einkünfte

§ 49 Abs. 1 Nrn. 8 und 9 EStG erfassen sonstige Einkünfte i.S.d. § 22 Nr. 2 und 3 EStG, z.B. Spekulationsgeschäfte (private Veräußerungsgeschäfte) mit inländischen Grundstücken und grundstücksgleichen Rechten sowie mit Anteilen i.S.d. § 17 EStG aber auch die steuerpflichtigen Entgelte aus der Vermietung beweglicher Sachen im Inland.

2. Isolierende Betrachtungsweise

Bei der Qualifikation der inländischen Einkünfte gilt der vom RFH[222] und BFH[223] entwickelte und nunmehr in § 49 Abs. 2 EStG gesetzlich verankerte Grundsatz der isolierende Betrachtungsweise, der besagt, dass grundsätzlich auf die Verhältnisse im Inland abzustellen ist. Zweck der isolierende Betrachtungsweise ist es, eine gleichmäßige Besteuerung von in- und ausländischen Gewerbetreibenden sicherzustellen[224].

Die isolierende Betrachtungsweise gilt auch für beschränkt steuerpflichtige Kapitalgesellschaften. Zwar sieht § 8 Abs. 2 KStG vor, dass bei buchführungspflichtigen Steuerpflichtigen alle Einkünfte als Einkünfte aus Gewerbebetrieb zu qualifizieren sind. § 8 Abs. 2 KStG stellt jedoch auf die Buchführungspflicht nach den Vorschriften des deutschen Handelsgesetzbuches ab. Die Vorschrift ist damit im Rahmen der beschränkten Steuerpflicht nicht anwendbar, wenn die ausländische Kapitalgesellschaft in Deutschland nicht zur Buchführung nach §§ 238 ff. HGB verpflichtet ist[225]. Eine beschränkt steuerpflichtige Kapitalgesellschaft kann somit grundsätzlich sämtliche in § 49 Abs. 1 EStG aufgeführten Einkünfte, nicht nur gewerbliche, erzielen. Das Prinzip der isolierenden Betrachtungsweise greift jedoch nicht, wenn es um Einkünfte geht, die eine Körperschaft grundsätzlich nicht erzielen kann wie z.B. Einkünfte aus selbständiger Arbeit gemäß § 49 Abs. 1 Nr. 3 EStG[226] oder nichtselbständiger Arbeit gemäß

---

222 RFH v. 7.2.1929, I A 377/28, RStBl 1929, 193; RFH v. 12.11.1930, VI A 725/28, VI A 726/28, RStBl 1931, 234; RFH v. 28.11.1933, I A 456/31, RStBl 1934, 620.

223 BFH v. 20.1.1959, I 112/57 S, BStBl III 1959, 133; BFH v. 30.11.1966, I 215/64, BStBl III 1967, 400; BFH v. 16.12.1970, I R 137/68, BStBl II 1971, 200.

224 Siehe hierzu Mössner in: FS Flick, S. 939 (940 ff.) m.w.N.

225 BFH v. 27.8.1997, I R 8/97, BStBl II 1998, 163.

226 BFH v. 20.2.1974, I R 217/71, BStBl II 1974, 511; BFH v. 1.12.1982, I R 238/81, BStBl II 1983, 213; BFH v. 20.6.1984, I R 283/81, BStBl II 1984, 828.

§ 49 Abs. 1 Nr. 4 EStG[227]. Auch Abgeordnetenbezüge gemäß § 49 Abs. 1 Nr. 8a EStG setzen eine natürliche Person als Bezieher voraus[228].

Der Subsidiaritätsgrundsatz gilt auch im Rahmen des § 49 EStG. So sind z.B. Einkünfte aus Vermietung und Verpachtung nach § 49 Abs. 1 Nr. 6 EStG zu den Einkunftsarten nach § 49 Abs. 1 Nr. 1 bis Nr. 3 EStG subsidiär. In dem in der Praxis sehr bedeutsamen Fall einer inländischen Betriebsstätte erzielt der beschränkt Steuerpflichtige daher lediglich Einkünfte aus § 49 Abs. 1 Nr. 2 Buchst a) EStG, sofern die Einkünfte aus Vermietung und Verpachtung der Betriebsstätte gemäß § 50 Abs. 1 EStG wirtschaftlich zuzurechnen sind. Der Betriebsstätte kommt allerdings keine sog. „Attraktivkraft" zu, wonach einer Betriebsstätte sämtliche in einem Betriebsstättenstaat belegenen Wirtschaftsgüter ohne Berücksichtigung des Funktionszusammenhangs zuzuordnen sind[229].

IV. Einkommensermittlung

1. Entsprechende Anwendung der Vorschriften für die unbeschränkte Körperschaftsteuerpflicht

Für die Ermittlung des Einkommens beschränkt Körperschaftsteuerpflichtiger gelten die Vorschriften für die unbeschränkte Steuerpflicht des Körperschaftsteuergesetzes sowie aufgrund des Verweises in § 8 Abs. 1 S. 1 KStG die einkommensteuerlichen Vorschriften entsprechend, auch wenn das für die unbeschränkte Steuerpflicht normierte Nettoprinzip bei der beschränkten Steuerpflicht in vielen Fällen durchbrochen ist.

Zunächst ist bei der Ermittlung der Einkünfte der beschränkt steuerpflichtigen wie bei den unbeschränkt steuerpflichtigen Körperschaftsteuersubjekten zwischen Gewinn- und Überschusseinkünften zu trennen. Dies ist bei der beschränkten Steuerpflicht besonders wichtig, da ausländische im Gegensatz zu inländischen Kapitalgesellschaften nicht bereits kraft Rechtsform gewerblich tätig sind. Bei den Gewinneinkünften gemäß §§ 49 Abs. 1 Nr. 1 und Nr. 2 EStG erfolgt die Gewinnermittlung gemäß §§ 8 Abs. 1 S. 1 KStG i.V.m. § 2 Abs. 2 Nr. 1 EStG durch Bestandsvergleich gemäß §§ 4, 5 EStG oder nach § 4 Abs. 3 EStG. Die Überschusseinkünfte i.S.v. § 49 Abs. 1 Nr. 5, Nr. 6, Nr. 8 und Nr. 9 EStG werden gemäß § 8 Abs. 1 S. 1 KStG i.V.m. § 2 Abs. 2 Nr. 2 EStG durch

---

227 BFH v. 30.11.1966, I 215/64, BStBl III 1967, 400; BFH v. 10.7.2002, I R 71/01, BStBl II 2003, 191.

228 Rengers in: Blümich § 2 KStG Rz. 48.

229 BFH v. 1.4.1987, II R 186/80, BStBl II 1987, 550.

Überschuss der Einnahmen über die Werbungskosten ermittelt[230]. Es bestehen jedoch einige Besonderheiten. Die Ermittlung der Veräußerungsgewinne leitet sich z.B. unmittelbar aus der betreffenden Vorschrift ab[231]. Besondere Regeln existieren auch für Einkünfte, die dem Steuerabzug unterliegen wie z.B. § 49 Abs. 1 Nr. 2 Buchst. d) EStG. Hier kommt es nicht auf die Höhe des Gewinns sondern auf die Höhe der Einnahmen an (Bruttobesteuerung).

2. Betriebsstätte

Für die Einkommensermittlung von Betriebsstätten gemäß § 49 Abs. 1 Nr. 2 Buchst. a) EStG existieren keine speziellen gesetzlichen Vorschriften. Die dem Stammhaus bzw. der Betriebsstätte zuzurechnenden Erfolgs- und Vermögensteilen müssen unter Rückgriff auf das allgemeine Prinzip der wirtschaftlichen Zugehörigkeit gemäß § 50 Abs. 1 S. 1 EStG abgegrenzt werden[232]. Betriebsstättenvermögen ist danach der Teil des gesamten Unternehmensvermögens, der der betrieblichen Funktion der Betriebsstätte dient. Die geographische Lage ist grundsätzlich unbedeutend[233]. Auch bei der Zuordnung von Erträgen und Aufwendungen ist auf den wirtschaftlichen Zusammenhang abzustellen[234]. In Anlehnung an die abkommensrechtliche Praxis haben sich für die Ermittlung des Einkommens zwei Methoden entwickelt, die direkte sowie die indirekte Methode. Die nach herrschender Meinung vorrangig anzuwendende direkte Methode[235] geht von der Fiktion der wirtschaftlichen Selbständigkeit der Betriebsstätte gegenüber dem Stammhaus aus. Bei der indirekten Methode werden Betriebsstätte und Stammhaus als Einheit behandelt. Der Gesamtgewinn des Unternehmens wird durch einen Schlüssel zwischen Betriebsstätte und Stammhaus aufgeteilt.

---

230 Wegen der isolierenden Betrachtungsweise gilt dies auch, wenn die ausländische Kapitalgesellschaft gewerblich tätig ist, siehe BFH v. 28.3.1984, I R 129/79, BStBl II 1984, 620.

231 § 49 Abs. 1 Nr. 2 Buchst. e) und f) EStG.

232 BFH v. 20.7.1988, I R 49/84, BStBl II 1989, 140; Kumpf/Roth in: HHR § 49 EStG Rz. 241 ff.; Betriebsstätten-Erlass Tz. 2.

233 Kumpf/Roth in: HHR § 49 EStG Rz. 244. Dies soll jedoch nicht für eine in einem Drittstaat belegene Unterbetriebsstätte oder für in einem Drittstaat belegenes Grundvermögen gelten. Siehe Jacobs, S. 417 f.

234 Zu den Ausnahmen siehe Jacobs, S. 417 f.

235 Kumpf/Roth in: HHR § 49 EStG Rz. 253 m.w.N.

3. Unterschiede zur unbeschränkten Körperschaftsteuerpflicht

In der Praxis sind insbesondere folgende Unterschiede zur Besteuerung unbeschränkt Steuerpflichtiger bedeutsam[236]:

a) Abzug von Betriebsausgaben und Werbungskosten

Betriebsausgaben und Werbungskosten dürfen im Rahmen der beschränkten Steuerpflicht gemäß § 8 Abs. 1 S. 1 KStG i.V.m. § 50 Abs. 1 S. 1 EStG nur abgezogen werden, wenn sie mit inländischen Einkünften in einem wirtschaftlichen Zusammenhang stehen. Das gilt auch für vorbereitende oder nachträgliche Betriebsausgaben oder Werbungskosten[237]. Auf den Ort der Entstehung kommt es nicht an[238]. Die Vorschrift des § 50 Abs. 1 S. 1 EStG entspricht dem objektiven Nettoprinzip. Die Besteuerung nach dem Leistungsfähigkeitsprinzip erfordert es, die mit den Einnahmen zusammenhängenden Aufwendungen zum Abzug zuzulassen. Da das Welteinkommensprinzip im Rahmen der beschränkten Steuerpflicht nicht gilt, ist der Abzug auf inländische Betriebsausgaben beschränkt.

Ist die Steuer durch Steuerabzug abgegolten, werden die mit den Einnahmen zusammenhängenden Betriebsausgaben und Werbungskosten allerdings gemäß § 32 Abs. 1 Nr. 2 KStG, § 50 Abs. 5 S. 1 EStG i.V.m. § 31 KStG nicht berücksichtigt[239]. Bislang wurde durchweg vertreten, dass die Abgeltungswirkung sich auf die Einnahmen und nicht auf die Einkünfte bezieht (Bruttobesteuerung)[240]. Aufgrund der Rechtsprechung des EuGH in der Rechtssache „Gerritse“ [241] ist jedoch künftig von einer Aufweichung der Bruttobesteuerung auszugehen. Für den Fall eines in Deutschland beschränkt steuerpflichtigen Künstlers hat der BFH[242] deshalb bereits entschieden, dass der Steuerabzug nach § 50a EStG von den Nettoeinkünften vorzunehmen ist und auch im Schrifttum wird gefordert,

236 Die Aufzählung ist nicht abschließend, siehe z.B. § 5 Abs. 1 KStG; § 26 Abs. 1 und Abs. 6 S. 1 KStG i.V.m. § 50 Abs. 6 EStG.

237 Wied in: Blümich § 49 EStG Rz. 40 ff.; Betriebsstätten-Erlass, Tz. 2.9.

238 BFH v. 20.7.1988, I R 49/84, BStBl II 1989, 140; Heinicke in: L. Schmidt § 50 EStG Rz. 22.

239 Dies wird auch von § 8 Abs. 6 KStG klargestellt.

240 Statt aller: Siegers in: Dötsch/Eversberg/Jost § 2 KStG Rz. 106.

241 EuGH v. 12.6.2003, Rs. C-234/01 (Gerritse), Slg. 2003, I-5933; siehe hierzu auch BMF v. 3.11.2003, BStBl I 2003, 553.

242 BFH v. 28.1.2004, I R 73/02, BFHE 205, 174.

den Steuerabzug bei beschränkt steuerpflichtigen juristischen Personen als Vergütungsempfänger allgemein vom Nettoeinkommen vorzunehmen[243].

b) Ausgleich und Abzug von Verlusten

Bei beschränkt steuerpflichtigen Kapitalgesellschaften ist sowohl der Ausgleich als auch der Abzug von Verlusten eingeschränkt.

Bei Einkünften, die dem Steuerabzug unterliegen, und bei Einkünften i.S.d. § 20 Abs. 1 Nr. 5 und Nr. 7 EStG[244] ist gemäß § 50 Abs. 2 S. 1 EStG und § 32 Abs. 1 Nr. 2 KStG ein Ausgleich mit Verlusten aus anderen Einkunftsarten gänzlich ausgeschlossen. Die Einkünfte dürfen auch nicht im Rahmen eines Verlustvortrags oder Verlustrücktrags berücksichtigt werden (§ 50 Abs. 2 S. 2 EStG i.V.m. § 8 Abs. 1 S. 1 KStG)[245].

Im Übrigen ist gemäß § 50 Abs. 1 S. 2 EStG i.V.m. § 8 Abs. 1 S. 1 KStG die Vornahme eines Verlustabzug nach § 10d EStG nur dann zulässig, wenn die Verluste im wirtschaftlichen Zusammenhang mit inländischen Einkünften i.S.v. § 49 Abs. 1 EStG stehen und sich aus im Inland aufbewahrten Unterlagen ergeben[246]. Negative ausländische Einkünfte werden wie positive ausländische Einkünfte nicht berücksichtigt[247].

Bezüglich § 8 Abs. 4 KStG, wonach die Körperschaft, die Verluste nach § 10d EStG vor- oder rücktragen will, nicht nur rechtlich, sondern auch wirtschaftlich

---

243 So Schroen, NWB v. 28.6.2004, Fach 3, S. 12923 (12924); zu den europarechtlichen Aspekten der Bruttobesteuerung siehe auch 5. Teil C II 2.

244 § 20 Abs. 1 Nr. 5 EStG erfasst Zinsen aus Hypotheken und Grundschulen sowie Renten aus Rentenschulden, § 20 Abs. 1 Nr. 7 EStG Erträge aus Kapitalforderungen sonstiger Art.

245 Das Verlustausgleichs- und abzugsverbot des § 50 Abs. 2 EStG gilt nach h.M. jedoch nicht, wenn die ihrer Art nach abzugsteuerpflichtigen Einkünfte gemäß § 50 Abs. 5 S. 2 EStG bzw. § 32 Abs. 1 Nr. 2 KStG in eine Veranlagung einbezogen werden, siehe Herkenroth in: HHR § 50 EStG Rz. 131 m.w.N.

246 Für beschränkt Steuerpflichtige aus anderen EU-/EWR-Staaten fordert die Finanzverwaltung jedoch keine Aufbewahrung im Inland (R 223a EStR 2003). Hier reicht es aus, wenn die Unterlagen in einem EU-/EWR-Staat aufbewahrt werden. Die Finanzverwaltung trägt dadurch dem Urteil des EuGH v. 15.5.1997 (Rs. C-250/95 (Futura), Slg. 1997, I-2471) Rechnung, das die entsprechende Vorschrift des luxemburgischen Steuerrechts als unvereinbar mit der Niederlassungsfreiheit qualifiziert hat, siehe 5. Teil C I 2.

247 Wenn die ausländischen Einkünfte allerdings den inländischen Aktivitäten zuzuordnen sind, sind Verluste abzugsfähig. Beispiel: Eine inländische Betriebsstätte vergibt ein Darlehen an ausländischen Schuldner. Die Darlehensforderung ist abzuschreiben. Der Verlust ist im Rahmen der inländischen Gewinnermittlung abzugsfähig.

mit der Körperschaft identisch sein muss, die den Verlust erwirtschaftet hat, werden unbeschränkt und beschränkt Steuerpflichtige allerdings gleich behandelt. § 8 Abs. 4 KStG (bzw. § 10d EStG) gilt auch für beschränkt steuerpflichtige Kapitalgesellschaften[248]. Bei Kapitalgesellschaften, die im Inland mit einer Betriebsstätte beschränkt steuerpflichtig sind, besteht jedoch ein Meinungsstreit darüber, ob bei der Ermittlung der wirtschaftlichen Identität auch die Wirtschaftsgüter des Stammhauses miteinzubeziehen sind. Aufgrund des bei der Ermittlung des Einkommens vom beschränkten Steuerpflichtigen geltenden Territorialitätsprinzips ist dies abzulehnen[249].

c) Organschaft

Beschränkt steuerpflichtige Kapitalgesellschaften können nur begrenzt in eine Organschaft einbezogen werden. Bei Organgesellschaften setzt § 14 Abs. 1 S. 1 KStG i.V.m. § 17 KStG voraus, dass es sich um eine AG, eine KGaA oder eine andere Kapitalgesellschaft handelt und diese Gesellschaft sowohl ihre Geschäftsleitung als auch ihren Sitz im Inland hat. Die doppelte Inlandsanbindung soll die bessere Nachprüfbarkeit der Voraussetzungen der Organschaft ermöglichen[250]. Gesellschaften mit Geschäftsleitung und Sitz im Ausland, die in Deutschland lediglich beschränkt steuerpflichtig sind, können nicht als Organgesellschaften fungieren[251]. Selbst eine Kapitalgesellschaft mit inländischem Sitz und ausländischer Geschäftsleitung ist keine geeignete Organgesellschaft[252].

Für Organträger setzt § 14 Abs. 1 S. 1 Nr. 2 KStG lediglich eine inländische Geschäftsleitung voraus. Die doppelte Inlandsanbindung „Geschäftsleitung und Sitz" wurde mit Wirkung ab dem Veranlagungszeitraum 2001 aufgehoben[253]. Eine Kapitalgesellschaft mit Sitz im Ausland und Geschäftsleitung im Inland kann damit als Organträgerin fungieren. Ein unter zivilrechtlichen Gesichtspunkten wirksam abgeschlossener Ergebnisabführungsvertrag[254] ist allerdings auch hier unverzichtbar[255].

---

248 Lang in: Ernst & Young § 8 KStG Rz. 1259.1.

249 Ebenso Lang in: Ernst & Young § 8 KStG Rz. 1278.9; a.A. Dötsch in: Dötsch/Eversberg/Jost § 8 Abs. 4 KStG Rz. 86.

250 Walter in: Ernst & Young § 14 KStG Rz. 70.

251 Dötsch in: Dötsch/Eversberg/Jost § 12 KStG Rz. 17.

252 So Grotherr BB 1993, 1986 (1989).

253 UntStFG v. 20.12.2001 (BGBl I 2001, 3858).

254 Siehe dazu Kindler in: MüKo IntGesR Rz. 566 ff.

255 Siehe Danelsing in: Blümich § 14 KStG Rz. 47; Rödder/Schumacher, DStR 2001, 1685 (1687); Walter in: Ernst & Young § 14 KStG Rz. 120; die Problematik wird dadurch entschärft, dass § 291 Abs. 1 S. 1 AktG auch andere Rechtsformen als Kapitalgesellschaften als herrschende Unternehmen zulässt und eine ausländische Gesellschaft mit inländischer Geschäftsleitung damit auch einen Ergebnisabführungsvertrag abschließen

Unter den Voraussetzungen des § 18 KStG können auch ausländische, in Deutschland beschränkt steuerpflichtige Kapitalgesellschaften als Organträger fungieren, wenn sie im Inland mit einer Zweigniederlassung im Handelsregister eingetragen sind, der Gewinnabführungsvertrag unter der Firma der Zweigniederlassung abgeschlossen ist und die für die finanzielle Eingliederung erforderlichen Beteiligungen sich im Betriebsvermögen der Zweigniederlassung befinden.

V. Tarifbelastung

Seit dem Veranlagungszeitraum 1999 gibt es zwischen einer unbeschränkt steuerpflichtigen Kapitalgesellschaft und einer mit einer inländischen Betriebsstätte beschränkt steuerpflichtigen Kapitalgesellschaft bei der Tarifbelastung keinen Unterschied mehr. Der bis einschließlich Veranlagungszeitraum 1998 geltende Sondersteuersatz für inländische Betriebsstätten i.H.v. 42% (§ 23 Abs. 3 KStG idF des StandOG[256]) wurde durch das StEntlG 1999/2000/2002[257] aufgehoben. Auch danach waren unbeschränkt steuerpflichtige Kapitalgesellschaften jedoch noch dadurch besser gestellt, dass bei der Vornahme von Gewinnausschüttungen der niedrigere Ausschüttungsteuersatzes i.H.v. 30% Anwendung fand.

Eine vollständige Gleichstellung von mit einer Betriebsstätte beschränkt steuerpflichtigen Kapitalgesellschaften und unbeschränkt steuerpflichtigen Kapitalgesellschaften wurde erst im Rahmen der Abschaffung des Steueranrechnungsverfahrens herbeigeführt, die auch eine Abschaffung des gespaltenen Steuersatzes für Thesaurierung und Ausschüttung beinhaltete. Seit dem Veranlagungszeitraum 2001[258] unterfallen sowohl beschränkt als auch unbeschränkt steuerpflichtige Kapitalgesellschaften gemäß § 23 Abs. 1 KStG einem einheitlichen Körperschaftsteuersatz von 25%[259].

---

könnte, wenn sie zivilrechtlich „lediglich" als Personengesellschaft qualifiziert werden würde.

256 Gesetz zur Verbesserung der steuerlichen Bedingungen zur Sicherung des Wirtschaftsstandorts Deutschland im Europäischen Binnenmarkt (Standortsicherungsgesetz – StandOG) v. 13.9.1993, BGBl I 1993, 1569 (im Folgenden „StandOG 1993"); zuvor betrug der Steuersatz 46%; zur Entwicklung der Steuersätze siehe J. Hey in: HHR Dok. 1 KSt. Rz. 1 ff.; Siegers in: Dötsch/Eversberg/Jost § 2 KStG Rz. 173.

257 Steuerentlastungsgesetz 1999/2000/2002 v. 24.3.1999, BGBl I 1999, 402.

258 Für den Veranlagungszeitraum 2003 betrug die Tarifbelastung 26,5% (Gesetz zur Änderung steuerrechtlicher Vorschriften und zur Errichtung eines Fonds „Aufbauhilfe" (Flutopfersolidaritätsgesetz) v. 19.9.2002, BGBl I 2002, 3651).

259 Die bei der beschränkten Einkommensteuer bestehenden Zweifel bezüglich der Vereinbarkeit des Mindeststeuersatz gemäß § 50 Abs. 3 S. 2 Halbs. 2 EStG mit dem Europarecht sind im Körperschaftsteuerrecht aufgrund der proportionalen Ausgestaltung des

VI. Erhebung der Steuer

Die Steuer wird im Wege der Veranlagung (z.B. bei inländischen Betriebsstätten)[260] oder im Wege des Steuerabzugs (z.B. bei Einkünften aus Kapitalvermögen)[261] erhoben. Mit dem Steuerabzug ist die Steuer abgegolten. Sind die steuerabzugspflichtigen Einkünfte jedoch den Betriebseinnahmen eines inländischen gewerblichen (oder land- und forstwirtschaftlichen) Betriebs zuzurechnen, ist die Abgeltungswirkung durchbrochen (§ 32 Abs. 1 Nr. 2 KStG, § 50 Abs. 5 S. 2 EStG). Die Einkünfte sind dann in die Veranlagung miteinzubeziehen.

VII. Zusammenfassung

Die beschränkte Steuerpflicht von Kapitalgesellschaften ist in § 2 Nr. 1 KStG geregelt. Beschränkt steuerpflichtig sind ausländische Gebilde, die aufgrund eines Typenvergleichs mit einem der in § 1 Abs. 1 KStG aufgeführten Rechtsgebilde vergleichbar sind, soweit sie inländische Einkünfte nach § 49 EStG erzielen. Die beschränkte Körperschaftsteuerpflicht folgt damit wie die beschränkte Einkommensteuerpflicht dem Territorialitätsprinzip. Bei der Ermittlung der steuerpflichtigen Einkünfte bestehen im Verhältnis zu unbeschränkt Steuerpflichtigen eine Reihe von Unterschieden. So ist die Abzugsfähigkeit von Betriebsausgaben sowie der Verlustausgleich bzw. der Verlustvortrag auf die inländischen Einkünfte begrenzt. Auch im Organschaftsfall bestehen Einschränkungen. Der größte Unterschied ergibt sich jedoch, wenn die ausländische Kapitalgesellschaft lediglich inländische Einkünfte erzielt, die dem Steuerabzugsverfahren unterfallen. Hier ist weder ein Abzug von Betriebsausgaben noch ein Verlustausgleich bzw. ein Verlustabzug zugelassen.

Körperschaftsteuersatzes nicht von Belang, siehe hierzu BFH v. 19.11.2003, I R 57/02 und I R 58/02, BFH/NV 2004, 766; BMF v. 10.9.2004, BStBl I 2004, 860.

260 Weiterhin veranlagt werden: Einkünfte aus Land- und Forstwirtschaft gemäß § 49 Abs. 1 Nr. 1 EStG, Einkünfte aus Gewerbebetrieb gemäß § 49 Abs. 1 Nr. 2 Buchst. b), c), e) und f) EStG, Einkünfte aus Kapitalvermögen gemäß § 49 Abs. 1 Nr. 5 Buchst. c) aa) EStG, Einkünfte aus Vermietung und Verpachtung (bzw. Überlassung von Rechten) gemäß § 49 Abs. 1 Nr. 6 EStG, soweit nicht ein Steuerabzug nach § 50a Abs. 4 S. 1 Nr. 3 EStG durchzuführen ist; Einkünfte aus Veräußerungsgeschäften nach § 49 Abs. 1 Nr. 8 EStG, soweit sie inländische Grundstücke betreffen.

261 § 50a Abs. 4 EStG listet weitere Fälle auf.

C. Bedeutung des Zivilrechts

I. Die Körperschaftsteuer als rechtsformabhängige Steuer

Die Körperschaftsteuer ist eine rechtsformabhängige Steuerart für verselbständigte Zweckgebilde[262] und daher in stärkerem Maße als die Einkommensteuer mit dem Zivilrecht verflochten. Bei einem Wechsel der Steuerpflicht durch die Verlegung von Sitz und/oder Geschäftsleitung über die Grenze wird dies besonders deutlich, da dadurch die Auflösung bzw. die Liquidation der Gesellschaft und damit ggf. der Untergang des Körperschaftsteuersubjekts ausgelöst werden kann. Im Folgenden soll daher zunächst ein Überblick über die zivilrechtlichen Konsequenzen der Verlegung von Sitz und Geschäftsleitung gegeben werden[263].

II. Zivilrechtliche Hintergründe

1. Internationales Privatrecht

Die Frage, welcher Rechtsordnung eine ausländische Gesellschaft unterliegt, richtet sich nach dem Internationalen Privatrecht, insbesondere nach dem Internationalen Gesellschaftsrecht, das in Deutschland nur lückenhaft kodifiziert ist. Einzelheiten sind umstritten. Einigkeit besteht lediglich darin, dass sich die Rechtsverhältnisse einer ausländischen Gesellschaft nach ihrem Personal- (bzw. Gesellschafts-)statut richten. Nach welchen Kriterien dieses Personalstatut zu bestimmen ist, wird kontrovers diskutiert. Vertreten werden im Wesentlichen zwei Theorien, die Gründungstheorie und die Sitztheorie.

a) Gründungstheorie

Die Gründungstheorie unterwirft eine Gesellschaft der Rechtsordnung, nach welcher sie (rechtswirksam) gegründet worden ist. Auf den tatsächlichen Verwaltungssitz kommt es nicht an. Ist die Gesellschaft rechtskräftig errichtet worden, bleibt sie solange rechtsfähig, bis ihr die Rechtsfähigkeit von ihrem Gründungsstaat wieder entzogen wird[264]. Die Gründungstheorie ist in den anglo-

---

262 So J. Hey in: HHR Einf. KSt Rz. 3.

263 Weitergehende Darstellungen siehe: Dinkhoff, Internationale Sitzverlegung von Kapitalgesellschaften unter besonderer Berücksichtigung des Internationalen Gesellschaftsrechts und des Steuerrechts, Frankfurt 2001; Schlenker, Gestaltungsmodelle einer identitätswahrenden Sitzverlegung von Kapitalgesellschaften über die Grenze, Konstanz 1998; Trost, Faktische Sitzverlegung unter Sitz- und Gründungstheorie im Vergleich, Frankfurt 2003.

264 Allerdings ist die Gründungstheorie in ihrer reinen Form kaum verwirklicht. Siehe Ebenroth/Eyles, DB 1989, 363 (366).

amerikanischen Rechtsordnungen verbreitet[265], findet sich jedoch auch in kontinentaleuropäischen Kodifizierungen[266]. Die einmal erlangte Rechtsfähigkeit geht nach der Gründungstheorie bei einer Verlegung des Sitzes über die Grenze nicht verloren.

b) Sitztheorie

Bei der Sitztheorie bestimmt sich das Personalstatut nach dem Recht des Staates, in dem sich der tatsächliche Verwaltungssitz der Gesellschaft befindet. Die Sitztheorie bestimmte bislang das Gesellschaftsrecht in vielen kontinentaleuropäischen Rechtsordnungen[267], darunter auch Deutschland[268]. Der Begriff des „Verwaltungssitzes" ist nicht immer identisch mit dem Begriff der „Geschäftsleitung" i.S.v. § 10 AO[269]. Nach der Rechtsprechung des Bundesgerichtshofes ist unter dem „Verwaltungssitz" der Ort zu verstehen, wo die grundlegenden Entscheidungen der Unternehmensleitung effektiv in laufende Geschäftsführungsakte umgesetzt werden[270], während die „Geschäftsleitung" auf den Ort der maßgeblichen Willensbildung abstellt[271]. Eine grenzüberschreitende Sitzverlegung, d.h. ein Überwechseln in einen anderen Staat unter Wahrung der Identität, lässt die Sitztheorie nur sehr eingeschränkt zu.

c) Sonstige Theorien

Neben der Gründungs- und Sitztheorie werden eine Reihe weiterer Theorien vertreten[272]. Nach der sog. „Überlagerungstheorie"[273] richtet sich die Rechtsfä-

---

265 Z.B. Großbritannien, Kanada, USA, siehe Kindler in: MüKo IntGesR Rz. 381.

266 Z.B. Liechtenstein, Niederlande, Schweiz, Dänemark (nur bzgl. Kapitalgesellschaften), siehe Kindler in: MüKo IntGesR Rz. 381; Staudinger-Großfeld IntGesR Rz. 156 ff.; jedoch auch in Bulgarien, Kroatien, Schweden, Slowakei, Slowenien, Tschechien und Ungarn, siehe Aigner/Kofler/Tumpel, Zuzug und Wegzug, S. 21.

267 Z.B. Belgien, Frankreich, Griechenland, Italien, Luxemburg, Polen, Portugal, Österreich, Spanien, Rumänien, siehe Kindler in: MüKo IntGesR Rz. 381; Staudinger-Großfeld IntGesR Rz. 153.

268 St. Rspr. von BGH und BFH, siehe BGH v. 30.1.1970, V ZR 139/68, BGHZ 53, 181; BGH v. 5.11.1980, VIII ZR 230/79, BGHZ 78, 318; BFH v. 23.6.1992, IX R 182/87, BStBl II 1992, 972; Staudinger-Großfeld IntGesR Rz. 38 ff. m.w.N.

269 Eilers/Wienands, IStR 1999, 289 (291 f.); Meilicke, GmbHR 2003, 793 (794); Raupach in: Hausmann, S. 63 (66); Schaumburg, IntStR Rz. 6.19; R. Schmidt/Sedemund, DStR 1999, 2057 (2060); Sedemund, IStR 2002, 816 f.

270 Siehe nur BGH v. 21.3.1986, V ZR 10/85, BGHZ 97, 269.

271 Siehe 4. Teil A II 2; aufgrund des weitgehenden Gleichklangs von Verwaltungssitz und Geschäftsleitung wird jedoch im Folgenden unterstellt, dass der gesellschaftsrechtliche Begriff des „Verwaltungssitzes" mit dem Begriff der „Geschäftsleitung" i.S.v. § 10 AO identisch ist.

272 Übersicht bei Staudinger-Großfeld IntGesR Rz. 34 ff.

higkeit einer Gesellschaft grundsätzlich nach dem Recht des Gründungsstaates. Das Gründungsrecht wird jedoch von dem Recht des Sitzstaates überlagert, soweit dieses Recht für die unmittelbaren Gesellschaftsinteressenten günstiger ist als das Gründungsrecht. Die sog. „Differenzierungstheorie" unterscheidet zwischen dem Innen- und dem Außenverhältnis der Gesellschaft. Für das Innenverhältnis der Gesellschaft (Gründung, Satzung, Verhältnis zwischen Gesellschaft und Gesellschaftern) soll das Recht des Gründungsstaates, für das Außenverhältnis (z.B. Rechts- und Geschäftsfähigkeit, Haftung) das Recht des Verwaltungssitzstaates gelten.

d) Bilaterale Abkommen

Zum Teil wird die Geltung der Gründungstheorie aus bilateralen Staatsverträgen abgeleitet, in denen Klauseln zur Anerkennung juristischer Personen enthalten sind. So wird beispielsweise in Art. XV Abs. 2 des mit Spanien abgeschlossenen Niederlassungsvertrags[274] oder in Art. XXV Abs. 5 S. 2 des deutsch-amerikanischen Freundschafts-, Handels- und Schiffahrtsvertrags[275] an die wirksame Gründung einer Gesellschaft in dem anderen Vertragsstaat unabhängig von deren tatsächlichen Verwaltungssitz angeknüpft. Im Verhältnis zu diesen Staaten soll daher die Gründungs- und nicht die Sitztheorie anwendbar sein[276].

2. Grenzüberschreitende Sitzverlegung

Die Verlegung von Satzungs- oder Verwaltungssitz inländischer Kapitalgesellschaften ins Ausland oder ausländischer Kapitalgesellschaften in das Inland führt nach der bislang in Deutschland vertretenen Sitztheorie meistens zur Auflösung der Gesellschaft. Im Einzelnen gilt Folgendes:

---

273 Sandrock, RIW 1989, 505 m.w.N.

274 Gesetz zu dem Niederlassungsvertrag v. 23.4.1970 zwischen der Bundesrepublik Deutschland und dem Spanischen Staat v. 7.9.1972, BGBl II 1972, 1041 (im Folgenden „deutsch-spanischer Niederlassungsvertrag").

275 Gesetz v. 7.5.1954 zu dem Freundschafts-, Handels- und Schiffahrtsvertrag v. 29.10.1954 zwischen der Bundesrepublik Deutschland und den Vereinigten Staaten von Amerika, BGBl II 1956, 487 (im Folgenden „deutsch-amerikanischer Freundschaftsvertrag").

276 Siehe BGH v. 29.1.2003, VIII ZR 155/02, BB 2003, 810; BGH v. 5.7.2004, II ZR 389/02, RIW 2004, 787; OLG Zweibrücken v. 13.10.1986, 4 U 98/85, NJW 1987, 2168; OLG Düsseldorf v. 15.12.1994, 6 U 59/94, NJW-RR 1995, 1124; Bungert, DB 2003, 1043; Wessel/Ziegenhain, GmbHR 1988, 423 (431); a.A. Steiger, RIW 1999, 169.

a) Verlegung einer nach deutschem Recht gegründeten Kapitalgesellschaft in das Ausland

aa) Verlegung des Verwaltungssitzes

Verlegt eine nach deutschem Recht gegründete Kapitalgesellschaft ihren Verwaltungssitz in einen Staat, dessen Kollisionsrecht der Sitztheorie folgt, bestimmt sich das Personalstatut der Gesellschaft fortan nach dem Recht des Zuzugsstaates (Art. 4 Abs. 1 S. 1 EGBGB). Folgt der Zuzugsstaat hingegen der Gründungstheorie, gilt aus der Sicht des Internationalen Privatrechts das Recht des ausländische Staates, das jedoch – aufgrund der dort geltenden Gründungstheorie – auf deutsches Recht als Gründungsrecht zurückverweist (Art. 4 Abs. 1 S. 2 EGBGB).

Die Verlegung des effektiven Verwaltungssitzes einer deutschen Gesellschaft in das Ausland ist nach herrschender Meinung ein zwingender Grund für die Liquidation der Gesellschaft[277]. Bereits in dem gesellschaftsrechtlichen Beschluss zur Sitzverlegung soll ein Auflösungsbeschluss zu sehen sein[278]. Nach anderer Auffassung ist ein derartiger Auflösungsbeschluss nur dann anzunehmen, wenn der Verwaltungssitz in einen Staat verlegt wird, in dem die Sitztheorie gilt. Wird der Verwaltungssitz in einen Staat verlegt, der kollisionsrechtlich der Gründungstheorie folgt, soll ein Auflösungszwang nur bestehen, wenn gleichzeitig auch der Satzungssitz geändert wird oder wenn die Beibehaltung des Satzungssitz in Deutschland nicht durch das Vorhandensein eines inländischen Betriebs oder der Beibehaltung eines sonstigen Geschäftsbetriebs gerechtfertigt ist[279].

bb) Verlegung des Satzungssitzes

Die bloße Verlegung des Satzungssitzes in das Ausland führt kollisionsrechtlich zu keinem Statutenwechsel[280]. Die Maßgeblichkeit des deutschen Gesellschaftsrecht bleibt erhalten. Die gesellschaftsrechtlichen Rechtsfolgen eines derartigen Beschlusses sind umstritten. Nach herrschender Meinung wird der Beschluss

---

277 St. Rspr. BGH seit BGH v. 30.1.1970, V ZR 139/68, BGHZ 53, 181; OLG Hamm v. 1.2.2001, 15 W 390/00, NZG 2001, 562; Kindler in: MüKo IntGesR Rz. 393 m.w.N.; Staudinger-Großfeld IntGesR Rz. 634.

278 BGH v. 11.7.1957, II ZR 318/55, BGHZ 25, 134; BayObLG v. 7.5.1992, 3Z BR 14/92, DB 1992, 1400; Kindler in: MüKo IntGesR Rz. 397 m.w.N.; Staudinger-Großfeld IntGesR Rz. 631 m.w.N.

279 Ebenroth/Eyles, DB 1988, Beilage 2 zu Heft 6, S. 7 ff.; Kindler in: MüKo IntGesR Rz. 396.

280 Vgl. nur Unzicker, S. 190.

über die Verlegung des Satzungssitzes in das Ausland jedoch als Auflösungsbeschluss gewertet[281].

cc) Verlegung von Verwaltungs- und Satzungssitz

Wird sowohl der Verwaltungssitz als auch der Satzungssitz einer nach deutschem Recht gegründeten Kapitalgesellschaft in das Ausland verlegt, bestimmt sich das Personalstatut der Gesellschaft nach dem Recht des Zuzugsstaats. Die Differenzierung, ob der Zuzugsstaat der Sitztheorie oder der Gründungstheorie folgt, ist mangels der Identität von Gründungrecht und Satzungssitz hinfällig. Der Verlegungsbeschluss ist nach herrschender Meinung als Auflösungsbeschluss zu bewerten[282].

b) Verlegung einer nach ausländischem Recht gegründeten Kapitalgesellschaft in das Inland

aa) Verlegung des Verwaltungssitzes

Verlegt eine nach ausländischem Recht gegründete Gesellschaft ihren Verwaltungssitz nach Deutschland, führt dies nach der Sitztheorie zu einer Änderung ihres Personalstatuts (unabhängig davon, ob im Wegzugsstaat die Sitz- oder Gründungstheorie gilt). Die Gesellschaft ist nach deutschem Recht neu zu gründen[283].

bb) Verlegung des Satzungssitzes

Wird lediglich der Satzungssitz nach Deutschland verlegt und folgt der Wegzugsstaat der Sitztheorie, bleibt aus der Sicht des Kollisionsrechts die dortige Rechtsordnung maßgeblich. Sachrechtlich ist jedoch in Deutschland ein Satzungssitz bei bestehendem ausländischen Verwaltungssitz unzulässig. Eine dennoch im Handelsregister eingetragene Gesellschaft ist aufzulösen[284].

---

281 So OLG Hamm v. 30.4.1997, 15 W 91/97, NJW-RR 1998, 615; OLG Düsseldorf v. 26.3.2001, 3 Wx 88/01, BB 2001, 901; Ebenroth/Auer, RIW 1992, Beilage 1 zu Heft 3, Rz. 11; nach a.A. soll der Beschluss wegen eines Verstoßes gegen § 5 Abs. 2 AktG bzw. § 4a GmbHG nichtig sein, siehe z.B. Kindler in: MüKo IntGesR Rz. 399 m.w.N.; Triebel/von Hase, BB 2003, 2409 (2415).

282 BayObLG v. 7.5.1992, 3Z BR 14/92, DB 1992, 1400.

283 H.M., siehe Kindler in: MüKo IntGesR Rz. 401 ff. m.w.N.

284 § 144a FGG i.V.m. § 23 Abs. 3 Nr. 1 AktG bzw. § 3 Abs. 1 Nr. 1 GmbHG.

cc) Verlegung von Verwaltungs- und Satzungssitz

Die Verlegung des Verwaltungssitzes hat kollisionsrechtlich einen Statutenwechsel zur Folge. Die zugezogene Gesellschaft unterliegt dem deutschen Gesellschaftsrecht, das eine Neugründung der Gesellschaft fordert[285].

3. Kollision der Sitztheorie mit dem Europarecht

Die in Deutschland mehrheitlich vertretene Sitztheorie geriet in jüngster Zeit durch Reihe von Entscheidungen des Europäischen Gerichtshofes ins Wanken.

a) „Daily Mail“

Angestoßen wurde die seit Jahren währende Diskussion durch das sog. „Daily-Mail“-Urteil des EuGH v. 27. 9. 1988[286]. In dem Urteilsfall ging es um die nach englischem Recht gegründete Investmentholdinggesellschaft *Daily Mail and General Trust PLC* mit Satzungssitz und tatsächlichem Verwaltungssitz in Großbritannien, die ihre Geschäftsleitung aus steuerlichen Gründen in die Niederlande verlegen wollte[287]. Die Aufdeckung der stillen Reserven konnte dabei nur durch eine Genehmigung der britischen Finanzverwaltung vermieden werden[288]. Die Genehmigung wurde jedoch nicht erteilt. Der EuGH verneinte eine Verletzung der Niederlassungsfreiheit gemäß Artt. 52, 58 EWGV (jetzt Artt. 43, 48 EGV) durch das gesetzlich vorgesehene Genehmigungserfordernis mit der Begründung, dass nach dem Stand des Gemeinschaftsrechts die mit einer Sitzverlegung zusammenhängenden Probleme nicht durch die Niederlassungsfreiheit zu lösen seien. Die Probleme, die sich aus den unterschiedlichen mitgliedstaatlichen Kollisionsnormen ergäben, seien vielmehr durch gesetzgeberische Maßnahmen oder den Abschluss eines Übereinkommens (Art. 293 EGV) zu beheben. Die Entscheidung wurde von Rechtsprechung und Literatur, auch von den Vertretern der Gründungstheorie, weitgehend akzeptiert[289].

---

285 Kindler in: MüKo IntGesR Rz. 405 m.w.N.

286 EuGH v. 27.9.1988, Rs. C-81/87 (Daily Mail), Slg. 1988, 5483.

287 Angemerkt sei, dass beide Staaten der Gründungstheorie folgen.

288 Die Genehmigung war erforderlich, um – ähnlich wie nach § 12 KStG – die Besteuerung der Differenz zwischen Buchwerten und stillen Reserven zu verhindern.

289 Siehe z.B. BayObLG v. 26.8.1998, 3Z BR 78/98, DB 1998, 2318; OLG Zweibrücken v. 27.6.1990, 3 W 43/90, NJW 1990, 3092; Behrens, ZGR 1994, 1 (20 ff.).

b) „Centros“

Mit dem sog. „Centros“-Urteil vom 9.3.1999[290] wurde die Diskussion um die Vereinbarkeit der Sitztheorie mit dem Europarecht erneut entfacht. In dem Urteil ging es um die *Centros Ltd.*, eine *private limited company* nach britischem Recht, die von einem dänischen Ehepaar in England unter Nutzung der dortigen liberaleren Mindestkapitalerfordernisse ordnungsgemäß gegründet worden war. Als Satzungssitz diente die Adresse eines Bekannten in England. Eine Geschäftstätigkeit am Satzungssitz war von vornherein nicht vorgesehen. Sie sollte über eine Zweigniederlassung in Dänemark entfaltet werden. Das dänische Handelsministerium weigerte sich, die Zweigniederlassung einzutragen. Der EuGH sah hierin einen Verstoß gegen die Niederlassungsfreiheit[291].

Das Urteil wurde im Schrifttum sehr unterschiedlich aufgenommen. Einige erblickten in der Entscheidung „Centros“ eine generelle Abkehr von der „Daily Mail“-Rechtsprechung und folgerten daraus die Unvereinbarkeit der Sitztheorie mit der Niederlassungsfreiheit[292]. Andere waren der Meinung, die Entscheidung hätte auf die Anwendung der Sitztheorie überhaupt keine Auswirkungen[293].

c) „Überseering“

In der sog. „Überseering“-Entscheidung vom 5.11.2002[294] entschied der EuGH, dass ein Mitgliedstaat sich nicht weigern kann, die Rechts- und Parteifähigkeit einer Gesellschaft anzuerkennen, die ordnungsgemäß nach dem Recht eines anderen Mitgliedstaates gegründet wurde. Die *Überseering BV*, eine in den Niederlanden wirksam gegründete und dort registrierte Gesellschaft mit beschränkter Haftung, verlegte ihren tatsächlichen Verwaltungssitz nach Deutschland. Die von ihr in Deutschland erhobene Klage gegen einen Werkunternehmer wurde wegen fehlender Parteifähigkeit als unzulässig abgewiesen[295]. Der EuGH erblickte darin einen Verstoß gegen die Niederlassungsfreiheit. Er wies in seiner Begründung ausdrücklich darauf hin, dass es sich anders als in der Rechtssache „Daily Mail“ um eine Zuzugsregelung

290 EuGH v. 9.3.1999, Rs. C-212/97 (Centros), Slg. 1999, I-1459.

291 Das dänische Gesellschaftsrecht folgt zwar grundsätzlich der Gründungstheorie. Die Eintragung wurde jedoch verweigert, da die Mindestkapitalanforderungen systematisch umgangen werden sollten.

292 So Freitag, EuZW 1999, 267 (269); Meilicke, DB 1999, 627; Sandrock, BB 1999, 1337 (1341); Sörgel, DB 1999, 2236.

293 So Ebke, JZ 1999, 656 (660); differenzierend hingegen Bungert, DB 1999, 1841 (1843); Leible, NZG 1999, 300 (301); Sonnenberger/Großerichter, RIW 1999, 721 (727); Steindorff, JZ 1999, 1140 (1141).

294 EuGH v. 5.11.2002, Rs. C-208/00 (Überseering), Slg. 2002, I-9919.

295 Siehe Vorlagebeschluss des BGH v. 30.3.2000, VII ZR 370/98, BB 2000, 1106 (1107).

handelte. Die Rechts- und Parteifähigkeit sei nach dem Recht des Gründungsstaates zu bestimmen[296]:

> *„Die Inanspruchnahme der Niederlassungsfreiheit setzt zwingend die Anerkennung dieser Gesellschaften durch alle Mitgliedstaaten voraus, in denen sie sich niederlassen wollen. [...]*
> *Ihre Existenz hängt sogar untrennbar mit ihrer Eigenschaft als Gesellschaft niederländischen Rechts zusammen, da eine Gesellschaft, wie bereits ausgeführt wurde, jenseits der nationalen Rechtsordnung, die ihre Gründung und ihre Existenz regelt, keine Realität hat (in diesem Sinne Urteil Daily Mail and General Trust, Randnr. 19). Das Erfordernis, dieselbe Gesellschaft in Deutschland neu zu gründen, kommt daher der Negierung der Niederlassungsfreiheit gleich. Unter diesen Umständen stellt es eine mit den Artikeln 43 EG und 48 EG grundsätzlich nicht vereinbare Beschränkung der Niederlassungsfreiheit dar, wenn ein Mitgliedstaat sich u.a. deshalb weigert, die Rechtsfähigkeit einer Gesellschaft, die nach dem Recht eines anderen Mitgliedstaat gegründet worden ist und dort ihren satzungsmäßigen Sitz hat, anzuerkennen, weil die Gesellschaft im Anschluss an den Erwerb sämtlicher Geschäftsanteile durch in seinem Hoheitsgebiet wohnende eigene Staatsangehörigen, ihren tatsächlichen Verwaltungssitz in sein Hoheitsgebiet verlegt haben soll, mit der Folge, dass die Gesellschaft im Aufnahmemitgliedstaat nicht zu dem Zweck parteifähig ist, ihre Ansprüche aus einem Vertrag geltend zu machen, es sei denn, dass sie sich nach dem Recht dieses Aufnahmestaats neu gründet.“*

d) „Inspire Art“

In der Entscheidung „Inspire Art“ vom 30.9.2003[297] ging es um die im Kunsthandel tätige *Inspire Art Ltd.*, eine wirksam in Großbritannien gegründete und dort eingetragene *private company limited by shares*, die ihre Geschäftstätigkeit einzig über eine in den Niederlanden belegene Niederlassung ausübte. Nach dem niederländischen Gesetz über formal ausländische Gesellschaften[298] sollte die Eintragung der Gesellschaft in das niederländische Handelsregister jedoch von der Einhaltung bestimmter formeller und materieller Pflichten wie z.B. der Einreichung einer Bescheinigung über ein Mindestkapital von EUR 18.000 abhängen. Auch der Geschäftsführer hatte bestimmte Pflichten zu beachten. Der EuGH sah in diesen Anforderungen eine Verletzung der Niederlassungsfreiheit gemäß Artt. 43, 48 EGV (sowie eine Verletzung der Zweigniederlassungsrichtlinie[299]).

---

296 EuGH v. 5.11.2002, Rs. C-208/00 (Überseering), Slg. 2002, I-9919, Randnrn. 59, 81 f.

297 EuGH v. 30.9.2003, Rs. C-167/01 (Inspire Art), Slg. 2003, I-10155.

298 „Wet op de formeel buitenlandse vennootschappen“ v. 17.12.1997 (Staatsblad 1997, Nr. 697).

299 Art. 2 der Elften Richtlinie 89/666/EWG des Rates v. 21.12.1989 über die Offenlegung von Zweigniederlassungen, die in einem Mitgliedstaat von Gesellschaften bestimmter

e) Geltung der Gründungstheorie bei Zuzug aus dem Gemeinschaftsgebiet

Die Meinungen, wie die Rechtsprechung des EuGH zum Gesellschaftsrecht zu interpretieren ist, gehen auseinander. Einigkeit besteht lediglich darin, dass aus dem Urteil „Überseering" die Verpflichtung des Zuzugsstaates folgt, eine Gesellschaft, die ihren Verwaltungssitz aus einem EG-Mitgliedstaat, in dem die Gründungstheorie gilt, nach Deutschland verlegt, als rechts- und parteifähig anzuerkennen.

Ein Teil der Literatur ist der Ansicht, dass dieser Vorgabe dadurch entsprochen werden kann, dass die Rechts- und Parteifähigkeit der ausländischen Gesellschaft – unter der fortbestehenden Geltung der Sitztheorie - nach deutschem Sachrecht herbeigeführt wird[300]. Da die ausländische Gesellschaft ihren Verwaltungssitz nach Deutschland verlegt habe, sei die Einordnung nach der Sitztheorie nach deutschem Gesellschaftsrecht vorzunehmen. Danach wäre die Gesellschaft mangels Eintragung in einem inländischen Handelsregister als juristische Person ausländischen Rechts jedoch nicht rechtsfähig. Die Gesellschaft unterliege infolgedessen dem Personengesellschaftsrecht und sei bei einer erwerbswirtschaftlichen Zwecksetzung wie eine OHG zu behandeln[301]. Diese Auffassung wurde auch vom II. Zivilsenat des BGH vertreten[302].

Mittlerweile verfestigt sich jedoch die Meinung, dass die ausländische Gesellschaft nicht nur im Wege der sachrechtlichen Behandlung als Personengesellschaft als rechts- und parteifähig anzuerkennen ist, sondern als juristische Person des ausländischen Rechts. Der EuGH habe der Sitztheorie zumindest in Zuzugsfällen den Boden entzogen, so dass das Gesellschaftsstatut nach der Gründungstheorie zu beurteilen sei[303]. Dieser Ansicht ist zuzustimmen. Dafür spricht zum einen der Wortlaut der Begründung des Urteils „Überseering", wo die Niederlassungsfreiheit der „*Gesellschaft niederländischen Rechts*" eingeräumt

---

Rechtsformen errichtet wurden, die dem Recht eines anderen Staates unterliegen, ABl. 1989 Nr. L 395, S. 36.

300 Großerichter, DStR 2003, 159 (166); Neye, EWiR 2002, 1003 (1004); Wernicke, EuZW 2002, 758 (760).

301 Diese Auffassung wird bereits seit längerer Zeit vertreten, siehe Kindler in: MüKo IntGesR Rz. 348; Trost, S. 146 ff.

302 BGH v. 1.7.2002, II ZR 380/00, DB 2002, 2039.

303 So Bauschatz, KÖSDI 2004, 14150 (14152); W. Bayer, BB 2003, 2357 (2363); Eidenmüller, ZIP 2002, 2233 (2241); Heidenhain, NZG 2002, 1141 (1143); Kallmeyer, DB 2002, 2521 (2522); Leible/Hoffmann, ZIP 2003, 925 (926); Lutter, BB 2003, 7 (9); Prinz/von Freeden, Der Konzern 2004, 318 (319); M. Schulz/Sester, EWS 2002, 545 (549); Zimmer, BB 2003, 1 (3).

wird[304]. Zum anderen wären mit einer Umqualifikation in eine Personengesellschaft eine große Anzahl weiterer komplexer gesellschafts- und umwandlungsrechtlicher sowie steuerlicher Folgefragen aufgeworfen[305]. Die Rückverlegung des Verwaltungssitzes müsste so z.B. konsequenterweise wieder als identitätswahrende „Rückumwandlung" in eine ausländische Kapitalgesellschaft angesehen werden, womit z.B. die Vorschriften des deutschen UmwG umgangen werden könnten. Schließlich hat auch der VII. Senat des BGH in der abschließenden Entscheidung zur Rechtssache „Überseering" klargestellt[306], dass die Umqualifikation in eine Personengesellschaft den durch die Rechtsprechung des EuGH aufgestellten Anforderungen an die Niederlassungsfreiheit nicht genügt und der ausländischen Gesellschaft als solcher die Rechts- und Parteifähigkeit zuzuerkennen ist. Die ausländische Gesellschaft sei daher dem Kollisionsrecht des Staates zu unterstellen, in dem sie gegründet worden sei. Andere Gerichte folgen dieser Auffassung[307].

Ob sich aus der Anknüpfung an die Gründungstheorie in Zuzugsfällen von Gesellschaften aus dem EU-Bereich (und wegen Art. 31 des EWR-Abkommens[308] auch aus dem EWR)[309] jedoch folgern lässt, dass sich das Gesellschaftsstatut nunmehr für sämtliche ausländische Gesellschaften nach dem Recht des Gründungsstaates bestimmt, wird im Schrifttum bezweifelt[310], zumal auch der VII. Senat in seinem Urteil vom 13.3.2003 insoweit keine weitergehenden Ausführungen gemacht hat. Die vom EuGH bislang entschiedenen Urteile betrafen zudem ausnahmslos Fälle, in denen in den Wegzugsstaaten jeweils die Gründungstheorie galt. Es ist daher nach wie vor offen, ob die Sitztheorie bei Sitzverlegungen innerhalb der EU weiterhin gilt, wenn der Gründungsstaat der Sitztheorie folgt[311].

---

304 EuGH v. 5.11.2002, Rs. C-208/00 (Überseering), Slg. 2002, I-9919, Randnr. 80.

305 Siehe dazu Meilicke, GmbH 2003, 793 ff. m.w.N.

306 BGH v. 13.3.2003, VII ZR 370/98, BGHZ 154, 185.

307 BayObLG v. 19.12.2002, 2Z BR 7/02, NZG 2003, 290; BayObLG v. 11.2.2004, 3Z BR 175/03, BB 2004, 570; OLG Celle v. 10.2.2002, 9 W 168/01, IPRax 2003, 245; OLG Zweibrücken v. 26.3.2003, 3 W 21/03, BB 2003, 864; Leible/Hoffmann, ZIP 2003, 925 (927 f.) m.w.N.; zum Teil wird auch angenommen, dass der BFH die Sitztheorie durch die Entscheidung v. 29.1.2003, I R 6/99, BStBl 2004, 1043, aufgegeben hat, so jedenfalls Sedemund, BB 2003, 1362; Weber-Grellet, EuStR, S. 82.

308 Abkommen über den Europäischen Wirtschaftsraum v. 2.5.1992, BGBl II 1993, 267, idF des Anpassungs-Prot. v. 17.3.1993, BGBl II 1993, 1294 (im Folgenden „EWRA"). Vertragsparteien sind die EG-Mitgliedstaaten sowie Norwegen, Island und das Fürstentum Liechtenstein.

309 So auch Forsthoff in: Hirte/Bücker, S. 50 (60 ff.).

310 Bauschatz, KÖSDI 2004, 14150 (14154); Ebke, JZ 2003, 927 (930); Sedemund, IStR 2002, 816 (817).

311 So auch Kallmeyer, DB 2002, 2521 (2522); Leible/Hoffmann, ZIP 2003, 925 (926); Thömmes, IWB v. 24.12.2002, Fach 11a, S. 623 (632).

Im Wegzugsfall, in denen eine inländische Kapitalgesellschaft ihren tatsächlichen Verwaltungssitz ins Ausland verlegt, ist die Rechtslage noch unklarer als im Zuzugsfall. Den Urteilen "Centros", „Überseering" sowie „Inspire Art" ist nicht zu entnehmen, dass der EuGH beabsichtigt, in Wegzugsfällen von der Entscheidung „Daily Mail" abzurücken. Mit der herrschenden Meinung im Schrifttum ist daher anzunehmen, dass die bisherige Rechtsprechung des EuGH der Anwendung der Sitztheorie in Wegzugsfällen nicht entgegen steht[312]. Diese Tendenz zeichnet sich auch in der deutschen Rechtsprechung ab[313].

4. Europarechtliche Regelungen zur Sitzverlegung von Kapitalgesellschaften

a) Societas Europaea

Seit dem 8.10.2004 steht den EG- und den EWR-Mitgliedstaaten[314] die Rechtsform der Europäischen Aktiengesellschaft (Societas Europaea - „SE") zur Verfügung[315]. Die SE kann nach Art. 8 Abs. 1 SE-VO ihren Satzungssitz grenzüberschreitend unter Wahrung ihrer Identität, d.h. ohne Auflösung und Neugründung, verlegen, wobei gemäß Art. 7 SE-VO die Hauptverwaltung und der Satzungssitz in einem Mitgliedstaat liegen müssen[316]. Es sind lediglich die formalen Voraussetzungen nach Art. 8 Abs. 2 – 16 SE-VO wie z.B. die Erstellung eines Verlegungsplanes zu beachten. Die bislang in Deutschland geltende Sitztheorie wird dadurch durchbrochen[317].

b) Sitzverlegungsrichtlinie

In Art. 293 EGV (ehemals Art. 220 EWGV) ist vorgesehen, dass die Mitgliedstaaten untereinander Verhandlungen einleiten, um die Beibehaltung der

---

312 Bauschatz, KÖSDI 2004, 14150 (14154); W. Bayer, BB 2003, 2357 (2363); Kallmeyer, DB 2002, 2521 (2522); Kallmeyer, DB 2004, 636; Riegger, ZGR 2004, 510 (528); für Österreich: Aigner/Kofler/Tumpel, Zuzug und Wegzug, S. 48; a.A. Forsthoff, BB 2002, 318 (320).

313 Nach BayObLG v. 11.2.2004, 3Z BR 175/03, BB 2004, 570 (572), erfasst die Entscheidung „Inspire Art" nicht die Verlegung von Satzungs- und Verwaltungssitz in das Ausland.

314 Siehe Wenz, AG 2003, 185 m.w.N.

315 Die Einigung über die SE-VO sowie über die Richtlinie 2001/86/EG des Rates v. 8.10.2001 zur Ergänzung des Status der SE hinsichtlich der Beteiligung der Arbeitnehmer, ABl. 2001 Nr. L 294, S. 22 v. 10.11.2001 (im Folgenden „SE-RL") kam am 20.12.2000 in Nizza zustande. Die SE-VO sowie die SE-RL sind durch das Gesetz zur Einführung der Europäischen Gesellschaft (SEEG) v. 22.12.2004, BGBl I 2004, 3675, umgesetzt worden, das am 29.12.2004 in Kraft trat.

316 Wenz in: Theisen/Wenz, S. 171 (208 f.).

317 Siehe 4. Teil C II.

Rechtspersönlichkeiten bei Verlegung des Sitzes von einem Staat in den anderen sicherzustellen[318]. Bereits 1968 ist von Belgien, der Bundesrepublik Deutschland, Frankreich, Italien, Luxemburg und den Niederlanden der Versuch unternommen worden, ein entsprechendes Übereinkommen zu schließen. Das ausgehandelte Abkommen[319] ist jedoch nie in Kraft getreten, da sich die Vertreter von Sitz- und Gründungstheorie nicht einigen konnten[320]. Auch die Richtlinie, die den Gesellschaften eine Verlegung ihres satzungsmäßigen und tatsächlichen Sitzes unter Wahrung ihrer Rechtspersönlichkeit ermöglichen sollte[321], scheiterte[322]. Nunmehr soll eine Richtlinie verabschiedet werden, die lediglich die Verlegung des Satzungssitzes regelt[323].

III. Qualifikation als Körperschaftsteuersubjekt

1. Qualifikation ausländischer Kapitalgesellschaften in Rechtsprechung und Literatur

Die enge Verknüpfung von Zivil- und Steuerrecht wird bei der Qualifikation ausländischer Steuersubjekte besonders deutlich. Die hierzu in Rechtsprechung und Literatur vertretenen Auffassungen sollen daher im Folgenden dargestellt werden.

a) Typenvergleich/„Venezuela"-Urteil

Im sog. „Venezuela"-Urteil[324] entschied der RFH, dass die Gesellschafter einer venezolanischen Handelsgesellschaft aus deutsch-steuerlicher Sicht als Mitunternehmer zu beurteilen sind, obwohl die Gesellschaft nach venezolanischem Recht als Kapitalgesellschaft behandelt wurde und als solche auch nach deutschem Zivilrecht anzuerkennen war. Auch in der Folgezeit wurde die Frage nach der unbeschränkten oder beschränkten Steuerpflicht ausländischer Rechtsgebilde in ständiger Rechtsprechung von RFH und BFH unabhängig vom Zivilrecht ent-

---

318 Art. 293 EGV schließt die Anwendung von Art. 43 EGV allerdings nicht aus, so auch Behrens, EuZW 2002, 737.

319 Übereinkommen v. 29.2.1968 über die gegenseitige Anerkennung von Gesellschaften und juristischen Personen, BGBl II 1972, 370.

320 Siehe Leible, ZGR 2004, 531 (537); Sandrock/Austmann, RIW 1989, 249 (251).

321 Vorschlag für eine Vierzehnte Richtlinie des Europäischen Parlaments und des Rates über die Verlegung des Sitzes einer Gesellschaft in einen anderen Mitgliedstaat mit Wechsel des für die Gesellschaft maßgebenden Rechts v. 22.4.1997, abgedruckt in: ZIP 1997, 1721 ff.; ZGR 1999, 157 ff.; siehe dazu Lutter, BB 2003, 7 (10); Hoffmann, ZHR 2000, 43 (51 f.).

322 Siehe dazu Forsthoff in: Hirte/Bücker, S. 50 (51).

323 Siehe Forsthoff in: Hirte/Bücker, S. 50 (55 f.); IStR 2005, Heft 5, Länderbericht S. 2.

324 RFH v. 12.2.1930, VI A 899/27, RStBl 1930, 444.

schieden[325]. Die Beurteilung der Körperschaftsteuersubjektivität erfolgte aufgrund einer eigenständigen steuerlichen Würdigung, indem im Rahmen eines Typenvergleichs darauf abgestellt wurde, ob das ausländische Rechtsgebilde „nach dem leitendem Gedanken des Einkommen- und Körperschaftsteuergesetzes"[326] einer Gesellschaft des deutschen Rechts vergleichbar ist. Ob das ausländische Zivilrecht die Gesellschaft als juristische Person ansah und ihr Rechtsfähigkeit verlieh, war zwar in die Bewertung miteinzubeziehen, jedoch letztendlich nicht (allein) ausschlaggebend[327]. Die Entscheidungen von RFH und BFH betrafen durchweg Fälle der beschränkten Steuerpflicht, bei denen die Begründung unbeschränkter Steuerpflicht bereits daran scheiterte, dass die ausländischen Gebilde im Inland weder Sitz noch Geschäftsleitung hatten. Die obersten Gerichtshöfe ließen jedoch erkennen, dass sie bei einer Belegenheit der Geschäftsleitung im Inland von einer unbeschränkten Steuerpflicht ausgehen würden. Der von der Rechtsprechung praktizierte Typenvergleich stieß auch auf Zustimmung in der Literatur[328].

b) Strenge Akzessorietät zum Zivilrecht

Eine Reihe von Autoren vertritt die Meinung, dass das Steuerrecht in seiner Einordnung des ausländischen Gebildes den zivilrechtlichen Wertungen zu folgen habe[329]. Eine nach ausländischem Recht gegründete Kapitalgesellschaft könnte danach in Deutschland nicht unbeschränkt körperschaftsteuerpflichtig sein, da sich - wie von der Sitztheorie gefordert - weder ihre Geschäftsleitung noch ihr Sitz im Inland befinden. Dieser Meinung schloss sich zunächst auch die

---

325 Siehe nur RFH v. 18.12.1930, VI A 899/30, RFHE 27, 303; BFH v. 17.7.1968, I 121/64, BStBl II 1968, 695; BFH v. 6.11.1980, IV R 182/77, BStBl II 1981, 220; BFH v. 3.2.1988, I R 134/84, BStBl II 1988, 588; BFH v. 13.9.1989, I R 105/86, BFH/NV 1990, 326. Auch nach der Rechtsprechung des BVerfG ging der Grundsatz der Gleichmäßigkeit der Besteuerung dem Grundsatz der Einheitlichkeit der Rechtsordnung vor: BVerfG v. 24.1.1962, 1 BvR 845/58, BVerfGE 13, 331; BVerfG v. 11.11.1964, 1 BvR 488/62, 562/63, 216/64, BVerfGE 18, 224; BVerfG v. 25.7.1968, BvR 58/67, BVerfGE 24, 113; BVerfG v. 26.3.1969, 1 BvR 512/66, BVerfGE 25, 309.

326 RFH v. 12.2.1930, VI A 899/27, RStBl 1930, 444.

327 RFH v. 18.12.1930, VI A 899/30, RFHE 27, 303.

328 Debatin, BB 1988, 1155 (1159 f.); Hartmann, DB 1987, 122 (124); Henkel, RIW 1991, 565; Lehner, RIW 1988, 201 (212); Piltz, FR 1990, 608 f.; Dötsch, DB 1989, 2296 m.w.N. zum damaligen Stand der Kommentarliteratur.

329 Baranowski, IWB v. 10.6.1989 Fach 3, Gruppe 4, S. 331 (334); Buyer, DB 1990, 1682; Ebenroth/Auer, RIW 1992, 988; Ebenroth/Auer, RIW 1992, Beilage 1 zu Heft 3; R. Oppermann, DB 1988, 1469 (1470); Sarrazin, FR 1985, 466 (467); Wassermeyer, DB 1990, 244 (mittlerweile anderer Auffassung).

Finanzverwaltung in einem koordiniertem Ländererlass an[330]. Die strenge Anknüpfung an das Zivilrecht im Rahmen der unbeschränkten Steuerpflicht erwies sich aus der Sicht der Finanzverwaltung nicht zuletzt deswegen als zweckmäßig, weil sie sich ab Mitte der 80er Jahre vermehrt mit der Gründung britischer *non-resident private companies limited by shares (Ltd.)* konfrontiert sah. Mangels Mindestkapitalanforderungen in Großbritannien und mangels inländischen Vermögens war die Geltendmachung von Steueransprüchen gegenüber diesen Gesellschaften nicht immer erfolgreich[331]. Die strikte Bindung der Steuersubjektivität an das Zivilrecht sollte einen Durchgriff auf die Gesellschafter sicherstellen[332].

c) Begrenzte Akzessorietät zum Zivilrecht/„Liechtenstein"-Urteil

Mit dem Urteil des BFH vom 23.6.1992, dem sog. „Liechtenstein"-Urteil[333], kam es zu einer Änderung der Rechtsprechung. Das Urteil betraf eine AG nach liechtensteinischem Recht, die ihren Sitz in Liechtenstein, ihre Geschäftsleitung jedoch in Deutschland hatte. Bei der liechtensteinischen AG fielen hohe Verluste an. Sie wurde daher in der Folgezeit aufgelöst. Die Behandlung der liechtensteinischen AG als Gesellschaft bürgerlichen Rechts entsprechend der existierenden Erlasse und Verfügungen[334] hätte sich für den deutschen Fiskus als nachteilig erwiesen, da den Gesellschaftern die Verwertung der (negativen) Einkünfte der AG möglich gewesen wäre (§ 21 EStG i.V.m. § 3 KStG). Die zuständige Finanzbehörde änderte daher in einer Betriebsprüfung die Rechtsauffassung und behandelte die liechtensteinische AG als Körperschaftsteuersubjekt mit der Folge, dass die aufgelaufenen Verluste nicht mit den Gewinnen der Gesellschafter verrechnet werden konnten. Das Finanzgericht Düsseldorf folgte der (geänderten) Ansicht der Finanzverwaltung nicht[335]. Der IX. Senat des BFH entschied, dass sich die Frage, ob eine ausländische Gesellschaft eine juristische Person i.S.d. § 1 Abs. 1 Nr. 1 bis 4 KStG sei, ausschließlich nach dem Zivilrecht zu richten habe und die zivilrechtliche Rechtsfähigkeit damit eine unabdingbare Voraussetzung für die Anwendbarkeit der § 1 Abs. 1 Nr. 1 bis 4 KStG sei. Der BFH fügte allerdings hinzu, dass ein ausländisches Gebilde, das nicht rechtsfähig sei, unter § 1 Abs. 1 Nr. 5 KStG i.V.m. § 3 KStG zu fassen sei, sofern es von dem Rechtstyp her einer Kapitalgesellschaft oder einer sonstigen juristischen

---

330 Finbeh Hamburg v. 15.1.1985, DB 1985, 258; OFD Köln v. 21.2.1985, FR 1985, 297; vgl. auch OFD Düsseldorf v. 15.3.1985, WPg 1985, 258. Der im „Venezuela"-Urteil entwickelte Typenvergleich sollte nur noch für die beschränkte Steuerpflicht gelten.

331 Siehe Hartmann, DB 1987, 122 (123); Sarrazin, FR 1985, 466 (467).

332 Hügel, ZGR 1999, 71 (81).

333 BFH v. 23.6.1992, IX R 182/87, BStBl II 1992, 972.

334 Z.B. Finbeh Hamburg v. 15.1.1985, DB 1985, 258, siehe 4. Teil C III 1 b) m.w.N.

335 FG Düsseldorf v. 6.11.1986, XV 370/83, EFG 1987, 202.

Person nach § 1 Abs. 1 Nr. 1 bis Nr. 4 KStG her gleichkomme und das Einkommen auch nicht nach § 3 KStG bei einem anderen Steuerpflichtigen zu versteuern sei. Die zu beurteilende liechtensteinische AG wurde daher – aufgrund ihrer Vergleichbarkeit mit einer Kapitalgesellschaft – als unbeschränkt steuerpflichtig nach § 1 Abs. 1 Nr. 5 KStG i.V.m. § 3 KStG qualifiziert[336].

Die Änderung der Rechtsprechung durch den IX. Senat des BFH führte dazu, dass die Rechtsfähigkeit ausländischer Gesellschaften für die Körperschaftsteuersubjektivität keine Rolle mehr spielte. Dies ist im Schrifttum positiv aufgenommen worden[337], auch wenn - selbst aus den Reihen der BFH-Richter[338]- kritisiert wurde, dass die ausländische Gesellschaft nicht unmittelbar in § 1 Abs. 1 Nr. 1 KStG eingeordnet worden war[339]. Nach der jüngeren Rechtsprechung des BFH ist nunmehr davon auszugehen, dass zumindest der I. Senat des BFH ausländische Kapitalgesellschaften unter die Nr. 1 KStG subsumiert[340].

Im Schrifttum wird mittlerweile überwiegend die Ansicht vertreten, dass das Zivilrecht für das Steuerrecht lediglich eine Indizfunktion für die Einordnung ausländischer Gebilde entfalte[341]. § 1 Abs. 1 Nr. 1 KStG sei europarechtskonform auszulegen, indem der Klammerzusatz nicht als abschließende, sondern als beispielhafte Aufzählung anzusehen sei und damit auch ausländische Kapitalgesellschaften erfasst seien[342]. Andere verlangen, dass der Gesetzgeber ausländische Kapitalgesellschaften in die Aufzählung von § 1 Abs. 1 Nr. 1 KStG aufnimmt[343].

---

336 Die Finanzverwaltung schloss sich der geänderten BFH-Rechtsprechung in der Folgezeit an, siehe nur FinMin Baden-Württemberg v. 17.8.1993, IStR 1993, 524.

337 Schaumburg, GmbHR 1996, 585 (591).

338 Siehe nur Wassermeyer in: DStJG 20 (1997), S. 83 ff. (*Wassermeyer* hat sich von seiner ursprünglichen Ansicht distanziert, wonach die bloße Verlegung des Verwaltungssitzes einer ausländische Kapitalgesellschaft in das Inland lediglich eine Betriebsstätte begründen könne, siehe noch: Wassermeyer, DB 1990, 244).

339 Siehe Knobbe-Keuk, DB 1992, 2070 f.; Zisowski, S. 41.

340 BFH v. 24.3.1998, I R 49/96, BStBl II 1998, 649; BFH v. 15.7.1998, I B 134/97, BFH/NV 1999, 372; BFH v. 10.11.1998, I R 91 102/97, BStBl II 1999, 306; BFH v. 16.12.1998, I R 138/97, BStBl II 1999, 437; siehe dazu Gail/Düll/Fuhrmann/Grupp, DB 1999, Beilage 14 zu Heft 49, S. 1 (24); Gosch, StBp 2002, 374 (377); Wassermeyer, EuZW 2003, 257.

341 Herrmann/Klempt in: HHR § 1 KStG Rz. 101 ff.; Rengers in: Blümich § 1 KStG Rz. 142 ff.

342 Dötsch in: Dötsch/Eversberg/Jost § 12 KStG Rz. 15; Gail/Düll/Fuhrmann/Grupp, DB 1999, Beilage 14 zu Heft 49, S. 1 (24); Göttsche, DStR 1999, 1403 (1407); Meilicke, GmbHR 2003, 793 (804); Seer in: Gassner/Lang/Lechner, Beschränkte Steuerpflicht, S. 37 (56 f.).

343 Deininger, IStR 2003, 214 (216); Kutt, S. 192; R. Schmidt/Sedemund, DStR 1999, 2057 (2062); Sörgel, DB 1999, 2236 (2237).

Zum Teil wird die unbeschränkte Steuerpflicht ausländischer Kapitalgesellschaften mit Sitz oder Geschäftsleitung im Inland aufgrund der EuGH-Rechtsprechung zum Gesellschaftsrecht[344] aus § 1 Abs. 1 Nr. 1 KStG abgeleitet[345].

2. Einordnung ausländischer Kapitalgesellschaften nach einem Typenvergleich in § 1 Abs. 1 Nr. 1 KStG

a) Keine Akzessorietät zum Zivilrecht

Die Frage, ob ein Rechtsgebilde der Körperschaftsteuer unterfällt, ist nach den leitenden Gedanken des deutschen Körperschaft- und Einkommensteuerrechts im Wege eines Typenvergleichs festzustellen. Eine strikte Bindung an das Zivilrecht ist abzulehnen[346]. Dies wird bereits aus § 1 Abs. 1 Nr. 5 KStG deutlich, wonach auch nicht rechtsfähige Gebilde unbeschränkt steuerpflichtig sein können[347]. Im Bereich der Einkommensteuer verhält es sich nicht anders. Auch hier knüpft die Steuerpflicht an den Wohnsitz und den gewöhnlichen Aufenthalt an und nicht an die Volljährigkeit bzw. Geschäftsfähigkeit (§ 1 Abs. S. 1 EStG). Die Durchführung des Typenvergleichs stellt zudem die Beachtung des Grundsatzes der Gleichmäßigkeit der Besteuerung sicher. Lediglich die Qualifikation entsprechend dem inländischen Steuerrecht ermöglicht es, ausländische Sachverhalte so zu besteuern, wie dies nach inländischem Recht der Fall ist[348].

Der früher vertretenen Ansicht, wonach eine ausländische Kapitalgesellschaft in Deutschland nur beschränkt steuerpflichtig sein kann, steht bereits der Wortlaut des § 1 Abs. 1 Nr. 1 KStG entgegen. In § 1 Abs. 1 Nr. 1 KStG wird für die Begründung der unbeschränkten Steuerpflicht alternativ die Belegenheit des Sitzes oder der Geschäftsleitung (oder die Belegenheit von Sitz und Geschäftsleitung) im Inland vorgesehen[349]. Würde man der Meinung folgen, dass das Steuerrecht bei der Wertung der ausländischen Gesellschaft zwingend an die zivilrechtliche Einordnung gebunden sei, hätte die alternative Anknüpfung der unbeschränkten

---

344 Siehe 4. Teil C II 3.

345 Breuninger/Heimann, GmbHR 2000, 1037 (1039); Dreissig, DB 2000, 893 (894); Gail/Düll/Fuhrmann/Grupp, DB 1999, Beilage 14 zu Heft 49, S. 1 (24); Haase, SteuerStud 2003, 198 (199); Kalbfleisch, in: Ernst & Young § 1 KStG Rz. 82.; Kutt, S. 191 f.

346 Seer in: Gassner/Lang/Lechner, Beschränkte Steuerpflicht, S. 37 (56), der die Durchführung eines Typenvergleichs wegen der jüngeren EuGH-Rechtsprechung zum Gesellschaftsrecht für verzichtbar hält, ist damit nicht zu folgen.

347 Ebenso Debatin, GmbHR 1991, 164 (165); Dötsch, DB 1989, 2296 (2299).

348 So auch Arendt, StuW 1959, 381 (390); Debatin, BB 1988, 1155 (1157); Herz, S. 206 f.

349 So auch Debatin, GmbHR 1991, 164 (165); Henkel, RIW 1991, 565 (569 f.); Knobbe-Keuk, JbFStR 1990/91, S. 69 (80); Knobbe-Keuk, Bil/UntStR, S. 576.

Steuerpflicht keinen Sinn, da unter der Geltung der Sitztheorie jede Verlegung des Sitzes oder der Geschäftsleitung einer ausländischen Kapitalgesellschaft nach Deutschland die Auflösung der ausländischen Gesellschaft nach sich ziehen würde. Dasselbe Ergebnis resultiert auch aus der historischen Auslegung. Bereits zu § 1 Abs. 1 Nr. 1 KStG 1920 wurde im Schrifttum mehrheitlich vertreten, dass es für die Begründung der unbeschränkten Steuerpflicht genügt, wenn entweder Sitz oder Geschäftsleitung im Inland liegen[350].

Auch der früher allgemein anerkannte Grundsatz des „Primats des Zivilrechts", wonach sich die steuerliche Begriffsbildung aufgrund des willkürlichen fiskalischen Charakters der Steuerrechtsnormen unter die zivilrechtliche Begriffsbildung unterzuordnen habe[351], steht einer spezifisch steuerrechtlichen Betrachtungsweise nicht entgegen. Das Bundesverfassungsgericht hat mittlerweile entschieden, dass das Zivilrecht und Steuerrecht eine unterschiedliche Teleologie aufweisen, so dass weder für noch gegen die Übereinstimmung eines zivilrechtlichen Begriffs mit der Formulierung des Steuergesetzgebers eine Vermutung bestehe[352]. Zivilrecht und Steuerrecht sind als nebengeordnete, gleichrangige Rechtsgebiete aufzufassen. Der Grundsatz des Primats des Zivilrechts muss als überholt angesehen werden. Das Steuerrecht ist durch die Aufnahme zivilrechtlicher Begriffe in steuerliche Tatbestände daher nicht an die zivilrechtliche Auslegung des jeweiligen Begriffs gebunden[353]. Soweit argumentiert wird, dass die Einheitlichkeit der Rechtsordnung die strikte Bindung des Steuerrechts an das Zivilrecht verlange[354], ist dem entgegen zu halten, dass das Prinzip von der Einheitlichkeit der Rechtsordnung nur besagt, dass das Steuerrecht die Grundwertungen anderer Teile der Rechtsordnung nicht ohne gewichtigen Grund durchkreuzen darf[355]. Es besteht jedoch kein Zwang zur Übernahme des zivilrechtlichen Begriffsverständnisses. Gerade die EuGH-Rechtsprechung zum Internationalen Gesellschaftsrecht zeigt, dass das Zivilrecht gegenüber dem Steuerrecht kein Mehr an Rechtssicherheit bietet[356]. Wie von *Tipke* angemerkt, ist ein „kolonialer Beherrschungsanspruch" des Zivilrechts über das Steuerrecht durch nichts gerechtfertigt[357].

---

350 Evers, 1. Aufl. 1923, § 1 KStG Anm. 31; siehe 2. Teil B I.

351 Siehe Crezelius, S. 61 ff. m.w.N.; Osterloh, JuS 1994, 993 ff.; Schön, Auslegung, S. 17 ff. m.w.N.; Tipke, Steuerrechtsordnung I, § 3, S. 44 ff. m.w.N.

352 BVerfG v. 27.12.1991, 2 BvR 72/90, BStBl II 1992, 212.

353 Beisse, StuW 1981, 1 ff.; Großfeld, S. 46 ff.; Kalbfleisch in: Ernst & Young § 1 KStG Rz. 74; Schön, Auslegung, S. 17 ff. m.w.N.; Tipke, Steuerrechtsordnung I, § 3, S. 46 ff.

354 So Ebenroth/Auer, GmbHR 1994, 16 (27).

355 So Tipke, Steuerrechtsordnung I, § 3, S. 58.

356 So auch Sedemund, Die Sitztheorie im Deutschen Internationalen Steuerrecht, Baden-Baden 2004.

357 Tipke, Steuerrechtsordnung I, § 3, S. 47.

b) Ausländische Kapitalgesellschaften

Ausländische Kapitalgesellschaften sind entgegen dem „Liechtenstein"-Urteil des IX. Senats des BFH unter § 1 Abs. 1 Nr. 1 KStG einzuordnen. Zwar sind mittlerweile viele Unterschiede der Besteuerung von Kapitalgesellschaften gemäß § 1 Abs. 1 Nr. 1 KStG und Rechtsgebilden gemäß § 1 Abs. 1 Nr. 5 KStG wie z.B. die Unanwendbarkeit der Steuerbefreiung gemäß § 8b Abs. 2 KStG 1999[358] durch Gesetzänderungen obsolet geworden[359], so dass die praktischen Auswirkungen der Einordnung an Brisanz verloren haben[360]. Gewisse Unterschiede bestehen allerdings fort, so dass die mit der Einordnung verbundene Diskussion nicht nur dogmatischer Natur ist. So setzen z.B. sowohl § 20 UmwStG und auch § 23 UmwStG Kapitalgesellschaften nach § 1 Abs. 1 Nr. 1 KStG voraus[361].

Der Rechtsprechung des IX. Senats ist vor allem entgegen zu halten, dass sie nicht konsequent ist. Der Senat orientiert sich bei der Einordnung zunächst am Zivilrecht, indem er feststellt, dass die ausländische Gesellschaft nicht rechtsfähig ist und sie daher nicht als Kapitalgesellschaft gemäß § 1 Abs. 1 Nr. 1 KStG gelten kann. Er führt diesen Gedanken jedoch nicht zu Ende, weil bei einer strikten Anlehnung an das Zivilrecht die Gesellschaft nach herrschender Meinung als

---

358 § 8b Abs. 2 KStG idF v. 22.4.1999, BGBl I 1999, 817 (im Folgenden "KStG 1999") war auf ausländische Rechtsgebilde gemäß § 1 Abs. 1 Nr. 5 KStG nicht anwendbar. Eine zuziehende Gesellschaft war damit vor dem Zuzug besser gestellt als nach dem Zuzug, da sie vor dem Zuzug über ihre inländische Betriebsstätte gemäß § 8b Abs. 4 S. 2 KStG 1999 von der Steuerbefreiung profitieren konnte. § 8b KStG 1999 wurde im Zuge der Unternehmensteuerreform 2000 neu gefasst und ist nunmehr sowohl auf Kapitalgesellschaften i.S.v. § 1 Abs. 1 Nr. 1 KStG als auch auf Rechtsgebilde gemäß § 1 Abs. 1 Nr. 5 KStG anwendbar. Zur alten Rechtslage siehe z.B. Fock, RIW 2000, 42 (48); Hügel, ZGR 1999, 71 (89); Meilicke, BB 1995, Beilage 9 zu Heft 31, S. 5.

359 Durch die Neufassung des § 8a KStG durch das Gesetz zur Umsetzung der Protokollerklärung der Bundesregierung zur Vermittlungsempfehlung zum Steuervergünstigungsabbaugesetz v. 22.12.2003, BGBl I 2003, 2840, haben sich auch einige Zweifelsfragen im Hinblick auf die Anwendbarkeit des § 8a KStG auf ausländische Kapitalgesellschaften erledigt, siehe hierzu Prinz/von Freeden, Der Konzern 2004, 318 (320).

360 So auch Gosch, StBp 2002, 374 (377); Haase, SteuStud 2003, 198 (199 f.); J. Hey, Der Konzern 2004, 577 (582).

361 BMF v. 25.3.1998, Schreiben betr. Umwandlungssteuergesetz 1995 (UmwStG 1995); Zweifel- und Auslegungsfragen, BStBl I 1998, 268, Tz. 00.03, Tz. 01.03; Friedrichs in: Haritz/Benkert, § 20 UmwStG Rz. 4; Schmitt in: Schmitt/Hörtnagl/Stratz, § 20 UmwStG Rz. 169 ff.; Widmann in: Widmann/Mayer § 23 UmwStG Rz. 10; Wolff in: Blümich § 23 UmwStG Rz. 27; a.A. Albrecht in: Haritz/Benkert § 23 UmwStG Rz. 140, 53; Patt in: Dötsch/Eversberg/Jost § 20 UmwStG Rz. 125.

Personengesellschaft[362] und nicht als Körperschaft zu besteuern wäre. Wie bereits von *Knobbe-Keuk*[363] bemerkt wurde, hätte die Einordnung in § 1 Abs. 1 Nr. 5 KStG damit das geradezu absonderliche Ergebnis, dass z.B. eine ausländische AG, die mit einer deutschen AG vergleichbar ist, als nicht rechtsfähiger Verein zu besteuern wäre.

Der Wortlaut des § 1 Abs. 1 Nr. 1 KStG steht einer Einbeziehung einer nach ausländischem Recht gegründeten Kapitalgesellschaft nicht entgegen. In § 1 Abs. 1 Nr. 1 KStG sind lediglich „Kapitalgesellschaften" erwähnt. Dies bedeutet nicht notwendigerweise, dass es sich hierbei um Kapitalgesellschaften inländischen Rechts handeln muss. Bei dem Begriff der „Kapitalgesellschaft" handelt es sich um einen Gesellschaftstypus und um keine konkrete (nationale) Gesellschaftsform. Gegen eine Subsumtion einer ausländische Gesellschaft unter § 1 Abs. 1 Nr. 1 KStG könnte zwar eingewendet werden, dass der Begriff der Kapitalgesellschaft durch den Klammerzusatz und die dort vorgenommene Aufzählung von AG, KGaA und GmbH abschließend ausgelegt werde[364]. Dem ist jedoch entgegen zu halten, dass auch die Vorgesellschaft unter § 1 Abs. 1 Nr. 1 KStG subsumiert wird[365]. Der Klammerzusatz des § 1 Abs. 1 Nr. 1 KStG muss demnach nicht erweitert werden. Er stellt lediglich eine beispielhafte Aufzählung dar.

§ 1 Abs. 1 Nr. 1 KStG müsste schließlich nunmehr selbst von denjenigen Autoren auf bestimmte ausländische Kapitalgesellschaft angewendet werden, die sich für eine strenge Bindung an zivilrechtliche Wertungen aussprechen. Nach der Rechtsprechung des EuGH zum Gesellschaftsrecht sind ausländische Kapitalgesellschaft aus EU- bzw. EWR-Staaten, in denen die Gründungstheorie gilt, bei Verlegung ihrer Geschäftsleitung nach Deutschland als rechtsfähige Kapitalgesellschaften ausländischen Rechts anzuerkennen[366], so dass die Einordnung zumindest dieser Kapitalgesellschaften unter § 1 Abs. 1 Nr. 1 KStG auch bei strikter Bindung an das Zivilrecht unumgänglich ist.

c) Prüfungsreihenfolge

Das Steuerrecht knüpft die Frage der Körperschaftsteuerpflicht nicht an das Zivilrecht. Körperschaftsteuerpflichtig können sowohl rechtsfähige als auch nichtrechtsfähige Gebilde sein. Bei der Qualifikation eines ausländischen Gebildes ist daher zunächst im Wege des Typenvergleichs zu bestimmen, ob ein Körper-

---

362 Siehe 4. Teil C II 3 e).
363 Knobbe-Keuk, DB 1992, 2070 f.
364 So Schaumburg, IntStR Rz. 6.12.
365 H.M., siehe 4. Teil A II 1.
366 Siehe 4. Teil C II 3 e).

schaftsteuer- oder ein Einkommensteuersubjekt vorliegt. Sodann ist zu klären, wo sich Sitz und Geschäftsleitung befinden. Befindet sich der Sitz oder die Geschäftsleitung der Kapitalgesellschaft im Inland, ist die Kapitalgesellschaft unbeschränkt körperschaftsteuerpflichtig. Andernfalls kann die ausländische Kapitalgesellschaft beschränkt körperschaftsteuerpflichtig sein, wenn sie inländische Einkünfte i.S.v. § 49 EStG erzielt. Die Feststellung der unbeschränkten oder beschränkten Steuerpflicht ist der Feststellung der Körperschaftsteuersubjektivität damit logisch nachgeordnet[367].

IV. Zusammenfassung

Aufgrund der Rechtsformabhängigkeit des Körperschaftsteuerrechts ist die Besteuerung von Kapitalgesellschaften eng mit dem Zivilrecht verflochten. Die enge Bindung zeigt sich insbesondere bei einem Wechsel von beschränkter und unbeschränkter Steuerpflicht, da die Verlegung von Sitz und/oder Geschäftsleitung aus zivilrechtlicher Sicht regelmäßig zur Auflösung der Kapitalgesellschaft führt. Für das Steuerrecht ist die zivilrechtliche Behandlung allerdings nicht maßgebend. Dies gilt insbesondere für die Qualifikation ausländischer Kapitalgesellschaften. Hier ist im Wege eines Typenvergleichs zu klären, ob die Gesellschaft nach den leitenden Gedanken des deutschen Einkommen- und Körperschaftsteuerrechts mit den in § 1 Abs. 1 KStG aufgeführten Rechtsgebilden vergleichbar ist. Ergibt sich infolge des Typenvergleichs eine Vergleichbarkeit mit einer inländischen Kapitalgesellschaft, folgt die unbeschränkte Steuerpflicht der ausländischen Kapitalgesellschaft bei inländischem Sitz oder Geschäftsleitung aus § 1 Abs. 1 Nr. 1 KStG und nicht - wie nach der Rechtsprechung des IX. Senats des BFH - aus § 1 Abs. 1 Nr. 5 KStG.

D. Wechsel von unbeschränkter zu beschränkter Steuerpflicht

I. Gegenstand der Untersuchung

Die steuerlichen Folgen des Wechsels von der unbeschränkten zur beschränkten Körperschaftsteuerpflicht werden anhand einer Kapitalgesellschaft[368] mit Sitz und Geschäftsleitung im Inland aufgezeigt, die von der unbeschränkten zur beschränkten Steuerpflicht wechselt, indem sie Sitz und Geschäftsleitung in das Ausland verlegt, dadurch aus der unbeschränkten Steuerpflicht ausscheidet, gleichzeitig jedoch mit inländischen Einkünften i.S.v. § 49 EStG beschränkt steuerpflichtig wird. Im Mittelpunkt der Betrachtung steht dabei eine Kapitalge-

---

367 So auch Debatin, BB 1988, 1155 (1158); Debatin, GmbHR 1991, 164 (165); Henkel, RIW 1991, 565 (570); für Österreich: Aigner/Kofler, IStR 2003, 570 (571); Staringer, S. 107.

368 Zur speziellen Situation der Societas Europaea siehe 4. Teil F.

sellschaft, die ihren Betrieb in nahezu unverändertem Umfang im Inland weiterführt und deshalb mit einer Betriebsstätte i.S.v. § 12 AO gemäß § 49 Abs. 1 Nr. 2 Buchst. a) EStG i.V.m. § 8 Abs. 1 S. 1 KStG beschränkt körperschaftsteuerpflichtig bleibt. In Abwandlung 1 resultiert die beschränkte Steuerpflicht nach Wegzug der Kapitalgesellschaft aus der Vermietung eines im Inland belegenen Bürogebäudes (§ 49 Abs. 1 Nr. 6 EStG i.V.m. §§ 8 Abs. 1 S. 1, 2 Nr. 1 KStG)[369]. In der Abwandlung 2 bleibt die Kapitalgesellschaft lediglich mit Dividendeneinkünften gemäß § 49 Abs. 1 Nr. 5 Buchst. a) EStG i.V.m. §§ 8 Abs. 1 S. 1, 2 Nr. 1 KStG beschränkt steuerpflichtig[370].

Ferner wird die Situation einer nach ausländischem Recht gegründeten Kapitalgesellschaft mit inländischer Geschäftsleitung (und ausländischem Sitz) dargestellt, die sodann wegen der Verlegung ihrer Geschäftsleitung von der unbeschränkten in die beschränkte Steuerpflicht wechselt. Auch der umgekehrte Fall, die isolierte Sitzverlegung einer Kapitalgesellschaft mit Sitz im Inland und Geschäftsleitung im Ausland wird angesprochen.

II. Aufdeckung der stillen Reserven

1. Tatbestand und Rechtsfolge des § 12 Abs. 1 KStG

a) Verlegung von Sitz und Geschäftsleitung

Verlegt eine unbeschränkt steuerpflichtige Körperschaft oder Vermögensmasse ihre Geschäftsleitung und ihren Sitz oder eines von beiden ins Ausland, hat dies nach § 12 Abs. 1 S. 1 KStG die Aufdeckung der stillen Reserven (bzw. Lasten) gemäß § 11 KStG zur Folge, wenn sie dadurch aus der unbeschränkten Steuerpflicht ausscheidet. „Geschäftsleitung" und „Sitz" sind wie in § 1 KStG zu definieren[371]. Die Verlegung in das Ausland bedeutet, dass die Geschäftsleitung oder der Sitz außerhalb des räumlichen Geltungsbereichs des Körperschaft-

369 Das bloße Vermieten eines Gebäudes begründet keine Betriebsstätte, da es an der tatsächlichen Verfügungsbefugnis des Vermieters über das Grundstück fehlt (BFH v. 28.10.1977, III R 77/75, BStBl II 1978, 116; BFH v. 10.2.1988, VIII R 159/84, BStBl II 1988, 653). Anders wäre der Fall gelagert, wenn der Vermieter auf dem Grundstück eigenes oder beauftragtes Personal zur Wartung beschäftigen würde (BFH v. 30.8.1960, I B 148/59 U, BStBl III 1960, 468).

370 Die Anteile an den Kapitalgesellschaften sollen nicht in einer sog. „geschäftsleitenden Holdingbetriebsstätte" (hierzu Maier in: Löwenstein/Looks Rz. 672 f.; Sieker in: Forum Bd. 20 (2001), S. 85 (107)) gehalten werden. Im Regelfall wandern durch die Verlegung des Sitzes und insbes. der Geschäftsleitung auch wesentliche geschäftsleitende Funktionen ab, so dass es zwangsläufig zu einer funktionalen Zuordnung des Beteiligungsbestandes zum neuen Ort der Geschäftsleitung kommt.

371 Siehe 4. Teil A II 2 und 3.

steuergesetzes verlegt werden, der sich nach § 1 Abs. 3 KStG bestimmt[372]. Eine Verlegung von Sitz und Geschäftsleitung der Kapitalgesellschaft hat das Ausscheiden aus der unbeschränkten Steuerpflicht zur Folge, da dadurch sämtliche in § 1 Abs. 1 KStG vorgesehenen Anknüpfungspunkte entfallen.

Als Rechtsfolge sieht § 12 Abs. 1 KStG die Aufdeckung der stillen Reserven der Kapitalgesellschaft in entsprechender Anwendung von § 11 KStG vor. Der Verlegungsgewinn ist durch einen Vermögensvergleich zu ermitteln[373]. Gegenübergestellt werden das Verlegungs-Endvermögen und das Verlegungs-Anfangsvermögen. Das Verlegungs-Endvermögen ist das im Zeitpunkt des Ausscheidens aus der unbeschränkten Steuerpflicht vorhandene Vermögen (§ 12 Abs. 1 S. 2 KStG i.V.m. § 11 Abs. 3 KStG), das mit dem dann geltenden gemeinen Wert[374] bewertet wird. Anzusetzen ist das sich im In- und Ausland befindliche Vermögen inkl. der selbstgeschaffenen immateriellen Wirtschaftsgüter[375]. Das Verlegungs-Anfangsvermögen ist das Betriebsvermögen, das der Körperschaftsteuerveranlagung am Schluss des vorangegangenen Wirtschaftsjahres zugrunde lag. Steuerfreie Vermögensmehrungen, die der Steuerpflichtige im letzten Wirtschaftsjahr erzielt hat, sowie Gewinnausschüttungen für frühere Wirtschaftsjahre, die im Wirtschaftsjahr des Ausscheidens vorgenommen werden, sind abzuziehen (§ 12 Abs. 1 S. 1 i.V.m. § 11 Abs. 4 S. 3 KStG).

Die Kapitalgesellschaft hat auf den Zeitpunkt des Wegfalls der unbeschränkten Steuerpflicht eine Schlussbilanz aufzustellen. Gewinnermittlungszeitraum ist der Zeitraum von Beginn des Wirtschaftsjahres, in dem die unbeschränkte Steuerpflicht wegfällt, bis zur Beendigung der unbeschränkten Steuerpflicht. Im Gegensatz zur Liquidationsbesteuerung ist kein gesondertes Rumpfwirtschaftsjahr

---

372 Siehe 4. Teil A II 4.

373 Bei nicht buchführungspflichtigen Körperschaften, die Einkünfte nach § 2 Abs. 2 Nr. 2 EStG erzielen, setzt § 12 KStG jedoch das Zuflussprinzip nicht außer Kraft.

374 Nach Dötsch in: Dötsch/Eversberg/Jost § 12 KStG Rz. 31; Frotscher in: Frotscher/Maas § 12 KStG Rz. 17; Wacht in: Ernst & Young § 12 KStG Rz. 41, ist „gemeiner Wert" der Einzelveräußerungspreis. A.A. Hofmeister in: Blümich § 12 KStG Rz. 19; Kolbe in: HHR § 12 KStG Rz. 30; Lange in: Mössner/Seeger § 12 KStG Rz. 17, wonach „gemeiner Wert" der Wert sein soll, der im gewöhnlichen Geschäftsverkehr bei einer Veräußerung des Vermögens im Ganzen zu erzielen wäre.

375 H.M., vgl. nur BFH v. 24.11.1982, I R 123/78, BStBl II 1983, 113; OFD Frankfurt v. 1.8.1985, WPg 1985, 499; Dötsch in: Dötsch/Eversberg/Jost § 12 KStG Rz. 33; Frotscher in: Frotscher/Maas § 12 KStG Rz. 17; Hofmeister in: Blümich § 12 KStG Rz. 20; Kolbe in: HHR § 12 KStG Rz. 21; Lange in: Mössner/Seeger § 12 KStG Rz. 17; Wacht in: Ernst & Young, § 12 KStG Rz. 43; a.A. Heinemann, DStZ 1984, 37; Olgemöller in: Streck § 12 KStG Anm. 5.

zur Ermittlung des Verlegungsgewinns zu bilden[376]. Der laufende Gewinn und der Verlegungsgewinn werden zusammengefasst. Der Verlegungsgewinn unterliegt dem Tarifsteuersatz in dem Veranlagungszeitraum, in dem das Wirtschaftsjahr der Verlegung endet (§§ 31 Abs. 1 KStG i.V.m. §§ 25, 4a Abs. 2 Nr. 2 EStG)[377]. Die abkommensrechtlichen Regelungen bzw. die Steuerbefreiungen nach nationalem Recht sind auch bei der Ermittlung des Verlegungsgewinns zu beachten[378]. Die stillen Reserven, die bei einer „regulären" Veräußerung nicht besteuert würden, werden auch nicht im Rahmen der Ersatzgewinnrealisierung nach § 12 KStG besteuert. Ergibt sich infolge des Ansatzes der gemeinen Werte ein Verlust, kann dieser ggf. innerhalb der von § 10d EStG i.V.m. § 8 Abs. 1 S. 1 KStG vorgesehenen Grenzen in den Veranlagungszeitraum vor Beendigung der unbeschränkten Steuerpflicht zurückgetragen werden.

Rechtslage bis 2001:

Unter der Geltung des körperschaftsteuerlichen Anrechnungsverfahrens führte die Verlegung des Sitzes und/oder der Geschäftsleitung gemäß § 12 KStG nicht zur Herstellung der Ausschüttungsbelastung nach § 41 KStG 1999[379]. § 12 Abs. 1 S. 1 KStG schrieb lediglich die entsprechende Anwendung des § 11 KStG, nicht des § 41 KStG 1999 vor. Die Gleichstellung mit der Liquidation sollte lediglich für Zwecke der Einkommensermittlung, nicht für Zwecke der Gliederungsrechnung erfolgen. Bei Ausscheiden aus der unbeschränkten Steuerpflicht durch bloße Sitzverlegung wurden insbesondere keine sonstigen Leistungen i.S.v. § 41 KStG 1999 wie bei einer Vermögensverteilung im Rahmen einer Liquidation bewirkt. Die Tarifbelastung wurde definitiv[380].

b) Isolierte Verlegung von Geschäftsleitung oder Sitz

Die Anknüpfung der unbeschränkten Körperschaftsteuerpflicht an Sitz und Geschäftsleitung in § 1 Abs. 1 KStG ist alternativ zu verstehen, so dass auch eine Kapitalgesellschaft mit Sitz im Ausland und Geschäftsleitung im Inland unbeschränkt steuerpflichtig ist. Streitig ist lediglich, ob eine derartige Kapitalgesellschaft - wie hier vertreten - unter § 1 Abs. 1 Nr. 1 KStG oder – entsprechend des

---

376 Dötsch in: Dötsch/Eversberg/Jost § 12 KStG Rz. 28; Kolbe in: HHR § 12 KStG Rz. 19; Wacht in: Ernst & Young, § 12 KStG Rz. 33; a.A. Olgemöller in: Streck § 12 KStG Anm. 7.

377 Der Tarifsteuersatz beträgt gegenwärtig gemäß § 23 Abs. 1 KStG 25%.

378 H.M., vgl. nur Dötsch in: Dötsch/Eversberg/Jost § 12 KStG Rz. 30; Frotscher in: Frotscher/Maas § 12 KStG Rz. 16; Hügel, ZGR 1999, 71 (102); Kolbe in: HHR § 12 KStG Rz. 21; Olgemöller in: Streck § 12 KStG Anm. 5.

379 H.M., siehe nur Dötsch in: Dötsch/Eversberg/Jost § 12 KStG Rz. 42; Hofmeister in: Blümich § 12 KStG Rz. 30 m w.N.

380 Ebenso Dötsch, DB 1989, 2296 (2303).

„Liechtenstein"-Urteils - unter § 1 Abs. 1 Nr. 5 i.V.m. § 3 KStG zu subsumieren ist[381]. Bei der Schlussbesteuerung gemäß § 12 Abs. 1 KStG ist der darüber geführte Meinungsstreit jedoch ohne Belang, weil § 12 Abs. 1 S. 3 KStG den Anwendungsbereich des § 12 Abs. 1 S. 1 KStG ausdrücklich auf unbeschränkt steuerpflichtige Personenvereinigungen gemäß § 1 Abs. 1 Nr. 5 KStG erweitert. Die Tatbestandsvoraussetzungen des § 12 Abs. 1 KStG sind damit auch bei einer (isolierten) Verlegung der Geschäftsleitung einer ausländischen Kapitalgesellschaft erfüllt.

§ 12 Abs. 1 S. 1 KStG erfasst ferner die isolierte Sitzverlegung, wenn sich die Geschäftsleitung der Kapitalgesellschaft bereits im Ausland befindet[382]. Zwar kann die Steuerpflicht der Kapitalgesellschaft hier eingeschränkt sein, da sich die Ansässigkeit einer Gesellschaft abkommensrechtlich nach der tatsächlichen Geschäftsleitung der Kapitalgesellschaft richtet (Art. 4 Abs. 3 OECD-MA) [383]. An der grundsätzlichen Anwendbarkeit des § 12 Abs. 1 KStG aus nationaler Sicht ändert dies jedoch nichts[384].

2. Verhältnis zu § 11 KStG

Werden Sitz und Geschäftsleitung in das Ausland verlegt, hat dies – unter der Annahme, dass Sitz i.S.v „Satzungssitz" und Geschäftsleitung i.S.v. „Verwaltungssitz" verstanden werden[385] - aus der Perspektive des Gesellschaftsrechts zwingend die Auflösung der Gesellschaft zur Folge[386]. In der Literatur wird daher vertreten, dass § 11 KStG in diesem Falle unmittelbar anzuwenden ist[387]. Sowohl die Liquidationsbesteuerung nach § 11 KStG als auch die Schlussbesteuerung nach § 12 KStG führen zwar im Regelfall zur Aufdeckung der stillen Reserven. Dennoch bestehen einige Unterschiede, die in Einzelfällen zu einer höheren Steuerbelastung führen können[388]. Die vorrangige Anwendung des § 11 KStG ist jedoch abzulehnen.

Zunächst knüpft § 12 Abs. 1 KStG – wie auch § 1 Abs. 1 KStG - nicht an die zivilrechtliche Qualifikation der Kapitalgesellschaft an. § 12 KStG orientiert

---

381 Siehe 4. Teil C III.

382 Auch wenn dieser Fall unter der Sitztheorie nicht vorgesehen ist, siehe 4. Teil C II 1 b); 4. Teil C II 2 a).

383 Siehe 4. Teil A III; zu den damit verbundenen Einschränkungen siehe Dreissig, DB 2000, 893.

384 So auch Frotscher in: Frotscher/Maas § 12 KStG Rz. 11.

385 Siehe 4. Teil C II 1 b).

386 Siehe 4. Teil C II 2 a) cc); Dinkhoff, S. 276.

387 Debatin, GmbHR 1991, 164 (167); Ebenroth/Auer, RIW 1992, Beilage 1 zu Heft 3, Rz. 39; Schlenker, S. 108 f.; Zisowski, S. 90.

388 Z.B. hinsichtlich des Ansatzes des originären Firmenwerts, siehe 4. Teil D II 1 a).

sich ausschließlich an den steuerlich maßgeblichen Kriterien des Sitzes oder der Geschäftsleitung i.S.v. § 1 Abs. 1 KStG und den durch deren Verlegung ins Ausland bewirkten Verlust der unbeschränkten Steuerpflicht. Es wäre nicht schlüssig, wenn bei der Qualifikation der ausländischen Kapitalgesellschaft als Steuersubjekt die Anbindung an das Zivilrecht abgelehnt und im Rahmen des § 12 KStG wieder darauf zurückgegriffen würde[389].

Ferner ist bei der bloßen Verlegung von Sitz und Geschäftsleitung der Tatbestand des § 11 KStG nicht erfüllt. § 11 KStG setzt nicht nur die Auflösung der Kapitalgesellschaft voraus, sondern auch deren tatsächliche Abwicklung, d.h. die Verteilung ihres Vermögens an die Gesellschafter oder Dritte[390]. Somit läge – folgte man der herrschenden Meinung im Gesellschaftsrecht, die in dem Beschluss über die Sitzverlegung einen Auflösungsbeschluss erblickt - zwar eine Auflösung vor[391]. Die Auflösung einer Kapitalgesellschaft hat allerdings nicht zwangsläufig auch deren Abwicklung zur Folge. Gerade bei der bloßen Verlegung von Sitz und Geschäftsleitung wird das Vermögen der Kapitalgesellschaft regelmäßig nicht verteilt[392]. Die Kapitalgesellschaft beteiligt sich weiterhin unverändert am Wirtschaftsleben, ohne dass ein Ende der werbenden Tätigkeit abzusehen ist. Es fehlt damit typischerweise das zweite von § 11 KStG geforderte Merkmal, die tatsächliche Abwicklung der Gesellschaft. Dies wurde bereits in früheren Kommentierungen erkannt. *Evers*[393] führte etwa zu § 15 KStG 1922 aus:

> *„Tatsächlich wird die Gesellschaft [...] häufig die dem deutschen Recht entsprechenden Folgerungen aus der Verlegung des Sitzes nicht ziehen; denn sie will sich ja nicht auflösen, sondern gerade im Ausland fortbestehen. Sie wird daher nicht in Liquidation treten, sondern, wenn auch nicht mehr im Besitze der vom deutschen Recht anerkannten Rechtspersönlichkeit, weiter bestehen."*

Für die vorrangige Durchführung der Schlussbesteuerung nach § 12 KStG spricht schließlich noch folgende Überlegung: Würde das Fehlen des Tatbestandsmerkmals „Abwicklung" bei der Sitzverlegung nicht berücksichtigt, blie-

---

389 So auch Haase, IStR 2004, 232 (233); Schaumburg, GmbHR 1996, 585 (591 f.).

390 H.M. Aigner/Kofler/Tumpel, Zuzug und Wegzug, S. 107; Dinkhoff, S. 276 ff.; Dötsch in: Dötsch/Eversberg/Jost § 12 KStG Rz. 25; Dreissig, DB 2000, 893 (894); Hofmeister in: Blümich § 12 KStG Rz. 6; Kolbe in: HHR § 12 KStG Rz. 18; Krug, S. 176; Schaumburg, GmbHR 1996, 585 (592); Wacht in: Ernst & Young § 12 KStG Rz. 26; a.A. Debatin GmbHR 1991, 164 (167); Ebenroth/Auer, RIW 1992, Beilage 1 zu Heft 3, Rz. 39; Zisowski, S. 87 ff.

391 Sofern nicht eine Ausnahmeregelung wie Art. 8 SE-VO einschlägig ist, siehe 4. Teil C II 4 a) und 4. Teil F I.

392 Ebenso Aigner/Kofler/Tumpel, Zuzug und Wegzug, S. 107.

393 Evers, 1. Aufl. 1923, § 15 KStG Anm. 2.

be für § 12 KStG nur ein minimaler Anwendungsbereich[394]. § 12 KStG hätte allenfalls für die nicht in § 11 KStG genannten Körperschaftsteuersubjekte (§ 1 Abs. 1 Nr. 4 bis Nr. 6 KStG) Bedeutung. Zudem führt auch die sog. „Scheinliquidation" nach herrschender Meinung zu keiner Abwicklung i.S.v. § 11 KStG. Die (scheinliquidierte) Kapitalgesellschaft ist nach den allgemeinen Vorschriften (weiter) zu besteuern und unterfällt nicht der Liquidationsbesteuerung nach § 11 KStG[395].

Auch bei isolierter Verlegung von Sitz und – sofern dies zur Auflösung der Kapitalgesellschaft führt - auch bei isolierter Verlegung der Geschäftsleitung wird vertreten, dass § 11 KStG vorrangig vor § 12 KStG anzuwenden sei, da dies jeweils zur Auflösung der Gesellschaft führen würde[396]. Die oben aufgeführten Gründe für eine vorrangige Anwendung des § 12 KStG, insbesondere die fehlende Abwicklung, schließen jedoch auch insoweit eine unmittelbare Durchführung der Liquidationsbesteuerung nach § 11 KStG aus. Bei der isolierten Verlegung der Geschäftsleitung kann sich die (Rück-)verlegung in das Ausland zudem unter Wahrung der rechtlichen Identität vollziehen, so dass die unmittelbare Anwendung des § 11 KStG selbst von denjenigen Autoren nicht gefordert werden kann, die von einer strikten Bindung des Steuerrechts an das Zivilrecht ausgehen[397].

3. Beibehaltung einer Betriebsstätte

Verlegt eine Kapitalgesellschaft lediglich den Sitz und die Geschäftsleitung in das Ausland und hält sie ihre bisherige Geschäftstätigkeit im Übrigen unverändert aufrecht, ist der inländische Geschäftsbetrieb regelmäßig als Betriebsstätte i.S.v. § 12 AO zu qualifizieren. Die unbeschränkte Steuerpflicht wandelt sich in eine beschränkte Steuerpflicht gemäß §§ 49 Abs. 1 Nr. 2 Buchst. a) EStG i.V.m.

---

394 So auch Dötsch in: Dötsch/Eversberg/Jost § 12 KStG Rz. 25.

395 RFH v. 28.9.1928, I A 143/28, RStBl 1928, 366; H. Klein in: HHR § 11 KStG Rz. 32; Wacht in: Ernst & Young § 11 KStG Rz. 30.

396 Isolierte Sitzverlegung: Ebenroth/Auer, RIW 1992, Beilage 1 zu Heft 3, Rz. 39; Olgemöller in: Streck § 12 KStG Anm. 3; Schlenker, S. 107; Zisowski, S. 90; nach *Knobbe-Keuk*, nur, wenn eine identitätswahrende Sitzverlegung nicht möglich ist: JbFStR 1990/91, S. 69 (83), StuW 1990, 372 (378). Isolierte Verlegung der Geschäftsleitung: Ebenroth/Auer, RIW 1992, Beilage 1 zu Heft 3, Rz. 40 f.; Schlenker, S. 103.

397 Siehe 4. Teil C II 3 e): Bei der Verlegung der Geschäftsleitung aus einem EU- (bzw. EWR-) Staat, in dem die Gründungstheorie gilt, ist die Kapitalgesellschaft nach der EuGH-Rechtsprechung bereits bei Zuzug als eine ausländische Kapitalgesellschaft anzuerkennen, so dass auch bei einer (Rück-) Verlegung ihrer Geschäftsleitung nicht die Rechtsfolge der Liquidation eintreten kann. Bei ausländischen Gesellschaften mit inländischer Geschäftsleitung aus Nicht-EU-/EWR-Mitgliedstaaten und bei Gesellschaften, die in EU-/EWR-Mitgliedstaaten gegründet wurden, in denen die Sitztheorie gilt, ist die Qualifikation nach wie vor umstritten. Siehe auch Dinkhoff, S. 112 ff.

§§ 2 Nr. 1, 8 Abs. 1 S. 1 KStG. Dies gilt auch, wenn mit dem Zuzugsstaat ein Doppelbesteuerungsabkommen abgeschlossen ist. Artt. 5, 23A OECD-MA sehen vor, dass Betriebsstätteneinkünfte von dem Staat besteuert werden, in dem die Betriebsstätte liegt (Betriebsstättenprinzip). Die in dem Betriebsvermögen liegenden stillen Reserven (bzw. Lasten) bleiben in Deutschland grundsätzlich steuerverhaftet. § 49 Abs. 1 Nr. 2 Buchst. a) EStG erfasst auch einen aus der Veräußerung der Betriebsstätte resultierenden Gewinn (bzw. Verlust)[398]. Im Abkommensfall weist Art. 13 Abs. 2 OECD-MA dem Belegenheitsstaat der Betriebsstätte das Besteuerungsrecht für die Gewinne/Verluste aus der Veräußerung oder Aufgabe einer Betriebsstätte zu[399].

Nach dem Wortlaut des § 12 Abs. 1 KStG sind die stillen Reserven (bzw. Lasten[400]) jedoch auch aufzudecken, wenn die Wirtschaftsgüter im Rahmen der beschränkten Steuerpflicht steuerverhaftet bleiben. § 12 Abs. 1 KStG setzt nicht voraus, dass jegliche Steuerpflicht endet, sondern es wird nur verlangt, dass die wegziehende Kapitalgesellschaft aus der unbeschränkten Steuerpflicht ausscheidet. Da bei einem bloßen Wechsel von der unbeschränkten zur beschränkten Steuerpflicht allerdings regelmäßig kein Verlust von Besteuerungssubstrat droht, scheint die Anwendung des § 12 Abs. 1 KStG nicht sachgerecht zu sein.

a) Aufdeckung der stillen Reserven

Ein Teil der Literatur vertritt die Ansicht, dass die stillen Reserven auch dann gemäß § 12 Abs. 1 KStG aufzudecken seien, wenn durch die Verlegung der Geschäftsleitung oder des Sitzes ins Ausland lediglich ein Wechsel von der unbeschränkten zur beschränkten Steuerpflicht bewirkt werde[401]. Der Wortlaut des § 12 Abs. 1 KStG sei eindeutig und könne nicht durch eine teleologische Reduktion eingeschränkt werden. Soweit ersichtlich, teilt die Finanzverwaltung diese Auffassung[402].

---

398 Kumpf in: HHR § 49 EStG Rz. 193; Siegers in: Dötsch/Eversberg/Jost § 2 KStG Rz. 36.

399 Siehe Prokisch in: Vogel/Lehner Art. 13 OECD-MA Rz. 29.

400 Die Ausführungen zur Aufdeckung der stillen Reserven gelten im Folgenden auch für die Aufdeckung evtl. vorhandener stiller Lasten.

401 Baranowski, IWB v. 14.4.1999, Fach 3, Gruppe 2, S. 397 (402); Debatin, GmbHR 1991, 164 (167 f.); Dinkhoff, S. 278 f.; Dötsch in: Dötsch/Eversberg/Jost § 12 KStG Rz. 21; Ebenroth/Auer, RIW 1992, Beilage 1 zu Heft 3, Rz. 39; Jünger in: Lademann § 12 Rz. 7; Lange in: Mössner/Seeger § 12 KStG Rz. 27 ff.; Olgemöller in: Streck § 12 Anm. 6; Schlenker, S. 103 f.; Thiel, GmbHR 1994, 277 (278) (mittlerweile a.A., siehe DB 2005, 2603 (2609)).

402 Siehe Dötsch in: Dötsch/Eversberg/Jost § 12 KStG Rz. 21; Kluge, IntStR, S. 216; Thiel in: Forum Bd. 17 (1999), S. 31 (43); Wacht in: Ernst & Young § 12 KStG Rz. 31.

Unter der Geltung des Anrechnungsverfahren wurde die Anwendung des § 12 Abs. 1 KStG auch damit begründet, dass nur die Durchführung einer Schlussbesteuerung nach Beendigung der unbeschränkten Steuerpflicht eine Einmalbesteuerung der Gewinne der Kapitalgesellschaft gewährleiste[403]. Die Einmalbesteuerung sollte dadurch erreicht werden, dass zusätzlich zur Aufdeckung der stillen Reserven nach §§ 11, 12 KStG, die mangels tatsächlicher Realisation eines Veräußerungserlöses bereits eine Fiktion beinhalte, eine Zurechnung der realisierten stillen Reserven zusammen mit den offenen Rücklagen an die Anteilseigner der Kapitalgesellschaft fingiert werde. Nach allgemeiner Auffassung führte die Anwendung des § 12 KStG jedoch unter der Geltung des Anrechnungsverfahrens bereits nicht zur Herstellung der Ausschüttungsbelastung. Die Tarifbelastung wurde vielmehr definitiv[404]. Für eine Fiktion eines Zuflusses einer Ausschüttung bei den Anteilseignern bestand daher kein Anlass[405]. Der Gedanke der Einmalbesteuerung soll daher hier nicht weiter verfolgt werden.

Angesichts der fehlenden Steuerentstrickung wird schließlich noch vorgeschlagen, bei einem bloßen Wechsel von der unbeschränkten zur beschränkten Steuerpflicht auf die Aufdeckung der stillen Reserven aus Praktikabilitätsgründen zu verzichten[406]. Auf welche Rechtsgrundlage dies zu stützen ist und wie dieser Verzicht in der Praxis auch gegenüber der Finanzverwaltung durchgesetzt werden soll, wird nicht erläutert. Der Vorschlag ist daher schon deshalb abzulehnen.

b) Keine Aufdeckung der stillen Reserven

Die überwiegende Meinung im Schrifttum fordert für den bloßen Wechsel von der unbeschränkten zur beschränkten Steuerpflicht eine teleologische Reduktion des § 12 Abs. 1 KStG[407]. Nach Sinn und Zweck des § 12 KStG sollten die im Inland angesammelten stillen Reserven erst beim Ausscheiden aus der deutschen Steuerhoheit besteuert werden. Die stillen Reserven seien daher nur dann aufzudecken, wenn die letztmögliche Zugriffsmöglichkeit des inländischen Fiskus wegfalle. Zum Teil wird auch auf die speziellen Bestimmungen zur Aufgabe der

403 Thiel, GmbHR 1994, 277 (278).
404 Siehe 4. Teil D II 1 a).
405 So auch Dötsch in: Dötsch/Eversberg/Jost § 12 KStG Rz. 21.
406 So Olgemöller in: Streck § 12 Anm. 6.
407 Frotscher in: Frotscher/Maas § 12 KStG Rz. 12, Hofmeister in: Blümich § 12 KStG Rz. 27, 13; Hügel, ZGR 1999, 71 (98); Knobbe-Keuk, Bil/UntStR, S. 938 f.; Knobbe-Keuk, StuW 1990, 372 (379); Kolbe in: HHR § 12 KStG Rz. 17; Schaumburg, IntStR Rz. 17.145; Schaumburg, StuW 2000, 369 (374); Thömmes, DB 1993, 1021 f.; Thömmes, ZGR 1994, 75 (85); Wacht in: Ernst & Young § 12 KStG Rz. 32; Zisowski, S. 94 f.

beschränkten Steuerpflicht in § 12 Abs. 2 KStG verwiesen[408]. § 12 Abs. 1 KStG sei so zu lesen, dass die Rechtsfolgen des § 11 KStG erst dann einträten, wenn zusätzlich die Voraussetzungen des § 12 Abs. 2 KStG erfüllt seien. § 12 Abs. 2 KStG schränke so den Anwendungsbereich des § 12 Abs. 1 KStG ein.

c) Keine Aufdeckung der stillen Reserven bei fortbestehender Steuerverstrickung

aa) Wortlaut des § 12 Abs. 1 KStG

Selbst diejenigen Autoren, die § 12 Abs. 1 KStG auch auf den bloßen Wechsel von der unbeschränkten zur beschränkten Steuerpflicht anwenden wollen, sind sich darin einig, dass § 12 KStG zu weit gefasst ist. Eine teleologische Reduktion wird jedoch aufgrund des eindeutigen Wortlauts der Norm abgelehnt[409]. Diese Ansicht scheint zunächst zu überzeugen. Nach einem allgemein anerkannten Auslegungsgrundsatz ist der Wortlaut der Ausgangspunkt der Auslegung und sogleich die Grenze der Auslegungsmöglichkeit[410] und der Wortlaut des § 12 Abs. 1 KStG gibt keine Anhaltspunkte dafür, dass die stillen Reserven in bestimmten Fällen (z.B. bei einem Wechsel von unbeschränkter zu beschränkter Steuerpflicht) nicht aufzudecken sind.

Die Vornahme einer teleologischen Reduktion ist jedoch nicht mit einer „Auslegung“ im engeren Sinne gleichzusetzen. Die teleologische Reduktion zählt methodisch zur Ausfüllung von Gesetzeslücken, die jenseits des möglichen Wortverständnisses durch eine Gesetzesergänzung (Rechtsfindung, -fortbildung, -schöpfung) zu bewirken ist[411]. So wird eine (verdeckte) Gesetzeslücke angenommen, wenn ein Sachverhalt vom Gesetzeswortlaut her zwar erfasst wird, der Gesetzeswortlaut jedoch über den Gesetzeszweck hinaus in einer Weise eingreift, dass eine zweckgerechte Einengung den möglichen Wortsinn sprengen würde. Statt einer (eben nicht mehr durch den Wortlaut gedeckten) restriktiven Auslegung kommt dann eine teleologische Reduktion in Betracht. Die durch die Reduktion entstehende Lücke muss durch Analogie geschlossen werden, wobei der Gesetzeszweck bzw. die Entstehungsgeschichte, systematische Gesichtspunkte oder sonstige Aspekte (verfassungskonforme Auslegung, richtlinienkonforme Auslegung, Argumente der juristischen Logik, Praktikabilität) zu berücksichtigen sind[412]. Eine teleologische Reduktion ist damit eine am Prinzip orientierte Rechtsanwendung, die am Wortlaut, im möglichen Wortsinn oder im

---

408 Frotscher in: Frotscher/Maas § 12 KStG Rz. 12; Kolbe in: HHR § 12 KStG Rz. 17.

409 Siehe 4. Teil D II 3 a).

410 Siehe Larenz, S. 143.

411 So Tipke/Lang, § 5 Rz. 71 ff.

412 Tipke/Lang, § 5 Rz. 75.

Wortverständnis des Gesetzes keine Stütze mehr findet. Der eindeutige Wortlaut des § 12 Abs. 1 KStG steht daher der Vornahme einer teleologischen Reduktion nicht entgegen.

bb) Teleologische Reduktion

Um eine teleologische Reduktion des § 12 Abs. 1 KStG rechtfertigen zu können, müsste eine Gesetzeslücke, d.h. eine planwidrige mit dem Gesetzeszweck nicht zu vereinbarende Unvollständigkeit des Gesetzes vorliegen. Das setzt voraus, dass eine gesetzliche Regelung entgegen ihrem Wortsinn, jedoch gemäß der immanenten Teleologie des Gesetzes, einer Einschränkung bedarf, die im Gesetzestext nicht enthalten ist[413].

Der Zweck des § 12 KStG liegt in der Besteuerung bislang nicht versteuerter stiller Reserven eines inländischen Betriebsvermögens im Zeitpunkt des Ausscheidens aus der deutschen Steuerhoheit (sog. „Steuerentstrickung")[414]. Für die Anwendung des § 12 Abs. 1 KStG ist deswegen kein Raum, wenn durch den Wechsel von der unbeschränkten in die beschränkte Steuerpflicht der endgültige Verlust der deutschen Besteuerungshoheit über stille Reserven nicht zu befürchten ist. Der Fall, dass die Besteuerung der stillen Reserven durch eine im Inland verbleibende Betriebsstätte sichergestellt ist, ist daher vom eigentlichen Gesetzeszweck des § 12 KStG nicht erfasst. Insoweit liegt eine (verdeckte) Gesetzeslücke vor, die im Wege der Analogie dadurch zu schließen ist, dass die stillen Reserven der Wirtschaftsgüter nicht aufzudecken, sondern die Buchwerte fortzuführen sind.

cc) Gesetzliche Entstehungsgeschichte

Die Entwicklungsgeschichte des § 12 KStG spricht ebenfalls für eine teleologische Reduktion. Bereits § 18 S. 3 KStG 1920 sah vor, dass die stillen Reserven, die nach einer Verlegung von Sitz und Geschäftsleitung im Inland steuerverhaftet bleiben, von der Schlussbesteuerung auszunehmen sind[415]. § 18 S. 3 KStG 1920 lautete:

---

413 So Larenz, S. 210.

414 H.M., siehe bereits RFH v. 30.4.1935, I A 58/34, RFHE 38, 99; BFH v. 30.10.1973, I R 38/70, BStBl II 1974, 255; Frotscher in: Frotscher/Maas § 12 KStG Rz. 5; Dötsch in: Dötsch/Eversberg/Jost § 12 KStG Rz. 1; Hofmeister in: Blümich § 12 KStG Rz. 3; Kolbe in: HHR § 12 KStG Rz. 3, Olgemöller in: Streck § 12 KStG Anm. 1; Wacht in: Ernst & Young § 12 KStG Rz. 1; siehe auch 2. Teil B I.

415 Siehe 2. Teil B I.

„Die Steuer bleibt zu dem Betrag unerhoben, der dem Verhältnis des im Inland verbliebenen Grund- und Betriebsvermögens zum gesamten Vermögen der Gesellschaft entspricht.“

Im KStG 1934 wurde dieser Satz zwar gestrichen. Wie aus der Gesetzesbegründung hervorgeht, sollte der Wegfall jedoch inhaltlich zu keiner geänderten Behandlung der stillen Reserven führen[416]. Aufgrund der eindeutigen Willensäußerung des Gesetzgebers war daher bereits 1934 bei fortbestehender Steuerverstrickung keine Schlussbesteuerung durchzuführen[417].

dd) Ergebnis

Scheidet eine Kapitalgesellschaft aus der unbeschränkten Steuerpflicht aus, indem sie ihren Sitz sowie ihre Geschäftsleitung in das Ausland verlegt und führt sie ihren bisherigen Betrieb durch eine in Deutschland belegene Betriebsstätte fort, sind die stillen Reserven nicht aufzudecken, soweit sie weiterhin in Deutschland steuerverhaftet sind. § 12 Abs. 1 KStG ist insoweit sowohl nach dem Zweck der Regelung als auch nach der geschichtlichen Entwicklung der Schlussbesteuerung teleologisch zu reduzieren.

4. Andere Fälle beschränkter Steuerpflicht

§ 12 Abs. 1 KStG ist auch dann teleologisch zu reduzieren, wenn die Kapitalgesellschaft nach dem Ausscheiden aus der unbeschränkten Steuerpflicht nicht mit einer Betriebsstätte, sondern mit anderen Einkünften beschränkt steuerpflichtig wird. Voraussetzung ist lediglich, dass die stillen Reserven der Wirtschaftsgüter im Inland steuerverstrickt bleiben. Eine Beschränkung der teleologische Reduktion des § 12 Abs. 1 KStG auf bestimmte Arten von Wirtschaftsgütern oder auf einen gewissen Umfang der weiterhin steuerverstrickten Wirtschaftsgüter im Verhältnis zu den Wirtschaftsgütern, die im Zuge des Ausscheidens aus der unbeschränkten Steuerpflicht steuerentstrickt werden, würde dem Sinn und Zweck des § 12 Abs. 1 KStG nicht gerecht. Bereits die in § 18 S. 3 KStG 1920 geregelte Ausnahme von der Aufdeckung der stillen Reserven bezog sich sowohl auf im Inland zurückbleibendes „Betriebsvermögen“ als auch auf im Inland zurückbleibendes „Grundvermögen“ [418]. Eine teleologische Reduktion des § 12 Abs. 1 KStG lässt sich daher auch aus gesetzeshistorischer Sicht rechtfertigen, wenn stillen Reserven der Kapitalgesellschaft z.B. in einem im Inland beibehaltenen Mietshaus ruhen, aus dem die Kapitalgesellschaft nach dem Ausscheiden aus

[416] Begründung zum Körperschaftsteuergesetz vom 16. Oktober 1934, RStBl 1934, 85.
[417] Siehe 2. Teil B III.
[418] Siehe 2. Teil B I.

der unbeschränkten Steuerpflicht beschränkt steuerpflichtige Vermietungseinkünfte erzielt (Abwandlung 1).

§ 12 Abs. 1 KStG ist ferner teleologisch zu reduzieren, wenn die Kapitalgesellschaft mit Dividenden beschränkt steuerpflichtig wird (Abwandlung 2) und die in den Beteiligungen ruhenden stillen Reserven durch die Verlegung von Sitz und Geschäftsleitung in das Ausland nicht steuerentstrickt werden.

5. Zum Verfahren

a) Aufstellung einer Schlussbilanz

Zum Zeitpunkt der Verlegung des Sitzes und/oder der Geschäftsleitung der Kapitalgesellschaft ist eine Schlussbilanz gemäß §§ 11, 12 KStG aufzustellen[419]. Die Wirtschaftsgüter, die aus der deutschen Steuerhoheit ausscheiden, sind darin gemäß §§ 11, 12 KStG zum gemeinen Wert anzusetzen. Die weiterhin im Inland steuerverstrickten Wirtschaftsgüter sind aufgrund der vorzunehmenden teleologischen Reduktion mit dem Buchwert zu erfassen. Würde man die weiterhin steuerverhafteten Wirtschaftsgüter in der Schlussbilanz nicht erfassen[420], hätte dies im Regelfall eine Erhöhung des Verlegungsgewinns zur Folge, da die Abschreibungen auf die Wirtschaftsgüter im Jahr der Sitzverlegung unberücksichtigt blieben[421].

b) Ansatz der Wirtschaftsgüter

aa) Betriebsstätte

(1) Inländisches Betriebsvermögen

Stille Reserven in inländischen Wirtschaftsgütern der Kapitalgesellschaft, die einer im Inland verbleibenden Betriebsstätte auch nach Verlegung von Sitz und Geschäftsleitung zugeordnet werden können[422], bleiben im Rahmen des von der beschränkten Steuerpflicht gemäß §§ 49 Abs. 1 Nr. 2 Buchst. a) EStG, §§ 2 Nr. 1 i.V.m. § 8 Abs. 1 S. 1 KStG verwirklichten Territorialitätsprinzips in Deutschland steuerverstrickt. Zwar bestehen gewisse Unterschiede zwischen der beschränkten und unbeschränkten Steuerpflicht[423]. Diese Unterschiede betreffen jedoch nicht die grundsätzliche Entscheidung, stille Reserven der Besteuerung

---

419 Zur Buchführungspflicht ausländischer Kapitalgesellschaften siehe 4. Teil E II 3 a).
420 So aber anscheinend Kaminski, S. 134 ff.
421 Ebenso Hofmeister in: Blümich § 12 KStG Rz. 27.
422 Siehe 4. Teil B IV 2.
423 Siehe 4. Teil B IV 3.

zu unterwerfen, sobald sie aus der deutschen Steuerhoheit ausscheiden[424]. Werden einzelne Wirtschaftsgüter später von der inländischen Betriebsstätte in das Stammhaus überführt, kommt es zu einem Ansatz des Fremdvergleichspreises[425]. Wird die Betriebsstätte insgesamt in das Ausland verlegt oder aufgelöst oder im Ganzen auf einen anderen übertragen, stellt § 12 Abs. 2 KStG die Aufdeckung der sich in dem Betriebsvermögen befindlichen stillen Reserven sicher[426]. Die Wirtschaftsgüter der Betriebsstätte bleiben in Deutschland auch steuerverstrickt, wenn ein Doppelbesteuerungsabkommen besteht. Art. 13 Abs. 2 OECD-MA weist Deutschland das Besteuerungsrecht für die Gewinne zu, die aus der Veräußerung oder Aufgabe einer im Inland belegenen Betriebsstätte resultieren[427]. Aufgrund der fortbestehenden Steuerverstrickung ist § 12 Abs. 1 KStG damit bei inländischen Wirtschaftsgütern, die der Betriebsstätte zugeordnet werden können, teleologisch zu reduzieren. Sie sind in der Schlussbilanz zu Buchwerten anzusetzen.

Wirtschaftsgüter, die der Betriebsstätte nicht zugeordnet werden können[428], sind zum Stammhaus zu überführen. Deutschland verliert das Besteuerungsrecht hinsichtlich der stillen Reserven bereits nach den Vorschriften des nationalen Steuerrechts, da die beschränkte Steuerpflicht nach § 49 Abs. 1 Nr. 2 Buchst. a) EStG nur die stillen Reserven der Wirtschaftsgüter erfasst, die der inländischen Betriebsstätte zugeordnet sind. Auf die in den Doppelbesteuerungsabkommen regelmäßig vorgenommene Zuweisung des Besteuerungsrechts an den ausländischen Staat (Art. 7 OECD-MA) kommt es damit nicht mehr an. Die Wirtschaftsgüter sind daher im Rahmen der Schlussbesteuerung grundsätzlich mit dem gemeinen Wert anzusetzen. Eine teleologische Reduktion des § 12 Abs. 1 KStG ist nicht erforderlich.

(2) Ausländisches Betriebsvermögen

Bei ausländischem Betriebsvermögen ist die steuerliche Situation in der Regel komplexer. Durch den Übergang von der unbeschränkten auf die beschränkte Steuerpflicht findet eine Reduzierung des Welteinkommensprinzips auf das Ter-

---

424 Auch gilt derselbe Körperschaftsteuersatz, siehe 4. Teil B V.

425 Betriebsstätten-Erlass Tz. 2.6.3; vgl. dazu auch Pohl in: Forum Bd. 23 (2002), S. 33 (45).

426 Die buchwertneutrale Einbringung der Betriebsstätte nach den Vorschriften des UmwStG (z.B. § 23 UmwStG) ist zwar gemäß § 12 Abs. 2 S. 3 KStG von einer Aufdeckung der stillen Reserven ausgenommen. Die Vorschriften des UmwStG lassen eine Übertragung/Einbringung einer Betriebsstätte ohne die Aufdeckung der stillen Reserven jedoch ebenfalls nur dann zu, wenn die deutsche Besteuerungshoheit über das Vermögen der Betriebsstätte nicht endgültig aufgegeben wird.

427 Prokisch in: Vogel/Lehner Art. 13 OECD-MA Rz. 29.

428 Siehe 4. Teil B IV 2.

ritorialitätsprinzip statt, weil die Kapitalgesellschaft nach der Verlegung von Sitz und Geschäftsleitung nur noch mit den inländischen Einkünften i.S.d. § 49 Abs. 1 EStG der deutschen Besteuerung unterliegt. Die sich bei der Aufstellung der Schlussbilanz ergebenden Fragen sollen daher im Folgenden anhand einer im Ausland belegenen Betriebsstätte, einer Beteiligung an einer ausländischen Kapitalgesellschaft sowie eines im Ausland belegenen Grundstücks exemplarisch dargestellt werden.

(α) (Unter-)Betriebsstätte

Besteht zwischen der Bundesrepublik Deutschland und dem Betriebsstättenstaat kein Doppelbesteuerungsabkommen, scheiden die in einer ausländischen Betriebsstätte ruhenden stillen Reserven aus der deutschen Besteuerungshoheit aus. Vor der Verlegung von Sitz und Geschäftsleitung unterfielen die Betriebsstätteneinkünfte sowie auch etwaige damit zusammenhängende Veräußerungsgewinne aufgrund des Welteinkommensprinzips dem deutschen Besteuerungsrecht. Im Rahmen der beschränkten Steuerpflicht gemäß § 49 Abs. 1 Nr. 2 Buchst. a) EStG kann eine in einem Drittstaat belegene Betriebsstätte (sog. „Unterbetriebsstätte“) dem Vermögen der inländischen Betriebsstätte nach herrschender Meinung aber nicht mehr zugeordnet werden[429]. Die Einkünfte sind dem Belegenheitsstaat der Unterbetriebsstätte im Rahmen der beschränkten und dem Staat, in dem der Sitz und die Geschäftsleitung der Kapitalgesellschaft lokalisiert sind, im Rahmen der unbeschränkten Steuerpflicht zuzurechnen[430]. Deutschland verliert damit das Recht, die Betriebsstättengewinne zu besteuern, so dass § 12 Abs. 1 KStG zweckentsprechend Anwendung findet. Eine teleologische Reduktion der Vorschrift scheidet aus.

Wenn zwischen Deutschland und dem Betriebsstättenstaat ein Doppelbesteuerungsabkommen existiert, das entsprechend Art. 5 OECD-MA i.V.m. Art. 23A Abs. 1 OECD-MA die Besteuerung der Betriebsstättengewinne im Betriebsstättenstaat mit Freistellungsmethode vorsieht, wäre ein Veräußerungsgewinn bezüglich der ausländischen Betriebsstätte nach Art. 13 Abs. 2 OECD-MA bereits nicht von der Schlussbesteuerung nach § 12 Abs. 1 KStG zu erfassen, da das Besteuerungsrecht dem (ausländischen) Betriebsstättenstaat zugewiesen ist. Für

---

429 BFH v. 24.2.1988, I R 95/84, BStBl II 1988, 633; Jacobs, S. 417 f. Dies gilt selbst dann, wenn die ausländische Unterbetriebsstätte ausschließlich Aufgaben für die deutsche Betriebsstätte wahrnimmt. Das in § 50 Abs. 1 S. 1 EStG verankerte Prinzip des wirtschaftlichen Zusammenhangs ist insoweit durchbrochen.

430 B. Fischer in: Forum Bd. 25 (2003), S. 163 (187).

eine teleologische Reduktion des § 12 Abs. 1 KStG besteht dann kein Bedürfnis[431].

(β) Beteiligung

Kann die Beteiligung an der ausländischen Kapitalgesellschaft der im Inland verbleibenden Betriebsstätte weiterhin zugeordnet werden[432], findet keine Steuerentstrickung statt. Eine Nichtanwendung des § 12 Abs. 1 KStG kann daher nur durch eine teleologische Reduktion erreicht werden[433].

Im Abkommensfall gestaltet sich die steuerliche Situation komplexer, da es sich um einen sog. „Dreiecksfall" handelt. Neben dem abkommensrechtlichen Verhältnis zwischen Deutschland und dem (neuen) Ansässigkeitsstaat der nunmehr lediglich beschränkt steuerpflichtigen Kapitalgesellschaft (im Folgenden Staat A) ist auch das Verhältnis mit dem Land, in dem die Kapitalgesellschaft ansässig ist, deren Anteile sich im Betriebsstättenvermögen befinden (im Folgenden Staat B), zu beachten. Auch zwischen Staat A und Staat B kann ein Doppelbesteuerungsabkommen bestehen. Nach Art. 13 Abs. 2 OECD-MA gilt das Betriebsstättenprinzip auch für Beteiligungen, die sich im Betriebsvermögen einer Betriebsstätte befinden[434]. Dies hat zur Folge, dass die in den Beteiligungen ruhenden stillen Reserven auch nach Verlegung von Sitz und Geschäftsleitung dem Betriebsstättenstaat zugewiesen sind und eine teleologische Reduktion des § 12 Abs. 1 KStG erforderlich wäre.

(γ) Unbewegliches Vermögen

Im Abkommensfall unterliegen die stillen Reserven regelmäßig nicht der deutschen Besteuerungshoheit, da Art. 13 Abs. 1 OECD-MA das Besteuerungsrecht dem Belegenheitsstaat des Grundvermögens zuweist. Für eine teleologische Re-

---

431 Gilt wegen eines Aktivitätsvorbehalts oder einer „subject-to-tax"-Klausel das Steueranrechnungsverfahren, droht ggf. der Verlust des Rechts, die Differenz zwischen einer niedrigeren ausländischen Steuerbelastung und der hypothetischen inländischen Steuerbelastung zu besteuern. Eine teleologische Reduktion scheidet hier jedoch bereits deswegen aus, da die Unterbetriebsstätte der in Deutschland verbleibenden Betriebsstätte auch im Abkommensfall nicht zugerechnet werden kann (siehe hierzu Dreissig, DB 2000, 893 (895)).

432 Dies ist grundsätzlich möglich, siehe z.B. EuGH v. 21.9.1999, Rs. C-307/97 (Saint-Gobain), Slg. 1999, I-6161; Sieker in: Forum Bd. 20 (2001), S. 85 (107 f.).

433 Allerdings greift möglicherweise die Steuerbefreiung gemäß § 8b Abs. 2 KStG ein. Die teleologische Reduktion wäre dann lediglich wegen der in § 8b Abs. 3 KStG vorgesehenen Fiktion von 5% des Gewinns als nicht abzugsfähige Betriebsausgabe erforderlich.

434 Prokisch in: Vogel/Lehner Art. 13 OECD-MA Rz. 62, 31; Wassermeyer in: Debatin/Wassermeyer Art. 13 OECD-MA Rz. 77.

duktion des § 12 Abs. 1 KStG besteht somit kein Anlass, denn die stillen Reserven sind bereits aufgrund der abkommensrechtlichen Regelungen nicht in die Schlussbesteuerung nach §§ 11, 12 KStG miteinzubeziehen.

Existiert kein Doppelbesteuerungsabkommen, war der Besteuerungszugriff des deutschen Fiskus auf die in einem ausländischen unbeweglichen Vermögen enthaltenen stillen Reserven vor Verlegung von Sitz und Geschäftsleitung hingegen gewährleistet (Welteinkommensprinzip). Da die Zuordnung der Wirtschaftsgüter zu einer Betriebsstätte grundsätzlich unabhängig von der geographischen Lage nach dem Prinzip der wirtschaftlichen Zugehörigkeit erfolgt, müsste das im Ausland belegene Grundvermögen auch nach dem Wechsel in die beschränkte Steuerpflicht der im Inland belegenen Betriebsstätte zugeordnet werden können. Im Schrifttum wird allerdings vertreten, dass im Ausland belegenes Grundvermögen – wie eine im Ausland belegene Unterbetriebsstätte – einer inländischen Betriebsstätte nicht zugeordnet werden kann[435]. Folgt man dieser Ansicht, würde das in dem Grundvermögen liegende Steuersubstrat aus der Besteuerungshoheit ausscheiden. Für eine teleologische Reduktion des § 12 Abs. 1 KStG bestünde kein Anlass.

bb) Andere Fälle beschränkter Steuerpflicht

Auch wenn die Kapitalgesellschaft nach Verlegung ihres Sitzes und/oder ihrer Geschäftsleitung mit Vermietungseinkünften beschränkt steuerpflichtig wird (Abwandlung 1), findet keine Schlussbesteuerung nach § 12 Abs. 1 KStG statt. Die stillen Reserven des vermieteten Gebäudes bleiben steuerverhaftet[436], weil ein Gewinn aus der Veräußerung des Gebäudes der beschränkten Steuerpflicht gemäß § 49 Abs. 1 Nr. 2 Buchst. f) S. 2 EStG unterfiele[437]. Im Abkommensfall ergibt sich regelmäßig keine andere Rechtsfolge, da das Besteuerungsrecht für Gewinne aus der Veräußerung unbeweglichen Vermögens entsprechend

---

435 So Jacobs, S. 417 f.; a.A. B. Fischer in: Forum Bd. 25 (2003), S. 163 (191).

436 Eine Steuerverhaftung nach § 49 Abs. 1 Nr. 6 EStG kommt allerdings nicht in Betracht, da diese Vorschrift nur Nutzungseinkünfte, aber keine Gewinne aus der Veräußerung des vermieteten Gebäudes erfasst, siehe Heinicke in: L. Schmidt EStG § 49 Rz. 77.

437 § 49 Abs. 1 Nr. 2 Buchst. f) S. 2 EStG fingiert die Gewerblichkeit der Gewinne selbst dann, wenn die ausländische Kapitalgesellschaft - wie hier angenommen - aufgrund der bloßen Vermietung nicht gewerblich tätig ist, siehe hierzu Bornheim in: HHR § 2 KStG Rz. 112; Hidien in: Kirchhof/Söhn/Mellinghoff § 49 EStG E 668 ff.; Kroppen in: HHR § 49 EStG Rz. 625.

Art. 13 Abs. 1 OECD-MA dem Belegenheitsstaat zugewiesen wird[438]. Eine teleologische Reduktion des § 12 Abs. 1 KStG ist damit erforderlich[439].

In der Abwandlung 2 ist zunächst zu überprüfen, ob hinsichtlich der Beteiligung(en) nicht eine Steuerbefreiung nach § 8b Abs. 2 KStG in Betracht kommt[440], die auch auf beschränkt körperschaftsteuerpflichtige Anteilseigner anwendbar ist[441]. Allerdings sieht § 8b Abs. 3 KStG selbst bei einer Steuerbefreiung eine Fiktion von 5% des Gewinns als nicht abzugsfähige Betriebsausgabe vor, so dass sich die Frage der teleologische Reduktion des § 12 Abs. 1 KStG in jedem Falle stellt.

Nach § 49 Abs. 1 Nr. 2 Buchst. e) EStG unterfallen nur Veräußerungsgewinne aus der Veräußerung von Anteilen an einer Kapitalgesellschaft mit Sitz oder Geschäftsleitung in Deutschland i.S.v. § 17 EStG (wesentliche Beteiligung, d.h. >1%) der beschränkten Steuerpflicht[442]. Die Veräußerung von Beteiligungen an ausländischen Kapitalgesellschaften sowie von nicht wesentlichen Beteiligungen an inländischen Kapitalgesellschaften ist im Rahmen der beschränkten Steuerpflicht nicht steuerbar. Im Abkommensfall wird das nationale Besteuerungsrecht in den meisten von Deutschland abgeschlossenen Doppelbesteuerungsabkommen jedoch dem Ansässigkeitsstaat des Veräußerers zugewiesen (Art. 13 Abs. 5 OECD-MA)[443]. Die Bundesrepublik Deutschland verliert daher nicht nur (wie im Nicht-Abkommensfall) bei ausländischen Kapitalgesellschaften und inländischen nicht-wesentliche Beteiligungen das Besteuerungsrecht, sondern auch bei inländischen wesentlichen Beteiligungen. Eine teleologische Reduktion des § 12 Abs. 1 KStG ist damit nur bei wesentlichen Beteiligungen an inländischen Kapitalgesellschaften erforderlich, falls das Besteuerungsrecht der Bundesrepublik

---

438 Vgl. Hidien in: Kirchhof/Söhn/Mellinghoff § 49 EStG E 724; Prokisch in: Vogel/Lehner Art. 13 OECD-MA Rz. 11 ff.

439 Vgl. auch Frotscher in: Frotscher/Maas § 12 KStG Rz. 19b, der den Fall, dass Grundstücke im Inland verbleiben, explizit anspricht.

440 Eine Holdinggesellschaft könnte z.B. als „Finanzunternehmen“ i.S.v. § 8b Abs. 7 KStG zu qualifizieren sein mit der Folge, dass die Steuerbefreiung des § 8b Abs. 2 KStG nicht anwendbar ist. Siehe hierzu BMF v. 25.7.2002, BStBl I 2002, 292, Ziffer C.

441 Vgl. Hidien in: Kirchhof/Söhn/Mellinghoff § 49 EStG E 550.

442 Liegen allerdings die Voraussetzungen des § 49 Abs. 1 Nr. 8 i.V.m. §§ 22 Nr. 2, 23 Abs. 1 S. 1 Nr. 2 EStG vor („Spekulationsgeschäft“), tritt § 49 Abs. 1 Nr. 2 Buchst. e) EStG zurück und die beschränkte Steuerpflicht resultiert ausschließlich aus § 49 Abs. 1 Nr. 8 EStG (statt aller: Hidien in: Kirchhof/Söhn/Mellinghoff § 49 EStG E 502 f.).

443 Einige Doppelbesteuerungsabkommen weisen das Besteuerungsrecht jedoch auch dem Vertragsstaat zu, in dem die Gesellschaft ihren Sitz hat, so z.B. DBA Argentinien, Mexiko, Tschechien, Zypern. Weitere Beispiele siehe Prokisch in: Vogel/Lehner Art. 13 OECD-MA Rz. 75.

Deutschland nicht wie im Regelfall durch ein DBA dem Ansässigkeitsstaat der Kapitalgesellschaft zugewiesen ist.

c) Zeitliche Abgrenzung

aa) Betriebsstätte

Ist auch die im Inland verbleibende Betriebsstätte zur Bilanzierung verpflichtet[444], ergeben sich bei der Abgrenzung der Einkünfte, die der unbeschränkten und derjenigen, die der beschränkten Steuerpflicht unterliegen, keine größeren Probleme. Die Bilanzansätze der Wirtschaftsgüter der Schlussbilanz der Kapitalgesellschaft sind in der Eröffnungsbilanz der Betriebsstätte zu übernehmen. Sowohl die Kapitalgesellschaft als auch die im Inland zurückbleibende Betriebsstätte ermitteln ihren Gewinn durch Betriebsvermögensvergleich gemäß §§ 4 Abs. 1, 5 Abs. 1 EStG, wobei das Realisationsprinzip anwendbar ist. Die Einkünfte sind derjenigen Periode zuzurechnen, in der sie wirtschaftlich entstanden sind[445]. Erträge und Aufwendungen, die vor der Verlegung von Sitz und/oder Geschäftsleitung realisiert wurden, sind im Rahmen der unbeschränkten Steuerpflicht zu erfassen. Erträge und Aufwendungen, die nach Verlegung von Sitz und Geschäftsleitung realisiert wurden, unterfallen der beschränkten Steuerpflicht (sofern sie gemäß § 50 Abs. 1 S. 1 EStG mit inländischen Einkünften in wirtschaftlichem Zusammenhang stehen.)

bb) Andere Fälle beschränkter Steuerpflicht

Bleibt die Kapitalgesellschaft mit Vermietungseinkünften gemäß § 49 Abs. 1 Nr. 6 EStG beschränkt steuerpflichtig (Abwandlung 1), kommt es durch die Verlegung von Sitz und Geschäftsleitung nicht nur zu einem Wechsel der Steuerpflicht, sondern auch zu einem Wechsel der Gewinnermittlungsart. Die Vermietungseinkünfte sind nicht durch Betriebsvermögensvergleich, sondern im Wege der Einnahmen-/Überschussrechnung zu ermitteln, wo es hinsichtlich der Zuordnung von Einnahmen und Ausgaben nicht auf die Realisation, sondern auf den Zu- oder Abfluss ankommt[446]. Die Verlegung von Sitz und Geschäftsleitung kann daher zu den gleichen Problemen führen, die auch im rein nationalen Kontext bei einem Wechsel der Gewinnermittlungsarten auftreten. Vor der Sitzverlegung begründete Forderungen, die nach Sitzverlegung zufließen, könnten so-

---

444 Bei Betriebsstätten, die als Zweigniederlassung in das Handelsregister eingetragen sind, ergibt sich die Buchführungspflicht aus §§ 13e, 238 Abs. 1 HGB i.V.m. § 140 AO. Bei anderen Betriebsstätten ergibt sich die Buchführungspflicht gemäß § 141 Abs. 1 i.V.m. Abs. 2 AO durch Mitteilung des Finanzamts.

445 Weber-Grellet in: L. Schmidt § 5 EStG Rz. 601 ff.

446 Drenseck in: L. Schmidt § 21 EStG Rz. 1; Heinicke in: L. Schmidt § 11 EStG Rz. 2 ff.

wohl bei der Begründung der Forderung (Realisation) als auch bei der späteren Tilgung (Zufluss) erfasst werden. Umgekehrt könnten Aufwendungen doppelt abgezogen werden. Die drohende doppelte Berücksichtigung bzw. die drohende doppelte Nicht-Berücksichtigung ist durch entsprechende Zu- und Abrechnungen auszugleichen[447].

In der Abwandlung 2, in der die Kapitalgesellschaft mit Dividendeneinkünften gemäß § 49 Abs. 1 Nr. 5 Buchst. a) EStG beschränkt steuerpflichtig bleibt, gilt hinsichtlich der Zuordnung von Aufwendungen für den Zeitraum der unbeschränkten Steuerpflicht, d.h. bis zum Zeitpunkt der Verlegung von Sitz und Geschäftsleitung, das Realisationsprinzip. Nach Ausscheiden aus der unbeschränkten Steuerpflicht ist die auf die Dividendeneinkünfte entfallende Steuer allerdings mit dem Steuerabzug abgegolten. Ein Abzug von Betriebsausgaben ist nicht mehr möglich (§ 32 Abs. 1 Nr. 2 KStG).

d) Veranlagung

Die Körperschaftsteuer ist eine Jahressteuer (§ 7 Abs. 3 S. 1 KStG). Die Grundlagen für ihre Festsetzung sind jeweils für das Kalenderjahr zu ermitteln. Wechselt die unbeschränkte und die beschränkte Steuerpflicht innerhalb eines Kalenderjahres, bestehen nach § 7 Abs. 3 S. 3 KStG innerhalb eines Veranlagungszeitraums zwei verschiedene Einkommensermittlungszeiträume[448]. Wegen der Unterschiede der Gewinnermittlung tritt an die Stelle des Kalenderjahres als Steuerbemessungs- und Ermittlungszeitraum der Zeitraum der jeweiligen Steuerpflicht[449].

Eine getrennte Einkommensermittlung bedeutet jedoch nicht zwangsläufig, dass auch getrennt veranlagt wird. Im Einkommensteuerrecht wurde § 2 Abs. 7 EStG mit Wirkung ab dem Veranlagungszeitraum 1996 dahingehend geändert[450], dass bei einem Wechsel von unbeschränkter und beschränkter Steuerpflicht innerhalb eines Kalenderjahres die während der beschränkten Einkommensteuerpflicht erzielten inländischen Einkünfte den während des Zeitraums der unbeschränkten Steuerpflicht erzielten Einkünften hinzuzurechnen sind und eine Veranlagung nach den für unbeschränkt Steuerpflichtige geltenden Vorschriften durchzufüh-

447 Siehe hierzu die tabellarische Übersicht über mögliche Korrekturposten in Anlage 1 zu R 17 EStR 2003.

448 BFH v. 17.5.1972, I R 126/70, BStBl II 1972, 621; Scholtz, DStZ 1982, 487 f.

449 Dies gilt selbst dann, wenn die Steuerpflicht während eines Wirtschaftsjahres mehrfach wechselt, siehe Frotscher in: Frotscher/Maas § 7 KStG Rz. 12; Rengers in: Blümich § 7 KStG Rz. 20.

450 Jahressteuergesetz 1996 v. 11.10.1995, BGBl I 1995, 1250, geändert durch das Jahressteuergesetz 1997 (JStG 1997) v. 20.12.1996, BGBl I 1996, 2049.

ren ist[451]. Mit der Gesetzesänderung sollte die aus dem (progressiven) Steuertarif und der doppelten Gewährung etwaiger Freibeträge resultierende Besserstellung derjenigen Steuerpflichtigen aufgehoben werden, die während eines Veranlagungszeitraums die Steuerpflichtart wechselten[452].

§ 2 Abs. 7 S. 3 EStG könnte über § 31 Abs. 1 KStG auch auf den Wechsel von der unbeschränkten zur beschränkten Körperschaftsteuerpflicht anwendbar sein, mit der Folge, dass die während des Zeitraums der unbeschränkten Körperschaftsteuerpflicht erzielten Einkünfte mit den während der Zeit der beschränkten Körperschaftsteuerpflicht erzielten Einkünften zusammenzufassen wären[453]. Im Gegensatz zu den Einkommensteuersubjekten gilt für Körperschaftsteuersubjekte jedoch ein proportionaler Steuersatz, so dass die weg- oder zuziehende Kapitalgesellschaft auch bei getrennter Veranlagung nicht besser gestellt ist[454]. Es besteht damit kein Grund, § 2 Abs. 7 S. 3 EStG über § 31 Abs. 1 KStG auch auf die Körperschaftsteuer anzuwenden. § 7 KStG stellt zudem eine Spezialvorschrift dar, die eine analoge Anwendung des § 2 Abs. 7 S. 3 EStG über § 31 Abs. 1 KStG ausschließt[455]. Bei körperschaftsteuerpflichtigen Subjekten sind daher bei einem Wechsel der Steuerpflicht während eines Veranlagungszeitraums zwei getrennte Veranlagungen durchzuführen[456].

Bei dem Wechsel zur beschränkten Steuerpflicht aufgrund einer im Inland belegenen Betriebsstätte sowie im Falle des Mietshauses (Abwandlung 1) sind folglich zwei getrennte Veranlagungen durchzuführen. In Abwandlung 2 verbleibt es bei einer Veranlagung in dem Veranlagungszeitraum des Wechsels, in der lediglich die der unbeschränkten Steuerpflicht unterfallenden Einkünfte erfasst werden. Die im Rahmen der beschränkten Steuerpflicht entstandene Körper-

---

451 Bis einschließlich 1995 waren für diese Fälle zwei Veranlagungen mit jeweils zwei abgekürzten Ermittlungszeiträumen durchzuführen.

452 BT-Drucks. 13/1558 v. 31.5.1996, S. 152.

453 So die Ansicht der Finanzverwaltung, da § 2 Abs. 7 S. 3 EStG in der Liste der für das Körperschaftsteuerrecht anwendbaren Vorschriften des EStG in R 32 Abs. 1 KStR 2004 aufgeführt ist. Ebenso noch Siegers in: Dötsch/Eversberg/Jost § 2 KStG Rz. 190 (42. Erg. Lief., Stand: September 2001); Siegers in: Dötsch/Eversberg/Jost § 32 KStG Rz. 47, Rz. 1a (44. Erg. Lief., Stand: März 2002); nunmehr a.A., siehe Siegers in: Dötsch/Eversberg/Jost § 2 KStG Rz. 190 (54. Erg. Lief., Stand: Juli 2005).

454 Ebenso Frotscher, IntStR, S. 84; Lambrecht in: Gosch § 2 KStG Rz. 25, § 7 KStG Rz. 33.

455 Ebenso Lambrecht in: Gosch § 2 KStG Rz. 25.

456 So auch Danelsing in: Blümich § 31 KStG Rz. 17; Felder in: Dötsch/Eversberg/Jost § 31 KStG Rz. 17; Kalbfleisch in: Ernst & Young § 2 KStG Rz. 51; Kroschel in: Ernst & Young § 31 KStG Rz. 21.2; Lang in: Ernst & Young § 7 KStG Rz. 15 f.; Pung in: Dötsch/Eversberg/Jost § 7 KStG Rz. 22; Rengers in: Blümich § 7 KStG Rz. 20; Rengers in: Blümich § 2 KStG Rz. 62; Siegers in: Dötsch/Eversberg/Jost § 2 KStG Rz. 190; Streck in: Streck § 2 Anm. 5, § 1 Anm. 10.

schaftsteuerschuld wird durch den Steuerabzug abgegolten (§ 32 Abs. 1 Nr. 2 KStG).

6. Ergebnis

Verlegt eine Kapitalgesellschaft ihren Sitz und/oder ihre Geschäftsleitung in das Ausland und scheidet dadurch aus der unbeschränkten Steuerpflicht aus, sieht § 12 Abs. 1 KStG die Aufdeckung der stillen Reserven bzw. Lasten vor. Nach dem Wortlaut des § 12 Abs. 1 KStG ist die Schlussbesteuerung selbst dann durchzuführen, wenn die Wirtschaftsgüter in Deutschland steuerverstrickt bleiben. § 12 Abs. 1 KStG ist in diesem Falle jedoch teleologisch zu reduzieren mit der Folge, dass die Wirtschaftsgüter in der von der Kapitalgesellschaft aufzustellenden Schlussbilanz nicht mit den gemeinen Werten, sondern mit dem Buchwert anzusetzen sind. Steuerbefreiungen nach nationalem Recht oder Abkommensrecht werden auch bei der Ermittlung des Verlegungsgewinns bzw. Verlegungsverlustes berücksichtigt. Erfolgt der Wechsel von der unbeschränkten zur beschränkten Steuerpflicht während eines Wirtschaftsjahres, sind die Einkünfte für den Zeitraum der unbeschränkten und der beschränkten Steuerpflicht getrennt zu ermitteln und zu veranlagen. § 11 KStG ist weder bei der Verlegung von Sitz und Geschäftsleitung noch bei der isolierten Verlegung von Sitz oder Geschäftsleitung in das Ausland unmittelbar anwendbar, weil die Kapitalgesellschaft nach einem Wegzug in Deutschland nicht abgewickelt wird.

III. Berücksichtigung von Verlusten

Die Frage, ob eine Kapitalgesellschaft die während der Zeit ihrer unbeschränkten Steuerpflicht entstandenen Verluste nach einem Wechsel in die beschränkte Steuerpflicht weiter nutzen kann, wird im Schrifttum nur am Rande erörtert. Es finden sich lediglich vereinzelt Hinweise zu den Modalitäten der Verlustverrechnung[457], was darauf schließen lässt, dass ein Übergang der Verlustvorträge für zulässig erachtet wird[458]. Auch finanzgerichtliche Entscheidungen oder Verlautbarungen der Finanzverwaltung liegen nicht vor. Der Übergang der Verluste bei einem Wechsel der Steuerpflicht soll daher im Folgenden näher untersucht werden.

---

457 Kalbfleisch in: Ernst & Young § 2 KStG Rz. 52; Siegers in: Dötsch/Eversberg/Jost § 2 KStG Rz. 191.

458 Der umgekehrte Fall, der Übergang der Verluste beim Wechsel von der beschränkten in die unbeschränkte Steuerpflicht, wird etwas ausführlicher kommentiert. Siehe Siegers in: Dötsch/Eversberg/Jost § 2 KStG Rz. 189 ff., der den Übergang der Verlustvorträge bei Zuzug unter der Bedingung bejaht, dass die Gesellschaft nach ausländischem Gesellschaftsrecht nicht liquidiert wird; ausdrücklich für eine weitere Nutzungsmöglichkeit der Verluste auch: Hügel, ZGR 1999, 71 (89); siehe 4. Teil E III 1.

1. Personenidentität

a) Voraussetzungen nach § 10d EStG bzw. § 8 Abs. 4 KStG

Die Vornahme eines Verlustabzugs setzt nach § 10d EStG voraus, dass die Person (Körperschaft), die den Verlust erlitten hat und diejenige, die den Verlustabzug geltend machen will, identisch ist (Grundsatz der Personenidentität)[459]. Im Einkommensteuerrecht wird das wegziehenden Steuersubjekt vor und nach Wegzug als das identische Einkommensteuersubjekt qualifiziert[460]. Der Verlust, den es während seiner unbeschränkten Steuerpflicht erwirtschaftet hat, bleibt ihm damit nach einhelliger Auffassung auch nach einem Wegzug erhalten[461]. Fraglich ist, ob dies auch für die sitzverlegende Kapitalgesellschaft gilt. Die Körperschaftsteuer ist zwar wie die Einkommensteuer eine Personensteuer[462]. Im Gegensatz zur Einkommensteuer ist die Körperschaftsteuer jedoch auch eine rechtsformabhängige Steuerart für gegenüber der natürlichen Person verselbständigte Zweckgebilde[463]. Endet die Existenz des Körperschaftsteuersubjekts, endet auch dessen Befugnis zum Verlustabzug[464], sofern eine Übertragung der Verluste nicht durch spezielle gesetzliche Regelungen wie z.B. das UmwStG zugelassen ist.

Eine Körperschaft, die einen Verlust verrechnen will, muss gemäß § 8 Abs. 4 KStG ferner nicht nur rechtlich, sondern auch wirtschaftlich mit der Körperschaft identisch sein, die den Verlust erlitten hat. Die wirtschaftliche Identität liegt bei einem bloßen Wechsel der Steuerpflicht allerdings regelmäßig vor. Wird lediglich der Sitz oder die Geschäftsleitung einer Kapitalgesellschaft in das Ausland verlegt und die inländische Geschäftstätigkeit in unverändertem Umfang im Rahmen einer Betriebsstätte weiterbetrieben, ergibt sich hinsichtlich des

---

459 H.M., vgl. nur Rengers in: Blümich § 8 KStG Rz. 901; von Groll in: Kirchhof/Söhn/Mellinghoff § 10d EStG B 105; BFH v. 29.10.1986, I R 202/83, BStBl II 1987, 308.

460 Siehe bereits Hennig, Die Steuerwarte 1936, 328 f.; Orth, FR 1983, 1 (7) m.w.N.

461 FG Köln v. 7.6.1990, 2 K 5960/89, EFG 1990, 630; Horlemann in: Blümich § 10d EStG Rz. 24; Hotze, DStZ 1987, 622; Orth in: HHR § 10d EStG Rz. 43 f., 95 m.w.N.; Paus, DStZ 1986, 568; von Groll in: Kirchhof/Söhn/Mellinghoff § 10d EStG B 100; Zoll, S. 174.

462 Siehe bereits Evers, 1. Aufl. 1923, § 1 KStG Anm. 1 a.E.; so auch Frotscher in: Frotscher/Maas Vor § 1 Rz. 2; J. Hey in: HHR Einf. KSt Rz. 3; Lambrecht in: Gosch § 1 KStG Rz. 23.

463 So J. Hey in: HHR Einf. KSt Rz. 3.

464 von Groll in: Kirchhof/Söhn/Mellinghoff § 10d EStG B 180; BFH v. 29.10.1986, I R 202/82, BStBl II 1987, 308: *„Die Personenidentität einer Kapitalgesellschaft als Voraussetzung für einen Verlustabzug ist so lange zu bejahen, als ihre Zivilrechtsfähigkeit nicht erlischt."*

Betriebsvermögens keine Veränderung. Aufgrund der Rechtsformabhängigkeit des Körperschaftsteuerrechts ist daher auch bei § 8 Abs. 4 KStG vor allem fraglich, ob die geforderte rechtliche Identität bei einer Verlegung von Sitz und/oder Geschäftsleitung in das Ausland bestehen bleibt.

b) Zivilrechtliche Identität

Bei einem rein zivilrechtlichen Verständnis des Begriff der „Personenidentität" in § 10d EStG bzw. der „rechtlichen Identität" in § 8 Abs. 4 KStG könnten Verluste bei einem Wechsel von der unbeschränkten in die beschränkte Steuerpflicht im Regelfall nicht mehr abgezogen werden, da die Verlegung von Sitz und Geschäftsleitung in das Ausland zur Auflösung der Kapitalgesellschaft führt[465]. Das unbeschränkt steuerpflichtige Körperschaftsteuersubjekt, das den Verlust erlitten hat, wäre mit dem (sodann) beschränkt steuerpflichtigen ausländischen Körperschaftsteuersubjekt nicht mehr (zivilrechtlich) identisch – mit der Konsequenz, dass ein während der Zeit der unbeschränkten Steuerpflicht entstandener Verlust von der beschränkt steuerpflichtigen Kapitalgesellschaft nicht mehr abgezogen werden könnte[466].

Bei der isolierten Verlegung der Geschäftsleitung wäre zu differenzieren. Bei der (Rück-) verlegung der Geschäftsleitung von Gesellschaften aus EU-/EWR-Staaten, in denen die Gründungstheorie gilt, bliebe aufgrund der jüngeren Rechtsprechung des EuGH die rechtliche Identität gewahrt und eine weitere Verrechnung vorhandener Verlustvorträge möglich: Die zugezogene Gesellschaft ist als ein in ihrer ausländischen Rechtsform rechts- und parteifähiges Gebilde anzuerkennen[467]. Da bereits der Zuzug keine Auswirkung auf ihre rechtliche Identität hatte, kann auch eine (Rück-)verlegung nicht zu deren Verlust führen.

In den nicht von der EuGH-Rechtsprechung betroffenen Fällen (Zuzug aus Nicht-EU/EWR-Staat bzw. Zuzug aus EU/EWR-Staat, jedoch Geltung der Sitztheorie im Wegzugsstaat), ist nach wie vor von der Geltung der Sitztheorie auszugehen. Die zivilrechtliche Behandlung einer derartigen (zugezogenen) Gesellschaft mit Geschäftsleitung im Inland und Sitz im Ausland ist umstritten[468]. Auch die rechtlichen Konsequenzen bei einer Rückverlegung des Sitzes sind

---

465 Siehe 4. Teil C II 2 a) cc). Unter der geplanten EG-Sitzverlegungsrichtlinie (siehe 4. Teil C II 4 b) sowie bei der SE (siehe 4. Teil C II 4 a); 4. Teil F I) bliebe die zivilrechtliche Identität hingegen erhalten.

466 Dasselbe müsste für die isolierte Sitzverlegung gelten. Siehe 4. Teil C II 2 a) bb).

467 Siehe 4. Teil C II 3 e).

468 Nach einer weit verbreiteten Ansicht ist eine derartige Gesellschaft als Personengesellschaft zu behandeln. Siehe 4. Teil C II 3 e); Dinkhoff, S. 121 ff.; Trost, S. 146 ff.

nicht geklärt. Anzumerken ist allerdings, dass auch eine konsequente Beurteilung der zugezogenen Gesellschaft als Personengesellschaft den Verlust der rechtlichen Identität zur Folge hätte, weil die Sitztheorie auch für Personengesellschaften gilt[469].

c) Steuerrechtliche Identität

Der Begriff der „Personenidentität i.S.v. § 10d EStG bzw. der „rechtlichen Identität" i.S.v. § 8 Abs. 4 KStG könnte auch im Sinne einer „steuerrechtlichen" Identität verstanden werden. Voraussetzung für eine weitere Nutzung bestehender Verluste wäre dann zum einen, dass die (steuerrechtliche) Identität beim Wechsel in die beschränkte Steuerpflicht bestehen bleibt. Daneben müssten Sinn und Zweck der § 10d EStG bzw. des § 8 Abs. 4 KStG eine nicht streng an das Zivilrecht gebundene Auslegung zulassen.

Bei der Körperschaftsteuersubjektfähigkeit kommt es auf die zivilrechtliche Rechtsfähigkeit nicht an. Dies ergibt sich sowohl aus § 1 Abs. 1 KStG, der auch nicht rechtsfähige Gebilde als unbeschränkt steuerpflichtige Subjekte erfasst, als auch aus dem „Liechtenstein"-Urteil des BFH[470]. Bei der steuerrechtlichen Qualifikation eines ausländischen Gebildes ist daher vorrangig zu klären, ob das Gebilde Körperschaftsteuersubjekt sein kann. Erst wenn dies bejaht wird, ist zu entscheiden, ob dieses Subjekt beschränkt oder unbeschränkt körperschaftsteuerpflichtig ist[471]. Der Verlust der Rechtsfähigkeit durch eine Verlegung von Sitz und/oder Geschäftsleitung in das Ausland kann damit nicht zum Verlust der steuerrechtlichen Identität führen, selbst wenn dadurch die Art der Steuerpflicht wechselt. Das Körperschaftsteuersubjekt bleibt bei einem Wechsel in die beschränkte Steuerpflicht identisch.

Es stellt sich damit die weitere Frage, ob Sinn und Zweck des § 10d EStG bzw. des § 8 Abs. 4 KStG es zulassen, dass die Auslegung nicht nach streng zivilrechtlichen Kriterien vorgenommen wird.

§ 10d EStG sowie § 8 Abs. 4 KStG sollen das (objektive) Leistungsfähigkeitsprinzip verwirklichen[472], das auch für Kapitalgesellschaften gilt[473]. Dem Leistungsfähigkeitsprinzip wäre bei einem bloßen Wechsel der Steuerpflicht auch Rechnung getragen. Die Verluste wurden von der unbeschränkt steuerpflichti-

---

469 Siehe nur Kindler in: MüKo IntGesR Rz. 194; Trost, S. 296.
470 Siehe 4. Teil C III 1 c).
471 Siehe 4. Teil C III 2 c).
472 So Roser in: Gosch § 8 KStG Rz. 1395; von Groll in: Kirchhof/Söhn/Mellinghoff § 10d EStG A 43.
473 Roser in: Gosch § 8 KStG Rz. 15 ff.

gen Kapitalgesellschaft im Rahmen ihres inländischen Betriebs erwirtschaftet. Dieser Betrieb unterliegt weiterhin, d.h. auch nach Verlegung von Sitz und Geschäftsleitung, der deutschen Steuerhoheit. Die Körperschaftsteuer ist jedoch keine Objektsteuer[474], so dass Zweifel angebracht sind, ob die „Identität des Betriebs" gerade im Hinblick auf die geforderte „rechtliche Identität" der Kapitalgesellschaft als Argument für die Übernahme der Verluste gelten kann.

Auch die Tatsache, dass die im Inland weiterhin steuerverstrickte Betriebsstätte wegen der teleologischen Reduktion des § 12 Abs. 1 KStG die Buchwerte weiterführt, bedeutet nicht automatisch, dass auch die Verluste weiterhin genutzt werden dürfen. Dies wird z.B. bei Verschmelzungen deutlich, wo auch die Buchwerte durch die übernehmende Gesellschaft fortgeführt werden können, es für den Übergang der Verlustvorträge i.S.v. § 10d EStG jedoch der speziellen Regelung in § 12 Abs. 3 S. 2 UmwStG bedarf.

Ein Vergleich mit der formwechselnden Umwandlung gemäß § 191 UmwG von z.B. einer AG in eine GmbH hilft ebenfalls nicht weiter. Nach der herrschenden Meinung können die Verluste hier zwar - auch ohne ausdrückliche gesetzliche Regelung - weiter genutzt werden[475]. Der BFH hat allerdings bereits in einem Urteil vom 19.8.1958[476] gemeint, dass die Verluste bei einem Formwechsel nur deswegen übergehen, da bei diesem bereits „handelsrechtlich" eine Personengleichheit bestehe, die auch steuerrechtlich anzuerkennen sei. Gerade diese „handelsrechtliche" Personengleichheit fehlt jedoch bei der grenzüberschreitenden Sitzverlegung im Regelfall[477].

Dennoch ist bei einer grenzüberschreitenden Sitzverlegung von einem Übergang des Verlustes auf die beschränkt steuerpflichtige Kapitalgesellschaft selbst dann auszugehen, wenn die zivilrechtliche Identität verloren geht. § 8 Abs. 4 KStG fordert neben der rechtlichen Identität gerade auch die wirtschaftliche Identität und führt dadurch ein objektsteuerartiges Element in die für Kapitalgesellschaften geltenden Verlustnutzungsregelungen ein. Dass diese wirtschaftliche Betrachtungsweise nicht erst seit Einführung des § 8 Abs. 4 KStG[478] (und damit ausschließlich bezogen auf das Merkmal der wirtschaftlichen Identität) gilt, wird

---

474 Frotscher in: Frotscher/Maas Vor § 1 Rz. 2; J. Hey in: HHR Einf. KSt Rz. 3.

475 Frotscher in: Frotscher/Maas § 8 KStG Rz. 176; von Groll in Kirchhof/Söhn/Mellinghoff § 10d EStG B 182.

476 BFH v. 19.8.1958, I 78/58 U, BStBl III 1958, 468.

477 Genauso wie ein grenzüberschreitender Formwechsel nicht vom UmwG erfasst ist, da § 191 UmwG lediglich nach deutschem Recht errichtete Rechtsträger erfasst. Siehe Schaumburg, GmbHR 1996, 585 (591).

478 Steuerreformgesetz (StReformG) 1990 v. 25.7.1988, BGBl I 1988, 1093.

an einem früheren Urteil des BFH deutlich. Der Gerichtshof führte dort zu der von § 10d EStG vorausgesetzten Personengleichheit Folgendes aus[479]:

> *„Fordert das Gesetz eindeutig die Personengleichheit zwischen dem Verlustträger und demjenigen, der den Verlust geltend macht, so muß zur Zuerkennung des Verlustabzugs auch wirtschaftlich die den Verlustabzug geltend machende Kapitalgesellschaft mit der verlusttragenden Gesellschaft identisch sein.[...] Der Verlustabzug gebührt nicht dem Rechtskleid, sondern dem verlusttragenden Unternehmen. Nur diese Auslegung entspricht dem Sinn des § 10d EStG, eine Vorschrift, die auf natürliche Personen zugeschnitten ist und auf Körperschaften nur soweit Anwendung findet, als die Rechtsperson der natürlichen Person vergleichbar ist."*

Die Zuordnung des Verlustes auf das „verlusttragende Unternehmen" verlangt bei einer bloßen Sitzverlegung einer Kapitalgesellschaft die weitere Nutzungsmöglichkeit im Rahmen der Besteuerung der inländischen Betriebsstätte. Das identische Steuersubjekt „Kapitalgesellschaft" ist folglich auch als die gleiche Person i.S.v. § 10d EStG bzw. als rechtlich identisch i.S.v. § 8 Abs. 4 KStG anzusehen. Diese Überlegung wird zusätzlich dadurch gestützt, dass selbst in Verschmelzungsfällen, in denen die bloße Buchwertfortführung kein tragendes Argument für die weitere Verlustnutzungsmöglichkeit ist, auf die Weiterführung des Unternehmens im bisherigen Umfang und damit auf ein objektsteuerartiges Element abgestellt wird (§ 12 Abs. 3 S. 2 UmwStG).

§ 10d EStG sowie § 8 Abs. 4 KStG erlauben damit eine Auslegung nach speziell steuerrechtlichen Kriterien. Die Verluste können von der in die beschränkte Steuerpflicht wechselnden Kapitalgesellschaft weiterhin genutzt werden, auch wenn die zivilrechtliche Identität beim Wechsel der Steuerpflicht verloren geht[480].

d) Ergebnis

Verlustvorträge können von der Kapitalgesellschaft nach einem Wechsel in die beschränkte Steuerpflicht weiter genutzt werden. Die von § 10d EStG bzw. § 8 Abs. 4 KStG geforderte Identität liegt vor, weil es sich bei der zunächst unbeschränkt steuerpflichtigen und sodann beschränkt steuerpflichtig werdenden Kapitalgesellschaft um ein identisches Steuersubjekt handelt.

---

479 BFH v. 15.2.1966, I 112/63, BStBl III 1966, 289.

480 So im Ergebnis auch Roser in: Gosch § 8 KStG Rz. 1415, der für eine Anteilsübertragung i.S.v. § 8 Abs. 4 S. 2 KStG eine „körperliche Übertragung bzw. Abtretung" voraussetzt, die bei einer Sitzverlegung nicht gegeben sei.

2. Beschränkung nach § 50 Abs. 1 S. 2 EStG bzw. § 50 Abs. 2 EStG

Die weitere Verrechnungsmöglichkeit vorhandener Verlustvorträge steht unter dem Vorbehalt des von § 50 Abs. 1 S. 2 EStG geforderten wirtschaftlichen Zusammenhangs mit inländischen Einkünften sowie der Einhaltung der darin vorgesehenen Aufbewahrungsvorschriften[481]. Der Wortlaut des § 50 Abs. 1 S. 2 EStG lässt allerdings nicht erkennen, wann der wirtschaftliche Zusammenhang mit den inländischen Einkünften gegeben sein muss. In Betracht kommen sowohl der Zeitpunkt der Verlustentstehung als auch der Zeitpunkt des Verlustabzugs. Bei einem Abstellen auf den Zeitpunkt der Verlustentstehung würde an das Steuerobjekt, bei einem Abstellen auf den Zeitpunkt des Verlustabzugs an das Steuersubjekt angeknüpft. Vor dem Hintergrund des bei der beschränkten Steuerpflicht verwirklichten Territorialitätsprinzips ist anzunehmen, dass § 50 Abs. 1 S. 2 EStG diejenigen Verluste vom Abzug ausschließen soll, für die auch im Gewinnfall mangels „inländischer Einkünfte“ keine Steuerpflicht bestehen würde. § 50 Abs. 1 S. 2 EStG ist damit an das Steuerobjekt gebunden, so dass konsequenterweise der Zeitpunkt der Verlustentstehung maßgeblich ist[482].

Für eine Verlegung von Sitz und Geschäftsleitung einer Kapitalgesellschaft bedeutet dies, dass die während der Zeit der unbeschränkten Steuerpflicht entstandenen Verluste im Zeitraum der beschränkten Steuerpflicht den Beschränkungen des § 50 Abs. 1 S. 2 EStG i.V.m. § 8 Abs. 1 S. 1 KStG nicht unterliegen[483]. Ein aus der Zeit der unbeschränkten Steuerpflicht stammender Verlust kann daher z.B. während der beschränkten Steuerpflicht auch von Einkünften aus Vermietung und Verpachtung gemäß § 49 Abs. 1 Nr. 6 EStG i.V.m. § 8 Abs. 1 S. 1 KStG abgezogen werden, wenn er nicht aus den Vermietungseinkünften, sondern z.B. aus Unternehmensberatungsaktivitäten aus der Zeit vor der Verlegung von Sitz und Geschäftsleitung resultiert.

Die Berücksichtigung des Verlustes selbst erfolgt jedoch nach den im jeweiligen Abzugsjahr geltenden Vorschriften, d.h. nach § 10d EStG im Zeitraum der unbeschränkten und nach § 50 Abs. 2 EStG im Zeitraum der beschränkten Steuerpflicht[484]. Ist daher z.B. in Abwandlung 2 wegen § 50 Abs. 2 KStG nach der Verlegung von Sitz und Geschäftsleitung kein Verlustausgleich bzw. -abzug

---

481 Zu den damit verbundenen europarechtlichen Aspekten siehe 5. Teil C I 2.

482 So auch Herkenroth in: HHR § 50 EStG Rz. 60, Rz. 9; Wied in: Blümich § 50 EStG Rz. 49.

483 So auch Herkenroth in: HHR § 50 EStG Rz. 9; Mienert, DB 1988, 2533 (2535); Orth, FR 1983, 1 (6); Orth in: HHR § 10d EStG Rz. 99; von Groll in: Kirchhof/Söhn/Mellinghoff § 10d EStG B 105.

484 Vgl. auch FG Köln v. 7.6.1990, 2 K 5960/89, EFG 1990, 630.

mehr zulässig, können auch die aus der Zeit der unbeschränkten Steuerpflicht stammenden Verluste z.B. aus Unternehmensberatungsaktivitäten während der beschränkten Steuerpflicht nicht verrechnet werden - selbst nicht vor dem Hintergrund, dass es bei den Einschränkungen nach § 50 Abs. 1 S. 2 EStG auf den Zeitpunkt der Verlustentstehung ankommt[485]. Im Schrifttum wird dies mit Blick auf das Leistungsfähigkeitsprinzip kritisiert[486]. Die Kritik ist berechtigt. Dennoch ist eine andere Auslegung des § 50 Abs. 2 EStG ausgeschlossen, da der Gesetzgeber das Nettoprinzip und damit das Prinzip der Leistungsfähigkeit in § 50 Abs. 2 EStG gezielt eingeschränkt hat.

3. Wechsel während des Veranlagungszeitraums

Endet die unbeschränkte Steuerpflicht im Laufe eines Kalenderjahres, sind zwei Veranlagungen durchzuführen, es sei denn, die Steuer ist in einem Veranlagungsabschnitt durch Steuerabzug abgegolten. Ein übergreifender Verlustausgleich innerhalb des Veranlagungszeitraums kommt daher nicht in Betracht.

Im Hinblick auf den Wortlaut des § 10d EStG stellt sich ferner die Frage, ob ein Verlust, der im zweiten Veranlagungsabschnitt entsteht, auf den ersten zurückgetragen bzw. umgekehrt ein Verlust, der im ersten Veranlagungsabschnitt entsteht, auf den zweiten vorgetragen werden kann. § 10d Abs. 1 EStG stellt bei dem Verlustvor- bzw. Verlustrücktrag auf den „Veranlagungszeitraum“ ab. „Veranlagungszeitraum“ ist jedoch nach § 31 Abs. 1 S. 1 KStG i.V.m. § 25 Abs. 1 EStG das Kalenderjahr und nicht lediglich ein Veranlagungsabschnitt, wie er aus dem Wechsel zwischen beschränkter und unbeschränkter Steuerpflicht resultiert. Bevor § 2 Abs. 7 S. 3 EStG eingeführt wurde und die Frage der Verrechenbarkeit der Verluste zwischen zwei Veranlagungsabschnitten für Einkommensteuerpflichtige noch relevant war, gingen daher sowohl die Finanzverwaltung als auch die herrschende Meinung in der Literatur davon aus, dass ein Verlustvor- bzw. Verlustrücktrag zwischen den beiden Veranlagungsabschnitten nicht möglich sei[487]. Übertragen auf die „wegziehende“ Kapitalgesellschaft würde dies z.B. bedeuten, dass bei einer Beendigung der unbeschränkten Steuerpflicht ein im Veranlagungsabschnitt I/05 erwirtschafteter Verlust

---

485 Herkenroth in: HHR § 50 EStG Rz. 150 „Wechsel zwischen unbeschränkter und beschränkter Steuerpflicht“; Herkenroth in: HHR § 50 EStG Rz. 60; Horlemann in: Blümich § 10d EStG Rz. 24; Siegers in: Dötsch/Eversberg/Jost § 2 KStG Rz. 194; FG Köln v. 7.6.1990, 2 K 5960/89, EFG 1990, 630.

486 Mienert, DB 1988, 2533 (2535), schlägt vor, dem Steuerpflichtigen ein Antragsrecht auf Veranlagung einzuräumen oder die Steuer zu erlassen.

487 OFD Hannover v. 5.6.1979, Lexinform Nr. 0049320; Horlemann in: Blümich § 10d EStG Rz. 25; Hotze, DStZ 1987, 622; Mienert, DB 1988, 2533 (2535); Scholtz, DStZ 1982, 487 (489); Seithel, FR 1979, 217 (220); von Groll in: Kirchhof/Söhn/Mellinghoff § 10d EStG B 100.

zwar entsprechend § 10d EStG auf den Veranlagungszeitraum 04 zurückgetragen bzw. auf den Veranlagungszeitraum 06 vorgetragen, jedoch nicht mit evtl. positiven Einkünften des Veranlagungsabschnitts II/05 verrechnet werden könnte. Im Schrifttum wurde den Einkommensteuerpflichtigen daher auch ein Wahlrecht zur analogen Anwendung des § 10d EStG innerhalb des Veranlagungszeitraums des Wechsels der Steuerpflicht zugebilligt[488].

Ein Verlustausgleich zwischen den verschiedenen Veranlagungsabschnitten wäre jedoch nicht von Sinn und Zweck der Regelung gedeckt. § 7 Abs. 3 S. 3 KStG sieht vor, dass das Einkommen einer Kapitalgesellschaft im Wirtschaftsjahr des Wechsels der Steuerpflicht getrennt zu ermitteln ist. Würde man einen Verlustausgleich zwischen den Veranlagungsabschnitten zulassen, liefe etwa in der Abwandlung 2, in der die Kapitalgesellschaft nach der Verlegung von Sitz und/oder Geschäftsleitung nur noch inländische Dividendeneinkünfte erzielt, das Verlustabzugsverbot nach § 50 Abs. 2 S. 1 KStG leer. Im Zusammenhang mit z.B. Unternehmensberatungsaktivitäten entstandene Verluste aus der Zeit der unbeschränkten Steuerpflicht im Veranlagungsabschnitt I/05 könnten so etwa mit Dividendeneinnahmen ausgeglichen werden, die in Veranlagungsabschnitt II/05 während der Zeit der beschränkten Steuerpflicht erzielt würden. Die vom Gesetzgeber vorgesehene Einschränkung des Nettoprinzips und die daraus resultierende Steuerabzugswirkung des § 32 Abs. 1 Nr. 2 KStG wären damit im Veranlagungszeitraum 05 nicht umgesetzt.

4. Ergebnis

Wechselt eine Kapitalgesellschaft von der unbeschränkten in die beschränkte Steuerpflicht, kann sie die aus der Zeit der unbeschränkten Steuerpflicht resultierenden Verluste weiterhin im Rahmen des Verlustabzugs nutzen. Dies gilt selbst dann, wenn durch die Verlegung von Sitz und Geschäftsleitung ihre zivilrechtliche Identität verloren geht, da die von § 10d EStG bzw. § 8 Abs. 4 KStG geforderte Identität des Steuersubjekts gewahrt wird. Jedoch gelten die Einschränkungen des § 50 Abs. 1 S. 2 EStG sowie des § 50 Abs. 2 EStG. Findet der Wechsel der Steuerpflicht während eines Veranlagungszeitraums statt, ist ein Verlustausgleich zwischen den Veranlagungsabschnitten nach dem Wortlaut sowie dem Zweck des § 10d EStG nicht möglich.

IV. Organschaft

§§ 14 ff. KStG lassen grenzüberschreitende Organschaften nur in einem sehr begrenzten Umfang zu. Zudem bewirkt der erforderliche Ergebnisabführungs-

---

488 Orth, FR 1983, 1 (8); Orth in: HHR § 10d EStG Rz. 43; Paus, DStZ 1986, 568.

vertrag eine enge Anbindung an das Zivilrecht, so dass die Rechtsunsicherheiten des Internationalen Privatrechts in das Steuerrecht übertragen werden[489].

1. Kapitalgesellschaft als Organgesellschaft

Verlegt eine Organgesellschaft ihren Sitz und ihre Geschäftsleitung in das Ausland[490], scheidet sie aus der körperschaftsteuerlichen Organschaft aus, weil das Tatbestandsmerkmal des inländischen Sitzes und der inländischen Geschäftsleitung gemäß §§ 14 Abs. 1 S. 1, 17 KStG wegfällt[491]. Das Einkommen der Organgesellschaft kann dem Organträger nicht mehr zugerechnet werden, sondern ist von der Organgesellschaft selbst zu versteuern. Die Beendigung des Organschaftsverhältnisses tritt im Jahr des Wechsels der Steuerpflicht ein.

Fraglich ist, ob sich auch Auswirkungen auf die Vergangenheit ergeben. § 14 Abs. 1 S. 1 Nr. 3 S. 1 KStG sieht vor, dass ein Ergebnisabführungsvertrag auf mindestens fünf Jahre abgeschlossen und während der gesamten Geltungsdauer auch tatsächlich durchgeführt wird. Die Regelung soll willkürliche Gewinnbeeinflussungen verhindern[492]. Bei vorzeitiger Beendigung droht grundsätzlich die Unwirksamkeit der Organschaft nicht nur für das Jahr der Beendigung, sondern rückwirkend für sämtliche vorangegangene Wirtschaftsjahre, in denen die Organschaft bestand. Folge einer rückwirkenden Unwirksamkeit ist die Umqualifikation bereits durchgeführter Gewinnabführungen in verdeckte Gewinnausschüttungen[493]. Verlustübernahmen sind bei der Organgesellschaft als verdeckte Einlage zu beurteilen[494]. § 14 Abs. 1 S. 1 Nr. 3 S. 2 KStG lässt allerdings eine vorzeitige Beendigung des Ergebnisabführungsvertrags durch eine Kündigung zu, soweit dafür ein „wichtiger Grund“ vorliegt[495]. Bei dem Tatbestandsmerkmal „wichtiger Grund“ i.S.v. § 14 Abs. 1 S. 1 Nr. 3 S. 2 KStG handelt es sich um einen unbestimmten Rechtsbegriff. Von der Finanzverwaltung werden z.B die Veräußerung oder Einbringung der Organbeteiligung oder deren Umwandlung, Verschmelzung oder Liquidation als wichtiger Grund anerkannt[496]. Die Verlegung von Sitz und Geschäftsleitung der Organgesellschaft ist diesen Fällen

---

489 Siehe Bauschatz, Der Konzern 2003, 805 ff.

490 Die isolierte Verlegung von Sitz oder Geschäftsleitung spielt hierbei keine Rolle, da § 14 Abs. 1 S. 1 KStG für Organgesellschaften einen Sitz und eine Geschäftsleitung im Inland voraussetzen.

491 Dötsch in: Dötsch/Eversberg/Jost § 12 KStG Rz. 19.

492 So Walter in: Ernst & Young § 14 KStG Rz. 781.

493 H.M., siehe nur Walter in: Ernst & Young § 14 KStG Rz. 699, 721.

494 BFH v. 26.1.1977, I R 101/75, BStBl II 1977, 441; Walter in: Ernst & Young § 14 KStG Rz. 702, 722.

495 Das Gleiche gilt nach Ansicht der Finanzverwaltung auch bei einem aus einem wichtigen Grund abgeschlossenen Aufhebungsvertrag (R 60 Abs. 6 KStR 2004).

496 R 60 Abs. 6 S. 2 KStR 2004.

gleichzustellen. Im Regelfall wird eine Kapitalgesellschaft nicht die durch den Ergebnisabführungsvertrag vorgesehene Zurechnung der Gewinne bzw. Verluste an den Organträger dadurch beeinflussen wollen, dass sie ihren Sitz und/oder ihre Geschäftsleitung in das Ausland verlegt, so dass keine willkürliche Gewinnbeeinflussung vorliegt.

2. Kapitalgesellschaft als Organträgerin

Fungiert die Kapitalgesellschaft als Organträgerin, führt die Verlegung ihres Sitzes und ihrer Geschäftsleitung in das Ausland zur Beendigung der Organschaft, da die für die Organträgerfunktion in § 14 Abs. 1 S. 1 Nr. 2 KStG vorausgesetzte inländische Geschäftsleitung wegfällt. Die bislang von der Kapitalgesellschaft wahrgenommene Organträgerfunktion kann unter den Voraussetzungen des § 18 KStG[497] allerdings von der Betriebsstätte übernommen werden, wenn der Geschäftsbetrieb der Kapitalgesellschaft in Form einer inländischen Zweigniederlassung weitergeführt wird. Das mit der Betriebsstätte begründete Organschaftsverhältnis wird sich im Regelfall allerdings zeitlich nicht lückenlos an die vorherige Organschaft anschließen.

Das Einkommen der Organgesellschaft kann dem Organträger nach § 14 Abs. 1 S. 2 KStG erstmals für das Kalenderjahr zugerechnet werden, in dem das Wirtschaftsjahr der Organgesellschaft endet, in dem der Ergebnisabführungsvertrag wirksam wird. Bei einem Wirtschaftsjahr, das dem Kalenderjahr entspricht, bedeutet dies z.B. bei einer Sitzverlegung im Juli, dass der Ergebnisabführungsvertrag bis zum 31. Dezember desselben Jahres umgestellt sein muss. Verzögert sich die Eintragung der Zweigniederlassung in das Handelsregister, was aufgrund der damit verbundenen europarechtlichen Fragestellungen nicht fernliegend erscheint[498], könnte dies zur Folge haben, dass der in § 18 S. 1 Nr. 1 KStG vorausgesetzte Abschluss des Ergebnisabführungsvertrags unter der Firma der Zweigniederlassung nicht so zeitgerecht erfolgt, dass ein kontinuierliches Bestehen der Organschaft gewährleistet ist.

§ 18 S. 1 KStG setzt ferner eine „im Handelsregister eingetragene“ Zweigniederlassung voraus[499]. Aus dieser Formulierung wird abgeleitet, dass die Eintragung von Beginn des Wirtschaftsjahres an vorliegen muss, für das die Zweigniederlassung als Organträgerin fungieren soll[500]. In dem soeben gebildeten Bei-

---

497 Zu den Voraussetzungen siehe 4. Teil B IV 3 c).

498 Zu den Schwierigkeiten der Eintragung einer Zweigniederlassung siehe Herchen, RIW 2005, 529; Klose-Mokroß, DStR 2005, 1013; Wachter, GmbHR 2003, 1254.

499 § 18 KStG geht damit über die zivilrechtlichen Anforderungen hinaus, wo die Eintragung der Zweigniederlassung in das Handelsregister lediglich deklaratorischer Natur ist.

500 So Danelsing in: Blümich § 18 KStG Rz. 8; Pache in: HHR § 18 KStG Rz. 17.

spiel der Sitzverlegung im Juli müsste die Zweigniederlassung bereits seit dem 1. Januar desselben Jahres im Handelsregister eingetragen sein, um eine „Organschaftslücke" zu vermeiden. Diese zeitlichen Vorgaben sind in der Praxis kaum einzuhalten. Zwar wird auch vertreten, dass es - abweichend vom Wortlaut des § 18 S. 1 KStG - auch hinsichtlich der Eintragung der Zweigniederlassung (wie für den Abschluss des Ergebnisabführungsvertrags) genüge, wenn diese bis zum Ablauf des ersten Jahres erfolgt sei, für das die Organschaft wirksam sein solle[501]. Diese Auffassung bietet jedoch in der Praxis keine Rechtssicherheit und wird möglicherweise auch von der Finanzverwaltung nicht akzeptiert werden.

Handelt es sich bei der Organträgerin um eine ausländische Kapitalgesellschaft mit inländischer Geschäftsleitung[502], gelten die Ausführungen zur Verlegung von Sitz und Geschäftsleitung grundsätzlich entsprechend. Anders als bei der Sitzverlegung, die wegen der erforderlichen Änderung des Gesellschaftsvertrags und der damit verbundenen registerrechtlichen Anmeldung regelmäßig deutlich zu Tage tritt, ist es bei der isolierten Verlegung der Geschäftsleitung allerdings durchaus vorstellbar, dass nicht erkannt wird, dass mit der Verlegung der Geschäftsleitung auch ein Tatbestandsmerkmal des § 14 Abs. 1 S. 1 Nr. 2 KStG entfällt. Findet weiterhin ein Ergebnistransfer von den Organgesellschaften an die Organträgerin statt, treten die Rechtsfolgen einer sog. „verunglückten Organschaft" ein[503]. Bereits durchgeführte Gewinnabführungen sind rückwirkend als verdeckte Gewinnausschüttungen i.S.v. § 20 Abs. 1 Nr. 1 S. 2 EStG zu qualifizieren[504] und Verlustübernahmen erhöhen als verdeckte Einlagen den Beteiligungsansatz an der (vermeintlichen) Organgesellschaft bei der Organträgerin[505].

Ob diese Folgen der verunglückten Organschaft nur für das Jahr des Wegfalls des Tatbestandsmerkmals oder rückwirkend für sämtliche vorangegangenen Wirtschaftsjahre eintreten, hängt von der Dauer der bisherigen Laufzeit des Ergebnisabführungsvertrags ab. Bestand der Ergebnisabführungsvertrag bereits fünf Jahre und wurde er auch tatsächlich durchgeführt, treten die Folgen nach Verwaltungsansicht lediglich im Jahr des Wegfalls des Tatbestandsmerkmals ein[506]. Fällt das Tatbestandsmerkmal hingegen während der fünfjährigen Min-

---

501 So Frotscher in: Frotscher/Maas § 18 KStG Rz. 1; Walter in: Ernst & Young § 18 KStG Rz. 14.

502 Eine Kapitalgesellschaft, die lediglich ihren Sitz im Inland hat, kann gemäß § 14 Abs. 1 S. 1 Nr. 2 KStG nicht Organträgerin sein.

503 Danelsing in: Blümich § 14 KStG Rz. 224; Walter in: Ernst & Young § 14 KStG Rz. 683.

504 H.M., siehe nur Walter in: Ernst & Young § 14 KStG Rz. 699, 721.

505 BFH v. 16.5.1990, I R 96/88, BStBl II 1990, 797; a.A. jedoch FG Düsseldorf v. 12.4.1989, 6 K 173/82, EFG 1989, 478 (rechtskräftig), wonach keine Aktivierung der Verlustübernahme auf dem Beteiligungskonto vorgenommen werden kann.

506 R 60 Abs. 8 S. 1 Nr. 2 KStR 2004.

destlaufzeit des Ergebnisabführungsvertrags weg, sollen die Folgen für das Jahr des Wegfalls und rückwirkend für alle vorangegangenen Wirtschaftsjahre eintreten, in dem das „verunglückte" Organschaftsverhältnis vorlag[507].

3. Ergebnis

Verlegt eine Organgesellschaft ihren Sitz und/oder ihre Geschäftsleitung in das Ausland, endet das Organschaftsverhältnis. Die Organschaft entfällt jedoch nicht rückwirkend. Das gilt selbst für eine Sitzverlegung vor Ablauf der 5-jährigen Mindestlaufzeit des Ergebnisabführungsvertrages. Die Verlegung von Sitz und Geschäftsleitung einer Kapitalgesellschaft in das Ausland (bzw. wenn sich der Sitz bereits im Ausland befindet, die isolierte Verlegung der Geschäftsleitung) führt auch dazu, dass die „wegziehende" Kapitalgesellschaft nicht mehr als Organträgerin fungieren kann. Die Funktion kann jedoch von einer inländischen Betriebsstätte übernommen werden, sofern die in § 18 KStG vorgesehenen Voraussetzungen erfüllt sind.

V. Körperschaftsteuerminderung und -erhöhung

Die Frage nach den Folgen der Verlegung von Sitz und Geschäftsleitung stellt sich auch, wenn eine Kapitalgesellschaft über aus dem Körperschaftsteueranrechnungsverfahren resultierende Bestände an Körperschaftsteuerminderungs- oder Körperschaftsteuererhöhungspotential nach §§ 36 ff. KStG verfügt[508]. Werden die Altbestände nicht realisiert, tritt für die Kapitalgesellschaft bei einem Körperschaftsteuerminderungspotential der negative Effekt des Verfalls von Körperschaftsteuerguthaben ein[509], während ein Verfall von Körperschaftsteuererhöhungspotential den positiven Effekt hätte, dass bereits vor Ablauf der in § 38 Abs. 2 S. 3 KStG vorgesehenen Übergangsfrist sichergestellt wäre, dass keine Nachbelastung mit Körperschaftsteuer mehr erfolgt.

---

507 R 60 Abs. 8 S. 1 Nr. 1 KStR 2004.

508 Die Frage stellt sich auch für ausländische Kapitalgesellschaften mit inländischer Geschäftsleitung (vgl. Bott in: Ernst & Young § 36 KStG Rz. 10; Dötsch in: Dötsch/Eversberg/Jost § 36 KStG n.F. Rz. 6a; Frotscher in: Frotscher/Maas § 36 KStG Rz. 15). Auch sie unterfielen nach h.M. gemäß § 43 KStG 1999 dem Körperschaftsteueranrechnungsverfahren und hatten ihr Eigenkapital zu gliedern (siehe nur FinMin Brandenburg v. 1.9.1993, FR 1993, 651 (652); Abschn. 96 Abs. 1 S. 4 KStR 1995; Dötsch in: Dötsch/Eversberg/Jost § 43 KStG 1999 Rz. 5, 9; Herz, S. 334; Höft, S. 112; Hügel, ZGR 1999, 71 (88)).

509 Die Minderung beträgt 1/6 des ausgeschütteten Betrags. In gleichem Maße wie sich das Körperschaftsteuerguthaben mindert, vermindert sich auch die Körperschaftsteuerschuld der Kapitalgesellschaft.

Bei einer Verteilung des Vermögens einer Körperschaft im Rahmen einer Liquidation i.S.v. § 11 KStG wird nach § 40 Abs. 4 KStG das gesamte vorhandene Körperschaftsteuererhöhungs- oder Körperschaftsteuerminderungspotential realisiert. Eine Verlegung von Sitz und Geschäftsleitung löst jedoch mangels Abwicklung keine Liquidation i.S.v. § 11 KStG, sondern lediglich eine Schlussbesteuerung i.S.v. § 12 KStG aus[510]. Eine Realisierung des Altbestands an Körperschaftsteuererhöhungs- oder Körperschaftsteuerminderungspotential nach § 40 Abs. 4 KStG scheidet daher aus[511].

Auch eine analoge Anwendung des § 40 Abs. 4 KStG wäre nicht sachgerecht. Bei bloßer Verlegung von Sitz und Geschäftsleitung war bereits unter der Geltung des Anrechnungsverfahrens keine Ausschüttungsbelastung herzustellen, da § 12 Abs. 1 KStG dem eindeutigen Wortlaut nach lediglich die entsprechende Anwendung des § 11 KStG, nicht aber die des § 41 KStG 1999 vorsah. Die Tarifbelastung wurde definitiv[512]. Es ist daher kein Grund ersichtlich, warum nunmehr unter der Geltung des Halbeinkünfteverfahrens hinsichtlich der Altbestände anders verfahren werden sollte.

In der Literatur wird allerdings vertreten, dass bei einem Wechsel von der unbeschränkten in die beschränkte Steuerpflicht die Altbestände von der im Inland verbleibenden Betriebsstätte fortgeführt werden können[513]. Für diese Ansicht spricht, dass §§ 37, 38 KStG nicht ausdrücklich voraussetzen, dass die über das Körperschaftsteuerminderungs- bzw. Körperschaftsteuererhöhungspotential verfügende Körperschaft unbeschränkt steuerpflichtig sein muss. Die Weiterführung der Bestände durch eine beschränkt steuerpflichtige Kapitalgesellschaft ist jedoch – zumindest aus rein nationaler Sicht - nicht von der Ratio der §§ 36 ff. KStG gedeckt. Das von den Übergangsregelungen betroffene Körperschaftsteuerguthaben nach § 37 KStG sowie das Körperschaftsteuerminderungspotential gemäß § 38 KStG stand lediglich unbeschränkt steuerpflichtigen Kapitalgesellschaften zu. Beschränkt steuerpflichtige Kapitalgesellschaften waren unter der Geltung des Körperschaftsteueranrechnungsverfahrens zur Eigenkapitalgliederung weder berechtigt noch verpflichtet[514]. Aus der Sicht des nationalen Steuerrechts ist damit kein Grund ersichtlich, warum die festgestellten (Alt-) Bestände gemäß §§ 36 ff. KStG bei einer Sitzverlegung für die im Inland

---

510 Siehe 4. Teil D II 2.

511 Ebenso Antweiler in: Ernst & Young § 40 KStG Rz. 123; Dötsch in: Dötsch/Eversberg/Jost § 12 KStG Rz. 39.

512 Siehe 4. Teil D II 1 a).

513 So Dötsch in: Dötsch/Eversberg/Jost § 12 KStG Rz. 40.

514 Dötsch in: Dötsch/Eversberg/Jost § 43 KStG 1999 Rz. 5, § 41 KStG 1999 Rz. 2; Thurmayr in: HHR § 36 KStG Rz. 4.

verbleibende Betriebsstätte weiter nutzbar bleiben sollten[515]. Die Weiterführung der Altbestände durch die beschränkt steuerpflichtige Kapitalgesellschaft ist damit abzulehnen[516].

VI. Zusammenfassung

Der Wechsel von der unbeschränkten zur beschränkten Steuerpflicht einer Kapitalgesellschaft durch eine Verlegung des Sitzes und/oder der Geschäftsleitung in das Ausland wirkt sich unter verschiedenen Aspekten nachteilig aus.

Die nachteiligste Folge enthält § 12 Abs. 1 KStG, wonach die in einer Kapitalgesellschaft ruhenden stillen Reserven bzw. Lasten aufzudecken sind. Der Wortlaut des § 12 Abs. 1 KStG ordnet die Schlussbesteuerung selbst dann an, wenn die Kapitalgesellschaft lediglich von der unbeschränkten in die beschränkte Steuerpflicht wechselt und ihre Wirtschaftsgüter im Inland steuerverhaftet bleiben. Dies entspricht jedoch nicht dem Sinn und Zweck der Regelung, die eine Besteuerung der stillen Reserven lediglich bei der endgültigen Steuerentstrickung sicherstellen soll. § 12 Abs. 1 KStG ist daher teleologisch zu reduzieren. Die weiterhin in Deutschland steuerverhafteten Wirtschaftsgüter sind in der Schlussbilanz mit dem Buchwert anzusetzen.

Nachteilige Auswirkungen ergeben sich auch bei der Verlustverrechnung. Zwar können Verluste nach einem Wechsel von der unbeschränkten in die beschränkte Steuerpflicht aufgrund der fortbestehenden steuerrechtlichen Identität des Körperschaftsteuersubjekts grundsätzlich weitergenutzt werden. Voraussetzung hierfür ist allerdings, dass die in der Zeit der beschränkten Steuerpflicht anzuwendenden Vorschriften die Verrechnung von Verlusten zulassen. Dies ist z.B. nicht der Fall, wenn die beschränkt steuerpflichtige Kapitalgesellschaft nur mehr dem Steuerabzug unterfallende Dividendeneinkünfte erzielt (§ 50 Abs. 2 EStG). Findet der Wechsel zwischen unbeschränkter und beschränkter Steuerpflicht während eines Veranlagungszeitraums statt, ist eine Verlustverrechnung von Gewinnen und Verlusten zwischen den beiden Veranlagungsabschnitten nicht möglich.

Auch bei einer Organschaft hat der Wechsel von der unbeschränkten zur beschränkten Steuerpflicht nachteilige Konsequenzen. War die „wegziehende" Gesellschaft Organgesellschaft, scheidet sie aus dem inländischen Organkreis aus, weil eine Organgesellschaft Sitz und Geschäftsleitung im Inland haben muss.

---

515 Das Gleiche gilt, wenn keine Betriebsstätte im Inland zurückbleibt und die ausländische Kapitalgesellschaft mit Vermietungseinkünften (Abwandlung 1) bzw. mit Dividenden (Abwandlung 2) beschränkt steuerpflichtig wird.

516 Eine andere Bewertung ergibt sich indes aus europarechtlicher Sicht, siehe 5. Teil E.

War sie Organträgerin, kann aber ggf. eine im Inland verbleibende Zweigniederlassung die Organträgerfunktion übernehmen.

Die Rechtslage bezüglich eines vorhandenen Körperschaftsteuerguthabens ist umstritten. Richtigerweise kann das Körperschaftsteuerguthaben nach der Verlegung von Sitz und/oder Geschäftsleitung in das Ausland nicht mehr genutzt werden, da eine beschränkt steuerpflichtige Kapitalgesellschaft bereits unter dem Steueranrechnungsverfahren nicht zur Gliederung ihres verwendbaren Eigenkapitals berechtigt oder verpflichtet war.

E. Wechsel von beschränkter zu unbeschränkter Steuerpflicht

I. Gegenstand der Untersuchung

Der Wechsel von der beschränkten in die unbeschränkte Steuerpflicht wird spiegelbildlich zum Wechsel von der unbeschränkten zur beschränkten Steuerpflicht[517] anhand einer Kapitalgesellschaft dargestellt, die ihren Sitz und Geschäftsleitung in das Inland verlegt, und zuvor mit einer inländischen Betriebsstätte gemäß §§ 49 Abs. 1 Nr. 2 Buchst. a) EStG i.V.m. §§ 8 Abs. 1 S. 1, 2 Nr. 1 KStG beschränkt steuerpflichtig war. Eine isolierte Verlegung von Sitz oder Geschäftsleitung kommt ebenfalls in Betracht[518]. Abwandlung 1 betrifft eine Kapitalgesellschaft, die vor dem Eintritt in die unbeschränkte Steuerpflicht mit Vermietungseinkünften gemäß §§ 49 Abs. 1 Nr. 6 EStG i.V.m. §§ 8 Abs. 1 S. 1, 2 Nr. 1 KStG beschränkt steuerpflichtig war, Abwandlung 2 eine Kapitalgesellschaft, die vor dem Zuzug Inlandsdividenden nach § 49 Abs. 1 Nr. 5 Buchst. a) EStG bezogen hat.

II. Aufdeckung der stillen Reserven

Welche steuerlichen Folgen sich an einen durch die Verlegung von Geschäftsleitung und Sitz vom Ausland ins Inland ausgelösten Wechsel von der beschränkten zur unbeschränkten Steuerpflicht knüpfen, ist weder durch Gesetz noch durch die Rechtsprechung geklärt. § 12 Abs. 1 KStG regelt nur den umgekehrten Fall. Der Eintritt in die unbeschränkte Steuerpflicht löst naturgemäß eher eine Steuerverstrickung als eine Steuerentstrickung aus. Allerdings stellt sich auch

---

517 Siehe unter 4. Teil D.

518 Die Variante der isolierten Verlegung des Sitzes in das Inland scheint ein rein theoretischer Fall zu sein, da eine Kapitalgesellschaft ohne inländischen Verwaltungssitz bereits nicht in das Handelsregister eingetragen wird bzw. bei einer irrtümlichen Eintragung wieder aufzulösen ist (4. Teil C II 2 b) bb)). In der Praxis kann es allerdings zu einer irrtümlichen Eintragung kommen, ohne dass sogleich die vorgesehene Rechtsfolge der Auflösung eintritt.

bei einem „Hineinwachsen" in die unbeschränkte Steuerpflicht die Frage, ob die bislang in der inländischen Betriebsstätte steuerverhafteten stillen Reserven nicht aufzudecken sind.

1. Betriebsstätte

a) Tatbestand und Rechtsfolge des § 12 Abs. 2 KStG

Nach § 12 Abs. 2 S. 1 KStG sind die stillen Reserven entsprechend § 12 Abs. 1 KStG aufzudecken, wenn eine inländische Betriebsstätte einer beschränkt steuerpflichtigen Körperschaft, Personenvereinigung oder Vermögensmasse aufgelöst oder ins Ausland verlegt wird. § 12 Abs. 2 S. 2 KStG ordnet die Aufdeckung der stillen Reserven ferner an, wenn das Vermögen der Betriebsstätte als Ganzes auf einen anderen übertragen wird, es sei denn, die Übertragung wird im Ausland zu Buchwerten vorgenommen, ist einer Verschmelzung i.S.v. § 2 UmwG auf eine andere Körperschaft vergleichbar[519] und das Besteuerungsrecht der Bundesrepublik Deutschland geht nicht verloren (§ 12 Abs. 2 S. 2 Halbs. 2 KStG[520]). Die Regelungen des Umwandlungssteuergesetzes sind gemäß § 12 Abs. 2 S. 3 KStG gegenüber den Regelungen des § 12 KStG vorrangig[521].

Der in § 12 Abs. 2 S. 1 KStG enthaltene Verweis auf § 12 Abs. 1 KStG ist ungenau. Unklar ist insbesondere, ob das in Absatz 1 genannte Tatbestandsmerkmal „Ausscheiden aus der unbeschränkten Steuerpflicht" entsprechend bei einem „Ausscheiden aus der beschränkten Steuerpflicht" gilt. Im Schrifttum wird zum Teil gefordert, § 12 Abs. 2 KStG dahingehend teleologisch zu reduzieren, dass die stillen Reserven der Betriebsstätte nicht aufzudecken sind, wenn die Betriebsstätte weiterhin in Deutschland steuerverhaftet bleibt und lediglich ein bloßer Wechsel des Trägerunternehmens stattfindet[522]. Nach herrschender Meinung sind die stillen Reserven bei einem Wechsel des Trägerunternehmens nach § 12 Abs. 2 KStG jedoch unabhängig davon aufzudecken, ob sie in Deutschland steuerverstrickt bleiben oder nicht[523]. Dieser Ansicht ist zu folgen.

---

519 Siehe Hofmeister in: Blümich § 12 KStG Rz. 39.

520 Eingefügt für Übertragungsvorgängen nach dem 31.12.2001 durch das UntStFG v. 20.12.1001, BGBl I 2001, 3858.

521 H.M., siehe nur Lambrecht in: Gosch § 12 KStG Rz. 96 f.; a.A. Dieterlen/Schaden, IStR 1999, 1 (2 f.).

522 So Knobbe-Keuk, StuW 1990, 372 (376 f.); Thimmel/Fuchs, DB 1979, 1054 (1055); Wassermeyer in: FS Widmann, S. 621 (628 ff.). Schaumburg, GmbHR 1996, 668 (669), hält eine Billigkeitsmaßnahme nach §§ 163, 227 AO für geboten.

523 Dötsch in: Dötsch/Eversberg/Jost § 12 KStG Rz. 53, 45; Hofmeister in: Blümich § 12 KStG Rz. 38; Kolbe in: HHR § 12 KStG Rz. 53; Wacht in: Ernst & Young § 12 KStG Rz. 74.

Andernfalls könnte eine beschränkt steuerpflichtige Kapitalgesellschaft mit mehreren inländischen Betriebsstätten bei Auflösung einer dieser Betriebsstätten, die Besteuerung der in der aufgelösten Betriebsstätte enthaltenen stillen Reserven umgehen. Zudem zeigt der Ausnahmetatbestand in § 12 Abs. 2 S. 2 Halbs. 2 KStG (Übertragung im Ausland zu Buchwerten), dass der Gesetzgeber eine Ausnahme nur für diesen Fall regeln wollte und deshalb im Übrigen keine Regelungslücke vorliegt[524].

Die Aufdeckung der stillen Reserven erfolgt nach den Grundsätzen des § 12 Abs. 1 KStG (Schlussbesteuerung). Gewinnermittlungszeitraum ist die Zeit von Beginn des Wirtschaftsjahres, in dem die Betriebsstätte aufgelöst bzw. verlegt oder übertragen wird bis zum Zeitpunkt der Auflösung bzw. Verlegung oder Übertragung[525]. Das übergehende Vermögen ist mit dem gemeinen Wert anzusetzen. Das Anfangsvermögen ist das Betriebsvermögen zu Beginn des Wirtschaftsjahres, in dem mit der Auflösung begonnen wird. Der Auflösungsgewinn unterliegt der tariflichen Körperschaftsteuer nach § 23 Abs. 1 KStG und ist in dem Wirtschaftsjahr zu versteuern, in dem das Wirtschaftsjahr endet, in dem der Gewinn erzielt wurde[526].

b) Anwendung auf die „zuziehende" Kapitalgesellschaft

Durch die Verlegung von Sitz und Geschäftsleitung wächst die bislang nach § 49 Abs. 1 Nr. 2 Buchst. a) EStG i.V.m. §§ 2 Nr. 1, 8 Abs. 1 S. 1 KStG beschränkt steuerpflichtige Kapitalgesellschaft in die unbeschränkte Steuerpflicht hinein. Fraglich ist, ob die inländische Betriebsstätte dadurch i.S.v. § 12 Abs. 2 S. 1 KStG aufgelöst, in das Ausland verlegt oder auf einen anderen übertragen wird. Die Verlegung in das Ausland scheidet offensichtlich aus. Das Betriebsstättenvermögen verbleibt im Inland. „Aufgelöst" wird eine Betriebsstätte nur, wenn sie aufhört zu bestehen, indem z.B. die unternehmerische Tätigkeit eingestellt wird. Die Tätigkeit der Betriebsstätte wird hier jedoch nicht eingestellt, sondern durch den Zuzug des Stammhauses tendenziell ausgeweitet. Es kommt damit lediglich eine „Übertragung" auf einen anderen in Betracht.

Eine „Übertragung" i.S.v. § 12 Abs. 2 S. 2 KStG ist jede entgeltliche oder unentgeltliche Übertragung auf einen anderen im Wege der Einzel- oder Gesamt-

---

524 BT-Drucks. 14/6882, S. 37; ebenso Klingberg/van Lishaut, FR 1999, 1209 (1211); Kolbe in: HHR § 12 KStG Anm. 53 m.w.N.

525 BFH v. 30.10.1973, I R 38/70, BStBl II 1974, 255; Hofmeister in: Blümich § 12 KStG Rz. 40.

526 Siehe 4. Teil D II 1 a).

rechtsnachfolge nach deutschem oder nach ausländischem Recht[527]. „Anderer" ist jede Person oder jedes Gebilde, das nicht mit dem übertragenden Rechtsträger identisch ist[528]. Die Kapitalgesellschaft, die ihren Sitz und ihre Geschäftsleitung nach Deutschland verlegt, gilt sowohl nach der Gründungs- als auch nach der Sitztheorie als aufgelöst und ist in Deutschland neu zu gründen[529]. Es könnte daher eine Übertragung der Betriebsstätte von der ausländischen Kapitalgesellschaft auf die nach deutschem Recht neu entstandene Kapitalgesellschaft und damit auf einen „anderen" i.S.v. § 12 Abs. 2 S. 2 KStG gegeben sein.

Bei einer isolierten Verlegung der Geschäftsleitung ist aus zivilrechtlicher Sicht eine Übertragung auf einen „anderen" von vornherein ausgeschlossen, wenn es sich um den „Zuzug" einer Kapitalgesellschaft aus einem anderen EU-/EWR-Staat handelt, in dem die Gründungstheorie gilt. Denn hier geht die herrschende Meinung in Rechtsprechung und Literatur mittlerweile davon aus, dass die ausländische Kapitalgesellschaft als solche, d.h. in ihrer ausländischen Rechtsform, anzuerkennen ist und kein Wechsel der zivilrechtlichen Identität vorliegt[530].

Wird lediglich der Satzungssitz nach Deutschland verlegt und folgt der Wegzugsstaat der Sitztheorie, bleibt die dortige Rechtsordnung nach den Vorschriften des Kollisionsrechts zwar maßgeblich, so dass nach dem Recht des „Wegzugsstaates" eine identitätswahrende Verlegung gegeben wäre, falls das Gesellschaftsstatut des Wegzugsstaates die Verlegung nicht als Auflösungs- oder Nichtigkeitsgrund behandelt. In Deutschland ist jedoch ein Satzungssitz bei bestehendem ausländischen Verwaltungssitz gesellschaftsrechtlich unzulässig. Eine fälschlicherweise im Handelsregister eingetragene Gesellschaft wäre aufzulösen[531]. Eine Verlegung des Satzungssitzes ist daher nur im Zusammenhang mit einer Neugründung der Gesellschaft vorstellbar[532], so dass auch insoweit eine identitätswahrende Verlegung ausgeschlossen ist.

Wie bei §§ 12 Abs. 1, 11 KStG existieren auch bei § 12 Abs. 2 KStG unterschiedliche Ansichten darüber, ob das Steuerrecht an die zivilrechtliche Beurteilung gebunden ist bzw. ob die stillen Reserven aufzudecken sind.

---

527 Dötsch in: Dötsch/Eversberg/Jost § 12 KStG Rz. 49 ff.; Wacht in: Ernst & Young § 12 KStG Rz. 73.1.

528 Kolbe in: HHR § 12 KStG Rz. 52.

529 Siehe 4. Teil C II 2 b) cc).

530 Siehe 4. Teil C II 3 e).

531 § 144a FGG i.V.m. § 23 Abs. 3 Nr. 1 AktG bzw. § 3 Abs. 1 Nr. 1 GmbHG.

532 H.M., siehe hierzu Dinkhoff, S. 109 f.

aa) Aufdeckung der stillen Reserven (Mindermeinung)

Zum Teil wird die Auffassung vertreten, dass sich das Steuerrecht streng am Zivilrecht zu orientieren habe und wegen der dort regelmäßig fehlenden Identität zwischen der beschränkt steuerpflichtigen ausländischen Kapitalgesellschaft und der im Inland neu gegründeten Kapitalgesellschaft eine Übertragung der Betriebsstätte auf einen anderen i.S.v. § 12 Abs. 2 S. 2 KStG vorliege[533]. Diese Ansicht wird auch damit begründet, dass die Fortführung der Buchwerte der Betriebsstätte die Gefahr des Verlustes der Besteuerung der stillen Reserven auf der Ebene der Anteilseigner in sich berge[534]. Würde die ausländische Kapitalgesellschaft die Betriebsstätte veräußern, wäre ein entstehender Veräußerungsgewinn nach § 49 Abs. 1 Nr. 2 Buchst. a) EStG (gemäß Art. 13 Abs. 2 OECD-MA auch im Abkommensfall) in Deutschland zu versteuern. Werde eine Übertragung des Betriebsstättenvermögens auf die zuziehenden Kapitalgesellschaft zum Buchwert zugelassen, gehe das Besteuerungsrecht bei einer Veräußerung der Anteile an der Kapitalgesellschaft in der Regel verloren. Der Veräußerungsgewinn nach § 49 Abs. 1 Nr. 2 Buchst. e) EStG unterliege zwar grundsätzlich der deutschen Steuerhoheit. Die meisten abgeschlossenen Doppelbesteuerungsabkommen wiesen das Besteuerungsrecht jedoch dem (ggf.) ausländischen Wohnsitzstaat bzw. Sitzstaat des Veräußerers zu (Art. 13 Abs. 5 OECD-MA).

bb) Keine Aufdeckung der stillen Reserven (h.M.)

Nach herrschender Auffassung im Schrifttum löst die Verlegung von Sitz und Geschäftsleitung der ausländischen Kapitalgesellschaft in das Inland keine Aufdeckung der stillen Reserven der Betriebsstätte aus[535]. Dies soll für sämtliche

---

[533] Baranowski, IWB v.10.6.1989, Fach 3, Gruppe 4, S. 331 ff; Baranowski in: FS Debatin, S. 1 (21 ff.); allerdings mittlerweile einschränkend: Baranowski, IWB v. 14.4.1999, Fach 3, Gruppe 4, S. 397 ff.; Debatin, GmbHR 1991, 164 (167 f.); Ebenroth/Auer, RIW 1992, Beilage 1 zu Heft 3, Rz. 20: Ausnahme nur beim deutsch-amerikanischen Freundschaftsvertrag und deutsch-spanischen Niederlassungsvertrag; Ebenroth/Daiber, European Taxation 1990, 175 (177); R. Oppermann, DB 1988, 1469 (1471).

[534] So R. Oppermann, DB 1988, 1469 (1471).

[535] H.M., siehe nur: Buyer, DB 1990, 1682 (1692); Dörrfuß, IStR 2001, 147 (149); Dötsch in: Dötsch/Eversberg/Jost § 12 KStG Rz. 52; Förster/Lange, RIW 2002, 585 (589); Frotscher in: Frotscher/Maas § 12 KStG Rz. 29; Haase, IStR 2004, 232 (234 f.); Hofmeister in: Blümich § 12 KStG Rz. 43; Hügel ZGR 1999, 71 (83 ff.); Knobbe-Keuk, DB 1991, 298 (300); Koblenzer, EWS 1999, 418 (420); Kolbe in: HHR § 12 KStG Rz.53; Kutt, S. 59 f., 204; Schaumburg, GmbHR 1996, 585 (592); Schaumburg, IntStR Rz. 6.54; Schwedhelm/Binnewies, DB 1999, 1420 (1421); Sörgel, DB 1999, 2236; Thiel GmbHR 1994, 277 (279); Thiel, DB 2004, 2603 (2609); Wacht in: Ernst & Young § 12 KStG Rz. 76; Zisowski, S. 82 f.

Fälle des „Hineinwachsens" in die unbeschränkt Steuerpflicht gelten, auch für die isolierte Verlegung der Geschäftsleitung und die isolierte Sitzverlegung[536].

Die Unanwendbarkeit des § 12 Abs. 2 S. 2 KStG wird damit begründet, dass keine die Schlussbesteuerung rechtfertigende Steuerentstrickung gegeben sei[537]. Die stillen Reserven gingen dem deutschen Fiskus durch die Verlegung von Sitz und Geschäftsleitung in das Inland nicht verloren. Es würden vielmehr dessen Zugriffsmöglichkeiten verbessert[538]. Teilweise wird bereits das Vorliegen einer „Übertragung" i.S.v. § 12 Abs. 2 S. 2 KStG verneint. Eine Übertragung setze ein willentliches und finales Handeln voraus. Daran fehle es jedoch bei der bloßen Verlegung der Geschäftsleitung[539]. Auch ein ggf. eintretender Steuerausfall auf der Ebene der Anteilseigner[540] wird als Rechtfertigung abgelehnt. § 12 KStG sei eine Vorschrift, die die Gesellschaft und nicht die Gesellschafter betreffe[541]. Die in der zugezogenen Kapitalgesellschaft liegenden stillen Reserven seien durch § 11 KStG oder § 12 Abs. 1 KStG gesichert. Eine Aufdeckung der stillen Reserven zum Zeitpunkt des Zuzugs würde die Besteuerung im Ergebnis zeitlich vorverlagern[542].

cc) Keine umfassende Stellungnahme der Rechtsprechung

Der BFH hat sich in einem Urteil vom 17.5.2000 zu Fragen des Wechsels von der beschränkten zu unbeschränkten Steuerpflicht einer ausländischen Kapitalgesellschaft und den sich hieraus ergebenden Konsequenzen für § 12 Abs. 2 KStG geäußert[543]. Zwar ging es in dem Urteilsfall um die Anwendung des § 50c EStG a.F.[544] auf eine doppelt ansässige Kapitalgesellschaft, einer US-Corporation mit Satzungssitz in den USA und Geschäftsleitung in Deutschland.

---

536 Die isolierte Sitzverlegung wird im Schrifttum nur am Rande erwähnt, da diese Variante unter der Sitztheorie kaum eintreten kann. Soweit der Fall angesprochen ist, wird eine Aufdeckung der in der Betriebsstätte steuerverhafteten stillen Reserven allerdings einhellig verneint: Dinkhoff, S. 259 f.; J. Hey, Der Konzern 2004, 577 (583). Dötsch in: Dötsch/Eversberg/Jost § 12 KStG Rz. 52 behandelt nur allgemein die Gruppe Verlegung von *„Geschäftsleitung und/oder Sitz"*. Kolbe in: HHR § 12 KStG Rz. 52 weist lediglich darauf hin, dass die Ausführungen zur isolierten Verlegung der Geschäftsleitung auch gelten, wenn *„(auch) der statuarische Sitz"* in die Bundesrepublik verlegt und neugegründet wird.

537 Kolbe in: HHR § 12 KStG Rz. 52; Wacht in: Ernst & Young § 12 KStG Rz. 76.

538 So Schaumburg, GmbHR 1996, 585 (593); Schaumburg, IntStR Rz. 6.54.

539 Sörgel, DB 1999, 2236 (2237).

540 So der Einwand von R. Oppermann, DB 1988, 1469 (1471), siehe 4. Teil E II 1 b) aa).

541 So Knobbe-Keuk, JbFStR 1990/91, S. 69 (81); Knobbe-Keuk, StuW 1990, 372 (378); Knobbe-Keuk DB 1991, 298 (301).

542 So Dötsch, DB 1989, 2296 (2301 f.).

543 BFH v. 17.5.2000, I R 19/98, BStBl II 2000, 619.

544 § 50c EStG idF vor der Änderung durch das StandOG 1993.

Der BFH nahm jedoch auch zur Schlussbesteuerung nach § 12 Abs. 2 KStG Stellung und führte aus, dass die unbeschränkte Steuerpflicht einer doppelt ansässigen Gesellschaft „zwischenzeitlich“ anerkannt sei und die Verlegung der Geschäftsleitung nach Deutschland keine Auflösung oder Übertragung nach § 12 Abs. 2 S. 2 KStG zur Folge habe. In der Literatur wurde die Entscheidung positiv aufgenommen[545]. Obwohl in dem vom BFH entschiedenen Fall lediglich die Geschäftsleitung nach Deutschland verlegt wurde (der statuarische Sitz der Gesellschaft verblieb in den USA), wurde das Urteil dahingehend interpretiert, dass die Ausführungen des BFH auf die gleichzeitige Verlegung von Sitz und Geschäftsleitung zu übertragen seien[546].

dd) Ergebnis: Keine Aufdeckung der stillen Reserven der Betriebsstätte

Die stillen Reserven der Betriebsstätte sind bei einem Wechsel von der beschränkten zur unbeschränkten Steuerpflicht nicht im Rahmen einer Schlussbesteuerung nach § 12 Abs. 2 S. 2 KStG aufzudecken.

Eine Übertragung auf einen „anderen“ i.S.v. § 12 Abs. 2 S. 2 KStG würde nur dann vorliegen, wenn das Steuerrecht an die zivilrechtlichen Wertung der Identität der Kapitalgesellschaft gebunden wäre. Dies ist jedoch nicht der Fall. § 12 Abs. 2 KStG ist - wie § 1 Abs. 1 KStG, § 12 Abs. 1 KStG sowie § 8 Abs. 4 KStG – aufgrund der Unterschiedlichkeit der Teleologie von Steuer- und Zivilrecht nach spezifischen steuerlichen Grundsätzen auszulegen[547]. Steuerrechtlich ist die zuziehende Kapitalgesellschaft kein anderes Subjekt als die vor dem Zuzug beschränkt steuerpflichtige Gesellschaft[548]. Wie bereits an § 1 Abs. 1 Nr. 5 KStG deutlich wird, ist die Rechtsfähigkeit keine Voraussetzung für die Körperschaftsteuersubjektfähigkeit[549]. Der aus zivilrechtlicher Sicht ggf. eintretende Verlust der Rechtsfähigkeit bei Zuzug schlägt damit nicht auf das Steuerrecht durch[550]. Da eine Bindung an das Zivilrecht fehlt, folgt auch aus der Eintragung in das Handelsregister nichts anderes. Die Identität des Körperschaftsteuersub-

---

545 Breuninger/Heimann, GmbHR 2000, 1037; Dörrfuß, IStR 2001, 147 (149); Dötsch in: Dötsch/Eversberg/Jost § 12 KStG Rz. 52; Kalbfleisch in: Ernst & Young § 1 KStG Rz. 57.

546 Dörrfuß, IStR 2001, 147 (149); Dötsch in: Dötsch/Eversberg/Jost § 12 KStG Rz. 52; Wacht in: Ernst & Young § 12 KStG Rz. 76.

547 Vgl. 4. Teil C III 2; 4. Teil D II 3 c); 4. Teil D III 1 d).

548 So auch Frotscher in: Frotscher/Maas § 12 KStG Rz. 29; J. Hey, Der Konzern 2004, 577 (583); Hofmeister in: Blümich § 12 KStG Rz. 43.

549 Siehe 4. Teil C III 2 a).

550 So auch Frotscher in: Frotscher/Maas § 12 KStG Rz. 29; Knobbe-Keuk DB 1991, 298 (301); Schaumburg, IntStR Rz. 6.54 m.w.N.; Staringer, S. 167 f.; Tumpel, SWI 1991, 105 (106).

jekts bleibt demnach auch dann gewahrt, wenn nicht nur die Geschäftsleitung, sondern (auch) der Sitz der Gesellschaft in das Inland verlegt wird.

Bei der Verlegung der Geschäftsleitung aus anderen EU- bzw. EWR-Staaten, in denen die Gründungstheorie gilt, wäre zudem bereits bei einer streng am Zivilrecht orientierten Betrachtungsweise kein Verlust der zivilrechtlichen Identität anzunehmen[551]. Selbst diejenigen Autoren, die sich für eine strenge Anbindung des Steuerrechts an das Zivilrecht aussprechen, müssten damit zumindest partiell von der Unanwendbarkeit des § 12 Abs. 2 KStG ausgehen.

Soweit die Anwendung des § 12 Abs. 2 S. 2 KStG auf den Wechsel von der beschränkten in die unbeschränkte Steuerpflicht lediglich mit dem Argument abgelehnt wird, dass das Betriebsstättenvermögen in Deutschland steuerverhaftet bleibe und damit nach Sinn und Zweck des § 12 Abs. 2 KStG nicht erfasst sei, ist dem allerdings nicht uneingeschränkt zu folgen. Zwar sind die Wirtschaftsgüter der Betriebsstätte durch die Begründung der unbeschränkten Steuerpflicht in Deutschland steuerverstrickt. Durch den Übergang der Besteuerung nach dem Territorialitätsprinzip zum Welteinkommensprinzip ist auch in keinem Fall ein „Weniger“ an Steuerverstrickung zu befürchten[552]. Die Steuerentstrickung der Wirtschaftsgüter der Betriebsstätte ist jedoch keine Tatbestandsvoraussetzung des § 12 Abs. 2 KStG[553], so dass sich eine einschränkende Auslegung des § 12 Abs. 2 S. 2 KStG darauf nicht stützen lässt[554]. § 12 Abs. 2 KStG stellt lediglich auf die Aufgabe, Verlegung sowie Übertragung der Betriebsstätte auf einen „anderen“ ab. Im vorliegenden Fall liegt bereits keine Übertragung auf einen „anderen“ vor.

Die Ausführungen des BFH-Urteils vom 17.5.2000[555] sprechen ebenfalls gegen die Anwendung des § 12 Abs. 2 S. 2 KStG auf den Zuzug von Kapitalgesellschaften. Zwar ging es in dem Fall um eine isolierte Verlegung der Geschäftsleitung einer nach US-Recht gegründete Kapitalgesellschaft, wo die zivilrechtliche Identität aufgrund der speziellen Bestimmungen des deutsch-amerikanischen Freundschaftsvertrags erhalten bleibt[556]. Der BFH stützt die bestehende unbeschränkte Steuerpflicht der (zugezogenen) ausländischen Kapitalgesellschaft im

551 Siehe 4. Teil C II 3 e).

552 So auch A. Schulz/Petersen, DStR 2002, 1508 (1516); Schwedhelm/Binnewies, DB 1999, 1420 (1421).

553 Siehe 4. Teil E II 1 a).

554 Vgl. z.B. Wacht in: Ernst & Young § 12 KStG Rz. 76, der jedoch gleichzeitig auch der hier vertretenen Meinung folgt, dass § 12 Abs. 2 KStG nicht voraussetzt, dass die beschränkte Steuerpflicht endet.

555 BFH v. 17.5.2000, I R 19/98, BStBl II 2000, 619.

556 Ebenroth/Auer, RIW 1992, Beilage 1 zu Heft 3, Rz. 45.

Übrigen jedoch entsprechend dem „Liechtenstein"-Urteil auf § 1 Abs. 1 Nr. 5 KStG, was für eine fortbestehende Steuerrechtssubjektivität unabhängig von der zivilrechtlichen Wertung spricht.

Ergänzend ist hinzuzufügen, dass die gemäß § 12 Abs. 2 S. 3 KStG vorrangig anzuwendenden Vorschriften des UmwStG im Zuzugsfall nicht einschlägig sind, da es für eine Anwendung des § 20 UmwStG an einer Einbringung fehlt[557].

Zusammenfassend ist festzustellen, dass eine ausländische Kapitalgesellschaft bei einem Wechsel von der beschränkten zur unbeschränkten Steuerpflicht nicht zu einem „anderen" Rechtsträger i.S.v. § 12 Abs. 2 S. 2 KStG wird. Eine Schlussbesteuerung ist damit bei den Wirtschaftsgütern der Betriebsstätte de lege lata nicht durchzuführen[558].

2. Andere Fälle beschränkter Steuerpflicht

War die ausländische Kapitalgesellschaft im Inland vor Verlegung von Sitz und Geschäftsleitung nicht mit einer Betriebsstätte, sondern mit Vermietungseinkünften gemäß § 49 Abs. 1 Nr. 6 EStG i.V.m. §§ 2 Nr. 1, 8 Abs. 1 S. 1 KStG beschränkt steuerpflichtig (Abwandlung 1), ist § 12 Abs. 2 KStG bereits deswegen nicht anwendbar, weil keine „Betriebsstätte" vorliegt. Aufgrund der regelmäßig fehlenden zivilrechtlichen Identität der ausländischen Kapitalgesellschaft mit der zugezogenen und im Inland neu gegründeten Kapitalgesellschaft könnte jedoch eine „Veräußerung" des vermieteten Gebäudes i.S.v. § 49 Abs. 1 Nr. 2 Buchst. f) EStG vorliegen. Unter „Veräußerung" wird eine entgeltliche Übertragung an einen anderen Rechtsträger verstanden[559]. Eine Übertragung an einen anderen Rechtsträger liegt hier jedoch wegen der fortbestehenden Steuerrechtssubjektivität nicht vor[560], so dass die stillen Reserven nicht aufgedeckt werden müssen.

Auch in der Abwandlung 2, in der die ausländische Kapitalgesellschaft im Inland vor der Verlegung von Sitz und Geschäftsleitung mit Dividenden aus inländischen Kapitalgesellschaften gemäß § 49 Abs. 1 Nr. 5 Buchst. a) EStG beschränkt steuerpflichtig war, ist § 12 Abs. 2 KStG bereits mangels einer „Betriebsstätte" nicht anwendbar. Eine „Veräußerung" der Beteiligungen i.S.v. § 49 Abs. 1 Nr. 2 Buchst. e) i.V.m. § 17 EStG, d.h. eine Übertragung des wirtschaft-

557 So auch Großmann, S. 51 f.
558 So auch Buyer, DB 1990, 1682 (1692); Frotscher in: Frotscher/Maas § 12 KStG Rz. 29; Hofmeister in: Blümich § 12 KStG Rz. 43; Schwedhelm/Binnewies, DB 1999, 1420 (1421); Thiel GmbHR 1994, 277 (279).
559 Vgl. auch Heinicke in: L. Schmidt, § 49 EStG Anm. 38.
560 Siehe 4. Teil E II 1 b) dd).

lichen Eigentums von einer Person auf eine andere gegen Entgelt[561], kommt ebenfalls nicht in Betracht. Bei einem bloßen Zuzug fehlt es wegen der fortbestehenden Steuersubjektivität an einer „anderen Person" i.S.v. § 17 EStG[562].

3. Zum Verfahren

a) Aufstellung einer Eröffnungsbilanz

Verlegt die Kapitalgesellschaft sowohl Sitz als auch Geschäftsleitung in das Inland, ergibt sich die Verpflichtung zur Aufstellung einer Eröffnungsbilanz aus §§ 242, 264 ff. HGB[563].

Eine ausländische Kapitalgesellschaft mit lediglich inländischer Geschäftsleitung ist hingegen gemäß §§ 238 Abs. 1, 242 HGB nur zur Aufstellung einer Eröffnungsbilanz verpflichtet, wenn sie im Inland ein kaufmännisches Gewerbe betreibt[564]. Bei einer rein vermögensverwaltenden Tätigkeit besteht weder eine Verpflichtung zur Buchführung noch zur Aufstellung einer Eröffnungsbilanz[565]. Ebensowenig muss eine Steuerbilanz nach §§ 140, 141 AO aufgestellt werden, weil diese Vorschriften nur Gewerbetreibende sowie Land- und Forstwirte betreffen.

In dem hier untersuchten Grundfall, in dem die ausländische Kapitalgesellschaft bereits eine Betriebsstätte im Inland unterhält, wird eine gewerbliche Tätigkeit und damit die Verpflichtung zur Buchführung und Aufstellung einer Eröffnungsbilanz gemäß §§ 238 Abs. 1, 242 HGB regelmäßig vorliegen[566]. Anders verhält es sich in den Abwandlungen 1 und 2. In beiden Fälle wäre die Tätigkeit der Gesellschaft nach Verlegung der Geschäftsleitung näher zu untersuchen.

---

561 Weber-Grellet in: L. Schmidt § 17 EStG Anm. 96.

562 Eine ähnliche Problematik ergibt sich bei der Verlegung von Sitz und Geschäftsleitung einer Kapitalgesellschaft auf der Anteilseignerebene (siehe: Dautzenberg, StuB 2003, 405 (407); J. Hey, Der Konzern 2004, 577 (582)). Auch hier wird vertreten, dass der Verlust der rechtlichen Identität der Kapitalgesellschaft zu einer Veräußerung i.S.d. § 17 Abs. 4 EStG führt (Ebling in: Blümich § 17 EStG Rz. 248b m.w.N.).

563 Einzelheiten siehe Förschle/Kropp in: Budde/Förschle D 1 ff.

564 So Hense/Klein in: Beck'scher Bilanz-Kommentar § 238 HGB Rz. 38; Kindler in: MüKo IntGesR Rz. 183; für eine Bindung der Rechnungslegungsvorschriften an das Gesellschaftsstatut hingegen: Beinert/Werder, DB 2005, 1480 (1484); Graf/Bisle, IStR 2004, 873; Staudinger-Großfeld IntGesR Rz. 362.

565 Kritisch hierzu J. Hey, Der Konzern 2004, 577 (585); Hügel, ZGR 1999, 71 (96).

566 Siehe allerdings Maier in: Löwenstein/Looks Rz. 111 ff., der darauf hinweist, dass § 12 AO die Gewerblichkeit nicht als Tatbestandsvoraussetzung enthält.

b) Ansatz der Wirtschaftsgüter

aa) Betriebsstätte

Die Verlegung des Sitzes und/oder der Geschäftsleitung einer ausländischen Kapitalgesellschaft in das Inland löst keine Aufdeckung der stillen Reserven der Vermögenswerte der sich bereits im Inland befindlichen Betriebsstätte aus. Das Betriebsstättenvermögen ist in der Eröffnungsbilanz daher zu Buchwerten anzusetzen[567]. Unter Buchwerten sind die Wertansätze der letzten Betriebsstättenbilanz zu verstehen, die im Regelfall vorhanden sein dürfte. War die Betriebsstätte als Zweigniederlassung im Handelsregister eingetragen, ergibt sich die Buchführungspflicht bereits aus §§ 13e HGB i.V.m. §§ 238 Abs. 1 HGB, § 140 AO. Ansonsten entsteht die Buchführungspflicht einer Betriebsstätte gemäß § 141 AO nach einer Aufforderung durch die Finanzverwaltung[568].

Fraglich ist, wie das Vermögen der Kapitalgesellschaft anzusetzen ist, das bislang in Deutschland nicht steuerverstrickt war. Eine gesetzliche Regelung besteht nicht. In Betracht kommt eine analoge Anwendung der Vorschriften über die Bewertung von Einlagen gemäß § 6 Abs. 1 Nr. 5 EStG bzw. von Betriebseröffnungen gemäß § 6 Abs. 1 Nr. 6 EStG zum Teilwert[569]. Der Ansatz zum Teilwert erscheint auch sachgerecht, da das deutsche Besteuerungsrecht nur die stillen Reserven erfassen sollte, die nach dem Zuzug entstehen, d.h. die ausschließlich im Inland generierten stillen Reserven. Ein Ansatz der historischen Anschaffungskosten würde zu einem ungerechtfertigt hohen (oder niedrigen) Veräußerungsgewinn bei einer späteren Entstrickung führen[570].

Der Teilwertansatz lässt sich mit der jüngeren Rechtsprechung des BFH rechtfertigen. Zwar hat der Gerichtshof im Rahmen des § 17 EStG für den Zuzug natürlicher Personen die historischen Anschaffungskosten als maßgeblich angese-

---

567 Ebenso Herzig/Griemla, StuW 2002, 55 (76).

568 Vgl. auch Betriebsstätten-Erlass, Tz. 1.1.3.2.

569 § 6 Abs. 1 Nr. 5 S. 1 Buchst. a) und b) EStG sind nicht anwendbar, da sie als Missbrauchsvorschriften die Steuerumgehung im außerbetrieblichen Bereich verhindern sollen, siehe Werndl in: Kirchhof/Söhn/Mellinghoff § 6 EStG F 30 f.; F 41; so auch Beinert/Werder, DB 2005, 1480 (1481).

570 Ebenso Beinert/Werder, DB 2005, 1480 (1481); Förster/Lange RIW 2002, 585 (589); Frotscher in: Frotscher/Maas § 12 KStG Rz. 30; Herzig/Griemla, StuW 2002, 55 (76); Kalbfleisch in: Ernst & Young § 1 KStG Rz. 57; Kessler/Achilles/Huck, IStR 2003, 715 (719); Schön, StbJb. 2003/2004, S. 27 (66); Schumacher, StbJb. 2004/2005, S. 351 (362).

hen[571]. In zwei Entscheidungen aus dem Jahre 2002, die die Bewertung von Grundstücken beschränkt steuerpflichtiger Kapitalgesellschaften gemäß § 49 Abs. 1 Nr. 2 Buchst. f) EStG betrafen, ging der BFH jedoch vom Teilwert zum 1.1.1994 aus, da die neu geschaffene Vorschrift des § 49 Abs. 1 Nr. 2 Buchst. f) EStG erst ab diesem Tage anwendbar war und damit die Steuerverstrickung erst zu diesem Zeitpunkt eintrat[572]. Schließlich bietet sich auch ein Vergleich mit dem Eintritt bislang steuerbefreiter Körperschaften in die Steuerpflicht an[573]. Fällt die Steuerbefreiung weg, ist das Anfangsvermögen gemäß § 13 Abs. 2, 3 KStG mit dem Teilwert anzusetzen, damit die während der Steuerfreiheit gebildeten Reserven nicht in die Steuerverstrickung hineinwachsen[574].

Bislang nicht steuerverstrickte Wirtschaftsgüter sind demnach in Analogie zu § 6 Abs. 1 Nr. 5 bzw. Nr. 6 EStG mit dem Teilwert anzusetzen[575]. Da bereits eine Betriebsstätte im Inland existiert, liegt die analoge Anwendung der für Einlagen geltenden Bewertungsvorschrift des § 6 Abs. 1 Nr. 5 EStG näher als die Anwendung des für eine Betriebseröffnung geltenden § 6 Abs. 1 Nr. 6 EStG[576].

bb) Andere Fälle beschränkter Steuerpflicht

In der Abwandlung 1 ist das inländische Gebäude bereits während des Bestehens der beschränkten Steuerpflicht im Inland steuerverstrickt[577]. Die Vermietungseinkünfte wurden auf der Basis einer Überschussrechnung nach § 8 Abs. 1 S. 1 KStG i.V.m. § 2 Abs. 2 Nr. 2 EStG ermittelt, so dass ein Ansatz zum Buchwert wie im Betriebsstättenfall nicht möglich ist. In der Eröffnungsbilanz der Kapitalgesellschaft sind daher die Anschaffungskosten anzusetzen.

In der Abwandlung 2 ist wie im Betriebsstättenfall zunächst zu entscheiden, ob die Beteiligungen im Inland bislang steuerverhaftet waren. Mit Blick auf die in den Doppelbesteuerungsabkommen übliche Regelung, dass das Besteuerungs-

---

571 BFH v. 30.3.1993, VIII R 44/90, BFH/NV 1993, 597; BFH v. 19.3.1996, VIII R 15/94, BStBl II 1996, 312.

572 BFH v. 5.6.2002, I R 81/00, BFH/NV 2002, 1383; BFH v. 5.6.2002, I R 105/00, IStR 2002, 596. Der BFH setzte sich damit in Widerspruch zu dem BMF-Schreiben v. 15.12.1994, BStBl I 1994, 883, Tz. 2.2, das den Ansatz der historischen Anschaffungskosten vorsieht.

573 So auch Hügel, ZGR 1999, 71 (95).

574 Wied in: Blümich § 13 KStG Rz. 17; R 54 Abs. 2 KStR 2004.

575 A.A. Wenz, S. 133, der den Ansatz zum gemeinen Wert befürwortet, da die Kapitalgesellschaft nicht neu gegründet wird und auch keine Einlage der nach Deutschland überführten Wirtschaftsgüter stattfindet.

576 Ebenso Herzig/Griemla, StuW 2002, 55 (76).

577 Die Steuerverhaftung ergibt sich aus § 49 Abs. 1 Nr. 2 Buchst. f) EStG sowie aus Art. 13 Abs. 1 OECD-MA , siehe 4. Teil D II 5 c).

recht an Beteiligungen dem Sitzstaat des Veräußerers zugewiesen wird, dürfte dies eher die Ausnahme sein. In Analogie zu den Einlagevorschriften nach § 6 Abs. 1 Nr. 5 EStG wird daher regelmäßig ein Ansatz zum Teilwert in Betracht kommen[578].

c) Zeitliche Abgrenzung/Veranlagung

Die Ausführungen zur zeitlichen Abgrenzung beim Wechsel von der unbeschränkten zur beschränkten Steuerpflicht gelten für den Wechsel von der beschränkten in die unbeschränkte Steuerpflicht entsprechend[579]. Es sind ebenfalls zwei getrennte Veranlagungen gemäß § 7 Abs. 3 S. 3 KStG vorzunehmen[580], sofern die im Rahmen der beschränkten Steuerpflicht erzielten inländischen Einkünfte nicht lediglich aus steuerabzugspflichtigen Einkünften bestehen (Abwandlung 2).

III. Berücksichtigung von Verlusten

1. Personenidentität

Die Frage der weiteren Nutzung von Verlusten stellt sich auch beim Wechsel von der beschränkten in die unbeschränkte Steuerpflicht. Verlegt die bisher lediglich beschränkt steuerpflichtige Kapitalgesellschaft Sitz und Geschäftsleitung in das Inland, ändert sich die Identität des Körperschaftsteuersubjekts nicht, sondern lediglich der Körperschaftsteuerstatus[581]. Bestehende Verluste können damit nach § 10d EStG grundsätzlich vor- und zurückgetragen werden[582].

2. Beschränkung nach § 50 Abs. 1 S. 2 KStG

Die Einschränkungen des § 50 Abs. 1 S. 2 EStG gelten auch bei einem Wechsel von der beschränkten zur unbeschränkten Steuerpflicht. Maßgeblich ist wiederum der Zeitpunkt der Verlustentstehung[583]. Ein im Zeitraum der beschränkten Steuerpflicht entstandener Verlust kann daher auch während der Zeit der unbeschränkten Steuerpflicht nur abgezogen werden, wenn die Verluste im Entstehungszeitraum in einem wirtschaftlichen Zusammenhang mit inländischen Ein-

---

578 Vgl. Hügel, ZGR 1999, 71 (93).

579 Siehe 4. Teil D II 5 c).

580 Siehe 4. Teil D II 5 d); a.A. Schwedhelm/Binnewies, DB 1999, 1420 (1421).

581 Siehe 4. Teil D III 1 e).

582 So speziell für den Wechsel von der beschränkten in die unbeschränkte Steuerpflicht: Hügel, ZGR 1999, 71 (89); Prinz/von Freeden, Der Konzern 2004, 318 (320); Schwedhelm/Binnewies, DB 1999, 1420 (1421); Schwedhelm/Binnewies, GmbH-StB 2000, 100 (105).

583 Siehe 4. Teil D III 2.

künften standen und den Aufbewahrungsanforderungen entsprochen wurde[584]. Daher können z.B. Verluste, die in wirtschaftlichem Zusammenhang mit Vermietungseinkünften während der Zeit der beschränkten Steuerpflicht entstanden sind, auch im Zeitraum der unbeschränkten Steuerpflicht abgezogen werden. Nicht abzugsfähig sind jedoch Verluste, die bei ihrer Entstehung den Anforderungen des § 50 Abs. 1 S. 2 EStG nicht entsprachen, weil z.B. der wirtschaftliche Zusammenhang mit den Einkünften aus Vermietung fehlte.

3. Wechsel während des Veranlagungszeitraums

Bei einem Wechsel von der beschränkten zu unbeschränkten Steuerpflicht während des Veranlagungszeitraums ist ein Verlustausgleich zwischen den Veranlagungsabschnitten nicht zulässig[585]. Erleidet z.B. die beschränkt steuerpflichtige Kapitalgesellschaft in Veranlagungsabschnitt I/05 einen Verlust aus Vermietung eines Gebäudes (Abwandlung 1), ist ein nach ihrem Wechsel in die unbeschränkte Steuerpflicht in Veranlagungsabschnitt II/05 erwirtschafteter Gewinn damit nicht verrechenbar. Der Verlust aus dem Veranlagungsabschnitt I/05 könnte jedoch z.B. auf den Veranlagungszeitraum 06 vorgetragen werden.

IV. Organschaft

Durch die Verlegung von Sitz und Geschäftsleitung in das Inland eröffnet sich für die Kapitalgesellschaft die Möglichkeit, als Organgesellschaft oder Organträgerin zu fungieren. War eine bislang im Inland belegene Betriebsstätte als Zweigniederlassung eingetragen und nahm sie unter den Voraussetzungen des § 18 KStG die Funktion als Organträgerin wahr, ist dieses Organschaftsverhältnis allerdings zu beenden. § 18 S. 1 KStG setzt voraus, dass die Zweigniederlassung von einem „ausländischen gewerblichen Unternehmen" unterhalten wird, das im Inland lediglich beschränkt steuerpflichtig ist[586]. Die beschränkte Steuerpflicht endet jedoch nach der Verlegung von Sitz und/oder der Geschäftsleitung der Kapitalgesellschaft nach Deutschland.

Eine ausländische Kapitalgesellschaft, die lediglich ihre Geschäftsleitung nach Deutschland verlegt, kann zwar nicht Organgesellschaft, jedoch Organträgerin

---

584 FG Köln v. 7.6.1990, 2 K 5960/89, EFG 1990, 630; Herkenroth in: HHR § 50 EStG Rz. 60; Kalbfleisch in: Ernst & Young § 2 KStG Rz. 52; Mienert, DB 1988, 2533 (2535); Orth, FR 1983, 1 (7); Orth in: HHR § 10d EStG Rz. 99; Seithel, FR 1979, 218 (219); Siegers in: Dötsch/Eversberg/Jost § 2 KStG Rz. 193; Wied in: Blümich § 50 EStG Rz. 49.

585 Siehe 4. Teil D III 3.

586 Danelsing in: Blümich § 18 KStG Rz. 10; Frotscher in: Frotscher/Maas § 18 KStG Rz. 6; Walter in: Ernst & Young § 18 KStG Rz. 7.

werden (§ 14 Abs. 1 S. 1 Nr. 2 KStG), sofern sie einen Ergebnisabführungsvertrag wirksam abschließt[587] und die erforderliche finanzielle Eingliederung der Organgesellschaften vorliegt.

Eine Kapitalgesellschaft, die ihren Sitz, nicht jedoch ihre Geschäftsleitung in das Inland verlegt, kann weder Organgesellschaft noch Organträgerin sein. Da die Kapitalgesellschaft durch die Sitzverlegung unbeschränkt steuerpflichtig wird, kann außerdem eine ggf. bereits im Inland belegene Zweigniederlassung nicht länger als Organträgerin fungieren, mit der Konsequenz, dass die unbeschränkt steuerpflichtig gewordene Kapitalgesellschaft schlechter gestellt ist als während der Zeit ihrer beschränkten Steuerpflicht[588].

V. Körperschaftsteuerminderung und -erhöhung

Die Frage, wie mit Altbeständen von Körperschaftsteuerminderungs- oder Körperschaftsteuererhöhungspotential zu verfahren ist, stellt sich bei einem Wechsel von der beschränkten zur unbeschränkten Steuerpflicht nicht. Beschränkt steuerpflichtige Kapitalgesellschaften waren unter dem Anrechnungsverfahren nicht zur Gliederung des verwendbaren Eigenkapitals verpflichtet, so dass keine Bestände i.S.v. §§ 36 ff. KStG vorhanden sein können.

VI. Zusammenfassung

Der Wechsel von der beschränkten in die unbeschränkte Steuerpflicht durch die Verlegung von Sitz und Geschäftsleitung in das Inland ist mit steuerlichen Nachteilen verbunden. Zwar sind nach der herrschenden Meinung die in einer inländischen Betriebsstätte ruhenden stillen Reserven nicht aufzudecken, weil keine Übertragung der inländischen Betriebsstätte auf einen anderen Rechtsträger i.S.v. § 12 Abs. 2 S. 2 KStG vorliegt. Vereinzelt wird jedoch auch bei einem bloßen „Hineinwachsen" einer Kapitalgesellschaft in die unbeschränkte Steuerpflicht eine strikte Anbindung an das Zivilrecht gefordert mit der Folge, dass eine Übertragung der Betriebsstätte von der ausländischen Kapitalgesellschaft auf die neu gegründete Kapitalgesellschaft (und damit auf ein anderes Steuerrechtssubjekt) anzunehmen wäre. Dieser Auffassung ist nicht zu folgen.

Die Wirtschaftsgüter der Betriebsstätte sind in der Eröffnungsbilanz der Kapitalgesellschaft zu Buchwerten anzusetzen. Wirtschaftsgüter, die in Deutschland steuerverstrickt werden, sind in entsprechender Anwendung des § 6 Abs. 1 Nr. 5 EStG mit dem Teilwert anzusetzen.

---

[587] Siehe hierzu Kindler in MüKo IntGesR Rz. 566 ff. Das einschlägige Kollisionsrecht bestimmt sich nach dem Recht der abhängigen Gesellschaft.

[588] Zur europarechtlichen Problematik siehe 5. Teil D II 1.

Bei einem Wechsel von der beschränkten in die unbeschränkte Steuerpflicht während des Veranlagungszeitraums ist kein Verlustausgleich zwischen den Veranlagungsabschnitten zulässig. Etwaige Verlustvorträge können grundsätzlich verrechnet werden, sofern die Voraussetzungen des § 50 Abs. 1 S. 2 EStG zum Zeitpunkt der Entstehung des Verlustes erfüllt waren und kein Ausschluss nach § 50 Abs. 2 EStG vorlag.

Verlegt eine ausländische Kapitalgesellschaft lediglich ihren Sitz nach Deutschland, ist sie im Organschaftsfall schlechter gestellt als bei beschränkter Steuerpflicht mit einer inländischen Betriebsstätte. Die zugezogene und sodann unbeschränkt steuerpflichtige Kapitalgesellschaft kann nicht als Organträgerin fungieren, weil die von § 14 Abs. 1 S. 1 Nr. 2 S. 1 KStG vorausgesetzte Geschäftsleitung nicht im Inland liegt. Sie kann die Organträgerfunktion allerdings auch nicht (mehr) über eine inländische Betriebsstätte i.S.v. § 18 KStG wahrnehmen, da sie nicht beschränkt, sondern unbeschränkt steuerpflichtig ist.

Die Frage nach der Weiterführung von Altbeständen gemäß § 37 KStG oder § 38 KStG stellt sich im Zuzugsfall nicht, da beschränkt steuerpflichtige Kapitalgesellschaften unter dem Anrechnungsverfahren nicht zur Gliederung ihres Eigenkapitals verpflichtet waren.

F. Exkurs: Societas Europaea (SE)

I. Identitätswahrende Sitzverlegung

Die Societas Europaea (SE) nimmt derzeit eine Sonderstellung unter den Kapitalgesellschaften ein, weil Art. 8 SE-VO für diese Gesellschaftsform eine identitätswahrende Sitzverlegung ohne Auflösung oder Neugründung im Zuzugs-Mitgliedstaat vorsieht[589]. Art. 8 Abs. 1 SE-VO bezieht sich zwar nur auf die Verlegung des Satzungssitzes. Nach Art. 7 SE-VO müssen Satzungs- und Verwaltungssitz allerdings grundsätzlich in einem Mitgliedstaat liegen. Bei isolierter Verlegung des Satzungssitzes ist der Gleichlauf von Sitz und Hauptverwaltung gemäß Art. 64 Abs. 1 SE-VO wieder herzustellen: Entweder ist die Hauptverwaltung im Sitzstaat zu eröffnen oder der Sitz ist in den Mitgliedstaat zu verlegen, wo sich die Hauptverwaltung befindet. Wird der Gleichlauf nicht hergestellt, hat der Sitzstaat für die Liquidation der SE zu sorgen (Art. 64 Abs. 2 SE-VO). In Deutschland sieht § 52 SEAG[590] i.V.m § 262 Abs. 1 Nr. 5 AktG die Auflösung der SE vor.

---

589 Siehe 4. Teil C II 4 a).

590 Gesetz zur Ausführung der Verordnung (EG) Nr. 2157/2001 des Rates vom 8. Oktober 2001 über das Statut der Europäischen Gesellschaft (SE) (SE-Ausführungsgesetz – SEAG) v. 22.12.2004, BGBl I 2004, 3675.

II. Steuerrechtliche Behandlung

1. Änderung der Fusionsrichtlinie

Weder die SE-VO noch die SE-RL enthalten besondere Vorschriften für die steuerliche Behandlung oder speziell für die Sitzverlegung der SE. Art. 9 Abs. 1 Buchst. c) ii) SE-VO verweist pauschal auf die nationalen Rechtsordnungen[591]. In Deutschland wurden bislang keine besonderen Rechtsvorschriften dafür eingeführt. Die FRL ist jedoch bereits dahingehend geändert worden, dass die Sitzverlegung der SE von einem Mitgliedstaat in den anderen keine Aufdeckung der stillen Reserven auslöst, soweit das Gesellschaftsvermögen im Wegzugsstaat steuerverstrickt bleibt und das Betriebsvermögen weiterhin zum Buchwert angesetzt wird[592]. Gebildete Rückstellungen und Rücklagen können weitergeführt werden. Auch die Nutzung der Verluste ist unter den bis zum Wegzug geltenden Regelungen weiter zu gestatten. Die Änderungen der FRL sind bis zum 1.1.2006 umzusetzen[593].

2. Derzeitige Rechtslage

a) Wechsel von unbeschränkter zu beschränkter Steuerpflicht

Gegenwärtig sind für die Verlegung von Sitz und/oder Geschäftsleitung einer SE die gleichen Vorschriften wie für „gewöhnliche" Kapitalgesellschaften anwendbar[594]. Da die Verlegung des Sitzes einer SE wegen Art. 8 SE-VO jedoch nicht zur Auflösung der Gesellschaft führt, kann die (unmittelbare) Anwendung des § 11 KStG selbst dann nicht gefordert werden, wenn bei §§ 11, 12 KStG auf die zivilrechtliche Situation abgestellt wird. § 12 Abs. 1 KStG und insbesondere die Anwendung der Vorschrift bei fortbestehender Steuerverstrickung steht allerdings bei der Sitzverlegung einer SE noch stärker in der Kritik als bei der Sitzverlegung einer „gewöhnlichen" Kapitalgesellschaft[595]: Die Rechtsform der

---

591 Der erste Vorschlag aus dem Jahre 1970 (ABl. 1970 Nr. C 124, S. 1 v. 10.10.1970) sowie die überarbeitete Fassung aus dem Jahre 1975 (DOK KOM (1975) 150 endg., Beilage 4/75 zum Bulletin der EG) enthielt noch detaillierte steuerliche Regelungen, siehe dazu Kreile/Wachenhausen, DB 1976, 1687.

592 Siehe hierzu 3. Teil C.

593 Art. 2 Abs. 1 ÄndRL zur FRL.

594 Weitergehende Ausführungen zur steuerlichen Situation der SE siehe: Theisen/Wenz (Hrsg.), Die Europäische Aktiengesellschaft: Recht, Steuern und Betriebswirtschaft der Societas Europaea (SE), Stuttgart 2002; Wenz, Die Societas Europaea: (SE), Berlin 1993.

595 Vgl. nur Förster/Lange, RIW 2002, 585; Rödder, Der Konzern 2003, 522; Rosenbach, PIStB 2003, 323; A. Schulz/Geismar, DStR 2001, 1078; A. Schulz/Petersen,

SE sei gerade eingeführt worden, um eine grenzüberscheitende flexible Gesellschaftsform zu schaffen. Bei einer Aufdeckung der stillen Reserven werde dieses Ziel aber nicht erreicht[596]. In der Literatur war daher seit langem gefordert worden, die Sitzverlegung in den sachlichen Anwendungsbereich der FRL aufzunehmen[597].

b) Wechsel von beschränkter zu unbeschränkter Steuerpflicht

Bei einer inländischen Betriebsstätte ergeben sich durch den mit einer Sitzverlegung vom Ausland in das Inland ausgelösten Wechsel von der beschränkten zur unbeschränkten Steuerpflicht keine Besonderheiten im Vergleich zu den „gewöhnlichen" Kapitalgesellschaften. Auch bei dem Zuzug einer SE liegt keine „Übertragung" der Betriebsstätte i.S.v. § 12 Abs. 2 S. 2 KStG vor[598]. Wegen der Wahrung der rechtlichen Identität der SE gemäß Art. 8 Abs. 1 SE-VO könnte eine Aufdeckung der stillen Reserven selbst bei strikter Bindung des Steuerrechts an das Zivilrecht nicht verlangt werden.

III. Zusammenfassung

Die FRL wurde unlängst dahingehend geändert, dass eine Sitzverlegung einer SE von einem Mitgliedstaat in den anderen keine Aufdeckung der stillen Reserven auslöst, soweit das Gesellschaftsvermögen im Wegzugsstaat steuerverstrickt bleibt und das Betriebsvermögen weiterhin zum Buchwert angesetzt wird. Auch die Verluste können weiterhin genutzt werden. Die Mitgliedstaaten sind verpflichtet, die Änderungen der FRL bis zum 1.1.2006 in nationales Recht umzusetzen. Bis dahin richtet sich der Wechsel zwischen unbeschränkter und beschränkter Steuerpflicht einer SE nach den allgemeinen steuerlichen Vorschriften gemäß §§ 11, 12 KStG. Da die zivilrechtliche Identität bei einer Sitzverlegung der SE nicht verloren geht, ist § 11 KStG selbst dann nicht unmittelbar anwendbar, wenn man der Ansicht folgen wollte, dass das Steuerrecht bei der Auslegung von Steuerrechtsnormen streng an das Zivilrecht gebunden sei.

DStR 2002, 1508; Thömmes, European Taxation 2004, 22; Thömmes in: Theisen/Wenz, S. 465 (533 ff.).

596 Wacht in: Ernst & Young § 12 KStG Rz. 32.1 ff.

597 Siehe nur Herzig/Dautzenberg/Heyeres, DB 1991, Beilage Nr. 12 zu Heft 41, S. 15; in jüngerer Zeit: Kessler/Achilles/Huck, IStR 2003, 715 (717); Rödder, Der Konzern 2003, 522 (528); Thömmes in: Theisen/Wenz, S. 465 (532).

598 So auch Förster/Lange, RIW 2002, 585 (589); Rödder, Der Konzern 2003, 522 (528); A. Schulz/Geismar, DStR 2001, 1078 (1085 f.); A. Schulz/Petersen, DStR 2002, 1508 (1513); Thömmes in: Theisen/Wenz, S. 465 (534 ff.).

5. Teil: Vereinbarkeit der nationalen Bestimmungen mit dem Europarecht

A. Aufdeckung der stillen Reserven beim Wechsel von der unbeschränkten zur beschränkten Steuerpflicht

I. Niederlassungsfreiheit

1. Schutzbereich

§ 12 Abs. 1 KStG ordnet die Aufdeckung der stillen Reserven an, wenn eine Kapitalgesellschaft ihren Sitz und/oder ihre Geschäftsleitung in das Ausland verlegt und dadurch aus der unbeschränkten Steuerpflicht ausscheidet. § 12 Abs. 1 KStG könnte damit die Niederlassungsfreiheit gemäß Art. 43 EGV verletzen, die Beschränkungen untersagt, die die Verlegung der Hauptverwaltung einer Kapitalgesellschaft in einen anderen Mitgliedstaat behindern[599].

§ 12 Abs. 1 KStG sieht die Aufdeckung der stillen Reserven allerdings nicht nur bei einer Verlegung der Geschäftsleitung vor, die als Verwaltung eines Unternehmens eine der Niederlassungsfreiheit unterfallende wirtschaftliche Tätigkeit ist und daher vom sachlichen Schutzbereich des Art. 43 EGV erfasst wird[600]. § 12 Abs. 1 KStG gilt auch für die isolierte Sitzverlegung, die nach einer Auffassung in der Literatur nicht von der Niederlassungsfreiheit geschützt sein soll[601]. Der Satzungssitz sei keine „Niederlassung“, sondern ein rein rechtliches Kriterium ohne wirtschaftlichen Bezug[602]. Die bloße Umwandlung einer inländischen in eine ausländische Gesellschaftsform sei nicht unmittelbar für die Lokalisierung des Unternehmensstandorts relevant[603]. Im Schrifttum wird deshalb speziell zu § 12 Abs. 1 KStG die Ansicht vertreten, dass die Aufdeckung der stillen Reserven bei isolierter Sitzverlegung nicht anhand Art. 43 EGV überprüft werden könne[604].

Der EuGH hat zur Reichweite der Niederlassungsfreiheit bei Verlegung des Satzungssitzes bislang nicht Stellung genommen. Ein entsprechendes Vorabentscheidungsersuchen des Amtsgerichts Heidelberg[605] wurde wegen Unzuständigkeit zurückgewiesen[606].

---

599 Siehe 3. Teil B II.
600 So auch Dietrich, S. 120 ff.
601 Forsthoff in: Hirte/Bücker S. 50 (60); Leible, ZGR 2004, 531 (535).
602 Krug, S. 158 f.; Kruse, S. 67; Staudinger-Großfeld IntGesR Rz. 680.
603 Krug, S. 159.
604 So Krug, S. 158 f., 187; kritisch auch Laule, IFSt-Schrift Nr. 407, S. 24.
605 AG Heidelberg v. 3.3.2000, HRB 831 SNH, IStR 2000, 542.
606 EuGH v. 10.7.2001, Rs. C-86/00 (HSB-Wohnbau), Slg. 2001, I-5353.

Bei einem Wechsel von der unbeschränkten zur beschränkten Steuerpflicht stehen die zur isolierten Satzungssitzverlegung geäußerten Bedenken einer Überprüfung am Maßstab der Niederlassungsfreiheit jedoch nicht entgegen. Selbst wenn der bisherige Betrieb im Rahmen einer Betriebsstätte im Inland weiter geführt wird, ist die von § 12 Abs. 1 KStG erfasste isolierte Verlegung des Satzungssitzes kein Vorgang ohne jeglichen wirtschaftlichen Bezug. Denn es ist davon auszugehen, dass sich bereits die Geschäftsleitung am Ort des künftigen Satzungssitzes befindet, weil ansonsten die unbeschränkte Steuerpflicht nicht beendet werden würde[607]. Auch die ÄndRL zur FRL spricht dafür, dass die isolierte Sitzverlegung unter den Schutzbereich der Niederlassungsfreiheit fällt. In den Vorbemerkungen wird ausdrücklich darauf hingewiesen, dass die Verlegung des Gesellschaftssitzes der SE (bzw. der SCE) eine Möglichkeit sei, die in Artt. 43, 48 EGV verankerte Niederlassungsfreiheit auszuüben[608] - und die von Art. 8 SE-VO geregelte Sitzverlegung bezieht sich lediglich auf die Verlegung des Satzungssitzes. § 12 Abs. 1 KStG kann daher sowohl bei der gleichzeitigen Verlegung von Sitz und Geschäftsleitung als auch bei einer isolierten Verlegung von Sitz oder Geschäftsleitung am Maßstab der Niederlassungsfreiheit nach Art. 43 EGV überprüft werden.

Die Schlussbesteuerung nach § 12 Abs. 1 KStG bewirkt jedoch keine Diskriminierung, da die Aufdeckung der stillen Reserven nach § 12 Abs. 1 KStG unabhängig davon eintritt, ob es sich um eine nach deutschem oder nach ausländischem Recht gegründete Kapitalgesellschaft handelt[609]. Eine Ungleichbehandlung zwischen ausländischen und inländischen Kapitalgesellschaften liegt daher nicht vor[610].

Die Niederlassungsfreiheit könnte allerdings durch § 12 Abs. 1 KStG in ihrer Ausprägung als Beschränkungsverbot tangiert sein. Nach der Rechtsprechung des EuGH reicht insoweit, dass die Ausübung einer Grundfreiheit „behindert" oder „weniger attraktiv" gemacht wird[611]. Dies ist der Fall. Eine Kapitalgesellschaft, die ihren Sitz und/oder ihre Geschäftsleitung beibehält oder nur innerhalb von Deutschland verlegt, muss keine Schlussbesteuerung durchführen. Die ins Ausland wegziehende Gesellschaft würde folglich bei der Aufdeckung ihrer stil-

---

607 So auch Dietrich, S. 117 ff. unter Hinweis auf EuGH v. 25.7.1991, Rs. C-221/89 (Factortame II), Slg. 1991, I-3905, Randnr. 21; EuGH v 27.9.1988, Rs. C-81/87 (Daily Mail), Slg. 1988, 5483, Randnr. 23 f.; Kruse, S. 67; a.A. offenbar Krug, S. 158 f., 187; kritisch auch Laule, IFSt-Schrift Nr. 407, S. 24.

608 Erwägungsgrund Nr. 6 der ÄndRL zur FRL.

609 § 12 Abs. 1 KStG ist z.B. auch auf die „Rückverlegung" der Geschäftsleitung einer ausländischen Kapitalgesellschaft anwendbar.

610 So auch Koblenzer, EWS 1999, 418 (420); Stapperfend, FR 2003, 165 (172).

611 EuGH v. 31.3.1993, Rs. C-19/92 (Kraus), Slg. 1993, I-1663, Randnr. 32; EuGH v. 30.11.1995, Rs. C-55/94 (Gebhard), Slg. 1995, I-4165, Randnr. 37.

len Reserven in der Ausübung ihrer Niederlassungsfreiheit „behindert“ bzw. die Ausübung der Niederlassungsfreiheit wäre dadurch deutlich weniger „attraktiv“. Zwar behindert § 12 Abs. 1 KStG nicht die Begründung der Primärniederlassung selbst[612], sondern die Ausübung der Niederlassungsfreiheit durch die steuerlichen Konsequenzen, die an die Verlegung von Sitz und/oder Geschäftsleitung geknüpft sind. Art. 43 EGV schützt als Beschränkungsverbot jedoch auch vor einem Eingriff durch die an die Verlegung einer Primärniederlassung geknüpften steuerlichen Konsequenzen. Dies ergibt sich bereits aus dem „Daily Mail“-Urteil des EuGH, in dem der Gerichtshof feststellte[613]:

> *„Wie die Kommission zu Recht ausgeführt hat, wären die in Artikel 52 ff. gewährten Rechte sinnentleert, wenn der Herkunftsstaat Unternehmen verbieten könnte, auszuwandern, um sich in einem anderen Mitgliedstaat niederzulassen.“*

In anderen Entscheidungen hat der EuGH sich ähnlich geäußert. Die Niederlassungsfreiheit verbiete es auch,

> *„daß der Herkunftsstaat die Niederlassung seiner Staatsangehörigen oder einer nach seinem Recht gegründeten Gesellschaft, die im übrigen der Definition des Artikel 58 des EG-Vertrag entspricht, in einem anderen Mitgliedstaat behindert [...].“*[614]

Von einem Eingriff in den Schutzbereich der Niederlassungsfreiheit durch § 12 Abs. 1 KStG ist daher auszugehen[615]. Soweit § 12 Abs. 1 KStG allerdings teleologisch reduziert wird, da kein Verlust von Steuersubstrat zu befürchten ist[616], kann auch keine Verletzung der Niederlassungsfreiheit und damit kein Eingriff in den Schutzbereich nach Art. 43 EGV vorliegen. Hier ist allerdings zu klären, ob die von § 12 Abs. 1 KStG vorgesehene sofortige Aufdeckung der stillen Reserven derjenigen Wirtschaftsgüter, die aus der Steuerverstrickung ausscheiden, mit der Niederlassungsfreiheit vereinbar ist.

---

612 Dies ist ein Problem des Gesellschaftsrechts bzw. des Internationalen Privatrechts (siehe 4. Teil C II 2, 3).

613 EuGH v. 27.9.1988, Rs. C-81/87 (Daily Mail), Slg. 1988, 5483, Randnr. 16.

614 So EuGH v. 16.7.1998, Rs. C-264/96 (ICI), Slg. 1998, I-4695, Randnr. 21 sowie EuGH v. 18.11.1999, Rs. C-200/98 (X AB und Y AB), Slg. 1999, I-8261, Randnr. 26.

615 So im Ergebnis auch Dietrich, S. 216 f.; Hügel, ZGR 1999, 71 (103); Laule, IFSt-Schrift Nr. 407, S. 35; Toifl, S. 162 f.

616 Siehe 4. Teil D II 3 c).

2. Rechtfertigung

Eine Beschränkung der Niederlassungsfreiheit kann durch gesetzlich normierte Ausnahmen oder durch ungeschriebene, dem Beschränkungsverbot innewohnende, sog. „immanente Schranken", gerechtfertigt sein[617].

Für die Niederlassungsfreiheit sind besondere Rechtfertigungsgründe in Artt. 45, 46 EGV normiert. Art. 45 EGV schließt Tätigkeiten aus dem Schutzbereich des Art. 43 EGV aus, die in einem Mitgliedstaat dauernd oder zeitweise mit der Ausübung öffentlicher Gewalt verbunden sind[618]. Art. 46 EGV betrifft Rechts- und Verwaltungsvorschriften, die eine Sonderregelung für Ausländer vorsehen und aus Gründen der öffentlichen Ordnung, Sicherheit und Gesundheit gerechtfertigt sind. Artt. 45, 46 EGV sind jedoch in Zusammenhang mit § 12 Abs. 1 KStG nicht einschlägig[619]. Die Verlegung des Sitzes oder der Geschäftsleitung einer Gesellschaft stellt keine hoheitliche Tätigkeit i.S.v. Art. 45 EGV dar und die Ausnahmeregelung des Art. 46 EGV scheidet aus, da § 12 Abs. 1 KStG auf In- und Ausländer gleichermaßen anwendbar ist[620].

Es ist daher zu prüfen, ob der Eingriff durch ungeschriebene Schranken gerechtfertigt ist. Der EuGH hat hierzu einen vierstufigen Rechtfertigungsstandard entwickelt[621]. Eine Beschränkung ist danach nur dann zulässig, wenn die nationalen Maßnahmen, die die Ausübung der Grundfreiheiten behindern, die folgenden Voraussetzungen kumulativ erfüllen:

- Die Beschränkung ist unterschiedslos auf In- und Ausländer anwendbar.
- Es liegt ein zwingender Grund des Allgemeininteresses für die Beschränkung vor.
- Die nationale Maßnahme ist geeignet, die Verwirklichung des mit ihr verfolgten Zieles zu gewährleisten.

---

617 Müller-Graff in: Streinz Art. 43 EGV Rz. 70; siehe 3. Teil B I.

618 Beispiele: Beurkundungsbefugnisse der Notare, Erteilung von Prüfplaketten des TÜV.

619 Die gesetzlich normierten Rechtfertigungsgründe gemäß Artt. 45, 46 EGV spielen auf dem Gebiet der direkten Steuern generell eine untergeordnete Rolle: Siehe Blumenberg in: Forum Bd. 25 (2003), S. 1 (8); Cordewener, DStR 2004, 6 (8); Randelzhofer/Forsthoff in: Grabitz/Hilf vor Art. 39-55 EGV Rz. 231.

620 Siehe 5. Teil A I 1; vgl. Müller-Graff in: Streinz Art. 46 EGV Rz. 4; Schlag in: Schwarze Art. 46 EGV Rz. 3.

621 EuGH v 31.3.1993, Rs. C-19/92 (Kraus), Slg. 1995, I-1663, Randnr. 32; EuGH v. 30.11.1995, Rs. C-55/94 (Gebhard), Slg. 1995, I-4165, Randnr. 37; EuGH v. 15.5.1997, Rs. C-250/95 (Futura), Slg. 1997, I-2471, Randnr. 26; siehe auch Streinz § 12 Rz. 677.

- Die Maßnahme geht nicht über das hinaus, was zur Erreichung dieses Ziels erforderlich ist.

Die erste Voraussetzung, die unterschiedslose Anwendung des § 12 Abs. 1 KStG auf In- und Ausländer, hier auf in- und ausländische Gesellschaften, liegt vor[622]. Zu klären bleiben damit, ob ein zwingender Grund des Allgemeininteresses vorliegt[623], ob § 12 Abs. 1 KStG ein geeignetes Mittel[624] ist und ob die Beschränkung als eine verhältnismäßige Maßnahme[625] zu qualifizieren ist. Ist eine dieser Fragen zu verneinen, verstößt § 12 Abs. 1 KStG gegen Art. 43 EGV.

a) Zwingende Gründe des Allgemeininteresses

Der Begriff der „zwingenden Gründe des Allgemeininteresses" hat in den letzten Jahren immer schärfere Konturen gewonnen. Einige zur Rechtfertigung vorgetragene Gründe werden vom EuGH durchweg zurückgewiesen, z.B. die Sicherung oder Verfolgung rein wirtschaftlicher Ziele oder die Vermeidung von Steuermindereinnahmen[626]. Auch die fehlende Harmonisierung im Bereich der direkten Steuern rechtfertigt keinen Verstoß des nationalen Rechts gegen die Grundfreiheiten des EGV[627]. Die Mitgliedstaaten müssen die ihnen verbleibende Kompetenz vielmehr in Übereinstimmung mit dem Gemeinschaftsrecht ausüben[628]. Andere von den Mitgliedstaaten behauptete „zwingende Gründe des Allgemeininteresses" werden vom EuGH zumindest regelmäßig auf ihre Tragfähigkeit hin untersucht, wenn auch nur eher selten für tragfähig gehalten. Dazu zählen der Rechtfertigungsgrund der Kohärenz und derjenige der Bekämpfung von Steuerumgehung bzw. Steuerhinterziehung. Im Folgenden sollen daher insbesondere diese beiden Rechtfertigungsgründe näher betrachtet werden.

---

622 Siehe 5. Teil A I 1.

623 Im Folgenden unter Buchst. a).

624 Im Folgenden unter Buchst. b).

625 Im Folgenden unter Buchst. c).

626 St. Rspr., siehe nur EuGH v.16.7.1998, Rs. C-264/96 (ICI), Slg. 1998, I-4695, Randnr. 28; EuGH v. 21.9.1999, Rs. C-307/97 (Saint-Gobain), Slg. 1999, I-6161, Randnr. 50; EuGH v. 6.6.2000, Rs. C-35/98 (Verkooijen), Slg. 2000, I-4071, Randnr. 48; EuGH v. 8.3.2001, Rs. C-397/98 und C-410/98 (Metallgesellschaft/Hoechst), Slg. 2001, I-1727, Randnr. 59; EuGH v. 21.11.2002, Rs. C-436/00 (X und Y), Slg. 2002, I-10829, Randnr. 50; EuGH v. 11.3.2004, Rs. C-9/02 (Lasteyrie du Saillant), GmbHR 2004, 504, Randnr. 60.

627 EuGH v. 28.1.1986, Rs. C-270/83 (avoir fiscal), Slg. 1986, 273, Randnrn. 23 f.

628 EuGH v 12.4.1994, Rs. C-1/93 (Halliburton), Slg. 1994, I-1137; EuGH v. 12.5.1998, Rs. C-336/96 (Gilly), Slg. 1998, I-2793.

aa) Kohärenz

(1) Entwicklung des Begriffs

Der Rechtsfertigungsgrund der Kohärenz wurde vom EuGH erstmals in zwei Entscheidungen aus dem Jahre 1992, einem Vorabentscheidungsverfahren sowie einem damit zusammenhängenden Vertragsverletzungsverfahren der Kommission, angewendet[629]. In beiden Verfahren ging es um dieselbe Vorschrift des belgischen Steuerrechts, wonach Beiträge zur privaten Kranken- und Altersversicherung vom Gesamtbetrag der steuerpflichtigen Einkünfte nur steuermindernd abgezogen werden konnten, wenn der Versicherungsträger in Belgien ansässig war. Die von dem Versicherungsnehmer empfangenen Versicherungsleistungen unterlagen beim späteren Zufluss der Besteuerung in Belgien[630]. Der Kläger im Vorabentscheidungsverfahren[631], der in Belgien unbeschränkt steuerpflichtige deutsche Staatsangehörige *Bachmann*, arbeitete in Belgien und leistete seine Beiträge zur Kranken- und Altersversicherung an einen Versicherungsträger außerhalb Belgiens. Er konnte deshalb seine Beiträge in Belgien nicht steuermindernd geltend machen. Der EuGH sah in der Abzugsfähigkeit der Beiträge einerseits und der Besteuerung der Versicherungsleistungen andererseits einen systematischen Zusammenhang. Der Einnahmeverlust aus dem Abzug der Versicherungsbeiträge werde durch die Besteuerung der Leistungen ausgeglichen, so dass eine „kohärente" Regelung vorliege. Da eine derartige Kohärenz aber nicht gegeben sei, wenn *Bachmann* als Rentner nach Deutschland zurückkehre, dürfe deshalb die Abzugsfähigkeit der Zahlungen auf Leistungen an in Belgien ansässige Versicherer beschränkt sein.

Abkommensrechtliche Aspekte flossen in die Beurteilung des Sachverhalts nicht ein[632].

Dies änderte sich jedoch mit der Entscheidung „Wielockx" [633]. In dem Vorlageverfahren ging es um den in Belgien ansässigen belgischen Staatsangehörigen

---

629 EuGH v. 28.1.1992, Rs. C-204/90 (Bachmann), Slg. 1992, I-249; EuGH v. 28.1.1992, Rs. C-300/90 (Kommission ./. Belgien), Slg. 1992, I-305.

630 Die Leistungen, die ein Versicherer aufgrund eines zuvor steuerlich nicht begünstigten Versicherungsverhältnisses auszahlte, waren hingegen von der belgischen Einkommensteuer befreit.

631 EuGH v. 28.1.1992, Rs. C-204/90 (Bachmann), Slg. 1992, I-249.

632 Nach dem DBA Deutschland-Belgien wäre Belgien das Besteuerungsrecht unabhängig davon nicht zugestanden, ob die Versicherungsleistungen von einem belgischen oder deutschen Versicherer stammten. Das Besteuerungsrecht war darin dem Wohnsitzstaat zugewiesen. Der Zusammenhang zwischen Steuerabzug und Besteuerung war daher bereits durch das DBA unterbrochen.

Wielockx, der in den Niederlanden einer selbständigen Tätigkeit nachging und dort seine gesamten Einkünfte erzielte und versteuerte. Das niederländische Recht sah für niederländische Selbständige die Bildung einer steuerlich aufwandswirksamen Altersrücklage vor, die im Alter entweder einmalig in Höhe des gesamten Kapitalbetrags oder in Höhe der jeweils aus der Rücklage geleisteten Beträge versteuert werden musste. Dem Belgier *Wielockx* war diese Rücklagenbildung verwehrt. Der EuGH entschied, dass der Ausschluss von Staatsangehörigen anderer Mitgliedstaaten von der Bildung einer abzugsfähigen Altersrücklage deren Niederlassungsfreiheit beeinträchtige. Im Gegensatz zu der noch in der „Bachmann"-Entscheidung verfolgten rein nationalen Betrachtungsweise stellte der EuGH jedoch nunmehr auf das Abkommensrecht ab: Die steuerliche Kohärenz müsse nicht – wie von der niederländischen Regierung vorgebracht - auf der Ebene der Einzelperson durch eine strenge Wechselbeziehung zwischen der Abzugsfähigkeit der Beiträge und der Besteuerung der Renten hergestellt werden, maßgebend sei vielmehr die Ebene *„der Gegenseitigkeit der in den Vertragsstaaten anwendbaren Vorschriften"* und auf Abkommensebene sei die Kohärenz der Regelung des niederländischen Steuerrechts nicht gewährleistet[634]:

> *„Wie der Generalanwalt [...] ausgeführt hat, besteuert der Staat aufgrund der Doppelbesteuerungsabkommen, die, wie das oben erwähnte Abkommen, nach dem Modell des OECD-Musterabkommens gestaltet sind, alle Renten, die in seinem Gebiet ansässige Personen beziehen, unabhängig davon, in welchem Staat Beiträge gezahlt wurden, er verzichtet aber umgekehrt darauf, die im Ausland bezogenen Renten der Besteuerung zu unterwerfen, auch wenn sie auf Beiträgen beruhen, die in seinem Gebiet gezahlt wurden und die er als abzugsfähig angesehen hat. Die steuerliche Kohärenz wird also nicht auf der Ebene der Einzelperson, durch eine strenge Wechselbeziehung zwischen der Abzugsfähigkeit der Beiträge und der Besteuerung der Renten, hergestellt, sondern sie wird auf eine andere Ebene, nämlich die der Gegenseitigkeit der in den Vertragsstaaten anwendbaren Vorschriften verlagert. Da die steuerliche Kohärenz auf der Grundlage eines mit einem anderen Mitgliedstaat geschlossenen bilateralen Abkommens gewährleistet wird, kann dieser Grundsatz nicht herangezogen werden, um die Verweigerung einer Abzugsmöglichkeit [...] zu rechtfertigen."*

In der Folgezeit wurde der Rechtfertigungsgrund der Kohärenz dahingehend weiterentwickelt, dass nur ein unmittelbarer Zusammenhang zwischen dem belastenden und dem begünstigenden Effekt als kohärente Regelung gelten sollte[635]. Ein „unmittelbarer" Zusammenhang wurde angenommen, wenn der kom-

---

633 EuGH v. 11.8.1995, Rs. C-80/94 (Wielockx) Slg. 1995, I-2493.

634 EuGH v. 11.8.1995, Rs. C-80/94 (Wielockx), Slg. 1995, I-2493, Randnrn. 24 f.

635 EuGH v. 14.11.1995, Rs. C-484/93 (Svensson und Gustavsson), Slg. 1995, I-3955, Randnr. 18; EuGH v. 27.6.1996, Rs. C-107/94 (Asscher), Slg. 1996, I-3089, Randnr. 58; EuGH v. 16.7.1998, Rs. C-264/96 (ICI), Slg. 1998, I-4695, Randnr. 29;

pensierende Effekt innerhalb derselben nationalen Steuerregelung[636] eintrat und den gleichen Steuerpflichtigen[637] bezüglich derselben Steuerart[638] betraf. Auch die im „Wielockx"-Urteil eingeführte abkommensrechtliche Betrachtungsweise hat der EuGH in weiteren Entscheidungen bestätigt[639].

Trotz der zwischenzeitlichen erfolgten Konkretisierung durch die Rechtsprechung des EuGH ist der „Kohärenz"-Begriff nach wie vor sehr unbestimmt[640]. Kritisch ist ferner anzumerken, dass Regelungen bereits dadurch einer Überprüfung entzogen werden könnten, dass zwei zusammenhängende diskriminierende Regelungen geschaffen werden, die dann als kohärent gelten würden[641]. Der Rechtfertigungsgrund der Kohärenz gehört jedoch mittlerweile zum gesicherten Bestand an Rechtfertigungsgründen[642]. Die Ausweitung des Anwendungsbereichs der Grundfreiheiten vom Diskriminierungsverbot zum freiheitsrechtlichen Beschränkungsverbot macht es zudem in Zukunft mehr denn je erforderlich, die den Grundfreiheiten immanenten Schranken weiterzuentwickeln.

(2) Anwendung des Grundsatzes der Kohärenz auf die Steuerentstrickung

Bei der Aufdeckung der stillen Reserven gemäß § 12 Abs. 1 KStG geht es anders als in den Entscheidungen „Bachmann" oder „Wielockx" nicht um die steuerliche Abzugsfähigkeit von Aufwendungen auf der einen und die spätere Besteuerung bestimmter Leistungen auf der anderen Seite. „Kohärenz" im engeren Sinne kann daher nicht vorliegen. In einem weiteren Sinne wird unter „Kohärenz" aber ein Zustand verstanden, in dem mehrere Vorschriften aus systematischen Gründen aufeinander bezogen sind und gemeinsam eine angemessene systemgerechte Regelung darstellen[643]. Das Prinzip der „Steuerentstrickung",

---

EuGH v. 13.4.2000, Rs. C- 251/98 (Baars), Slg. 2000, I-2787, Randnr. 40; EuGH v. 6.6.2000, Rs. C- 35/98 (Verkooijen), Slg. 2000, I-4071, Randnrn. 57 f.

636 EuGH v. 13.4.2000, Rs. C-251/98 (Baars), Slg. 2000, I-2787.

637 EuGH v. 14.11.1995, Rs. C-484/93 (Svensson und Gustavsson), Slg. 1995, I-3955, Randnr. 18; EuGH 27.6.1996, Rs. C-107/94 (Asscher), Slg. 1996, I-3089, Randnrn. 59, 58; EuGH v. 26.10.1999, Rs. C-294/97 (Eurowings), Slg. 1999, I-7447, Randnrn. 42 ff.; EuGH v. 6.6.2000, Rs. C-35/98 (Verkooijen), Slg. 2000, I-4071, Randnr. 57 f.; Birkenfeld, StuW 1998, 55 (69); Saß BB 1999, 447 (450).

638 EuGH v. 13.4.2000, Rs. C-35/98 (Baars), Slg. 2000, I-2787, Randnr. 40.

639 EuGH v. 21.9.1999, Rs. C-307/97 (Saint-Gobain), Slg. 1999, I-6161, Randnr. 57; EuGH v. 21.11.2002, Rs. C-436/00 (X und Y), Slg. 2002, I-10829, Randnr. 54.

640 Im Schrifttum hat die Kohärenz-Formel auch aus diesem Grunde von Anfang an heftige Diskussionen ausgelöst, vgl. nur Knobbe-Keuk, EC Tax Review 1994, 74 (79 ff.); Thömmes in: DStJG 9 (1996), S. 81 (98); Thömmes in: GS Knobbe-Keuk, S. 795 (798).

641 Vgl. auch Wernsmann, EuR 1999, 754 (769 ff.).

642 So auch Reimer in: Lehner, Grundfreiheiten, S. 39 (60).

643 Frotscher, IntStR, S. 45.

das sich in § 12 Abs. 1 KStG manifestiert, könnte eine derartige systemgerechte Lösung darstellen.

Unter „Steuerentstrickung“ wird allgemein ein Vorgang verstanden, durch den stille Reserven, die bei Realisation der deutschen Besteuerung unterliegen würden, zukünftig dem nationalen Zugriff entzogen („entstrickt“) werden[644]. Demgegenüber erfasst die sog. „Verstrickung“ Vorgänge, die dazu führen, dass stille Reserven, die zuvor bei Realisation nicht der inländischen Besteuerung unterlegen hätten, zukünftig dieser Besteuerung unterworfen („verstrickt“) werden. Der Ent- und Verstrickungsgedanke findet sich in einer Reihe von Vorschriften des deutschen Steuerrechts[645]. Endet die Existenz einer Kapitalgesellschaft, kommt es in der Regel im Rahmen der Liquidationsbesteuerung nach § 11 KStG zur Aufdeckung und Besteuerung der stillen Reserven. Wenn ein Einzelunternehmer sein Geschäft aufgibt, sieht § 16 EStG die Besteuerung der stillen Reserven vor. Nicht anders verhält es sich, wenn eine bislang steuerpflichtige Körperschaft in die Steuerfreiheit wechselt (§ 13 Abs. 1 KStG). Die Aufdeckung der stillen Reserven lässt sich hier als die Kehrseite der Regelungen ansehen, die die (steuerbefreite) Bildung von stillen Reserven zulassen, z.B. die Bewertungsregelungen des § 6 EStG. Dass der Fiskus die stillen Reserven zum letztmöglichen Zeitpunkt (als „ultima ratio“) besteuert, wird daher im Schrifttum auch weithin akzeptiert[646]. Dies gilt im Besonderen für die in § 12 KStG vorgesehene Schlussbesteuerung[647], die verhindern soll, dass die im inländischen Betriebsvermögen vorhandenen stillen Reserven der deutschen Besteuerung entzogen werden[648].

Die nationale Rechtsprechung scheint die Steuerentstrickung als kohärenten Bestandteil des deutschen Steuersystems anzuerkennen. So führte der BFH im Jahre 1997 zur Entstrickung im Rahmen der für natürliche Personen geltenden Wegzugsbesteuerung nach § 6 AStG Folgendes aus[649]:

---

644 Siehe Pohl in: Forum Bd. 23 (2002), S. 33 (37).

645 Ein allgemeiner Entstrickungsgrundsatz existiert hingegen nicht, auch wenn die Einführung einer derartigen Vorschrift von Zeit zu Zeit diskutiert wird. Siehe hierzu z.B. 2. Teil C II hinsichtlich des Vorstoßes im Rahmen der geplanten Einkommensteuerreform 1977 oder Pohl in: Forum Bd. 23 (2002), S. 33 ff.

646 Siehe nur Schaumburg in: Forum Bd. 18 (2000) S. 1 ff.

647 Hofmeister in: Blümich § 12 KStG Rz. 8; Knobbe-Keuk, DB 1991, 298 (300); Kolbe in: HHR § 12 KStG Rz. 7; Lambrecht in: Gosch § 12 KStG Rz. 16; Stapperfend, FR 2003, 165 (172).

648 Siehe 4. Teil D II 3 c) bb).

649 BFH v. 17.12.1997, I B 108/97, BStBl II 1998, 558; die Entscheidung wurde in der Literatur vor allem im Hinblick auf die Begriffswahl kritisiert: Birk in: FS Offerhaus, S. 163 (166 m.w.N.); Dautzenberg, FR 1998, 491; Kaefer/Leenders/Toifl, EWS 1998, 229; Lausterer, IStR 1998, 303 (305); Pohl, IStR 2001, 460 (463); Reimer in: Lehner, Grundfreiheiten, S. 39 (98 ff.); siehe 5. Teil A I 2 a) aa) (3) (γ).

„Der Senat muß über die Existenz eines entsprechenden Gleichbehandlungsgebotes nicht entscheiden, weil die unterstellte Verletzung der Art. 48, 52 und/oder 59 EUV jedenfalls gerechtfertigt wäre. Die Steuersouveränität der Mitgliedstaaten erlaubt diesen, ihr Steuersystem nach eigenem Ermessen auszugestalten. Dadurch bedingte Beschränkungen der Grundfreiheiten müssen hingenommen werden, wenn sie unvermeidbar sind, um das Funktionieren des Steuersystems zu gewährleisten. Diese Voraussetzung ist im Streitfall schon deshalb erfüllt, weil angesichts der Regelungen in den DBA im allgemeinen und im DBA-Belgien im besonderen der Zeitpunkt der Aufgabe der unbeschränkten Steuerpflicht der letzte ist, in dem die stillen Reserven innerhalb einer wesentlichen Beteiligung an einer inländischen Kapitalgesellschaft berechtigterweise noch besteuert werden können. Will Deutschland sein Besteuerungsrecht auf diese stillen Reserven nicht aufgeben, kann es dies im Falle eines Wegzuges nur mit Beendigung der unbeschränkten Steuerpflicht nach Maßgabe des § 6 Abs. 1 AStG durchsetzen."

Dass die stillen Reserven am letztmöglichen Zeitpunkt gemäß § 12 Abs. 1 KStG versteuert werden, kann damit als „kohärente" Regelung des deutschen Steuersystems angesehen werden.

Mit Blick auf die „Wielockx"-Entscheidung ist jedoch auch zu prüfen, ob die Kohärenz auf der Ebene des nationalen Steuerrechts nicht durch einen Verzicht des Besteuerungsrechts auf Abkommensebene aufgehoben wird[650]. Art. 7 OECD-MA weist das Recht der Besteuerung der stillen Reserven in einer Kapitalgesellschaft bzw. in Wirtschaftsgütern einer Kapitalgesellschaft dem Vertragsstaat zu, in dem die Kapitalgesellschaft ansässig ist. Bei Verlegung von Sitz und Geschäftsleitung endet jedoch die Ansässigkeit. Im Schrifttum wird daher vertreten, dass mit einem Wegzug der Zuzugsstaat das Besteuerungsrecht erhalte und eine Regelung, die auf nationaler Ebene die Aufdeckung der stillen Reserven vorsieht, nicht kohärent sein könne[651]. Dieser Ansicht ist nicht zu folgen. Aus Art. 7 OECD-MA lässt sich nicht ableiten, dass der Ansässigkeitsstaat bei einem Wegzug der Kapitalgesellschaft auf die Besteuerung der stillen Reserven verzichten muss[652]. Bei Aufgabe einer Betriebsstätte verbleibt das Besteuerungsrecht hinsichtlich der darin ruhenden stillen Reserven gemäß Art. 13 Abs. 2 OECD-MA dem Wegzugsstaat. Auch bei einer Überführung einzelner Wirtschaftsgüter zwischen einer Betriebsstätte und dem Stammhaus kann der Wegzugsstaat grundsätzlich die stillen Reserven noch versteuern[653]. Es ist kein Grund ersichtlich, dass Art. 7 OECD-MA einer Besteuerung der stillen Reserven durch den Wegzugsstaat bei Sitzverlegung entgegen steht.

---

650 Siehe 5. Teil A I 2 a) aa).

651 So Laule, IFSt-Schrift Nr. 407, S. 38; Sedemund DStZ 2003, 407 (410).

652 Ebenso Schön, StbJB 2003/2004, S. 27 (50).

653 Ziffer 15 Kommentar zu Art. 7 OECD-MA .

§ 12 Abs. 1 KStG ist daher auch vor dem Hintergrund des Abkommensrechts als eine kohärente Regelung zu qualifizieren.

(3) Rechtsprechung des EuGH

Zur Frage, ob die Aufdeckung der stillen Reserven bei Verlegung von Sitz und/oder Geschäftsleitung einer Kapitalgesellschaft Ausdruck steuerlicher Kohärenz ist, liegt bislang keine Entscheidung des EuGH vor. Allerdings ging es in einer Reihe von Urteilen um ähnliche Fragestellungen:

(α) „Daily Mail"

Die Vorlage „Daily Mail" kommt dem Regelungsbereich des § 12 Abs. 1 KStG von allen einschlägigen EuGH-Entscheidungen am nächsten, da es darin auch um die Aufdeckung der stillen Reserven einer Kapitalgesellschaft in einem Wegzugsfall ging. Die Geschäftsleitung einer britischen Gesellschaft war in die Niederlande verlegt worden[654]. Die Aufdeckung der stillen Reserven hätte zwar durch eine spezielle Genehmigung der britischen Finanzverwaltung verhindert werden können, die Genehmigung wurde aber verweigert. Der Generalanwalt führte aus, dass das Gemeinschaftsrecht einer Schlussbesteuerung bei der Verlegung der Geschäftsleitung einer Gesellschaft selbst dann nicht entgegen stehe, wenn die Gesellschaft nicht liquidiert werde[655]:

> *„Dennoch steht das Gemeinschaftsrecht bei seinem derzeitigen Stand dem nicht entgegen, daß ein Mitgliedstaat den Abschluß der Steuerrechnung einer Gesellschaft anläßlich der Verlegung der Geschäftsleitung dieser Gesellschaft verlangt, selbst wenn ihre Liquidierung nicht gefordert wird. [...] Es wäre paradox, wenn ein Staat, der die Liquidierung nicht fordert, gemeinschaftsrechtlich hinsichtlich seiner Steueransprüche benachteiligt würde, wo doch sein Gesellschaftsrecht den gemeinschaftlichen Zielen auf dem Gebiet des Niederlassungsrechts entspricht."*

Der Generalanwalt bringt mit dem Hinweis auf die Liquidation zwar lediglich zum Ausdruck, dass die an die Sitzverlegung einer der Sitztheorie unterfallenden Kapitalgesellschaft geknüpfte Aufdeckung der stillen Reserven auch für die Sitzverlegung einer Kapitalgesellschaft gelten soll, für die die Gründungstheorie gilt[656]. Dass die Aufdeckung der stillen Reserven auf die der Gründungstheorie unterfallenden Gesellschaften ausgedehnt werde, lässt aber auf ein anerkennenswertes Allgemeininteresse der Mitgliedstaaten schließen, bei Wegzug einer

---

654 Siehe auch unter 4. Teil C II 3 a).

655 SchlA GA Darmon v. 7.6.1988, Rs. C-81/97 (Daily Mail), Slg. 1988, 5500, Randnr. 13.

656 Bei der Geltung der Gründungstheorie bewirkt die Verlegung des Sitzes keine Liquidation der Gesellschaft (siehe 4. Teil C II 1 a) und damit auch keine „automatische" Aufdeckung der stillen Reserven.

Kapitalgesellschaft die Besteuerung sämtlicher stillen Reserven sicherzustellen[657].

Die Bedeutung dieser Passage der Schlussanträge wird allerdings dadurch relativiert, dass sich die steuerliche Vorlagefrage in der Entscheidung selbst nicht mehr stellte. Die Ausführungen des EuGH beschränkten sich auf die gesellschaftsrechtliche Situation. Zudem datiert die Entscheidung „Daily Mail" aus dem Jahr 1988. Die Rechtssache „Daily Mail" war nicht nur einer der ersten Fälle auf dem Gebiet der direkten Steuern, sondern auch die erste Entscheidung, in denen die Niederlassungsfreiheit als Beschränkungsverbot gesehen wurde[658]. Auch wenn sich der EuGH bislang nicht von den dort getroffenen Grundaussagen distanziert hat, ist doch gegenwärtig in der Rechtsprechung die Tendenz zu beobachten, dass die Ausübung der Besteuerungsbefugnisse der Mitgliedstaaten an einem strengeren Maßstab gemessen wird[659]. Das Urteil „Daily Mail" spricht daher zwar für eine Rechtfertigung der Schlussbesteuerung bei Verlegung von Sitz und/oder Geschäftsleitung einer Kapitalgesellschaft. Rechtssicherheit besteht insoweit jedoch noch nicht.

(β) „X und Y"

In der im Vergleich zu „Daily Mail" relativ „jungen" Rechtssache „X und Y" scheint der EuGH das Prinzip der Steuerentstrickung als Allgemeininteresse anzuerkennen[660]. In der Vorlage ging es um die Aufdeckung der stillen Reserven bei der Übertragung von Beteiligungen an Kapitalgesellschaften. Das schwedische Steuerrecht erlaubte einen Aufschub der Gewinnrealisierung nur dann, wenn die übernehmende Gesellschaft nicht im Ausland ansässig war oder von einer ausländischen Gesellschaft beherrscht wurde. Der EuGH brachte in seiner Urteilsbegründung zum Ausdruck, dass die Besteuerung der stillen Reserven grundsätzlich von dem Rechtfertigungsgrund der Kohärenz der Steuerregelung erfasst sei, wenn das Risiko des endgültigen Wegzugs bzw. des endgültigen Verlustes des Steuersubstrats drohe. Den Mitgliedstaaten sei der Aufbau eines kohärenten Körperschaftsteuersystems unter Einschluss der Besteuerung der stillen Reserven bei den Anteilseignern gestattet. Die unter schwedischem Steuerrecht vorgesehene sofortige Besteuerung sei jedoch unverhältnismäßig. Es gebe mildere Mittel zur Sicherung des Steuersubstrats[661]:

---

657 So auch Cordewener, S. 413.

658 Vgl. Weber-Grellet, EuStR, S. 47.

659 Vgl. nur EuGH v. 12.12.2002, Rs. C-324/00 (Lankhorst), Slg. 2002, I-11779.

660 EuGH v. 21.11.2002, Rs. C-436/00 (X und Y), Slg. 2002, I-10829, Randnr. 59.

661 EuGH v. 21.11.2002, Rs. C-436/00 (X und Y), Slg. 2002, I-10829, Randnr. 58 f.

„In einem Fall wie dem des Ausgangsverfahrens ergibt sich die Gefahr hingegen daraus, dass die Besteuerungsgrundlage wegen des endgültigen Wegzugs des Steuerpflichtigen in das Ausland später wegfallen kann. In einer solchen Situation kann [...] die Kohärenz der Steuerregelung durch weniger einschneidende oder die Niederlassungsfreiheit weniger beeinträchtigende Maßnahmen erreicht werden, die sich speziell auf das Risiko eines endgültigen Wegzugs des Steuerpflichtigen beziehen und alle Typen der Aktienübertragung erfassen, die das gleiche objektive Risiko mit sich bringen. Sie könnten etwa in einer Regelung bestehen, die eine Kaution oder sonstige Garantien verlangt, um im Fall eines endgültigen Wegzugs des Übertragenden in das Ausland die Steuerzahlung zu gewährleisten."

Der EuGH schloss sich insoweit der Stellungnahme des Generalanwalts an, der darauf hingewiesen hatte, dass eine Entstrickung der stillen Reserven grundsätzlich legitim sei, wenn der Steuerpflichtige aus dem Hoheitsgebiet wegziehe, dass eine vorsorgliche Besteuerung bei einer Anteilsübertragung jedoch unverhältnismäßig sei[662].

(γ) „Lasteyrie du Saillant"

In dem Urteil „Lasteyrie du Saillant" bahnt sich möglicherweise eine Kehrtwende an[663]. Denn der EuGH hat darin entschieden, dass eine französische Vorschrift, die bei dem Wegzug einer natürlichen Person eine Aufdeckung der stillen Reserven für steuerverstrickte wesentliche Beteiligungen anordnet, gegen die Niederlassungsfreiheit verstößt.

Nach Art. 167bis CGI waren die stillen Reserven in wesentlichen Beteiligungen an Gesellschaften mit Sitz in Frankreich zum Zeitpunkt des Wegzugs aufzudecken, wenn der Anteilseigner seinen steuerlichen Wohnsitz während der letzten 10 Jahre mindestens sechs Jahre in Frankreich gehabt hatte. Die Zahlung der Steuer konnte jedoch bis zur tatsächlichen Realisation aufgeschoben werden, falls der Steuerpflichtige die Wertsteigerung erklärte, einen Antrag auf Zahlungsaufschub stellte, einen in Frankreich ansässigen Steuerbevollmächtigten benannte und insbesondere ausreichende Sicherheiten zur Verfügung stellte. Nach Ablauf von fünf Jahren ab dem Wegzug (oder früher, wenn der Steuerpflichtige wieder nach Frankreich zurückkehrte) wurde die vorläufig festgesetzte Steuer wieder von Amts wegen erlassen, sofern sich die Beteiligung noch im Vermögen des Steuerpflichtigen befand.

Die in dem Verfahren beteiligte niederländische Regierung verwies zur Rechtfertigung der französischen Vorschriften auf das Territorialitätsprinzip sowie

---

662 SchlA GA Mischo v. 6.6.2002, Rs. C-436/00 (X und Y), Slg. 2002, I-10832, Randnr. 54 ff.; siehe dazu auch Essers/Elsweier, EC Tax Review 2003, 82 (85).

663 EuGH v. 11.3.2004, Rs. C-9/02 (Lasteyrie du Saillant), GmbHR 2004, 504.

darauf, dass das Besteuerungsrecht auf Wertsteigerungen beschränkt sei, die im Wohnsitzstaat des Steuerpflichtigen realisiert worden seien. Der Wohnsitzstaat könne die Wertsteigerungen daher besteuern, wenn die Wertpapiere veräußert würden oder der Steuerpflichtige seinen Wohnsitz verlege. Die vorläufige Festsetzung der Steuern stelle damit im Fall „Lasteyrie du Saillant" eine verhältnismäßige Maßnahme dar, um die Kohärenz des nationalen Steuersystems zu wahren, weil ein unmittelbarer Zusammenhang zwischen dem Aufschub der jährlichen Besteuerung des mit den Wertpapieren verbundenen Kapitalzuwachses und der tatsächlichen Erhebung der Steuern bei Verlegung des Wohnsitzes in das Ausland bestehe[664].

Der EuGH folgte dieser Argumentation nicht. Er verneinte zwar nicht die Kohärenz eines Steuersystems, das die innerhalb eines Hoheitsbereichs gebildeten stillen Reserven anlässlich einer Steuerentstrickung aufdeckt und der Besteuerung unterwirft, hielt den Grundsatz der Kohärenz bei der vorgelegten Norm Art. 167bis CGI aber nicht für einschlägig, da die Regelung nach dem Vorbringen der französischen Regierung nicht die Besteuerung wegen der Steuerentstrickung bezwecke. Art. 167bis CGI war vielmehr für den Fall geschaffen worden, dass Steuerpflichtige ihren Wohnsitz lediglich vorübergehend aus Frankreich verlegen, um der Besteuerung des Veräußerungsgewinns bei Wertpapiervermögen zu entgehen[665]:

> *„Mit Art. 167bis CGI wird somit offenbar nicht das Ziel verfolgt, allgemein in dem Fall, daß ein Steuerpflichtiger seinen Wohnsitz ins Ausland verlegt, die Besteuerung der Wertsteigerungen sicherzustellen, die während seines Aufenthalts in Frankreich eingetreten sind." [...] „Unter diesen Umständen entfällt in Anbetracht des Ziels, das mit der in Art. 167bis CGI vorgesehenen Steuerregelung verfolgt wird, die Prämisse, auf der das von der niederländischen Regierung angeführte Argument der steuerrechtlichen Kohärenz basiert. Die auf das Ziel der steuerrechtlichen Kohärenz gestützte Rechtfertigung einer solchen Regelung, die im übrigen von der französischen Regierung nicht geltend gemacht worden ist, ist daher zurückzuweisen."*

Der EuGH stellte abschließend fest, dass Art. 167bis CGI (nur dann) gegen die Niederlassungsfreiheit verstößt, wenn diese Vorschrift der Vorbeugung gegen die Steuerflucht dient[666]:

> *„Folglich ist auf die vorgelegte Frage zu antworten, daß der in Art. 52 EG-Vertrag verankerte Grundsatz der Niederlassungsfreiheit dahin auszulegen ist, daß er es einem Mitgliedstaat verwehrt, zur Vorbeugung gegen die Steuerflucht*

664 EuGH v. 11.3.2004, Rs. C-9/02 (Lasteyrie du Saillant), GmbHR 2004, 504, Randnr. 33.

665 EuGH v. 11.3.2004, Rs. C-9/02 (Lasteyrie du Saillant), GmbHR 2004, 504, Randnrn. 65 ff.

666 EuGH v. 11.3.2004, Rs. C-9/02 (Lasteyrie du Saillant), GmbHR 2004, 504, Randnr. 69.

eine Regelung wie die in Art. 167bis CGI vorgesehene einzuführen, wonach latente Wertsteigerungen besteuert werden, wenn ein Steuerpflichtiger seinen steuerlichen Wohnsitz ins Ausland verlegt."

Der EuGH folgte damit nicht dem allgemeineren Vorschlag des Generalanwalts, der in seinen Schlussanträgen folgenden Wortlaut vorgeschlagen hatte[667]:

„Artikel 52 EG-Vertrag (nach Änderung jetzt Artikel 43 EG) steht einer nationalen Regelung wie der im Ausgangsverfahren streitigen entgegen, die zu Lasten aller Steuerpflichtigen, die ihren steuerlichen Wohnsitz in einen anderen Mitgliedstaat verlegen, die sofortige Besteuerung noch nicht realisierter Gewinne vorsieht."

Im Schrifttum wird das Urteil „Lasteyrie du Saillant" zum Teil dahin gehend ausgelegt, dass der EuGH nunmehr die Entstrickung bei Sitzverlegung nach § 12 Abs. 1 KStG als europarechtswidrig qualifiziert habe[668]. Insbesondere die Tatsache, dass der EuGH dem Vorschlag des Generalanwalts nicht gefolgt ist, dürfte jedoch dafür sprechen, dass eine derartige Folgerung nicht angebracht ist[669].

(δ) Bewertung der EuGH-Rechtsprechung

Zusammenfassend lässt sich feststellen, dass die Aufdeckung der stillen Reserven bei Steuerentstrickung vor dem Hintergrund der bisherigen Rechtsprechung des EuGH als kohärente Regelung und damit als zwingenden Grund des Allgemeininteresses anerkannt werden kann. Die Entscheidung „Lasteyrie du Saillant" steht dem entgegen einer verbreiteten Meinung in der Literatur nicht im Wege. Der EuGH hat darin nur zum Ausdruck gebracht, dass die Aufdeckung der stillen Reserven hinsichtlich der französischen Wegzugsregelung für natürliche Personen nicht kohärent ist, sofern der einzige Zweck der Regelung in der Bekämpfung der Steuerflucht besteht. Das Urteil enthält indes keine Festlegungen zu einer Wegzugsregelung, die eine Aufdeckung der stillen Reserven vorsieht, wenn ansonsten der Verlust von Besteuerungssubstrat droht.

---

667 SchlA GA Mischo v. 13.3.2003, Rs. C-9/02 (Lasteyrie du Saillant), Randnr. 85 (abrufbar unter: http://curia.eu.int).

668 Eicker/Schwind, EWS 2004, 186 (189); Kleinert/Probst, DB 2004, 673 (674); Schnitger, BB 2004, 804 (810); wohl auch P. Fischer, FR 2004, 630 (633); Rödder, DStR 2004, 1629 (1633).

669 So im Ergebnis auch Elicker, IStR 2005, 89 (91 f.); Hofmeister in: FS Wassermeyer, S. 437 (445 f.); Körner, IStR 2004, 424 (430); Kofler, ÖStZ 2004, 195 (197); Schindler, IStR 2004, 711 (712); Thiel, DB 2004, 2603 (2609); Wassermeyer, GmbHR 2004, 613 (616).

(4) Ergebnis: Kohärenz der Steuerentstrickung

Das in § 12 Abs. 1 KStG normierte Prinzip der Steuerentstrickung stellt eine kohärente Regelung des nationalen Steuerrechts dar. Weder die von Deutschland abgeschlossenen Doppelbesteuerungsabkommen noch die bisherige Rechtsprechung des EuGH stehen dem entgegen. Der Eingriff in den Schutzbereich der Niederlassungsfreiheit durch § 12 Abs. 1 KStG ist damit aus Gründen der Kohärenz gerechtfertigt[670].

bb) Territorialitätsprinzip

Ob das „Territorialitätsprinzip" als ein eigenständiger Rechtfertigungsgrund gilt, ist noch ungeklärt, zumal territoriale Aspekte auch im Rahmen der Kohärenz-Prüfung zu berücksichtigen sind[671]. Unabhängig von der dogmatischen Einordnung spricht das Territorialitätsprinzip jedoch für eine Rechtfertigung des § 12 Abs. 1 KStG. Würde man den Mitgliedstaaten das Recht absprechen, die in ihrem Hoheitsgebiet erwirtschafteten stillen Reserven zu besteuern, käme dies einem sehr weitgehenden Eingriff in ihre Steuerhoheit gleich[672]. Die EU-Mitgliedstaaten sind jedoch trotz ihrer Einbindung in die Europäische Gemeinschaft souveräne Staaten und damit auch *„souveräne Steuergläubiger auf der Grundlage territorial begründeter Staatlichkeit"* geblieben[673]. Dies gilt insbesondere für den Bereich der direkten Steuern, weil der EGV der Gemeinschaft insoweit – anders als bei den indirekten Steuern – keine spezifische Kompetenz zuweist[674]. Die Gemeinschaft hat sich durch den Vertrag von Maastricht ausdrücklich für den Wettbewerb der Steuersysteme entschieden[675]. Diesem Wettbewerb der Steuersysteme entspricht eine Zurückhaltung auf dem Gebiet der

---

670 H.M. im Schrifttum, siehe Dötsch in: Dötsch/Eversberg/Jost § 12 KStG Rz. 68; Frotscher in: Frotscher/Maas § 12 KStG Rz. 19b; Hofmeister in: Blümich § 12 KStG Rz. 8; Kolbe in: HHR § 12 KStG Rz. 7; Stapperfend, FR 2003, 165 (172 f).

671 Für eine Eigenständigkeit: SchlA GA Alber v. 24.9.2002, Rs. C-168/01 (Bosal), Slg. 2003, I-9411, Randnrn. 22 und 66; Körner, IStR 2004, 424 (427); wohl auch Malmer, CDFI, LXXXVIIb (2002), S. 79 (88 f.); a.A. Cordewener, S. 631 f. m.w.N.

672 Davon zu unterscheiden sind bloße haushalts- oder wirtschaftspolitischen Gründe oder die bloße Sicherung des Steueraufkommens, die in der EuGH-Rechtsprechung bislang nicht als Rechtfertigungsgrund akzeptiert wurden: EuGH v. 28.1.1986, Rs. C-270/83 (avoir fiscal), Slg. 1986, 273, Randnr. 21 ; EuGH v. 27.6.1996, Rs. C-107/94 (Asscher), Slg. 1996, I-3089, Randnrn. 51 ff.; EuGH v. 21.9.1999, Rs. C-307/97 (Saint-Gobain), Slg. 1999, I-6161, Randnr. 50; siehe auch Cordewener, S. 936 m.w.N.

673 So Lehner in: FS Wassermeyer, S. 241 (254).

674 Alber in: Forum Bd. 28 (2004), S. 1 (27); Kuntze, S. 198 ff.; Lehner in: Gassner/Lang/Lechner, DBA und EU-Recht, S. 11 (14); Lehner in: DStJG 23 (2000), S. 263 (264 f.).

675 Herzig in: DStJG 19 (1996), S. 121 ff.; J. Lang in: FS Flick, S. 873 (885 ff.); Lehner, StuW 1998, 159 (160); Takacs, S. 509 ff.

Rechtsangleichung, die insbesondere nicht durch eine stille Harmonisierung im Wege extensiver Auslegung der Grundfreiheiten konterkariert werden darf[676].

Ein Blick auf die Steuersysteme der anderen Mitgliedstaaten zeigt zudem, dass die Besteuerung der stillen Reserven bei der Verlegung von Sitz und/oder Geschäftsleitung einer Kapitalgesellschaft durchaus üblich ist[677]. Die Verfahrensweise in den anderen Mitgliedstaaten ist zwar keine Rechtfertigung für einen Eingriff in die geschützten Grundfreiheiten, lässt sich jedoch als Auslegungshilfe bei der Interpretation der Niederlassungsfreiheit heranziehen. Gehört eine Regelung in allen oder nahezu allen Mitgliedstaaten zum Bestand der steuerlichen Normen, sind die Anforderungen an das Vorliegen eines Rechtfertigungsgrundes für diese Regelung geringer, als wenn sich die beanstandete Regelung nur im Steuerrecht des Anwendestaates finden würde[678]. Dies gilt besonders dann, wenn die Niederlassungsfreiheit als Beschränkungsverbot betroffen ist. Denn anders als bei der Funktion als Diskriminierungsverbot kommt es hier nicht auf die steuerliche Behandlung in einem speziellen Mitgliedstaat an, sondern die Regelung muss im Kontext des Rechts aller Mitgliedstaaten gewürdigt werden.

cc) Bekämpfung von Steuerumgehung

Die Bekämpfung von Steuerumgehungen oder Steuerhinterziehungen wurde in der Vergangenheit in einer Reihe von Entscheidungen als legitimer Rechtfertigungsgrund anerkannt[679]. Die Verlegung von Sitz und Geschäftsleitung ist allerdings als bloße Inanspruchnahme der innerhalb des Gemeinschaftsgebietes geltenden Niederlassungsfreiheit ein neutraler Vorgang, der nicht mit dem Versuch einer Steuerumgehung oder –hinterziehung gleichgesetzt werden kann. Dies entspricht auch der Auffassung des EuGH. Sowohl in der Rechtssache „ICI“[680] als auch in der Entscheidung „Lankhorst“[681] wird betont, dass die Tatsache, dass eine Gesellschaft ihren Sitz außerhalb der Bundesrepublik Deutschland habe, nicht bereits eine Steuerumgehung impliziere, da die betreffende Gesellschaft auf jeden Fall dem Steuerrecht des Niederlassungsstaates unterliege. Ebensowe-

---

676 So auch Lehner in: DStJG 23 (2000), S. 263 (281); Kokott in: Lehner, Grundfreiheiten, S. 1 ff.

677 Es existieren nur wenige Länder wie z.B. Portugal, die keine Schlussbesteuerung durchführen, siehe Thömmes, European Taxation 2004, 22.

678 So auch Reimer in: Lehner, Grundfreiheiten, S. 39 (68), der den Usus in den anderen Mitgliedstaaten bei der Verhältnismäßigkeitsprüfung berücksichtigen will.

679 EuGH v. 16.7.1998, Rs. C-264/96 (ICI), Slg. 1998, I-4695, Randnr. 26; EuGH v. 8.3.2001, Rs. C-397/98 und C-410/98 (Metallgesellschaft/Hoechst), Slg. 2001, I-1727, Randnr. 57; EuGH v. 21.11.2002, Rs. C-436/00 (X und Y), Slg. 2002, I-10829, Randnr. 42 f.

680 EuGH v. 16.7.1998, Rs. C-264/96 (ICI), Slg. 1998, I-4695, Randnr. 26.

681 EuGH v. 12.12.2002, Rs. C-324/00 (Lankhorst), Slg. 2002, I-11779, Randnr. 37.

nig stellt die Wohnsitzverlegung natürlicher Personen per se ein missbräuchliches Verhalten dar[682].

Darüber hinaus wäre § 12 Abs. 1 KStG selbst dann, wenn man die schlichte Verlegung von Sitz und Geschäftsleitung als Steuerumgehung bewerten könnte, wegen seiner Pauschalität nicht gemeinschaftskonform ausgestaltet. Ein rechtfertigendes Allgemeininteresse liegt nach der Rechtsprechung des EuGH nicht vor, wenn der Missbrauch aufgrund allgemeiner, typisierender Merkmale vermutet wird[683]. Dies wäre jedoch gerade der Fall, sofern die Verlegung von Sitz oder Geschäftsleitung allgemein als Versuch gewertet würde, stille Reserven der deutschen Besteuerung zu entziehen.

dd) Ergebnis

Das in § 12 Abs. 1 KStG verankerte Prinzip der Steuerentstrickung ist eine kohärente Maßnahme. Der Eingriff in die Niederlassungsfreiheit gemäß Art. 43 EGV ist daher durch einen zwingenden Grund des Allgemeininteresses gerechtfertigt. Aspekte der Territorialität sprechen ebenfalls für eine Rechtfertigung. Die Rechtfertigungsgründe „Bekämpfung der Steuerumgehung bzw. Steuerhinterziehung“ liegen indes nicht vor.

Es bleibt zu prüfen, ob § 12 Abs. 1 KStG geeignet und verhältnismäßig ist.

b) Geeignetheit des Mittels

Bei der Beurteilung der Geeignetheit des Mittels steht den Mitgliedstaaten ein weiter Beurteilungsspielraum zu. Lediglich gänzlich untaugliche Mittel legitimieren keine Beschränkung[684]. Die Aufdeckung der stillen Reserven bei Verlegung von Sitz und Geschäftsleitung gemäß § 12 Abs. 1 KStG unabhängig davon, ob die Wirtschaftsgüter im Inland verbleiben, ist ein geeignetes Mittel zur Sicherstellung der Besteuerung der darin enthaltenen stillen Reserven.

c) Verhältnismäßigkeit

Die Steuerentstrickung nach § 12 Abs. 1 KStG wäre mit der Niederlassungsfreiheit gemäß Art. 43 EGV nicht vereinbar, wenn ein milderes, gleich wirkendes

---

682 EuGH v. 11.3.2004, Rs. C-9/02 (Lasteyrie du Saillant), GmbHR 2004, 504, Randnr. 51.

683 Siehe EuGH v. 17.7.1997, Rs. C-28/95 (Leur-Bloem), Slg. 1997, I-4161; diese Entscheidung erging zwar zur FRL; sie verwies jedoch auf das EuGH-Urteil v. 31.3.1993, Rs. C-19/92 (Kraus), Slg. 1993, I-1663, das Art. 52 EWGV (jetzt Art. 43 EGV) betraf. Siehe hierzu Saß DB 1997, 2250.

684 Müller-Graff in: Streinz Art. 43 EGV Rz. 79.

Mittel zur Verfügung stünde (Verstoß gegen den Grundsatz der Verhältnismäßigkeit). Bei der Prüfung des § 12 Abs. 1 KStG wird im Folgenden danach unterschieden, ob die stillen Reserven weiterhin im Inland steuerverstrickt sind oder aus der deutschen Steuerhoheit ausscheiden.

aa) Fortbestehende Steuerverstrickung

Bleiben die stillen Reserven der sitzverlegenden Kapitalgesellschaft z.B. im Rahmen einer Betriebsstätte in Deutschland steuerverhaftet, ist § 12 Abs. 1 KStG teleologisch zu reduzieren[685]. Die Finanzverwaltung sowie ein Teil der Kommentarliteratur wollen § 12 Abs. 1 KStG jedoch entsprechend einer streng am Wortlaut orientierten Auslegung auch in diesem Falle anwenden[686]. Zwar ist § 12 Abs. 1 KStG als kohärente Regelung zu beurteilen, die grundsätzlich auch geeignet ist, das gesetzgeberische Ziel, die Sicherung des Steuersubstrats, zu erreichen. Die sofortige Aufdeckung der stillen Reserven bei Verlegung von Sitz und Geschäftsleitung der Kapitalgesellschaft ist bei fortbestehender Steuerverstrickung allerdings nicht verhältnismäßig, da dem Fiskus ein milderes Mittel zur Verfügung steht. Die stillen Reserven können nämlich zu einem späteren Zeitpunkt, z.B. bei der Verlegung oder Aufgabe der Betriebsstätte, z.B. gemäß § 12 Abs. 2 KStG versteuert werden. Die Anwendung des § 12 Abs. 1 KStG auf stillen Reserven, die in Deutschland steuerverstrickt bleiben, würde damit gegen die Niederlassungsfreiheit gemäß Art. 43 EGV verstoßen[687].

bb) Steuerentstrickung

Soweit die Wirtschaftsgüter aus der deutschen Steuerhoheit ausscheiden und ein Verlust von Steuersubstrat droht, stellt sich die Frage der Verhältnismäßigkeit hinsichtlich des Besteuerungszeitpunkts. Im Gegensatz zu einer tatsächlichen Realisation der stillen Reserven, z.B. durch die Veräußerung einzelner Wirtschaftsgüter, fließen der Kapitalgesellschaft bei einer bloßen Verlegung von Sitz

---

685 Siehe unter 4. Teil D II 3 c).

686 Siehe 4. Teil D II 3 a).

687 H.M. im Schrifttum, siehe nur Bieg, S. 160; Förster/Lange, RIW 2002, 585 (587); Kellersmann/Treisch, S. 197; Kluge, IntStR, S. 217; Knobbe-Keuk, JbFStR 1990/91, S. 69 (83 f.); Knobbe-Keuk, StuW 1990, 372 (379); Knobbe-Keuk, DB 1991, 298 (300); Knobbe-Keuk, Bil/UntStR, S. 939; Kolbe in: HHR § 12 KStG Rz. 17; Kutt, S. 202 f.; Saß, IWB v. 24.5.2000, Fach 11, Gruppe 2, S. 409 (416); Schaumburg, GmbHR 1996, 585 (592); Schaumburg, StuW 2000, 369 (374); A. Schulz/Petersen, DStR 2002, 1508 (1514); Stapperfend, FR 2003, 165 (173); Zisowski, S. 95 f. Für Europarechtswidrigkeit, ohne ausdrücklich auf die fehlende Verhältnismäßigkeit abzustellen: Hofmeister in: FS Wassermeyer, S. 437 (446); Kleinert/Probst, DB 2004, 673 (674); Sedemund, DStZ 2003, 407 (412); Thömmes, IWB v. 9.7.2003, Fach 11, Gruppe 2, S. 547 (553).

und/oder Geschäftsleitung keine liquiden Mittel zu. Der EuGH scheint zu bezweifeln, ob eine Besteuerung vor dem Realisationszeitpunkt als verhältnismäßig angesehen werden kann[688]. Zur Begründung des mit Schreiben vom 3.4.2004 gegen Deutschland eingeleiteten Vertragsverletzungsverfahrens wegen § 6 AStG führte der Gerichtshof aus, dass die Verletzung des Gemeinschaftsrechts nicht in der Besteuerung des Wertzuwachses an sich bestehe, sondern in der Besteuerung eines nicht realisierten Wertzuwachses[689]. Die sofortige Besteuerung zum Zeitpunkt der Sitzverlegung ohne tatsächliche Realisation der stillen Reserven gemäß § 12 Abs. 1 KStG wäre allerdings nur dann als eine unverhältnismäßige Regelung anzusehen, wenn ein milderes Mittel zur Sicherung des nationalen Besteuerungsanspruchs bestehen würde. Im Schrifttum werden hierzu eine Reihe von Maßnahmen diskutiert, die im Folgenden dargestellt werden sollen.

(1) Feststellungskonzept

Das mildeste Mittel zur Sicherung der nationalen Besteuerungsansprüche wäre die Abschaffung der Steuerentstrickung bei einer grenzüberschreitenden Sitzverlegung. Die Fiskalinteressen der einzelnen Staaten wären auf bilateralem, multilateralem oder supranationalem Wege, z.B. durch entsprechende DBA-Nachverhandlungen bzw. durch die Verabschiedung einer europäischen Richtlinie zu wahren. Die bis zur Sitzverlegung angewachsenen stillen Reserven blieben in der Steuerhoheit des Wegzugsstaates. Die danach entstandenen stillen Reserven wären der Steuerhoheit des Zuzugsstaates zuzuordnen. Das Konzept würde allerdings zumindest eine Feststellung der zum Zeitpunkt der Sitzverlegung vorhandenen stillen Reserven voraussetzen, damit das Steuersubstrat im Zeitpunkt der tatsächlichen Realisierung zwischen dem Wegzugs- und dem Zuzugsstaat aufgeteilt werden kann[690].

Die spätere Besteuerung der stillen Reserven würde entweder voraussetzen, dass die subjektive Steuerpflicht der Kapitalgesellschaften – ähnlich den bereits bestehenden Regelung im AStG - dahingehend erweitert wird, dass die stillen Reserven auch noch nach Wegzug besteuert werden können. Alternativ dazu könnten sich die betroffenen Staaten auch über eine bloße Aufteilung des Steuersubstrats verständigen[691]. Hierzu müsste der Wegzugsstaat vollständig auf sein Be-

---

688 So im Ergebnis auch Lausterer, DStZ 2004, 299 (302); Tumpel in: DStJG 23 (2000), S. 321 (369).

689 Pressemitteilung IP/04/493 der Kommission v. 19.4.2004, IStR 2004, Heft 9, S. III; siehe hierzu auch Ismer/Reimer/Rust, EWS 2004, 207.

690 Daher sog. „Feststellungskonzept", siehe Kessler/Huck/Obser/Schmalz, DStZ 2004, 855 (865 ff.). Ähnlich auch Mössner, StbJb. 2004/2005, S. 109 (152 ff.).

691 So Kessler/Huck/Obser/Schmalz, DStZ 2004, 855 (865 ff.); Schaumburg in: FS Wassermeyer, S. 411 ff.

steuerungsrecht verzichten und die stillen Reserven müssten im Realisationsfall vom Zuzugsstaat aufgedeckt werden. Dem Wegzugsstaat wäre dann vom Zuzugsstaat ein entsprechender Anteil am Besteuerungssubstrat zuzuweisen.

(2) Festsetzungskonzept

(α) Reiner Steueraufschub

Das sog. „Festsetzungskonzept" sieht vor, dass der Wegzugsstaat zum Zeitpunkt der Sitzverlegung die auf die stillen Reserven entfallende Steuer zwar festsetzt, die festgesetzte Steuer jedoch bis zur tatsächlichen Realisierung zinslos stundet[692]. Eine derartige Aufteilung der stillen Reserven findet in den von Deutschland abgeschlossenen Doppelbesteuerungsabkommen zum Teil – wenn auch nur in Bezug auf natürliche Personen - bereits statt[693]. Bei der Durchführung der Nachversteuerung wären Wertveränderungen zu berücksichtigen, die sich in der Zeit vom Ausscheiden aus der unbeschränkten Steuerpflicht bis zum tatsächlichen Realisationsakt ergeben haben[694]. Es müsste sichergestellt sein, dass der Wegzugsstaat nur diejenigen stillen Reserven versteuert, die auf die Zeit bis zum Wegzug entfallen. Spätere Erhöhungen des Wertes würden lediglich im Zuzugsstaat erfasst. Bei negativer Wertentwicklung wäre eine Begrenzung des Besteuerungsrechts des Wegzugsstaates auf den tatsächlich realisierten Wert erforderlich, weil die sitzverlegende Kapitalgesellschaft bei grenzüberschreitender Sitzverlegung ansonsten schlechter gestellt wäre als bei einer Sitzverlegung innerhalb eines Mitgliedstaates[695]. Da die Steuer lediglich aufgeschoben wird, müsste auf einen späteren Veräußerungsgewinn der im Zeitpunkt der Aufdeckung der stillen Reserven geltende Steuersatz angewendet werden.

(β) Steueraufschub mit Sicherheitsleistung

Zur Sicherung seiner Besteuerungsinteressen könnte der Wegzugsstaat die Steuer zum Zeitpunkt des Ausscheidens aus der Steuerhoheit nicht nur festset-

---

692 Siehe Hofmeister in: FS Wassermeyer, S. 437 (448): zinslose Stundung für mindestens 10 Jahre; Ismer/Reimer/Rust, EWS 2004, 207 (216) zu § 6 AStG; Kessler/Achilles/Huck, IStR 2003, 715 (719); Schön, StbJb. 2003/2004, S. 27 (51); Staringer, S. 222.

693 Art. 13 Abs. 5 DBA Dänemark, Finnland, Schweden, Schweiz; Art. 13 Abs. 6 DBA Österreich, USA; Art. 13 Abs. 7 Buchst. b) DBA Kanada; Schlussprotokoll Nr. 12 zu Art. 13 DBA Italien.

694 So auch Ismer/Reimer/Rust, EWS 2004, 207 (216); Schön, StBJb. 2003/2004, S. 27 (51).

695 Ebenso Brandenberg, StbJb. 2004/2005, S. 157 (162), Kessler/Huck/Obser/Schmalz, DStZ 2004, 855 (863); Schindler, IStR 2004, 300 (309); Schnitger, BB 2004, 804 (813); a.A. Hofmeister in: FS Wassermeyer, S. 437 (447).

zen und stunden, sondern den Steuerpflichtigen zudem zu einer Sicherheitsleistung verpflichten. In der Rechtssache „X und Y" scheint der EuGH die Lösung eines Steueraufschubs in Verbindung mit einer Sicherheitsleistung zu favorisieren. Wie bereits ausgeführt, wird in der Urteilsbegründung ausdrücklich auf die Möglichkeit hingewiesen, dass dem Sicherheitsbedürfnis der Mitgliedstaaten durch die Anforderung einer Kaution oder Garantie Rechnung getragen werden könne[696]:

> *„In einer solchen Situation kann [...] die Kohärenz der Steuerregelung durch weniger einschneidende oder die Niederlassungsfreiheit weniger beeinträchtigende Maßnahmen erreicht werden, die sich speziell auf das Risiko eines endgültigen Wegzugs des Steuerpflichtigen beziehen und alle Typen der Aktienübertragung erfassen, die das gleiche objektive Risiko mit sich bringen. Sie könnten etwa in einer Regelung bestehen, die eine Kaution oder sonstige Garantien verlangt, um im Fall eines endgültigen Wegzugs des Übertragenden in das Ausland die Steuerzahlung zu gewährleisten."*

(3) Fair-Value-Besteuerung

Schließlich könnte bereits die Entstehung von stillen Reserven verhindert bzw. stark eingeschränkt werden. Würde man zu einer Fair-Value-Besteuerung übergehen, wären die Wirtschaftsgüter der Kapitalgesellschaft zum Ende eines jeden Veranlagungszeitraums zum gemeinen Wert anzusetzen, so dass bei einer Sitzverlegung der Kapitalgesellschaft dann im Regelfall keine oder nur geringe stillen Reserven vorlägen.

(4) Festsetzungskonzept ohne Sicherheitsleistung als verhältnismäßiges Mittel

Das sog. „Feststellungskonzept", das eine Lösung auf supranationaler Ebene bzw. auf bi- oder multilateralem Wege voraussetzt, wäre wohl innerhalb einen angemessenen Zeitrahmens nicht umsetzbar[697]. In der Vergangenheit hat sich gezeigt, dass die Einigung auf eine EU-Richtlinie Jahrzehnte in Anspruch nehmen kann[698]. Auch die Aufnahme umfangreicher DBA-Nachverhandlungen verspricht keine schnelle Abhilfe. Das Feststellungskonzept ist daher nicht geeignet, die in § 12 Abs. 1 KStG vorgesehene sofortige Aufdeckung der stillen Re-

---

696 EuGH v. 21.11.2002, Rs. C-436/00 (X und Y), Slg. 2002, I-10829, Randnr. 59, siehe bereits unter 5. Teil A I 2 a) aa) (3) (β).

697 So auch Mössner StbJb. 2004/ 2005, S. 109 (155).

698 Ein Beispiel hierfür ist die FRL: Erster Vorschlag am 16.1.1969 (KOM (1969) 5 endg., ABl. 1969, Nr. C 39, S. 4), Verabschiedung am 23.7.1990 (ABl. 1990, Nr. L 225, S. 1), siehe Saß, DB 2005, 1238 m.w.N.

serven innerhalb eines akzeptablen Zeitrahmens durch ein milderes Mittel zu ersetzen.

Die Einführung der Fair-Value-Besteuerung würde bedeuten, dass die Erfassung nicht realisierter Gewinne, die bislang nach § 12 Abs. 1 KStG lediglich in grenzüberschreitenden Kontext vorgesehen ist, unabhängig von einer Sitzverlegung ins Ausland auf sämtliche Kapitalgesellschaften ausgeweitet werden müsste. Abgesehen von den dadurch ausgelösten Bewertungsproblemen[699] wäre eine Fair-Value-Besteuerung zudem verfassungsrechtlichen Bedenken ausgesetzt (Leistungsfähigkeitsprinzip)[700]. Eine generelle Einführung der Fair-Value-Besteuerung kann daher im Verhältnis zur gegenwärtigen Regelung in § 12 Abs. 1 KStG nicht als milderes Mittel qualifiziert werden.

Ob ein im Festsetzungskonzept vorgesehener Besteuerungsaufschub tatsächlich geeignet ist, als „milderes Mittel" den Grundsatz der Verhältnismäßigkeit zu wahren, ist jedenfalls zweifelhaft. Der bürokratische Aufwand wäre sehr hoch. Die Frage, ob eine tatsächliche Realisation stattgefunden hat, müsste bei einer konsequenten Umsetzung über Jahre hinweg überwacht werden. Der grenzüberschreitende Auskunftsverkehr gewährleistet jedoch im Regelfall insbesondere keine zeitnahe Information[701]. Falls ein Realisationsakt – ggf. über einen zwischenstaatlichen Auskunftsaustausch – den deutschen Finanzbehörden bekannt würde, wäre eine Nachversteuerung durchzuführen. Trotz dieser Praktikabilitätsbedenken würden die Mitgliedstaaten jedoch in einem Verfahren vor dem EuGH aller Voraussicht nach mit dem Einwand „Ermittlungsschwierigkeiten" nicht gehört werden. Der Gerichtshof hat in den bisherigen Entscheidungen wiederholt auf die EG-Amtshilfe-RL verwiesen, die den Mitgliedstaaten die Einholung erforderlicher Auskünfte ermöglicht[702]. Auch allgemeine gesetzes- und verwaltungstechnischer Schwierigkeiten hat der EuGH bislang regelmäßig als Rechtfertigungsgrund abgelehnt[703]. Die Verpflichtung zur Vollstreckungshilfe im Rahmen der Beitreibungsrichtlinie[704] wurde zudem auf die Einkommen-

699 So auch Wassermeyer in: Forum Bd. 28 (2004), S. 61.

700 Ismer/Reimer/Rust, EWS 2004, 207 (215).

701 Siehe Seer, IWB v. 9.3.2005, Fach 11, Gruppe 2, S. 673 (680); kritisch auch Wassermeyer in: DStJG 23 (2000), S. 321 ff.; Wassermeyer in: Forum Bd. 28 (2004), S. 60 ff.

702 St. Rspr. EuGH v. 12.4.1994, C-1/93 (Halliburton), Slg. 1994, I-1137, Randnr. 12; EuGH v. 14.2.1995, Rs. C-279/93 (Schumacker), Slg. 1995, I-225, Randnr. 45; EuGH v. 11.8.1995, Rs. C-80/94 (Wielockx), Slg. 1995, I-2493, Randnr. 26; EuGH v. 15.5.1997, Rs. C-250/95 (Futura), Slg. 1997, I-2471, Randnr. 30; EuGH v. 20.10.1999, Rs. C-55/98 (Vestergaard), Slg. 1999, I-7641; Englisch, StuW 2003, 88 (93); Kellersmann/Treisch, S. 165; Schön, IStR 1995, 119 (122).

703 Siehe dazu Cordewener, S. 937 ff. m.w.N.; Kellersmann/Treisch, S. 166.

704 Richtlinie 76/308/EWG des Rates v. 15.3.1976 über die gegenseitige Unterstützung der Beitreibung von Forderungen im Zusammenhang mit Maßnahmen, die Bestandteil des

und Körperschaftsteuer ausgeweitet[705], was dazu führen dürfte, dass dem Einwand der mangelnden Praktikabilität künftig vom EuGH ein eher noch geringerer Stellenwert beigemessen werden wird[706]. Es ist daher wohl davon auszugehen, dass mit dem Steuerfestsetzungskonzept eine mildere Alternative zu der in § 12 Abs. 1 KStG vorgesehenen sofortigen Aufdeckung der stillen Reserven zur Verfügung steht.

Vor dem Hintergrund der neueren EuGH-Rechtsprechung ist allerdings fraglich, ob bei der Umsetzung des Steuerfestsetzungskonzepts dem Sicherheitsbedürfnis der Mitgliedstaaten zusätzlich durch die Anforderung einer Sicherheit Rechnung getragen werden könnte[707]. Zwar scheint der EuGH dies in dem Verfahren „X und Y“ noch als verhältnismäßige Maßnahme anzuerkennen. Die Ausführungen des Generalanwalts in der Entscheidung „Lasteyrie du Saillant“ weisen jedoch in eine andere Richtung, da betont wird, dass auch eine Sicherheitengestellung als eine rechtfertigungsbedürftige Beschränkung der Niederlassungsfreiheit zu beurteilen ist[708]:

> *„Die fragliche Beschränkung beruht jedoch unabhängig von den Modalitäten der Sicherheitsleistung bereits auf der Verpflichtung, diese zu erbringen.“*

Hinzukommt, dass nach der bisherigen Rechtsprechung des EuGH bereits bloße Liquiditätsnachteile einer Kapitalgesellschaft einen Verstoß gegen die Niederlassungsfreiheit begründen[709].

Ergänzend ist darauf hinzuweisen, dass die Bundesregierung bei den Überlegungen zur Neufassung des § 6 AStG im Rahmen des gegen die Bundesrepublik Deutschland wegen der EuGH-Entscheidung „Lasteyrie du Saillant“ eingeleiteten Vertragsverletzungsverfahrens die Einführung des Festsetzungskonzepts ohne Sicherheitsleistung erwägt[710]. Die „Wegzugssteuer“ nach § 6 AStG soll danach wie bisher durch den Erlass eines Einkommensteuerbescheids auf den Zeitpunkt des Wegzugs festgesetzt und auf Dauer ohne Sicherheit gestundet

---

Finanzierungssystems des Europäischen Ausrichtungs- und Garantiefonds für die Landwirtschaft sind, sowie von Abschöpfungen und Zöllen, ABl. 1976 Nr. L 73 v. 19.3.1976, S. 18 ff.

705 Richtlinie 2001/44/EG des Rates v. 15.6.2001 zur Änderung der Richtlinie 76/308/EWG, ABl. 2001 Nr. L 175 v. 28.6.2001, S. 17 ff.

706 So auch Kofler, ÖStZ 2004, 195 (199).

707 Zweifelnd auch Schindler, IStR 2004, 300 (309) zu § 6 AStG; Rödder, IStR 2005, 297 (298).

708 SchlA GA Mischo v. 13.3.2003, C-9/02 (Lasteyrie du Saillant), Randnr. 42 (abrufbar unter: http://curia.eu.int).

709 EuGH v. 8.3.2001, Rs. C-397/98 und C-410/98 (Metallgesellschaft/Hoechst), Slg. 2001, I-1727.

710 Siehe IStR 2005, Heft 5, Länderbericht, S. 2 f.

werden, wenn der Steuerpflichtige in einen anderen Mitgliedstaat der EU zieht. Zwischen dem Zeitpunkt des Wegzugs und einer späteren tatsächlichen Realisation der stillen Reserven eingetretene Wertveränderungen würden berücksichtigt[711].

Auch die Finanzverwaltung verfolgt in einem BMF-Schreiben zur Anwendung des § 6 AStG[712], das bis zur gesetzlichen Neuregelung der Wegzugsbesteuerung einen europarechtskonformen Zustand herstellen soll, das Festsetzungskonzept. Die Stundung der zum Zeitpunkt des Wegzugs in den EU-/EWR-Raum festgesetzte Steuer erfolgt zinslos, aber unter dem Vorbehalt des Widerrufs für den Fall, dass der Steuerpflichtige seine Anteile (insgesamt oder teilweise) veräußert oder er nicht mehr in einem EU-/EWR-Mitgliedstaat einer der unbeschränkten Einkommensteuerpflicht vergleichbaren Steuerpflicht unterliegt oder er dem zuständigen Finanzamt bis zum 31.12. jeden Jahres nicht schriftlich seine Anschrift mitteilt und bestätigt, dass sich die Anteile noch in seinem Eigentum befinden. Ist der tatsächlich erzielte Veräußerungsgewinn niedriger als der Wert der Beteiligung im Wegzugszeitpunkt „kann" die darauf entfallene Steuer nach § 227 AO erlassen werden, sofern die Wertminderung bei der Einkommensbesteuerung durch einen EU-/EWR-Mitgliedstaat nicht berücksichtigt wird.

Im Schrifttum werden vor allem die im dem BMF-Schreiben aufgestellten Meldepflichten des Steuerpflichtigen als unverhältnismäßige Maßnahme kritisiert[713]. Aufgrund der Ermittlungsschwierigkeiten, die trotz des zwischenstaatlichen Auskunftsaustausches nach der EG-Amtshilfe-RL bestehen, dürften derartige Verpflichtungen jedoch verhältnismäßig sein[714]. Zu bemerken ist allerdings, dass ein Schreiben des BMF insgesamt nicht geeignet ist, bestehende Unvereinbarkeiten einer Vorschrift mit dem Gemeinschaftsrecht zu beheben. Die Europarechtskonformität des § 6 AStG könnte nur im Gesetzes- und nicht im Erlasswege hergestellt werden[715].

Insgesamt hat die nähere Analyse der einzelnen Möglichkeiten der Besteuerung von stillen Reserven bei der Verlegung von Sitz und/oder Geschäftsleitung einer Kapitalgesellschaft in das Ausland ergeben, dass nur die Festsetzung der Steuer

---

711 Die EG-Kommission soll mit dem Vorschlag der Bundesregierung einverstanden sein, siehe IStR 2005, Heft 5, Länderbericht, S. 2. Eine gemeinschaftsweite Neuregelung ist indes nicht in Sicht, siehe IStR 2005, Heft 13, Länderbericht, S. 1.

712 BMF v. 8.6.2005, DStR 2005, 1056.

713 Siehe Kinzl/Goerg, IStR 2005, 450 (453); siehe auch bereits Schnitger, BB 2004, 804 (813); a.A. Schindler, IStR 2004, 300 (309).

714 So auch Thömmes, IWB v. 27.5.1998, Fach 3a, Gruppe 1, S. 681 (685); Schindler, IStR 2004, 711 (713), zu den Meldepflichten in Österreich.

715 EuGH v. 26.10.1995, Rs. C-151/94 (Kommission ./. Großherzogtum Luxemburg), Slg. 1995, I-3685; siehe auch 5. Teil C I 2.

im Zeitpunkt der Entstrickung verbunden mit einem Aufschub der Besteuerung bis zur tatsächlichen Realisation (Festsetzungskonzept ohne Sicherheitsleistung) als geeignetes und dem Verhältnismäßigkeitsgrundsatz entsprechendes Mittel anzusehen ist.

3. Ergebnis

§ 12 Abs. 1 KStG sieht eine unverhältnismäßige Maßnahme zur Sicherung des nationalen Besteuerungsanspruches vor, die gegen die Niederlassungsfreiheit gemäß Art. 43 EGV verstößt. Dies gilt sowohl, wenn die stillen Reserven in den Wirtschaftsgüter der den Sitz bzw. die Geschäftsleitung verlegenden Kapitalgesellschaft weiterhin in Deutschland steuerverstrickt bleiben als auch dann, wenn die Wirtschaftsgüter aus der deutschen Steuerhoheit ausscheiden.

II. Kapitalverkehrsfreiheit

Im Verhältnis zur Niederlassungsfreiheit kommt der Kapitalverkehrsfreiheit eine Komplementärfunktion zu[716]. Da § 12 Abs. 1 KStG bereits gegen die Niederlassungsfreiheit nach Art. 43 EGV verstößt, kann eine Überprüfung der Norm anhand der Kapitalverkehrsfreiheit nach Art. 56 EGV dahinstehen.

III. Fusionsrichtlinie

Die grenzüberschreitende Sitzverlegung „gewöhnlicher" Kapitalgesellschaften ist vom Anwendungsbereich der FRL nicht erfasst, so dass eine unmittelbare Anwendung der FRL (wegen z.B. nicht fristgerechter Umsetzung) ausscheidet[717]. Da es sich bei der FRL allerdings um eine Konkretisierung der Vorgaben der Niederlassungsfreiheit handelt, bieten die in der Richtlinie enthaltenen Grundprinzipien einen Anhalt, wenn es um die Frage geht, ob ein Eingriff in eine EG-vertragliche Grundfreiheit durch ein zwingendes Allgemeininteresse gerechtfertigt ist[718]. Im Folgenden soll daher untersucht werden, ob die festgestellte Unvereinbarkeit des § 12 Abs. 1 KStG mit der Niederlassungsfreiheit[719] durch die Wertungen der FRL bestätigt wird. Zu unterscheiden ist auch hier danach, ob die in den Wirtschaftsgütern der Kapitalgesellschaft enthaltenen stillen Reserven in Deutschland steuerverhaftet bleiben oder aus der deutschen Steuerhoheit ausscheiden.

---

716 Siehe 3. Teil B VI.

717 Siehe 3. Teil C.

718 So Hügel, ZGR 1999, 71 (87); Knobbe-Keuk, DB 1991, 298; vgl. auch Laule, IFSt-Schrift Nr. 407, S. 20; Tumpel in: DStJG 23 (2000), S. 321 (368) m.w.N.

719 Siehe 5. Teil A I.

Unterliegen die stillen Reserven weiterhin der deutschen Steuerhoheit, widerspricht die Aufdeckung der stillen Reserven gemäß § 12 Abs. 1 KStG bereits dem in Art. 4 der FRL enthaltenen Grundgedanken[720], dass die stillen Reserven (unter anderem) bei einer grenzüberschreitenden Verschmelzung nicht aufgedeckt werden, sofern die übernehmende Gesellschaft die Buchwerte fortführt[721]. Die Verschmelzung, bei der die übertragende Gesellschaft untergeht, stellt im Vergleich zur grenzüberschreitenden Sitzverlegung einen weitgehenderen Eingriff dar, so dass daraus zu schließen ist, dass die stillen Reserven erst recht nicht aufzudecken (bzw. die Buchwerte fortzuführen) sind, wenn die Kapitalgesellschaft lediglich ihren Sitz verlegt, ihre Wirtschaftsgüter jedoch in Deutschland steuerverhaftet bleiben. Auch die zur Sitzverlegung der SE (bzw. SCE) in die FRL neu eingeführten Vorschriften sprechen dafür, dass die Niederlassungsfreiheit eine Fortführung der Buchwerte fordert, sofern die Wirtschaftsgüter im Inland steuerverstrickt bleiben. Die stillen Reserven sind nach Art. 10b FRL n.F. bei einer Sitzverlegung nach Art. 8 Abs. 1 SE-VO nicht aufzudecken, sofern sie einer Betriebsstätte in jenem Mitgliedstaat zugerechnet werden können, in dem die SE vor der Sitzverlegung für Steuerzwecke ansässig war[722]. Aus der FRL wird daher insgesamt deutlich, dass die stillen Reserven nicht aufgedeckt werden sollen, solange sie dem Zugriff eines Mitgliedstaates erhalten bleiben. Diese in der FRL enthaltenen Grundwertungen bestätigen daher das oben gefundene Ergebnis, dass § 12 Abs. 1 KStG insoweit im Widerspruch zur Niederlassungsfreiheit steht, als eine Aufdeckung der stillen Reserven verlangt würde, soweit das Besteuerungssubstrat weiterhin der deutschen Besteuerungshoheit unterliegt.

Soweit die Wirtschaftsgüter der Kapitalgesellschaft bei einer grenzüberschreitenden Sitzverlegung „entstrickt" werden, könnte Art. 10b FRL n.F. allerdings dafür sprechen, dass die stillen Reserven bei einem Ausscheiden aus der deutschen Besteuerungshoheit entsprechend § 12 Abs. 1 KStG sofort, d.h. im Zeitpunkt der Sitzverlegung, besteuert werden dürfen. Wenn der Aufschub der Besteuerung der stillen Reserven nach Art. 10b FRL n.F. nur dann zulässig sein soll, wenn sich die Wirtschaftsgüter weiterhin im Rahmen einer Betriebsstätte in der inländischen Besteuerungshoheit befinden, kann dies im Umkehrschluss bedeuten, dass ein derartiger Aufschub gemeinschaftsrechtlich nicht gefordert ist, wenn das Steuersubstrat endgültig aus der Steuerhoheit ausscheidet[723]. Zudem scheint sich unabhängig von den Änderungen der FRL anlässlich der Schaffung der SE bzw. SCE die Besteuerung der stillen Reserven bei endgültigem Ausscheiden aus der deutschen Besteuerungshoheit als kohärentes Besteuerungs-

---

720 So auch Kolbe in: HHR § 12 KStG Rz. 17.

721 J. Hey, Der Konzern 2004, 577 (583); J. Hey, StuW 2004, 193 (200); ähnlich Förster/Lange, RIW 2002, 585 (587).

722 Entsprechendes gilt für die Sitzverlegung einer SCE.

723 Vgl. auch Rödder, DStR 2004, 1629 (1633).

prinzip auch in der Präambel der FRL widerzuspiegeln, weil im vierten Erwägungsgrund die finanziellen Interessen eines Staates ausdrücklich anerkannt werden[724]. Damit würde aber das Ergebnis, dass Art. 43 EGV aus Gründen der Verhältnismäßigkeit einen Aufschub der Besteuerung bis zur tatsächlichen Realisation der stillen Reserven erfordert, unterlaufen. Hinzu kommt: Die Reichweite der europavertraglichen Grundfreiheiten kann durch eine Richtlinie, die lediglich vom Ministerrat verabschiedet wird, nicht eingeschränkt werden[725].

Trotz der dargestellten Bedenken hinsichtlich der Praktikabilität des Steuerfestsetzungskonzepts ist daher vor dem Hintergrund der Rechtsprechung des EuGH davon auszugehen, dass § 12 Abs. 1 KStG auch insoweit unverhältnismäßig ist, als die in den Wirtschaftsgüter enthaltenen stillen Reserven aus der Steuerverstrickung ausscheiden.

IV. Zusammenfassung

Die Aufdeckung der stillen Reserven nach § 12 Abs. 1 KStG greift in den Schutzbereich der Niederlassungsfreiheit gemäß Art. 43 EGV ein. Der Eingriff ist durch den Grundsatz der Kohärenz und durch das Territorialitätsprinzip gerechtfertigt. Die Regelung ist jedoch nicht verhältnismäßig. Dies gilt sowohl für den Fall, dass die stillen Reserven weiterhin in Deutschland steuerverhaftet bleiben als auch bei einer Steuerentstrickung. Solange die stillen Reserven steuerverstrickt bleiben, ist eine Aufdeckung der stillen Reserven generell ausgeschlossen; denn das Besteuerungsrecht Deutschlands ist durch andere Vorschriften, wie z.B. § 12 Abs. 2 KStG, geschützt. Scheiden die stillen Reserven aus der deutschen Besteuerungshoheit aus, kommt als milderes Mittel die Festsetzung der Steuer im Zeitpunkt der Entstrickung verbunden mit einem zinslosen Aufschub der Besteuerung bis zur tatsächlichen Realisation in Betracht.

B. Aufdeckung der stillen Reserven beim Wechsel von der beschränkten zur unbeschränkten Steuerpflicht

Stille Reserven in Wirtschaftsgütern, die im Rahmen der beschränkten Steuerpflicht im Inland steuerverstrickt sind, müssen bei einem Wechsel von der beschränkten zur unbeschränkten Steuerpflicht nicht aufgedeckt werden[726]. Dies gilt insbesondere für die stillen Reserven einer inländischen Betriebsstätte einer ausländischen Kapitalgesellschaft, wenn diese ihren Sitz und/oder ihre Geschäftsleitung nach Deutschland verlegt und dadurch unbeschränkt steuerpflichtig wird. § 12 Abs. 2 S. 2 KStG ist hier bereits mangels einer „Übertragung auf

---

724 So Schön, StbJb. 2003/2004, S. 27 (48).

725 Kritisch auch Schön, IStR 2004, 289 (297); Schön/Schindler, IStR 2004, 571 (576).

726 Siehe 4. Teil E.

einen anderen" nicht anwendbar[727]. Im Folgenden soll aufgezeigt werden, dass dieses Verständnis des § 12 Abs. 2 S. 2 KStG auch dem Gemeinschaftsrecht entspricht.

I. Niederlassungsfreiheit

1. Schutzbereich

Die Verlegung von Sitz und/oder Geschäftsleitung einer Kapitalgesellschaft ist als Ausdruck der freien Wahl des Ortes der Niederlassung innerhalb des Gemeinschaftsgebietes vom sachlichen Schutzbereich des Art. 43 EGV erfasst[728]. Würden bei der Verlegung von Sitz und/oder Geschäftsleitung einer Kapitalgesellschaft in das Inland die stillen Reserven einer bereits in Deutschland belegenen Betriebsstätte gemäß § 12 Abs. 2 S. 2 KStG aufgedeckt, würde die ausländische Kapitalgesellschaft dadurch steuerlich nachteiliger behandelt als eine inländische Kapitalgesellschaft mit einer inländischen Betriebsstätte, die ihren Sitz und/oder ihre Geschäftsleitung lediglich innerhalb von Deutschland verlegt. Denn bei einer rein nationalen Verlegung kommt es nicht zur Aufdeckung der stillen Reserven.

Nicht jede unterschiedliche Behandlung führt allerdings zu einer Diskriminierung. Eine Ungleichbehandlung wird vom EuGH erst dann als diskriminierend erachtet, wenn vergleichbare Sachverhalte rechtlich unterschiedlich oder unterschiedliche Sachverhalte rechtlich gleich behandelt werden[729]. Sind Unterschiede von einem solchen Gewicht, dass die Vergleichsgruppen nicht mehr vergleichbar sind, liegt keine Ungleichbehandlung vor. Die Untersuchung der Vergleichbarkeit beinhaltet notwendigerweise bereits eine Bewertung des Sachverhalts. Ist die Diskriminierung nicht offensichtlich, sollte die Vergleichbarkeit daher erst im Rahmen der Prüfung der Rechtfertigung untersucht werden und für die Frage, ob der Schutzbereich der Norm verletzt ist, die Feststellung einer formalen Ungleichbehandlung genügen[730].

---

727 Siehe 4. Teil E II 1 b) dd); 4. Teil E II 2.

728 Siehe 5. Teil A I 1.

729 EuGH v. 14.2.1995, Rs. C-279/93 (Schumacker), Slg. 1995, I-225, Randnr. 30; EuGH v. 29.4.1999, Rs. C-311/97 (Royal Bank of Scotland), Slg. 1999, I-2651, Randnrn. 26-30; Kellersmann/Treisch, S. 154 f.; Randelzhofer/Forsthoff in: Grabitz/Hilf vor Art. 39-55 Rz. 225 ff.; Reimer in: Lehner, Grundfreiheiten, S. 39 (46 f.).

730 Ebenso Randelzhofer/Forsthoff in: Grabitz/Hilf, vor Art. 39-55, Rz. 230. Der EuGH verfährt in seiner Rechtsprechung nicht einheitlich. Insbes. im Bereich der Körperschaftsteuer wird die Vergleichbarkeit häufig erst im Rahmen der Rechtfertigung erörtert, siehe EuGH v. 16.7.1998, Rs. C-264/96 (ICI), Slg. 1998, I-4695, Randnrn. 25–27; EuGH v. 21.9.1999, Rs. C-307/97 (Saint-Gobain), Slg.1999, I-6161, Randnrn. 45-48.

Im Falle eines Zuzugs einer ausländischen Kapitalgesellschaft ist die Diskriminierung jedoch offensichtlich. Die Besteuerung von ausländischen Kapitalgesellschaften, die in Deutschland mit einer Betriebsstätte beschränkt steuerpflichtig sind, und die Besteuerung inländischer Kapitalgesellschaften ist vergleichbar[731]. Da die Aufdeckung der stillen Reserven gemäß § 12 Abs. 2 S. 2 KStG bei einer grenzüberschreitenden Verlegung von Sitz und/oder Geschäftsleitung einer Kapitalgesellschaft zudem offensichtlich auch eine Schlechterbehandlung des grenzüberschreitenden Sachverhalts im Vergleich zu einer bloßen Verlegung von Sitz und/oder Geschäftsleitung im Inland darstellt, führt eine Anwendung des § 12 Abs. 2 S. 2 KStG auf den „Zuzugsfall" zu einem diskriminierenden Eingriff in die Niederlassungsfreiheit gemäß Art. 43 EGV.

2. Kein Rechtfertigungsgrund

Eine Rechtfertigung für die Diskriminierung ist nicht ersichtlich. Der Rechtfertigungsgrund der Kohärenz greift bei einer „Entstrickung" nicht ein. Die in der inländischen Betriebsstätte ruhenden stillen Reserven scheiden nicht aus der deutschen Steuerhoheit aus. Im Gegenteil: Die Zugriffsmöglichkeiten der Bundesrepublik Deutschland werden verstärkt, da das territorial begrenzte Besteuerungsrecht auf das weltweit erzielte Einkommen der Kapitalgesellschaft ausgeweitet wird[732]. Rechtfertigungsgründe wie die Bekämpfung von Steuerflucht bzw. Steuerumgehung oder –hinterziehung sind ebenfalls offensichtlich nicht einschlägig. Eine Aufdeckung der in der Betriebsstätte ruhenden stillen Reserven gemäß § 12 Abs. 2 S. 2 KStG bei Zuzug einer Kapitalgesellschaft verstößt somit gegen die Niederlassungsfreiheit gemäß Art. 43 EGV[733].

II. Fusionsrichtlinie

Die Aufdeckung der stillen Reserven in einer inländischen Betriebsstätte würde zudem den Grundwertungen der FRL widersprechen. Dies wird insbesondere an den in die FRL eingeführten Bestimmungen zur Sitzverlegung der SE (bzw. SCE) deutlich. In der Präambel der ÄndRL zur FRL findet sich der ausdrückliche Hinweis, dass die Verlegung des Gesellschaftsitzes eine Möglichkeit ist, die

---

[731] Z.B. bzgl. Steuersatz, Einkommensermittlung, Abzugsfähigkeit von Betriebsausgaben, etc., siehe 4. Teil B IV; 3. Teil B II 1 c); so auch Tumpel in: DStJG 23 (2000), S. 321 (350).

[732] Siehe z.B. 4. Teil D II 5 b) aa) (2) (α): Nach Zuzug würde z.B. grundsätzlich auch eine im Ausland belegene Betriebsstätte von der (sodann unbeschränkten) Steuerpflicht erfasst (wohingegen eine ausländische Unterbetriebsstätte der beschränkten Steuerpflicht nicht unterfallen würde).

[733] H.M., siehe nur J. Hey, Der Konzern 2004, 577 (583); Hügel, ZGR 1999, 72 (85); Knobbe-Keuk, Bil/UntStR, S. 941; Kolbe in: HHR § 12 KStG Rz. 7, 52.

in Artt. 43, 48 EGV verankerte Niederlassungsfreiheit auszuüben[734]. Konsequenterweise bestimmt Art. 10b FRL n.F., dass die Sitzverlegung der SE (bzw. SCE) keine Aufdeckung der stillen Reserven zur Folge haben darf, wenn das Aktiv- bzw. Passivvermögen nach Verlegung des Sitzes in einen anderen Mitgliedstaat, dem Wegzugsstaat zugerechnet bleibt und die Buchwerte des Vermögens fortgeführt werden[735].

Dieselbe Grundaussage ließ sich der FRL zudem bereits vor der Aufnahme der die SE bzw. SCE betreffenden Sitzverlegungstatbestände entnehmen. Der Tatbestand der Sitzverlegung kann mit der unter Art. 2 Buchst. c) FRL fallenden Einbringung einer inländischen Betriebsstätte einer ausländischen Kapitalgesellschaft in eine inländische Kapitalgesellschaft[736] verglichen werden. Die Wirtschaftsgüter der Betriebsstätte unterliegen auch hier zunächst (d.h. vor der Einbringung) der beschränkten Steuerpflicht und gehen sodann unter Fortführung der Buchwerte gemäß Artt. 4, 9 FRL steuerneutral in die unbeschränkte Steuerpflicht über.

Aus der FRL lässt sich daher unabhängig von der jüngsten Einführung bestimmter Sitzverlegungstatbestände die Grundwertung entnehmen, dass stille Reserven in einer inländischen Betriebsstätte nicht aufgedeckt werden sollen, wenn die Wirtschaftsgüter in die (noch weitergehende) Steuerverstrickung im Rahmen der unbeschränkten Steuerpflicht wechseln.

III. Zusammenfassung

Müsste eine Kapitalgesellschaft, die ihren Sitz und oder ihre Geschäftsleitung nach Deutschland verlegt und damit unbeschränkt steuerpflichtig wird, gemäß § 12 Abs. 2 S. 2 KStG die stillen Reserven einer inländischen Betriebsstätte aufdecken, läge darin ein Verstoß gegen die Niederlassungsfreiheit gemäß Art. 43 EGV. Dies wird durch die Wertungen der FRL bestätigt.

---

734 Erwägungsgrund Nr. 6 der ÄndRL zur FRL.

735 Siehe auch Erwägungsgrund Nr. 7 der ÄndRL zur FRL.

736 Nach h.M erfasste auch bereits die FRL auch die Einbringung von Betriebsstätten, die in dem Staat der aufnehmenden Kapitalgesellschaft belegen sind, siehe hierzu Widmann in: Widmann/Mayer § 23 UmwStG Rz. 7.

C. Berücksichtigung von Verlusten

I. Beschränkung nach § 50 Abs. 1 S. 2 EStG

1. Wirtschaftlicher Zusammenhang mit inländischen Einkünften

Gemäß § 50 Abs. 1 S. 2 Halbs. 1 EStG können Verluste im Rahmen der beschränkten Steuerpflicht nur dann vor- und zurückgetragen werden, wenn sie in Zusammenhang mit inländischen Einkünften stehen. Dies könnte gegen die Niederlassungsfreiheit gemäß Art. 43 EGV verstoßen. Denn für unbeschränkt steuerpflichtige Kapitalgesellschaften gibt es keine entsprechende Einschränkung[737]. Da die steuerliche Situation von inländischen Betriebsstätten ausländischer Kapitalgesellschaften und unbeschränkt steuerpflichtigen Kapitalgesellschaften vergleichbar ist[738], liegt in der Ungleichbehandlung ein diskriminierender Eingriff in die Niederlassungsfreiheit[739]. Nach der derzeitigen EuGH-Rechtsprechung ist jedoch davon auszugehen, dass der Eingriff in die Niederlassungsfreiheit gerechtfertigt ist. In dem Verfahren „Futura" wurde dem Gerichtshof die Frage vorgelegt, ob das nationale Recht die Möglichkeit des Verlustvortrags für die Betriebsstätte einer in einem EG-Mitgliedstaat ansässigen ausländischen Kapitalgesellschaft davon abhängig machen darf, dass die entsprechenden Verluste auf inländischen Einkunftsquellen beruhen[740]. Der EuGH hat dies bejaht[741]:

> *„Diese Regelung, die dem steuerlichen Territorialitätsprinzip entspricht, enthält weder eine offene noch eine verdeckte Diskriminierung, wie sie der EG-Vertrag verbietet."*

Die Entscheidung ist im Schrifttum allgemein positiv aufgenommen worden[742]. Bei einer näheren Analyse fällt allerdings auf, dass die Ausführungen zur Vorlagefrage sehr knapp gehalten sind. Eine Begründung, warum der Eingriff in die Niederlassungsfreiheit gerechtfertigt ist, fehlt[743]. Der Verweis auf das Territoria-

---

737 Auch unbeschränkt steuerpflichtige Kapitalgesellschaften unterliegen allerdings bestimmten Verlustabzugsbeschränkungen, z.B. § 2a EStG. Zur Europarechtswidrigkeit des § 2a EStG siehe Wassermeyer StbJb. 2004/2005, 11 (15); SchlA GA Léger v. 1.3.2005, Rs. C-152/03 (Ritter-Coulais), IStR 2005, 237, siehe auch unter 5. Teil D I 3 b) dd).

738 Siehe 4. Teil B IV 2; 3. Teil B II 1 c) bb); 5. Teil B I 1.

739 Vgl. Reimer in: Lehner, Grundfreiheiten, S. 39 (47).

740 EuGH v. 15.5.1997, Rs. C-250/95 (Futura), Slg. 1997, I-2471.

741 EuGH v. 15.5.1997, Rs. C-250/95 (Futura), Slg. 1997, I-2471, Randnr. 22.

742 de Weerth, RIW 1997, 482; im Ergebnis auch von Borries, EuZW 1997, 446.

743 Auch die SchlA enthalten keine weitergehenden Ausführungen, siehe SchlA GA Lenz v. 5.11.1996, Rs. C-250/95 (Futura), Slg. 1997, I-2473, Randnrn. 27 ff.

litätsprinzip scheint eher ein objektives Differenzierungskriterium und kein Rechtfertigungsgrund zu sein[744]. Der EuGH stellt jedoch ausdrücklich fest[745]:

> *„Es verstößt nicht gegen Artikel 52 EG-Vertrag, wenn ein Mitgliedstaat den Verlustvortrag aus früheren Jahren bei einem Steuerpflichtigen, der in seinem Gebiet eine Zweigniederlassung, nicht aber seinen Sitz hat, davon abhängig macht, daß die Verluste in wirtschaftlichem Zusammenhang mit Einkünften stehen, die der Steuerpflichtige in diesem Staat erzielt hat, sofern Steuerinländer nicht besser behandelt werden.“*

Vor dem Hintergrund der zwischenzeitlichen Entwicklung der Dogmatik der europarechtlichen Grundfreiheiten muss die Einschränkung im letzten Halbsatz des Urteilstenors *„sofern Steuerinländer nicht besser behandelt werden“* so verstanden werden, dass sich die beschränkt steuerpflichtige ausländische Kapitalgesellschaft und die inländische Kapitalgesellschaft in einer vergleichbaren Situation befinden müssen, um die Ungleichbehandlung als Diskriminierung qualifizieren zu können[746]. Die diskriminierende Behandlung der Verluste beschränkt steuerpflichtiger Kapitalgesellschaften stellt sich damit als Ausfluss einer kohärenten Regelung dar[747]. Die Verluste sollen soweit berücksichtigt werden, wie der Besteuerungsanspruch reicht. Unter der beschränkten Steuerpflicht ist der Zugriff des Staates auf inländische Einkünfte beschränkt. Deshalb sind auch nur Verluste abzugsfähig, die mit inländischen Einkünften wirtschaftlich zusammenhängen.

2. Buchführungs- und Aufbewahrungspflichten

Im Rahmen des Vorlageverfahrens „Futura“ wurde angefragt, ob der Verlustabzug durch eine mit einer Betriebsstätte beschränkt steuerpflichtigen Kapitalgesellschaft davon abhängig gemacht werden darf, dass die Betriebsstätte entsprechend den im Betriebsstättenstaat geltenden Bestimmungen ordnungsgemäß Bücher führt[748]. Der EuGH hat entschieden, dass das Erfordernis, die Bücher nach einschlägigem nationalen Recht zu führen, wegen der fehlenden Harmonisierung im Bereich der direkten Steuern einem öffentlichen Allgemeininteresse entspricht[749]. Unter Hinweis auf die EG-Amtshilfe-RL[750] sah er es jedoch als

[744] Ebenso Körner, BB 2003, 2436 (2438); Körner, IStR 2004, 424 (427).
[745] EuGH v. 15.5.1997, Rs. C-250/95 (Futura), Slg. 1997, I-2471.
[746] Siehe 5. Teil B I 1; 3. Teil B II 1 c).
[747] So auch Caamaño Anido/Calderón Carrera, EC Tax Review 1999, 24 (29); Cordewener, S. 632; Lehner in: DStJG 23 (2000), S. 263 (273 f.); Weiß, EuZW 1999, 493 (494).
[748] EuGH v. 15.5.1997, Rs. C-250/95 (Futura), Slg. 1997, I-2471.
[749] EuGH v. 15.5.1997, Rs. C-250/95 (Futura), Slg. 1997, I-2471, Randnrn. 30-34.
[750] Richtlinie 77/799/EWG des Rates v. 19.12.1977 über die gegenseitige Amtshilfe zwischen den zuständigen Behörden der Mitgliedstaaten im Bereich der direkten Steuern,

unverhältnismäßig an, wenn vorausgesetzt wird, dass die Bücher im Inland geführt werden[751].

Aufgrund der Vergleichbarkeit der Regelung des § 50 Abs. 1 S. 2 Halbs. 2 EStG mit der in der Entscheidung „Futura“ überprüften Bestimmung des luxemburgischen Rechts ist anzunehmen, dass auch § 50 Abs. 1 S. 2 EStG der Niederlassungsfreiheit gemäß Art. 43 EGV insoweit widerspricht, als der Abzug von Verlusten nach § 10d EStG nur zulässig ist, wenn die Unterlagen im Inland aufbewahrt werden[752]. Der deutsche Gesetzgeber hat es bislang allerdings unterlassen, einen europarechtskonformen Zustand herzustellen. Lediglich die Finanzverwaltung trägt der EuGH–Rechtsprechung dadurch Rechnung, dass von beschränkt Steuerpflichtigen aus anderen EU-/EWR-Staaten keine Aufbewahrung im Inland gefordert wird[753]. Inländische Verluste beschränkt Steuerpflichtiger aus anderen EU-/EWR-Staaten können auch geltend gemacht werden, wenn sie sich aus in einem EU- oder EWR-Staat aufbewahrten Unterlagen ergeben. Die Unvereinbarkeit nationaler Vorschriften mit dem EGV kann jedoch nur durch den nationalen Gesetzgeber und nicht im Verwaltungswege behoben werden[754]. Der deutsche Gesetzgeber muss § 50 Abs. 1 S. 2 Halbs. 2 EStG ändern[755].

II. Verlustausgleichs- und Verlustabzugsverbot gemäß § 50 Abs. 2 EStG

1. Schutzbereich

Einkünfte, die dem Steuerabzug unterliegen, können gemäß § 50 Abs. 2 S. 1 EStG i.V.m. § 8 Abs. 1 S. 1 KStG im Rahmen der beschränkten Steuerpflicht nicht mit anderen Einkünften verrechnet werden. Auch Verlustvor- und rücktrag sind ausgeschlossen (§ 50 Abs. 2 S. 2 EStG i.V.m. § 8 Abs. 1 S. 1 KStG)[756]. Damit werden beschränkt steuerpflichtige Kapitalgesellschaften im Vergleich zu unbeschränkt steuerpflichtigen Kapitalgesellschaften, für die keine derartigen Einschränkung gelten, schlechter gestellt. § 50 Abs. 2 EStG könnte daher sowohl gegen die Niederlassungsfreiheit nach Art. 43 EGV als auch gegen die

---

ABl. 1977 L 336, S. 15 (geändert durch RL 2003/93/EG, ABl. 2003 L 264, S. 23, im Folgenden „EG-Amtshilfe-RL“).

751 EuGH v. 15.5.1997, Rs. C-250/95 (Futura), Slg. 1997, I-2471, Randnrn. 39 ff.

752 H.M., vgl. nur Herkenroth in: HHR § 50 EStG Rz. 58 m.w.N.; Saß, DB 1997, 1533 (1534); Thömmes, StbJb. 1998/99, S. 173 (182); Zoll, S. 179.

753 R 223a Abs. 1 EStR 2003.

754 Vgl. EuGH v. 26.10.1995, Rs. C-151/94 (Kommission ./. Großherzogtum Luxemburg), Slg. 1995, I-3685.

755 Ebenso Herkenroth in: HHR § 50 EStG Rz. 58 m.w.N.; Saß, DB 1997, 1533 (1534); Strunk in: Korn § 50 EStG Rz. 12; Zoll, S. 179.

756 Siehe 4. Teil B IV 3 b). Die Einschränkungen kommen in der Abwandlung 2 zum Tragen.

Kapitalverkehrsfreiheit nach Art. 56 EGV verstoßen[757]. Die Kapitalverkehrsfreiheit ist einschlägig, sofern die ausländische Kapitalgesellschaft Beteiligungen an deutschen Kapitalgesellschaften hält, die keine unternehmerische Kontrolle ermöglichen[758]. Andernfalls steht eine Verletzung der Niederlassungsfreiheit nach Art. 43 EGV im Vordergrund[759].

Die Ungleichbehandlung müsste diskriminierenden Charakter haben. Gründet sich die beschränkte Steuerpflicht auf eine inländische Betriebsstätte, ist die Vergleichbarkeit zwischen unbeschränkt und beschränkt steuerpflichtigen Kapitalgesellschaften vom EuGH in einer Reihe von Entscheidungen bejaht worden[760]. Es ist kein Grund ersichtlich, warum diese Vergleichbarkeit bei Kapitalgesellschaften (nur) mit inländischen Dividendeneinkünften fehlen sollte; ein hinreichender Inlandsbezug liegt vor. Ein diskriminierender Eingriff in den Schutzbereich der Niederlassungsfreiheit bzw. der Kapitalverkehrsfreiheit ist deshalb bei § 50 Abs. 2 EStG gegeben.

2. Rechtfertigung

a) Kohärenz

Der Eingriff in die Niederlassungsfreiheit ließe sich als kohärente Regelung rechtfertigen, wenn § 50 Abs. 2 EStG (wie § 50 Abs. 1 S. 2 Halbs. 1 EStG) Ausfluss des Territorialitätsprinzips wäre. Wie der EuGH in der Entscheidung „Futura" ausgeführt hat[761], ist beschränkt Steuerpflichtigen, die nur mit den inländischen Einkünften besteuert werden, zuzumuten, dass sie nur Verluste abziehen können, die mit diesen Einkünften in wirtschaftlichem Zusammenhang stehen. Das im Rahmen der beschränkten Steuerpflicht geltende Territorialitätsprinzip

---

757 Jacobs, S. 219.

758 Gerade bei geringen Beteiligungsquoten, d.h. bei Beteiligungen unterhalb 20% (ab 1.1.2007 unterhalb 15% bzw. ab 1.1.2009 unterhalb 10%), findet die Richtlinie EWG Nr. 90/435 v. 23.7.1990 über das gemeinsame Steuersystem der Mutter- und Tochtergesellschaften verschiedener Mitgliedstaaten, ABl. 1990 Nr. L 225 S. 6, ber. ABl. 1990 Nr. L 266 S. 20, geändert durch Beitrittsakte 1994, ABl. 1995 Nr. L 1 S. 1/144, Betrittsakte 2004 (ABl. 2003 Nr. L 236 S. 1/560) und RL 2003/123/EG v. 22.12.2003, ABl. 2004 Nr. L 7 S. 41, im Folgenden „EG-Mutter-/Tochter-RL", keine Anwendung. Die Quellensteuer ist nicht auf 0 reduziert, sondern allenfalls durch ein anwendbares DBA abgesenkt.

759 Wie oben unter 3. Teil B VI erwähnt, spielt die Abgrenzung von Niederlassungsfreiheit und Kapitalverkehrsfreiheit in der Spruchpraxis des EuGH oftmals keine Rolle. Rechtfertigungsgründe für die Niederlassungsfreiheit gelten auch für die Kapitalverkehrsfreiheit. Im Folgenden werden potenzielle Rechtfertigungsgründe daher für beide Grundfreiheiten gemeinsam erörtert.

760 Siehe 3. Teil B II 1 c).

761 EuGH v. 15.5.1997, Rs. C-250/95 (Futura), Slg. 1997, I-2471.

ist jedoch in § 50 Abs. 2 EStG gerade nicht verwirklicht, da bestimmte inländische Einkünfte zwar besteuert werden, aber vollständig von einer Verrechnung mit anderen Einkünften ausgeschlossen sind. § 50 Abs. 2 EStG ist damit im Hinblick auf das Territorialitätsprinzip als inkohärente Regelung zu qualifizieren.

In der EuGH-Rechtsprechung mehren sich zudem in letzter Zeit die Anzeichen dafür, dass das objektive Nettoprinzip im Bereich der Einkommensteuer uneingeschränkt auf beschränkt Steuerpflichtige Anwendung finden muss[762]. In der Entscheidung „Gerritse"[763] hat der EuGH festgestellt, dass es nicht mit der Dienstleistungsfreiheit vereinbar ist, wenn ein beschränkt steuerpflichtiger Künstler seine Betriebsausgaben nicht geltend machen kann. Die Entscheidung betraf zwar die Besteuerung einer beschränkt steuerpflichtigen natürlichen Person. Im Sinne eines „a maiore ad minus"-Schlusses muss dies jedoch erst recht für eine beschränkt steuerpflichtige Kapitalgesellschaft gelten; denn die Vergleichbarkeit mit einem unbeschränkt steuerpflichtigen Körperschaftsteuersubjekt ist größer, weil es an einer persönlichen Sphäre fehlt, die bei der Besteuerung zu berücksichtigen wäre[764]. Das objektive Nettoprinzip gilt bei beschränkt steuerpflichtigen Körperschaftsteuersubjekten auch im Rahmen der Verlustverrechnung. Der Verlustausgleich bzw. der Verlustvor- oder -rücktrag gewährleisten, dass nur das Nettoeinkommen besteuert wird[765]. § 50 Abs. 2 EStG ist daher auch vor dem Hintergrund der Entscheidung „Gerritse" als eine inkohärente Regelung zu qualifizieren[766].

b) Verwaltungsvereinfachung

Die Versagung des Verlustausgleichs bzw. des Verlustvor- und rücktrags gemäß § 50 Abs. 2 EStG wird damit begründet, dass die in § 32 Abs. 1 Nr. 2 KStG vorgesehene Abgeltungswirkung des Kapitalertragsteuerabzugs nicht unterlaufen werden solle[767]. § 32 Abs. 1 Nr. 2 KStG ist jedoch bereits für sich betrachtet europarechtlich bedenklich[768]. Die Erhebung von Quellensteuern auf Bruttobasis

---

762 Im Körperschaftsteuerrecht ist mangels einer persönlichen Sphäre von der uneingeschränkten Geltung auszugehen, siehe 3. Teil B II 1 b) bb).

763 EuGH v. 12.6.2003, Rs. C-234/01 (Gerritse), Slg. 2003, I-5933.

764 Siehe 3. Teil B II 1 c).

765 So Orth in: HHR § 10d EStG Rz. 15; Tipke/Lang, § 9 Rz. 62: § 10d EStG; von Groll in: Kirchhof/Söhn/Mellinghoff § 10d EStG A 43.

766 Ebenso Haarmann/Fuhrmann, IStR 2003, 558 (559); für eine Europarechtswidrigkeit auch Herzig/Dautzenberg, DB 1997, 8 (13); Kaefer, DStR 1991, 671; Rödder, DStR 2004, 1629 (1631); Schön, IStR 2004, 289 (295); a.A. Zoll, S. 186 f.

767 So Herkenroth in: HHR § 50 EStG Rz. 128.

768 So Herkenroth in: HHR § 50 EStG Rz. 219 m.w.N.

ohne jeden Abzug wird im Schrifttum als Verstoß gegen das Gemeinschaftsrecht gewertet[769]. Dem ist aus folgenden Gründen zuzustimmen:

Die beschränkt steuerpflichtige Kapitalgesellschaft ist durch die in § 32 Abs. 1 Nr. 2 KStG vorgesehene Abgeltungswirkung z.B. bei der Besteuerung von Dividenden diskriminiert, sofern es sich nicht um eine Schachtelbeteiligung handelt und die Quellensteuer aufgrund der EG-Mutter-/Tochter-RL ohnehin auf Null reduziert ist. Eine Kapitalgesellschaft mit Sitz und Geschäftsleitung im Inland muss vereinnahmte Dividenden nach § 8b Abs. 1 KStG unabhängig von Haltedauer und Beteiligungsquote nicht versteuern, während die ausländische Kapitalgesellschaft in der Regel Quellensteuer zu entrichten hat. Eine weitere Schlechterstellung beschränkt steuerpflichtiger Kapitalgesellschaften im Vergleich zu unbeschränkt steuerpflichtigen Kapitalgesellschaften liegt bei der Geltendmachung von Betriebsausgaben vor. Für eine Kapitalgesellschaft mit Geschäftsleitung und Sitz im Ausland ist die Steuer mit dem Kapitalertragsteuerabzug abgegolten. Mit den Dividendeneinkünften zusammenhängende Betriebsausgaben können nicht geltend gemacht werden (Bruttobesteuerung). Eine unbeschränkt steuerpflichtige Kapitalgesellschaft kann die mit ihren steuerfreien Dividenden zusammenhängenden Betriebausgaben hingegen grundsätzlich vollständig abziehen. Lediglich ein Betrag von 5% der Dividende gilt gemäß § 8b Abs. 5 KStG als nicht abzugsfähige Betriebsausgabe.

Ein Rechtfertigungsgrund für die Bruttobesteuerung ist nicht ersichtlich. „Verwaltungsvereinfachung"[770] oder allgemeine gesetzestechnische Schwierigkeiten werden vom EuGH nicht als Rechtfertigungsgründe akzeptiert[771], sondern es wird auf die Möglichkeiten zur Informationsbeschaffung aufgrund der EG-Amtshilfe-RL verwiesen. Ermittlungsschwierigkeiten hinsichtlich ausländischer Sachverhalte sind nicht geeignet, einen Eingriff in eine Grundfreiheit zu rechtfertigen[772]. Auch andere für die Bruttobesteuerung regelmäßig ins Feld geführte Begründungen, z.B. die Steuermaximierung, die Reduzierung der Verwaltungskosten oder die Verhinderung der Steuerhinterziehung[773] dürfte der EuGH nicht als Rechtfertigungsgründe anerkennen. Rein budgetäre Zielsetzungen der Mitgliedstaaten reichen nach Ansicht des EuGH allgemein nicht[774]. Die Bekämp-

---

769 Dautzenberg, BB 2001, 2137; Haarmann/Fuhrmann, IStR 2003, 558 (559); Schön in: GS Knobbe-Keuk, S. 743 (771 f.).

770 Dazu Mössner in: Forum Bd. 2 (1993), S. 110 (124).

771 EuGH v. 8.5.1990, Rs. C-175/88 (Biehl), Slg. 1990, I-1779, Randnrn. 15 f.; EuGH v. 14.2.1995, Rs. C-279/93 (Schumacker), Slg. 1995, I-225, Randnrn. 43 ff.; Cordewener, S. 937 f. m.w.N.; Schön in: GS Knobbe-Keuk, S. 743 (772).

772 St. Rspr., siehe nur EuGH v. 12.4.1994, Rs. C-1/93 (Halliburton), Slg. 1994, I-1137, Randnr. 12.

773 Engelschalk, S. 6 ff.

774 Vgl. Kellersmann/Treisch, S. 165 m.w.N.

fung von Steuerhinterziehung kann einen Eingriff in die Niederlassungsfreiheit allenfalls rechtfertigen, wenn es sich nicht um eine typisierende Pauschalregelung handelt[775]. Dies ist jedoch bei der Bruttobesteuerung gerade der Fall. Die Einschränkungen des § 50 Abs. 2 EStG sind daher auch aus Gründen der Vereinfachung des Erhebungsverfahrens nicht gerechtfertigt.

c) Vorteilsausgleich

Im Einkommensteuerrecht wird die Diskriminierung beschränkt Steuerpflichtiger durch § 50 Abs. 2 EStG vereinzelt als gerechtfertigt angesehen, da der durch § 50 Abs. 2 EStG ausgelöste Nachteil durch den Vorteil der niedrigeren Steuersätze im Rahmen der Abzugsbesteuerung ausgeglichen sei und die Mitgliedstaaten ihr Steuersystem grundsätzlich nach eigenem Ermessen ausgestalten können[776]. Für Körperschaftsteuersubjekte erweist sich dieser Gedanke aber bereits deshalb nicht als tragfähig, weil bei einer proportionalen Ausgestaltung des Körperschaftsteuersatzes keine Progressionsvorteile bestehen. Außerdem kann der „Vorteilsausgleich" aus dogmatischer Sicht kein Rechtfertigungsgrund sein. Denn die Mitgliedstaaten könnten andernfalls durch die Schaffung gegenläufiger Regelungen, die – jede für sich - einen Verstoß gegen die Grundfreiheiten darstellen, die Konformität mit dem Gemeinschaftsrecht willkürlich herbeiführen[777]. Auch der EuGH hat den „Vorteilsausgleich" als Rechtfertigungsgrund bislang nicht anerkannt[778].

d) Art. 58 Abs. 1 Buchst. a) EGV

Soweit ein Verstoß gegen die Kapitalverkehrsfreiheit nach Art. 56 EGV in Betracht kommt, kann dieser nicht gemäß Art. 58 Abs. 1 Buchst. a) EGV gerechtfertigt werden, da diese Bestimmung lediglich die ohnehin geltenden Prinzipien zum Ausdruck bringt und keinesfalls als ein „Freibrief" für eine unterschiedliche Behandlung unbeschränkt und beschränkt Steuerpflichtiger zu verstehen ist[779].

e) Ergebnis

§ 50 Abs. 2 EStG verstößt gegen Art. 43 EGV. Ein Rechtfertigungsgrund im Sinne eines „zwingenden Allgemeininteresses" liegt nicht vor[780].

---

775 EuGH v. 17.7.1997, Rs. C- 28/95 (Leur-Bloem), Slg. 1997, I-4161.

776 So Zoll, S. 186 f.

777 So auch Cordewener, S. 933; abl. auch Kellersmann/Treisch, S. 165 f.

778 EuGH v. 28.1.1986, Rs. C-270/83 (avoir fiscal), Slg. 1986, 273, Randnr. 21; EuGH v. 21.9.1999, Rs. C-307/97 (Saint-Gobain), Slg. 1999, I-6161.

779 Siehe 3. Teil B IV 3.

780 Dieses Ergebnis entspricht einer weit verbreiteten Ansicht in der Literatur: Siehe Haarmann/Fuhrmann, IStR 2003, 558 (559); Herkenroth in: HHR § 50 EStG Rz. 128; Her-

III. Wechsel der Steuerpflicht bei vorhandenen Verlustvorträgen

1. „Übergang“ der Verlustvorträge

Verlustvorträge gehen bei einem Wechsel von der unbeschränkten zur beschränkten Steuerpflicht nicht verloren, da eine Kapitalgesellschaft vor und nach dem Wechsel das identische Körperschaftsteuersubjekt bleibt. Im Folgenden soll geprüft werden, ob eine Nichtberücksichtigung von Verlustvorträgen bei einem Wechsel der Steuerpflicht gemeinschaftsrechtswidrig wäre und insbesondere im Widerspruch zur Niederlassungsfreiheit gemäß Art. 43 EGV stehen würde.

a) Schutzbereich

Der Untergang vorhandener Verlustvorträge bei einem Wechsel in die beschränkte Steuerpflicht durch die Verlegung von Sitz und/oder Geschäftsleitung in einen anderen EU-Mitgliedstaat („Wegzugsfall“) würde die Ausübung der Niederlassungsfreiheit weniger attraktiv machen bzw. behindern und - ähnlich wie die Durchführung einer Schlussbesteuerung - eine Beschränkung des Art. 43 EGV darstellen[781]. Im Zuzugsfall wäre eine ausländische Kapitalgesellschaft im Verhältnis zu einer inländischen Kapitalgesellschaft diskriminiert, da eine Kapitalgesellschaft, die ihren Sitz und ihre Geschäftsleitung lediglich innerhalb von Deutschland verlegt, keinen Verfall von Verlusten riskiert, die sie in inländischen Betriebsstätten erwirtschaftet hat[782]. Wenn Verlustvorträge bei einem Wechsel von der beschränkten zur unbeschränkter Steuerpflicht und umgekehrt verloren gehen, hätte dies daher eine Verletzung des Schutzbereichs der Niederlassungsfreiheit gemäß Art. 43 EGV zur Folge.

b) Rechtfertigung

Der Eingriff in die Niederlassungsfreiheit könnte aus zwingenden Gründen des Allgemeininteresses gerechtfertigt sein. Die „Unterbindung der Steuerhinterziehung“ oder die „Sicherung des nationalen Steueraufkommens“ kommen allerdings nicht als Rechtfertigungsgründe in Betracht. Anders als bei § 12 KStG steht bei der Gewährung bzw. der Versagung des Verlustabzugs nämlich nicht die Sicherung des Steueraufkommens im Vordergrund. Mit dem Verlustabzug soll vielmehr dem Leistungsfähigkeitsprinzip entsprochen werden, das im Rahmen des objektiven Nettoprinzips auch für beschränkt Steuerpflichtige gilt[783].

---

zig/Dautzenberg, DB 1997, 8 (13); Kaefer, DStR 1991, 671; Rödder, DStR 2004, 1629 (1631); Schön, IStR 2004, 289 (295); a.A. Zoll, S. 186 f.

781 Vgl. auch 5. Teil A I.

782 Vgl. auch 5. Teil B I.

783 Siehe 4. Teil D III 1 c); 5. Teil C II 2.

Anhaltspunkte für eine europarechtliche Rechtfertigung des Verfalls von Verlustvorträgen bei einem Wechsel von der beschränkten zur unbeschränkten Steuerpflicht und umgekehrt lassen sich möglicherweise aus der FRL gewinnen[784]. Zwar wird die grenzüberschreitende Sitzverlegung „gewöhnlicher" Kapitalgesellschaften von der FRL nicht erfasst. Durch die ÄndRL wurden jedoch Regelungen zur Sitzverlegung einer SE bzw. SCE aufgenommen. Ein Mitgliedstaat hat danach gemäß Art. 10c Abs. 2 FRL n.F. den Übergang der Verluste auf die im Inland verbleibende Betriebsstätte bzw. den Verlustvor- bzw. rücktrag bei der im Inland verbleibenden Betriebsstätte zuzulassen, soweit dies nach nationalem Recht möglich wäre, wenn die Gesellschaft (d.h. die SE bzw. SCE) ihren Sitz oder ihren steuerlichen Sitz nicht in einen anderen Mitgliedstaat, sondern innerhalb des Hoheitsgebietes des Mitgliedstaates verlegen würde. Da die Verlegung von Sitz und/oder Geschäftsleitung innerhalb von Deutschland nach § 8 Abs. 4 KStG, § 10d EStG keine Auswirkungen auf die Verrechenbarkeit vorhandener Verluste hat, spricht die FRL n.F. daher dafür, dass der Übergang der Verluste auf die im Inland verbleibende Betriebsstätte bei einer grenzüberschreitenden Verlegung von Sitz und/oder Geschäftsleitung als eine kohärente Regelung zu qualifizieren und die Untersagung der Nutzung bzw. des Vor- oder Rücktrags bestehender Verluste eine inkohärente Regelung ist.

Das Gleiche gilt für einen Wechsel von der beschränkten in die unbeschränkte Steuerpflicht, wenn die beschränkte Steuerpflicht nicht aus einer Betriebsstätte, sondern aus der Vermietung eines Gebäudes (Abwandlung 1) bzw. aus Dividendeneinkünften (Abwandlung 2) resultiert. Die sitzverlegende (bzw. die ihre Geschäftsleitung verlegende) Kapitalgesellschaft ist angesichts der durch die Niederlassungsfreiheit gewährleisteten Mobilität bzw. der von der FRL (sowie der ÄndRL zur FRL) angestrebten Schaffung binnenmarktähnlicher Verhältnisse durch den Abbau steuerlicher Beschränkungen hier nicht weniger schutzwürdig.

2. Wechsel während des Veranlagungszeitraums

§ 10d EStG schliesst die Nutzung vorhandener Verluste im Jahr des Wechsels der Steuerpflicht aus, wenn die beschränkte und unbeschränkte Steuerpflicht während eines Veranlagungszeitraums wechselt. Darin liegt ein Eingriff in die Niederlassungsfreiheit gemäß Art. 43 EGV, da eine Kapitalgesellschaft, die während des Veranlagungszeitraums ihren Sitz bzw. ihre Geschäftsleitung grenzüberschreitend verlegt, schlechter behandelt wird als eine Kapitalgesellschaft, die ihren Sitz und/oder ihre Geschäftsleitung nur innerhalb von Deutschland wechselt. Ist die grundsätzlich bestehende Nutzungsmöglichkeit im Veranlagungszeitraum des Wechsels der Steuerpflicht ausgeschlossen, ist ein Recht-

---

784 Siehe 5. Teil A III.

fertigungsgrund für die Ungleichbehandlung nicht ersichtlich[785]. Der Gesetzgeber ist aufgefordert, eine Regelung zu schaffen, die die Verlustverrechnung auch im Jahr des Wechsels sicherstellt[786].

IV. Zusammenfassung

Der für die Vornahme eines Verlustvor- oder rücktrags in § 50 Abs. 1 S. 2 Halbs. 1 EStG vorausgesetzte wirtschaftliche Zusammenhang der Verluste mit inländischen Einkünften steht im Einklang mit dem europäischen Gemeinschaftsrecht. Die Verpflichtung, die Unterlagen im Inland aufzubewahren (§ 50 Abs. 1 S. 2 Halbs. 2 EStG), ist indes mit der Niederlassungsfreiheit nicht zu vereinbaren. Der Gesetzgeber ist insofern gehalten, einen europarechtskonformen Zustand herzustellen.

Das Verlustausgleichsverbot bzw. Verlustvortrags-/rücktragsverbot gemäß § 50 Abs. 2 EStG widerspricht ebenfalls den Grundfreiheiten des EGV. Der Ausschluss beschränkt steuerpflichtiger Kapitalgesellschaften von der Besteuerung nach dem objektiven Nettoprinzip stellt weder eine kohärente Regelung dar noch ist der Ausschluss durch andere zwingende Gründe des Allgemeininteresses gerechtfertigt. Wechselt eine Kapitalgesellschaft zwischen beschränkter und unbeschränkter Steuerpflicht, darf dies nach den Vorgaben des Gemeinschaftsrechts nicht zum Verfall der Verlustvorträge führen. Im Rahmen des § 10d EStG bzw. des § 8 Abs. 4 KStG ist auf die steuerrechtliche Identität abzustellen. Bei einem Wechsel der Steuerpflicht während eines Veranlagungszeitraums muss die Verrechenbarkeit der Verluste ermöglicht werden.

D. Organschaft

I. Organgesellschaft

Eine Organschaft nach §§ 14 ff. KStG bietet eine Reihe von steuerlichen Vorteilen. Gewinne der Organgesellschaften können dem Organträger ohne die in § 8b Abs. 5 KStG vorgesehene Fiktion von 5% der Bruttodividenden als nicht abzugsfähige Betriebsausgabe zugerechnet und Betriebsausgaben des Organträgers, die mit den Einnahmen des Organgesellschaften zusammenhängen[787], abgezogen werden, da die dem Organträger im Rahmen einer Organschaft zugerechneten Gewinne nicht als steuerfreie Einnahmen gelten. Der in der Praxis oft bedeutsamste Vorteil ist die mögliche Verrechnung von Verlusten innerhalb des

---

785 Siehe 4. Teil D III 3; 5. Teil C II 2 a).

786 Eine europarechtskonforme Auslegung des § 10d Abs. 1 EStG ist nicht möglich, da der Wortlaut eindeutig von „*Veranlagungszeitraum*" spricht.

787 Z.B. Zinsaufwendungen bei einer fremdfinanzierten Beteiligung.

Organkreises[788]. § 14 Abs. 1 S. 1 KStG setzt allerdings voraus, dass eine Organgesellschaft sowohl ihren Sitz als auch ihre Geschäftsleitung im Inland hat, so dass eine körperschaftsteuerliche Organschaft endet, wenn die Organgesellschaft ihren Sitz und/oder ihre Geschäftsleitung in das Ausland verlegt[789]. Die im Organschaftsfall mit einer Verlegung von Sitz und Geschäftsleitung verbundenen steuerlichen Nachteile könnten daher das gemäß § 43 EGV gewährleistete „Recht auf freie Standortwahl" im Gemeinschaftsgebiet beeinträchtigen.

1. Doppelte Inlandsanbindung

a) Schutzbereich

Nach § 14 Abs. 1 S. 1 KStG müssen Sitz und Geschäftsleitung einer Organgesellschaft im Inland liegen. Gesellschaften mit Sitz im Ausland und Geschäftsleitung im Inland (bzw. Gesellschaften mit Geschäftsleitung im Ausland und Sitz im Inland) sind damit schlechter gestellt als Gesellschaften mit Sitz und Geschäftsleitung im Inland. Da beide Gruppen von Gesellschaften der unbeschränkten Körperschaftsteuerpflicht unterliegen, sind sie auch vergleichbar. Ein Eingriff in den Schutzbereich der Niederlassungsfreiheit gemäß Art. 43 EGV liegt damit vor.

b) Rechtfertigung

Der Ausschluss von Kapitalgesellschaften, die lediglich Sitz oder Geschäftsleitung im Inland haben, wäre als kohärente Regelung gerechtfertigt, wenn diese Benachteiligung durch einen unmittelbar damit zusammenhängenden Vorteil kompensiert würde. Ausländische Gesellschaften mit Sitz oder Geschäftsleitung im Inland unterliegen jedoch ebenso wie Kapitalgesellschaften mit Sitz und Geschäftsleitung im Inland der unbeschränkten Steuerpflicht. Soweit die Unterschiede in der Besteuerung bestehen, sind diese allenfalls nachteilig für die ausländischen Gesellschaften[790]. Ein unmittelbarer Ausgleich von Vor- und Nachteilen i.S.d. Kohärenz-Grundsatzes liegt damit nicht vor.

Ein Grund für den Ausschluss ausländischer Gesellschaften könnte der erforderliche Abschluss eines Ergebnisabführungsvertrags sein. Nach § 291 Abs. 1 S. 1 AktG kann bei einem Unternehmensvertrag zwar jedes Unternehmen herrschendes Unternehmen sein[791], abhängiges Unternehmen jedoch nur eine AG oder

---

788 Zu den Wirkungen einer Organschaft siehe auch Witt in: Dötsch/Eversberg/Jost § 14 KStG Rz. 6 ff.

789 Siehe 4. Teil B IV 3 c).

790 Z.B. Unanwendbarkeit der Vorschriften des UmwStG, siehe 4. Teil C III 2 b).

791 Hüffer § 291 AktG Rz. 8.

eine KGaA. Aufgrund der Rechtsprechung des EuGH im Gesellschaftsrecht[792] müsste es nunmehr zumindest ausländischen, nach der Gründungstheorie in einem EU-/EWR-Staat errichteten Kapitalgesellschaften, die einer AG, KGaA oder GmbH entsprechen, gestattet sein, Vertragspartei eines Ergebnisabführungsvertrags zu sein[793]. Zudem ist der Anwendungsbereich des § 291 Abs. 1 S. 1 AktG im Wege richterlicher Rechtsfortbildung bereits dahingehend ausgeweitet worden, dass auch Gesellschaften in der Rechtsform einer GmbH erlaubt ist, als abhängiges Unternehmen einen Ergebnisabführungsvertrag abzuschließen[794]. Es ist daher kein Grund ersichtlich, warum dies ausländischen Kapitalgesellschaften verwehrt sein sollte.

Selbst wenn nicht überwindbare gesellschafts- oder zivilrechtlichen Hindernisse bestehen sollten, könnte der Ausschluss ausländischer Kapitalgesellschaften nicht mit der fehlenden gesellschaftsrechtlichen Möglichkeit zum Abschluss eines wirksamen Ergebnisabführungsvertrag begründet werden[795]. Vor der durch das UntStFG eingeführten Vereinheitlichung der Voraussetzungen für die körperschaft- und gewerbesteuerliche Organschaft[796] konnte eine Kapitalgesellschaft mit Sitz und Geschäftsleitung im Ausland zumindest für Zwecke der Gewerbesteuer mit dem im Inland belegenen Gewerbebetrieb in eine Organschaft eingegliedert werden[797]. Dies zeigt, dass der Abschluss eines Ergebnisabführungsvertrags keine notwendige Voraussetzung für das Funktionieren einer Organschaft ist[798]. Andere Modelle der Gruppenbesteuerung, kommen zudem ohne den Abschluss eines Ergebnisabführungsvertrags aus[799]. Es ist daher nicht anzunehmen, dass der EuGH das Fehlen der gesellschaftsrechtlichen Voraussetzung für den Abschluss eines Ergebnisabführungsvertrags als kohärente Regelung oder als einen sonstigen zwingenden Grund des Allgemeininteresses für einen Eingriff in Art. 43 EGV akzeptieren würde[800].

---

792 Siehe 4. Teil C II 3.

793 So auch Danelsing in: Blümich § 14 KStG Rz. 34; J. Hey, Der Konzern 2004, 577 (586); Kellersmann/Treisch, S. 183; Kleinert/Nagler/Rehm, DB 2005, 1869 (1870); Thömmes in: Herzig, Organschaft, S. 525 (534 ff.); Walter in: Ernst & Young § 14 KStG Rz. 73 m.w.N.

794 Emmerich in: Emmerich/Habersack Vor § 291 AktG Rz. 8 f.

795 So auch Herzig/Wagner, DB 2005, 1 (5 f.).

796 UntStFG v. 20.12.2001, BGBl I 2001, 3858.

797 BFH v. 28.3.1979, I R 81/76, BStBl II 1979, 447; Abschn. 14 Abs. 1 S. 5 GewStR 1998; L. Schmidt/Müller/Stöcker 1993, Rz. 904 f.

798 Vgl. Frotscher, Der Konzern 2004, 98 (103); Jochum, FR 2005, 577 (582 ff.); Thömmes in: Herzig, Organschaft, S. 525 (536).

799 Siehe Lüdicke/Rödel, IStR 2004, 549; zu Österreich siehe Gassner, FR 2004, 517.

800 Ebenso Kleinert/Nagler/Rehm, DB 2005, 1869 (1872); Saß, EWS 1998, 347 (349); Saß, BB 1999, 447 (451); a.A. Thiel, DB 2004, 2603 (2605).

Auch abkommensrechtliche Aspekte können den Ausschluss ausländischer Gesellschaften nicht rechtfertigen. Zwar weist Art. 4 Abs. 3 OECD-MA vorrangig dem Staat der Geschäftsleitung das Besteuerungsrecht zu, so dass es zu Abgrenzungsproblemen kommen kann, wenn eine Kapitalgesellschaft die Geschäftsleitung im Ausland und lediglich den Sitz im Inland hat. Dieses Problem könnte allerdings dadurch gelöst werden, dass das Besteuerungsrecht der Bundesrepublik Deutschland im Abkommensfall als weitere Voraussetzung in den Gesetzestext aufgenommen wird[801].

Weitere Rechtfertigungsgründe sind nicht ersichtlich. § 14 Abs. 1 S. 1 KStG verstößt wegen der darin geforderten doppelten Inlandsanbindung für Organgesellschaften gegen die Niederlassungsfreiheit gemäß Art. 43 EGV.

2. Einbeziehung einer inländischen Betriebsstätte einer ausländischen Tochtergesellschaft

a) Schutzbereich

Bei einem Wechsel von der beschränkten zur unbeschränkten Steuerpflicht und umgekehrt stellt sich insbesondere die Frage, ob Art. 43 EGV verlangt, dass einer im Inland belegenen Betriebsstätte einer Kapitalgesellschaft mit Sitz und Geschäftsleitung im Ausland (als Ausfluss des Rechts auf die freie Wahl des Standorts der sekundären Niederlassung) die Einbindung in einen Organkreis beschränkt auf das im Inland erwirtschaftete Einkommen ermöglicht werden muss. Die Verlegung von Sitz und/oder Geschäftsleitung in das Ausland hätte so zumindest bei der Beibehaltung einer inländischen Betriebsstätte nicht zwangsläufig den Wegfall der mit der Einbindung in die Organschaft verbundenen Vorteile zur Folge. Die steuerliche Situation einer ausländischen Kapitalgesellschaft mit einer inländischen Betriebsstätte ist mit derjenigen einer inländischen Kapitalgesellschaft mit einer im Inland belegenen Betriebsstätte vergleichbar[802]. Der Schutzbereich des Art. 43 EGV ist daher verletzt, wenn eine ausländische Kapitalgesellschaft ihre im Inland belegene Betriebsstätte nicht in eine Organschaft eingliedern kann und damit im Vergleich zu einer inländischen Kapitalgesellschaft diskriminiert ist.

b) Rechtfertigung

Der Ausschluss inländischer Betriebsstätten könnte Bestandteil einer kohärenten Steuerrechtsordnung sein. „Kohärenz" erfordert nach der Rechtsprechung des EuGH die Kompensation eines unmittelbaren Vor- oder Nachteils bei demsel-

---

801 So auch Thömmes in: Herzig, Organschaft, S. 525 (535).

802 Vgl. auch 3. Teil B II 1 c); 4. Teil B IV; 5. Teil B I 1.

ben Steuerpflichtigen hinsichtlich derselben Steuerart in demselben Mitgliedstaat. Ein Vorteil, der den Nachteil des Ausschluss der Betriebsstätte im Organschaftsfall kompensieren könnte, ist jedoch nicht ersichtlich. Die Besteuerung der Betriebsstätte gemäß § 49 Abs. 1 Nr. 2 Buchst. a) EStG i.V.m. § 8 Abs. 1 S. 1 KStG weicht nicht wesentlich von der Besteuerung ab, die für die Organträgerin in Bezug auf eine im Inland ansässige Kapitalgesellschaft gilt[803]. Zudem kann eine ausländische Kapitalgesellschaft mit einer inländischen Betriebsstätte unter den in § 18 KStG genannten Voraussetzungen Organträgerin sein. Daher ist nicht nachvollziehbar, warum Betriebsstätten als Organgesellschaften ausgeschlossen sein sollen[804]. Das Vorbringen etwaiger gesellschaftsrechtlicher Hindernisse beim Abschluss des erforderlichen Ergebnisabführungsvertrags dürfte der EuGH ebenfalls nicht als Rechtfertigungsgrund anerkennen[805]. Die Gewinnabführungs- bzw. die Verlustausgleichsverpflichtung ließe sich in dem Ergebnisabführungsvertrag auf das in der Betriebsstätte erzielte Einkommen beschränken[806]. Ähnlich wie in der für Organträger geltenden Regelung des § 18 KStG könnte ferner vorausgesetzt werden, dass der Ergebnisabführungsvertrags von der ausländischen Kapitalgesellschaft unter der Firma der Zweigniederlassung abgeschlossen wird.

Aus der Sicht des nationalen Steuerrechts ist der Ausschluss einer Betriebsstätte einer ausländischen Kapitalgesellschaft aus einer Organschaft daher keine kohärente Maßnahme. Die fehlende Kohärenz wird auch auf abkommensrechtlicher Ebene nicht hergestellt. Das Besteuerungsrecht bezüglich der Betriebsstätte ist entsprechend Art. 5 i.V.m. Art. 23A OECD-MA der Bundesrepublik Deutschland zugewiesen.

Der Ausschluss beschränkt steuerpflichtiger Kapitalgesellschaften mit einer im Inland belegenen Betriebsstätte von der Einbindung in einen Organkreis ist nach alledem kein Element eines kohärenten Steuersystems. Andere Rechtfertigungsgründe fehlen ebenfalls. Die deutschen Organschaftsregelungen verstoßen daher auch insofern gegen die Niederlassungsfreiheit gemäß Art. 43 EGV, als sie die Einbeziehung einer im Inland belegenen Betriebsstätte einer ausländischen Kapitalgesellschaft in einen Organkreis nicht gestatten[807].

---

803 Zu den Unterschieden siehe 4. Teil B IV 2, 3.

804 So auch Frotscher in: Frotscher/Maas § 14 KStG Rz. 82.

805 Siehe bereits unter 5. Teil D I 1 b); Saß, EWS 1998, 347 (349); Saß, BB 1999, 447 (451).

806 So Thömmes in: Herzig, Organschaft, S. 525 (534 ff.); a.A. herrschende Kommentarmeinung, siehe Emmerich in: Emmerich/Habersack § 291 AktG Rz. 52.

807 H.M. im Schrifttum, siehe nur: de Weerth, RIW 1999, 511 (513); Frotscher, Der Konzern 2004, 98 (100 f.); Frotscher in: Frotscher/Maas § 14 KStG Rz. 82; Herzig/Dautzenberg, DB 1997, 8 (13); Herzig/Dautzenberg, DB 2000, 12 (15); Herzig/Wagner, DB 2005, 1 (7); Thömmes in: Herzig, Organschaft, S. 525 (532).

3. Einbeziehung einer ausländischen Tochtergesellschaft

a) Schutzbereich

In einigen EG-Mitgliedstaaten, so z.B. in Italien[808] und Österreich[809], wurden unlängst - auch vor dem Hintergrund der Entwicklung der Rechtsprechung des EuGH - Regelungen eingeführt, die eine grenzüberschreitende Verlustverrechnung zwischen Konzerngesellschaften zulassen. In Dänemark[810] sowie in Ausnahmefällen in Frankreich[811] ist dies bereits seit längerer Zeit erlaubt[812]. Es stellt sich daher die Frage, ob Deutschland gemeinschaftsrechtlich verpflichtet ist, Kapitalgesellschaften mit Sitz und Geschäftsleitung im Ausland generell, d.h. nicht nur bezogen auf eine im Inland belegene Betriebsstätte, sondern auch hinsichtlich im Ausland erwirtschafteter Gewinne und Verluste, die Einbeziehung in einen Organkreis zu eröffnen.

Eine formelle Ungleichbehandlung liegt vor. Eine ausländische Kapitalgesellschaft kann im Gegensatz zu einer inländischen Kapitalgesellschaft nicht in eine Organschaft einbezogen werden. Da eine Kapitalgesellschaft in einem anderen Mitgliedstaat der ausländischen Steuerhoheit unterliegt, befindet sie sich allerdings in einer anderen Situation als eine inländische Kapitalgesellschaft, deren Gewinne und Verluste nach deutschen Vorschriften ermittelt und besteuert werden. In der Literatur wird daher zum Teil bereits die Vergleichbarkeit verneint[813]. Dagegen ist jedoch einzuwenden, dass es vorrangig um die Besteuerung des inländischen Organträgers nach inländischen Vorschriften und nicht um die anwendbaren Gewinnermittlungsvorschriften der ausländischen Tochtergesellschaft im Ausland geht. Im Folgenden wird daher von einem Eingriff in den Schutzbereich des Art. 43 EGV ausgegangen[814].

---

808 Sog. "imposta su reddito della societa". Die Möglichkeit einer grenzüberschreitenden Ergebniskonsolidierung, existiert seit dem 1.1.2004, siehe Mayr/Frei, IWB v. 8.10.2003, Fach 5, Italien, Gruppe 2, S. 525 ff.; Romani/Strnad/Grabbe, IStR 2004, 155.

809 Mit Wirkung ab 2005, siehe Gassner, FR 2004, 517; Hirschler/Schindler, IStR 2004, 505; Waldens/Foddanu, PIStB 2004, 194.

810 Sog. "sambeskatning", siehe hierzu Grotherr, IWB v. 14.6.1995, Fach 5, Gruppe 2, Dänemark, S. 113; Hansen/Munch, Tax Notes International v. 30.6.2003, S. 1339.

811 Sog. «régime du bénéfice consolidé», siehe Nicolas, CDFI LXXXIIIa (1998), S. 447 ff.

812 Überblick bei Endres in: Herzig, Organschaft, S. 461 ff.

813 So Thiel, DB 2004, 2603 (2605); Thömmes in: Herzig, Organschaft, S. 525 (532).

814 So auch Frotscher, Der Konzern 2004, 98 (103); Haarmann in: Forum Bd. 28 (2004), S. 169 (184); Hirschler/Schindler, IStR 2004, 505 (506); Meilicke in: Forum Bd. 28 (2004), S. 205 (217 f.); Saß, DB 2001, 508 (510).

b) Rechtfertigung

aa) Kohärenz

Die Nichteinbeziehung einer ausländischen Tochtergesellschaft in eine inländische Organschaft ist möglicherweise als Ausfluss einer kohärenten Besteuerung gerechtfertigt. Da Deutschland nach Artt. 7 Abs. 1, 23 A Abs. 1 OECD-MA kein Besteuerungsrecht für ausländische Gewinne einer Kapitalgesellschaft zusteht, könnte - korrespondierend - der Ausschluss der Kapitalgesellschaft von einer inländischen Organschaft zulässig sein. Nach mittlerweile gefestigter Rechtsprechung des EuGH setzt jedoch der Grundsatz der Kohärenz einen unmittelbaren Zusammenhang zwischen belastendem und begünstigendem Effekt bei demselben Steuerpflichtigen in derselben Steuerart in demselben Mitgliedstaat voraus[815]. Ein derartiger unmittelbarer Zusammenhang fehlt aber, weil es um die Besteuerung der Organträgerin einerseits und die Besteuerung ihrer Tochtergesellschaft andererseits und damit nicht um die Besteuerung desselben Steuerpflichtigen geht.

Der EuGH hat das Kohärenz-Argument in einem ähnlich gelagerten Fall verworfen. In der Rechtssache „Bosal"[816] ging es um die Abzugsfähigkeit von Beteiligungsaufwand für den Erwerb einer ausländischen Tochtergesellschaft durch eine niederländische Muttergesellschaft, die nach niederländischem Recht – im Gegensatz zum Beteiligungsaufwand im Zusammenhang mit niederländischen Tochtergesellschaften – nicht gegeben war. Der EuGH hielt diese Regelung für gemeinschaftsrechtswidrig und stellte ausdrücklich fest, dass die Argumentation, dass die Niederlande auch über die ausländischen Gewinne der Auslandstochterkapitalgesellschaft keine Besteuerungshoheit habe, nicht stichhaltig sei[817]:

> *„[...] Es besteht nämlich kein unmittelbarer Zusammenhang zwischen der den in den Niederlanden ansässigen Muttergesellschaften gewährten steuerlichen Vergünstigung (Recht zum Abzug der Kosten der Beteiligung am Kapital der Tochtergesellschaften von ihrem Gewinn) einerseits und der Besteuerung der Tochtergesellschaften von Muttergesellschaften, wenn diese in diesem Mitgliedstaat niedergelassen sind, andererseits."*

Überträgt man diese Rechtsprechung auf die grenzüberschreitende Organschaft, dürfte der EuGH auch hier keinen unmittelbaren Zusammenhang zwischen der einer in Deutschland ansässigen Muttergesellschaft (Organträgerin) gewährten

---

815 Siehe 5. Teil A I 2 a) aa).

816 EuGH v. 18.9.2003, Rs. C-168/01 (Bosal), Slg. 2003, I-9409.

817 EuGH v. 18.9.2003, Rs. C-168/01 (Bosal), Slg. 2003, I-9409, Randnr. 31.

steuerlichen „Vergünstigung" (Einbeziehung des Organeinkommens) einerseits und der Besteuerung der in einem anderen Mitgliedstaat niedergelassenen Tochtergesellschaft andererseits anerkennen. Im Schrifttum wurde die Entscheidung „Bosal" daher so interpretiert, dass eine grenzüberschreitende Organschaft eingeführt werden müsse[818].

Fraglich ist jedoch, ob die Abzugsfähigkeit von Beteiligungsaufwand, über die in der Sache „Bosal" entschieden worden ist, tatsächlich mit der Einbeziehung einer Auslandstochtergesellschaft in eine Organschaft verglichen werden kann, weil der EuGH sein Urteil ausschließlich mit der Besteuerung der Muttergesellschaft selbst, insbesondere über deren steuerliche Abzüge, begründet hat. Im Organschaftsfall geht es zwar auch um die Besteuerung der Organträgerin (Einbeziehung oder Nicht-Einbeziehung des Organgesellschaftseinkommens). Die erwünschte „Vergünstigung" betrifft jedoch nicht die Ermittlung des originären Organträger-Einkommens, sondern die Zurechnung des originär bei der Organgesellschaft erwirtschafteten Einkommens. In der körperschaftsteuerlichen Organschaft sind Organträger und Organgesellschaft zunächst als eigenständige Steuersubjekte zu behandeln (sog. „eingeschränkte Einheitstheorie")[819], so dass das der Organträgerin zugewiesene Organeinkommen nicht mit dem originär auf der Ebene der Organträgerin erwirtschafteten Einkommen gleichgesetzt werden kann. Das originäre Organgesellschaftseinkommen ist jedoch mit dem Einkommen identisch, das für die Besteuerung der Tochtergesellschaft relevant ist. Es geht zwar einerseits um die Besteuerung der Muttergesellschaft/Organträgerin und andererseits um die Besteuerung der Tochtergesellschaft, aber gleichwohl um „denselben Steuerpflichtigen".

Zudem deutet sich in der neueren Rechtsprechung des EuGH eine Ausweitung des Kohärenz-Begriffs an. Nach dem Schlussantrag der Generalanwältin in der Rechtssache „Manninen" kann eine kohärente Regelung ausnahmsweise auch dann vorliegen, wenn Belastung und Entlastung bei verschiedenen Steuerpflichtigen vorliegen[820]:

> *„[...] Voraussetzung dafür ist,*
> - *dass die Besteuerung sich, wenn schon nicht auf denselben Steuerpflichtigen, so doch aber auf dieselben Einnahmen oder denselben wirtschaftlichen Vorgang bezieht und*
> - *dass durch die rechtliche Ausgestaltung des Systems gewährleistet ist, dass der Vorteil dem einen Steuerpflichtigen nur dann zugute kommt, wenn der Nachteil*

818 Schön, IStR 2004, 289 (300).

819 L. Schmidt/Müller/Stöcker 2003, Rz. 470.

820 SchlA GA Kokott v. 18.3.2004, Rs. C-319/02 (Manninen), IStR 2004, 313, Randnr. 61; der EuGH ist den SchlA gefolgt: EuGH v. 7.9.2004, Rs. C-319/02 (Manninen), IStR 2004, 680, Randnr. 45; zust.: J. Hey, StuW 2004, 193 (197).

bei dem anderen Steuerpflichtigen auch tatsächlich und in demselben Umfang eintritt."

Diese Feststellungen der Generalanwältin sind auf die vorliegende Fragestellung übertragbar. Die Berufung auf die Kohärenz scheitert deshalb nicht daran, dass sich die belastenden und entlastenden Effekte auf zwei Steuerpflichtige, die Organträgerin und die potentielle ausländische Organgesellschaft, beziehen, da jedenfalls die Besteuerung desselben Einkommens und derselbe wirtschaftliche Vorgang betroffen sind. Der Ausschluss ausländischer Kapitalgesellschaften aus inländischen Organschaften muss daher als kohärente Regelung angesehen werden[821].

bb) Territorialitätsprinzip

Für die Nichteinbeziehung einer ausländischen Kapitalgesellschaften in eine Organschaft könnte das Territorialitätsprinzip stehen[822]. Wird das Territorialitätsprinzip allerdings wie in der Sache „Futura"[823] i.S.d. Quellenprinzips in Abgrenzung zum Welteinkommensprinzip verstanden, ist es nicht geeignet, den Ausschluss ausländischer Tochtergesellschaften in § 14 Abs. 1 S. 1 KStG zu rechtfertigen[824]. Denn die Einbeziehung ausländischer Tochtergesellschaften in inländische Organschaften betrifft die Besteuerung des unbeschränkt steuerpflichtigen Organträgers, der dem Welteinkommensprinzip unterliegt. Im Schrifttum wird auch gerade die Forderung nach einer Einbeziehung ausländischer Kapitalgesellschaften in inländische Organschaften mit der Geltung des in Deutschland verankerten Welteinkommensprinzips für die Besteuerung des unbeschränkt steuerpflichtigen Organträgers begründet[825].

Das Territorialitätsprinzip ist dagegen geeignet, den Ausschluss ausländischer Tochtergesellschaften zu rechtfertigen, wenn es als Ausprägung staatlicher Souveränität in dem Sinn angesehen wird, dass nur das besteuert werden soll, auf das sich der Besteuerungsanspruch eines Staates erstreckt[826]. Zwar besteht aus völkerrechtlicher Sicht weder ein allgemeines Verbot der Doppelbesteuerung noch der Grundsatz, dass der Besteuerungsanspruch eines Staates auf das eigene Staatsgebiet beschränkt sein muss[827]. Deutschland hat sich allerdings in den

821 So im Ergebnis auch Kellersmann/Treisch, S. 183 f.

822 Siehe 5. Teil A I 2 a) bb) zur dogmatischen Einordnung.

823 Siehe unter 5. Teil C I 1.

824 IdS auch EuGH v. 18.9.2003, Rs. C-168/01 (Bosal), Slg. 2003, I-9409, Randnr. 38; SchlA GA Alber v. 24.9.2002, Rs. C-168/01 (Bosal), Slg. 2003, I-9411, Randnr. 66.

825 Haarmann in: Forum Bd. 28 (2004), S. 169 (184).

826 Siehe Lehner in: FS Wassermeyer, S. 241 ff.

827 Spitaler, S. 422 ff.; Vogel, S. 101 ff.; Vogel in: Vogel/Lehner Einl. Rz. 11; Wassermeyer in: DStJG 8 (1985), S. 49 (52 ff.); Einigkeit besteht jedoch darin, dass die Voll-

Doppelbesteuerungsabkommen mit den EU–Mitgliedstaaten dazu verpflichtet, Gewinne einer in einem anderen Mitgliedstaat belegenen Tochtergesellschaft freizustellen[828]. Die deutsche Steuerhoheit erstreckt sich nur Kapitalgesellschaften mit Sitz oder Geschäftsleitung in Deutschland. Dividenden ausländischer Tochtergesellschaften unterliegen der inländischen Besteuerung nur, sofern sie ausgeschüttet werden (Abschirmwirkung). Zwar erlauben möglicherweise bestehende CFC-Regelungen die Besteuerung von thesaurierten ausländischen Gewinnen. Eine Reihe dieser Vorschriften[829], darunter die Bestimmungen des AStG[830], sind allerdings europarechtlich bedenklich und können nicht als Argument dafür herangezogen werden, dass Gewinne ausländischer Tochtergesellschaft im Inland besteuert werden[831]. Es ist daher nicht einsehbar, warum die Bundesrepublik Deutschland im Rahmen der Organschaftsregelungen verpflichtet sein sollte, Einkünfte ausländischer Tochtergesellschaften einzubeziehen. Der Ausschluss der ausländischer Kapitalgesellschaften von inländischen Organschaften ist auch aus der Sicht des Territorialitätsprinzips gerechtfertigt[832].

cc) Vergleich mit ausländischer Betriebsstätte

In der Literatur wird die Ansicht vertreten, dass ein Unternehmen die Berücksichtigung der Verluste ausländischer Tochtergesellschaften bei der inländischen Muttergesellschaft auch dann verlangen könne, wenn dies nach nationalem Recht (und ggf. nach Abkommensrecht) bei einer Gründung einer ausländischen

---

zugsgewalt eines Staates an den Staatsgrenzen endet: J. Hey, IWB v. 14.1.2004, Deutschland, Gruppe 1, S. 2003 (2004 f.).

828 Die Überprüfung des Rechtfertigungsgrundes des Territorialitätsprinzips mündet daher in denselben Gedanken, wie die Erörterung der Kohärenz unter abkommensrechtlichen Gesichtspunkten. Dies zeigt, dass sich beide Rechtfertigungsgründe teilweise überschneiden. Siehe 5. Teil A I 2 a) bb).

829 Siehe z.B. anhängiges EuGH-Verfahren zu den britischen CFC-Regelungen Az. EuGH: C-196/3 (Cadbury Schweppes), ABl. 2004, C 168, S. 5.

830 Siehe nur Vorlagebeschluss FG Münster zu § 20 AStG v. 5.7.2005, 15 K 1114/99 F, EW, IStR 2005, 631, Az. EuGH: C-298/05; Schön, DB 2001, 940; Schönfeld, Hinzurechnungsbesteuerung und Europäisches Gemeinschaftsrecht, Köln 2005; Schönfeld, StuW 2005, 158 ff.

831 So aber Scheunemann, IStR 2005, 298 (306).

832 In diese Richtung tendieren ferner: Gutmann, EC Tax Review 2003, 154 (157 f.); Johnson, Tax Notes International v. 27.1.2003, S. 403; Neumann in: Gosch § 14 KStG Rz. 16; Schnitger, FR 2003, 1149 (1151); a.A. Cordewener/Dahlberg/Pistone, European Taxation 2004, 218 (229); Dörr, IStR 2004, 265 (268); Herzig/Englisch/Wagner, Der Konzern 2005, 298 (307); Hinnekens, European Taxation 2003, 175 (180); Kleinert/Nagler/Rehm, DB 2005, 1869 (1873); M. Lang, EC Tax Review 2005, 95 (97); Scheunemann, S. 235 f.; Scheunemann, IStR 2005, 303 (306); Schön, IStR 2004, 289 (300); Wattel, EC Tax Review 2003, 194 (201); Wimpissinger, Tax Notes International v. 6.6.2005, S. 923 (927).

Betriebsstätte möglich wäre[833]. Dies folge aus der Verpflichtung zur Gleichbehandlung von Betriebsstätten und Tochtergesellschaften. Eine Nicht-Berücksichtigung von Verlusten ausländischer Tochtergesellschaften verletze die freie Wahl der Form der Niederlassung nach Art. 43 Abs. 1 EGV.

In Deutschland sind ausländische Betriebsstätten im Abkommensfall gegenwärtig im Vergleich zu ausländischen Tochtergesellschaften allerdings nicht schlechter gestellt, weil inländische Unternehmen auch ausländische Betriebsstättenverluste im Abkommensfall gemäß § 2a EStG nicht abziehen können. Eine entsprechende Regelung in § 2a Abs. 3 EStG ist mit Wirkung ab dem Veranlagungszeitraum 1999 abgeschafft worden[834]. Die Verlustabzugsbeschränkungen des § 2a EStG werden im Schrifttum allerdings für gemeinschaftsrechtswidrig gehalten[835]. Auch die Finanzgerichte bezweifeln die Vereinbarkeit des § 2a EStG mit den Grundfreiheiten des EGV. Der BFH hat dem EuGH mit Beschluss vom 13.11.2002 die Frage vorgelegt, ob die Verlustabzugsbeschränkungen bei Verlusten aus Vermietung und Verpachtung gemäß § 2a Abs. 1 S. 1 Nr. 4 EStG 1987[836] gemeinschaftsrechtskonform sind[837]. Der Generalanwalt hat sich in seinen Schlussanträgen bereits für die Europarechtswidrigkeit ausgesprochen[838]. Die Entscheidung des EuGH steht noch aus[839].

---

833 Herzig/Dautzenberg, DB 1997, 8 (13); Tumpel in: DStJG 23 (2000), S. 321 (361 f. m.w.N.); Zoll, S. 295 f.; wohl auch Gutmann, EC Tax Review 2003, 154; a.A. Cordewener, S. 832 ff.

834 Steuerentlastungsgesetz 1999/2000/2002 v. 24.3.1999, BGBl I 1999, 402.

835 Vgl. nur Cordewener, IStR 2003, 413 ff. m.w.N.; Kellersmann/Treisch, S. 179 f.; Schön, IStR 2004, 289 (294); Wilk, S. 207 ff.; Zoll, S. 133 ff.

836 § 2a Abs. 1 Nr. 4 EStG idF der Bekanntmachung vom 27.2.1987, BGBl I 1987, 657, die wie folgt lautete: „*Negative ausländische Einkünfte [...] 4. aus der Vermietung oder der Verpachtung unbeweglichen Vermögens oder von Sachinbegriffen, wenn diese in einem ausländischen Staat belegen sind, [...] dürfen nur mit ausländischen Einkünften der jeweils selben Art aus demselben Staat ausgeglichen werden; sie dürfen auch nicht nach § 10d EStG abgezogen werden.*“

837 EuGH Az.: C-152/03 (Ritter-Coulais), Vorlagebeschluss des BFH v. 13.11.2002, I R 13/02, BStBl II 2003, 795; siehe Cordewener, IStR 2003, 413. Siehe auch öVwGH v. 25.9.2001, 99/14/0217 E, IStR 2001, 754, der unter Hinweis auf die Niederlassungsfreiheit in Abkehr von seiner bisherigen Rechtsprechung entschied, dass Verluste aus einer ausländischen Betriebsstätte in Österreich von der Bemessungsgrundlage abgezogen werden können und sie damit nicht nur bei der Bemessung des Steuersatzes zu berücksichtigen sind.

838 SchlA GA Léger v. 1.3.2005, Rs. C-152/03 (Ritter-Coulais), IStR 2005, 237.

839 Siehe auch Vorlage des FG Köln v. 15.7.2004, 13 K 1908/00, FR 2004, 1118, Az. EuGH: C-347/04 (REWE Zentralfinanz) zur Vereinbarkeit von § 2a Abs. 1 Nr. 3 EStG (Nichtberücksichtigung von Teilwertabschreibungen) mit den EG-vertraglichen Grundfreiheiten.

Selbst wenn die Behandlung ausländischer Betriebsstättenverluste gemäß § 2a EStG gegen die Grundfreiheiten verstoßen sein sollte, lässt sich daraus allerdings nicht ableiten, dass Verluste ausländischer Tochtergesellschaften bei der inländischen Muttergesellschaft zum Abzug zugelassen werden müssten. Art. 43 Abs. 1 EGV gewährt keinen Anspruch auf eine rechtsformneutrale Besteuerung[840]. Eine pauschale Gleichbehandlung von Betriebsstätten und rechtlich selbständigen Tochtergesellschaften lässt sich gemeinschaftsrechtlich nicht begründen[841].

Die Einbeziehung ausländischer Tochtergesellschaften in einen inländischen Organkreis ist folglich auch dann gemeinschaftsrechtlich nicht zwingend, wenn der EuGH die Berücksichtigung ausländischer Betriebsstättenverluste bei dem im Inland belegenen Stammhaus verlangen sollte.

dd) Rechtsprechung des EuGH zur Konzernbesteuerung

Fraglich ist, ob die Rechtsprechung des EuGH zur Konzernbesteuerung einem Ausschluss ausländischer Kapitalgesellschaften von Organschaften entgegen steht.

(1) „Imperial Chemical Industries"

In der Rechtssache „Imperial Chemical Industries" (ICI)[842] ging es um Vorschriften des britischen Steuerrechts, die unter bestimmten Voraussetzungen eine Verrechnung von Verlusten zwischen zwei britischen Gesellschaften zuließen. ICI (49%) und eine andere Gesellschaft (51%), beide mit Sitz in Großbritannien, bildeten ein Konsortium, über das sie an einer Holdinggesellschaft mit 23 Tochtergesellschaften beteiligt waren. Unter den Tochtergesellschaft befanden sich 4 Gesellschaften mit Sitz in Großbritannien sowie 6 Gesellschaften mit Sitz in anderen EG-Mitgliedstaaten. Die restlichen 13 Gesellschaften waren in Drittstaaten ansässig. Eine der britischen Tochtergesellschaften erzielte Verluste. ICI beantragte, diese Verluste entsprechend ihrer Beteiligungsquote an der Holdinggesellschaft in Höhe von 49% im Rahmen des Konzernabzugs von ihren eigenen Gewinnen abzuziehen. Der Abzug wurde versagt, da die Holdinggesellschaft nicht überwiegend an Gesellschaften mit Sitz in Großbritannien beteiligt war. Der EuGH hielt diese britische Regelung für unvereinbar mit der Niederlassungsfreiheit gemäß Art. 43 EGV.

---

840 Siehe 3. Teil B II 1 c).

841 IdS auch Schön, IStR 2004, 289 (300).

842 EuGH v. 16.7.1998, Rs. C-264/96 (ICI), Slg. 1998, I-4695.

In der Literatur wird aus der Entscheidung „Imperial Chemical Industries“ gefolgert, dass die Nichtberücksichtigung von Verlusten ausländischer Tochtergesellschaften in deutschen Organgesellschaften gemeinschaftsrechtswidrig sei[843]. In der Sache „ICI“ ging es jedoch nicht um die grenzüberschreitende Berücksichtigung eines Gewinns oder Verlustes einer außerhalb Großbritanniens ansässigen Tochtergesellschaft. Nicht im Ausland erlittene Verluste, sondern Verluste einer Tochtergesellschaften der Holding, die in Großbritannien ansässig war, sollten genutzt werden. Das EuGH-Urteil enthält daher keinerlei Anhaltspunkte für eine zwingende Einbeziehung ausländischer Besteuerungsgrundlagen in inländische Organschaften.

(2) „X-AB und Y-AB“

In der Sache „X-AB und Y-AB“[844] ging es um eine Vorschrift des schwedischen Steuerrechts, wonach bei einer durchgehenden Beteiligungskette von mindestens 90% sog. „Konzernbeiträge“ zwischen schwedischen Aktiengesellschaften bei der zahlenden Gesellschaft als steuerlich abzugsfähige Betriebausgabe und bei der empfangenden Gesellschaft als steuerpflichtige Betriebeinnahme erfasst wurden. Die Konzernbeiträge wirkten damit faktisch wie ein Verlustausgleich. Im vorgelegten Fall konnte diese Regelung nicht in Anspruch genommen werden, da die erforderliche 90%ige Beteiligungskette lediglich durch eine in einem anderen EG-Mitgliedstaat belegene Gesellschaft vermittelt wurde und dies nach den schwedischen Vorschriften nicht reichte. Der EuGH qualifizierte diese Regelung als unvereinbar mit der Niederlassungsfreiheit gemäß Art. 43 EGV.

Auch aus diesem Urteil wird gefolgert, dass danach die Einbeziehung ausländischer Organgesellschaften in einen inländischen Organkreis zugelassen werden müsse[845]. Dem ist nicht zuzustimmen. In der Sache „X-AB und Y-AB“ ging es nicht um die Berücksichtigung des Einkommens der die Beteiligungskette vermittelnden ausländischen Gesellschaft, sondern um die Besteuerung bzw. die Verrechnung von Gewinnen und Verlusten von zwei in Schweden ansässigen Gesellschaften.

(3) „AMID“

In dem Vorlageverfahren „AMID“[846] wurden Vorschriften des belgischen Steuerrecht überprüft, die den steuerlichen Verlustvortrag von in Belgien erlitte-

---

843 de Weerth, RIW 2000, 509 (512); Saß, EWS 1998, 347 (349); Saß, BB 1999, 447 (450); Saß DB 2001, 508 (510).

844 EuGH v. 18.11.1999, Rs. C-200/98 (X-AB und Y-AB), Slg. 1999, I-8261.

845 de Weerth, RIW 2000, 509 (512).

846 EuGH v. 14.12.2000, Rs. C-141/99 (AMID), Slg. 2000, I-11619.

nen Verlusten einer belgischen Gesellschaft davon abhängig machte, dass die in einem anderen Mitgliedstaat belegene Betriebsstätte der belgischen Gesellschaft im Jahr der Entstehung des Verlustes keinen Gewinn erwirtschaftete. Bei einer in Belgien belegenen Betriebsstätte hätte die Gesellschaft die Verluste hingegen in vollem Umfang geltend machen können. Der EuGH sah darin einen Verstoß gegen die Niederlassungsfreiheit gemäß Art. 43 EGV.

Da in der Sache „AMID" über den Abzug von inländischen Verlusten entschieden wurde, lassen sich daraus keine Schlüsse für oder gegen die Einbeziehung ausländischer Gesellschaften in eine inländische Organschaft ziehen.

(4) „Metallgesellschaft/Hoechst"

Die Rechtssachen „Metallgesellschaft/Hoechst"[847] betrafen Vorschriften des britischen Steuerrechts, nach denen eine in Großbritannien ansässige Kapitalgesellschaft von einer bei einer Ausschüttung an die Anteilseigner fällig werdenden Körperschaftsteuervorauszahlung befreit war, sofern ihre Anteile von einer ebenfalls in Großbritannien ansässigen Kapitalgesellschaft gehalten wurden. Auf eine Gesellschaft mit einer außerhalb Großbritanniens ansässigen Muttergesellschaft konnte die Regelung nicht angewendet werden. Die deutschen Gesellschaften *Metallgesellschaft* bzw. *Hoechst* erlitten so wegen ihrer Ansässigkeit außerhalb Großbritanniens hinsichtlich ihrer in Großbritannien ansässigen Tochtergesellschaften einen Liquiditätsnachteil. Der EuGH sah dies als unvereinbar mit der Niederlassungsfreiheit gemäß Art. 43 EGV an.

In den Sachen „Metallgesellschaft/Hoechst" ging es damit nur um die Besteuerung von in Großbritannien ansässigen Gesellschaften. Die Berücksichtigung von ausländischen Gewinnen oder Verlusten war nicht Gegenstand der Entscheidung.

(5) „Marks & Spencer"

Gegenwärtig ist die Rechtssache „Marks & Spencer" beim EuGH anhängig[848], in der es um die Abzugsfähigkeit der Verluste ausländischer Tochtergesellschaften geht: *Marks & Spencer plc*, eine in Großbritannien unbeschränkt steuerpflichtige Kapitalgesellschaft, war über eine in den Niederlanden ansässige Holdinggesellschaft an Tochterkapitalgesellschaften in Frankreich, Belgien und Deutschland beteiligt, die im Zeitraum 1998 bis 2001 Verluste erwirtschafteten.

---

[847] EuGH v. 8.3.2001, Rs.C-397/98 und C-410/98 (Metallgesellschaft/Hoechst), Slg. 2001, I-1727.

[848] EuGH Az.: C-446/03; die mündliche Verhandlung fand am 1.2.2005 statt, siehe hierzu Scheunemann, IStR 2005, Heft 5, Länderbericht S. 1 f.

Die französische Tochtergesellschaft wurde daher am 31.12.2001 veräußert, während die deutsche und die belgische Tochtergesellschaft jede Handelstätigkeit einstellten. *Marks & Spencer plc* beantragte in Großbritannien den sog. „group relief" (Konzernabzug), der es jeder Gesellschaft eines Konzerns (übertragende Gesellschaft) erlaubt, ihre Verluste auf eine andere Gesellschaft desselben Konzerns (übernehmende Gesellschaft) zu übertragen, die diese Verluste dann von ihren steuerbaren Gewinnen abziehen kann[849]. Der „group relief"-Antrag wurde im Einklang mit den Regelungen des britischen Steuerrechts mit der Begründung abgelehnt, dass die Tochtergesellschaften nicht in Großbritannien ansässig seien und dort auch nicht über eine Zweigniederlassung oder eine Agentur verfügten. Der britische High Court of Justice bezweifelte die Vereinbarkeit dieser Regelungen mit der Niederlassungsfreiheit und legte die Frage dem EuGH vor[850].

Der Generalanwalt kam in seinen Schlussanträgen vom 7.4.2005 zu dem Ergebnis, dass eine Regelung, die es einer Muttergesellschaft in keinem Fall erlaubt, die Verluste ihrer Tochtergesellschaften mit Sitz im Ausland abzuziehen, gegen die Niederlassungsfreiheit verstoße, weil dies weder durch das steuerliche Territorialitätsprinzip noch durch Kohärenz gerechtfertigt werden könne[851]. Der Ausschluss des Verlustabzugs sei lediglich kohärent, wenn die Verluste im Ausland keine gleichwertige steuerliche Behandlung erführen. Eine gleichwertige Behandlung liege vor, wenn die Verluste auf einen Dritten übertragen oder bei ein und demselben Steuerpflichtigen auf ein anderes Steuerjahr vorgetragen werden könnten[852]:

> *„Erlaubt es der Staat, in dem die ausländischen Tochtergesellschaften ihren Sitz haben, diesen, ihre Verluste einer anderen Person zuzurechnen oder sie auf andere Steuerjahre vorzutragen, so ist das Vereinigte Königreich berechtigt, den Antrag auf grenzüberschreitende Übertragung dieser Verluste abzulehnen. Der Abzug ist dann im Staat der Niederlassung zu beantragen. [...] Denn es ist legitim, den Bestimmungen des Staates der Niederlassung den Vorrang zu gewähren, wenn diese eine gleichwertige Behandlung der Verluste für den Konzern gewährleisten. [...] Ist die Behandlung der Verluste für den Konzern gleichwertig, so beeinträchtigen diese Zwänge die Niederlassungsfreiheit nicht."*

---

849 Einzelheiten zum britischen „group relief"-System siehe Watrin/Sievert/Strohm, FR 2004, 1 (5 f.).

850 Bereits in dem Verfahren in Großbritannien einigten sich die Parteien darauf, dass die Zwischenschaltung der niederländischen Holdinggesellschaft keinerlei Auswirkungen haben solle.

851 SchlA GA Maduro v. 7.4.2005, Rs. C-446/03 (Marks & Spencer), RIW 2005, 383.

852 SchlA GA Maduro v. 7.4.2005, Rs. C-446/03 (Marks & Spencer), RIW 2005, 383, Randnrn. 79 f.

Eine Rechtfertigung durch das Territorialitätsprinzip lehnt der Generalanwalt ab[853]:

> *„Im vorliegenden Fall gibt es jedoch nichts, was das Vereinigte Königreich daran hinderte, den Konzernabzug auch den Muttergesellschaften, die gebietsfremde Tochtergesellschaften haben, zugute kommen zu lassen. Der Antrag fügt sich nämlich in den Rahmen einer vom Vereinigten Königreich erlassenen Regelung für Konzerne ein. Er betrifft nicht die Besteuerung eines einzelnen Steuerpflichtigen, der im Ausland ansässig ist und dort seine hauptsächlichen Tätigkeiten ausübt, sondern eine Übertragung von Verlusten zwischen Gesellschaften, die demselben Konzern angehören. [...] Innerhalb eines Konzerns wurde der Antrag von der Muttergesellschaft gestellt, die ihren Sitz im Vereinigten Königreich hat und daher in diesem Land unbeschränkt steuerpflichtig ist. [...] Ihr gegenüber ist die steuerliche Zuständigkeit dieses Mitgliedstaats nicht beschränkt. Daher kann das Vereinigte Königreich nicht einer Gesellschaft eines Konzerns mit Sitz in seinem Hoheitsgebiet die Gewährung einer Vergünstigung im Zusammenhang mit der Übertragung von Verlusten unter Berufung auf den Territorialitätsgrundsatz versagen.“*

Die Rechtssache „Marks & Spencer“ hat die Berücksichtigung ausländischer Besteuerungsgrundlagen zum Gegenstand. Allerdings sollen nicht die Gewinne und Verluste der in einem anderen Mitgliedstaat ansässigen Tochtergesellschaft berücksichtigt werden, sondern nur die im Ausland erlittenen Verluste. Die Entscheidung des EuGH steht noch aus.

(6) „Esab“

In der Rechtssache „Esab“[854] geht es um die Übertragung des Gewinns einer finnischen Konzerngesellschaft auf eine demselben Konzern angehörende Verlustgesellschaft in England. Nach den Regeln des finnischen Steuerrechts können Gewinne von profitablen Konzerngesellschaften auf Verlust-Konzerngesellschaften übertragen werden[855]. Die übertragende Gesellschaft kann den der Verlust-Konzerngesellschaft zugerechneten Gewinn als Betriebsausgabe abziehen. Voraussetzung ist jedoch, dass beide Konzerngesellschaften in Finnland ansässig sind. Die Übertragung des Gewinns der finnischen Konzerngesellschaft auf die in England ansässige Verlustgesellschaft wurde daher abgelehnt. Der oberste finnische Verwaltungsgerichtshof zweifelte die Vereinbarkeit dieser Regelung mit der Niederlassungsfreiheit und der Kapitalver-

---

853 SchlA GA Maduro v. 7.4.2005, Rs. C-446/03 (Marks & Spencer), RIW 2005, 383, Randnrn. 62 f.

854 EuGH Az.: C-231/05, Vorlage durch Korkein Hallinto-oikeus, Beschluss v. 23.5.2005, ABl. C 193 v. 6.8.2005, S. 17, siehe IStR 2005, Heft 15, Länderbericht S. 1.

855 Gleiches gilt für profitable bzw. verlustträchtige finnische Betriebsstätten, die demselben Konzern angehören.

kehrsfreiheit an und legt die Rechtssache dem EuGH vor. Im Fall „Esab" geht es daher nicht nur um die Geltendmachung von (ausländischen) Verlusten wie in der Rechtssache „Marks & Spencer", sondern um die Übertragung von Gewinnen ins Ausland. Die Stellungnahme des Generalanwalts liegt noch nicht vor.

(7) Bewertung der EuGH-Rechtsprechung

Die Analyse der vorliegenden Entscheidungen des EuGH zeigt, dass es in keinem der vom EuGH bislang entschiedenen Fällen um die Berücksichtigung von Besteuerungsgrundlagen ging, die einem ausländischen Hoheitsträger zugewiesen sind. Lediglich die laufenden Verfahren „Marks & Spencer" bzw. „Esab" betreffen die Abzugsfähigkeit von Auslandsverlusten bzw. die Einbeziehung eines in einem anderen Mitgliedstaat erwirtschafteten Gewinns. In der Rechtssache „Marks & Spencer" liegen bereits die Schlussanträge vor. Der Abzug von Auslandsverlusten darf danach bei nur unter bestimmten Voraussetzungen versagt werden. Fraglich ist jedoch, ob die Ausführungen des Generalanwalts zu den britischen Konzernbesteuerungsvorschriften auf die deutschen Organschaftsbestimmungen übertragen werden können. In der Literatur besteht dazu keine einheitliche Meinung.

Nach einer Auffassung soll auch die Beschränkung der deutschen Organschaft auf inländische Tochtergesellschaften nicht mehr haltbar sein, wenn sich der EuGH in der Rechtssache „Marks & Spencer" der Meinung des Generalanwalts anschließt, dass die dem „group relief" zugrunde liegenden Vorschriften des britischen Steuerrechts gegen die Niederlassungsfreiheit gemäß Art. 43 EGV verstoßen[856]. Von einer Reihe von Autoren wird daher ein Übergang zu einem Gruppenbesteuerungskonzept befürwortet[857].

Nach einer anderen Ansicht wird eine Entscheidung des EuGH in der Rechtssache „Marks & Spencer" nicht über die Vereinbarkeit der deutschen Organschaftsbestimmungen mit den Grundfreiheiten des EGV befinden, weil sich das dem britischen System zugrunde liegende Gruppenbesteuerungskonzept und das deutsche, an einen gesellschaftsrechtlich wirksam abgeschlossenen Ergebnisabführungsvertrag angeknüpfte Organschaftskonzept zu sehr voneinander unter-

---

[856] Siehe Bergemann/Schönherr/Stäblein, BB 2005, 1706 (1713); Dörr, IStR 2004, 265; Herzig/Wagner, DB 2005, 1 (7); Herzig/Englisch/Wagner, Der Konzern 2005, 298 (315 ff.); Rödder, DStR 2004, 1629 (1633); Scheunemann, IStR 2005, 303 (310).

[857] So Danelsing, DStR 2005, 1342; Dörr, IStR 2004, 265 (269); Gassner, DB 2004, 841; Herzig/Wagner, DB 2005, 1 (7 ff.); Pohl/Raupach in: FS Wassermeyer, S, 179 (199 ff.); Rödder, DStR 2004, 1626 (1633); Scheunemann, IStR 2005, 303 (311). Differenzierend: Prinz, GmbHR 2005, 917.

schieden[858]. Da das Gesellschaftsrecht eine grenzüberschreitende Gewinnabführung und eine grenzüberschreitenden Verlustübernahme nicht erlaube, befänden sich ausländische EU-Tochtergesellschaften und inländische Organgesellschaften bereits nicht in einer vergleichbaren Lage.

(α) Keine unmittelbaren Auswirkungen der Rechtssache „Marks & Spencer"

Sowohl die britischen „group relief"-Regelungen als auch die deutschen Organschaftsbestimmungen sollen dazu beitragen, dass der Konzern für steuerliche Zwecke als Einheit behandelt wird[859]. Die britischen „group relief"-Bestimmungen bezwecken, *„die Wirkungen der Bildung eines Konzerns steuerlich zu neutralisieren"*[860]. Nach der Rechtsprechung des RFH und des BFH ist die körperschaftsteuerliche Organschaftslehre *„die steuerliche Lehre von der wirtschaftlichen Einheit mehrere rechtlich selbständiger Unternehmen"*[861]. Trotz der ähnlichen Zwecksetzung unterscheidet sich die Organschaft und das britische „group relief"-Konzept allerdings in einigen zentralen Punkten:

Die Organschaft setzt im Gegensatz zum „group relief" einen wirksam abgeschlossenen Ergebnisabführungsvertrag voraus. Die deutsche Regelung geht damit über die rein steuerliche Zielsetzung des britischen Systems hinaus, indem die Muttergesellschaft gesellschaftsrechtlich verpflichtet ist, die Verluste der Tochtergesellschaft auszugleichen. Zudem werden gemäß §§ 14 ff. KStG nicht nur Verluste, sondern auch die Gewinne anderer Konzerngesellschaften zugerechnet. Im Organschaftsrecht besteht ferner kein Wahlrecht der Muttergesellschaft, ob sie die Verluste (bzw. Gewinne) übernimmt[862].

Damit sind zwar die gesetzgeberischen Zielsetzungen der „group relief"- bzw. der Organschaftsregelungen nahezu identisch, nicht jedoch die Mittel. Während die britischen Bestimmungen lediglich die Verluste „wandern" lassen, sehen §§ 14 ff KStG vor allem auch die Zurechnung von Gewinnen vor. Die Ausführungen des Generalanwalts im Fall „Marks & Spencer"[863] können auf die deutschen Organschaftsbestimmungen damit nicht übertragen werden.

---

858 Thiel, DB 2004, 2603 (2605); in diese Richtung tendieren ferner Balmes/Brück/Ribbrock, BB 2005, 966 (969).

859 Ebenso Herzig/Englisch/Wagner, Der Konzern 2005, 298 (308).

860 SchlA GA Maduro v. 7.4.2005, Rs. C-446/03 (Marks & Spencer), RIW 2005, 383, Randnr. 72: *„Das Mittel zur Erreichung dieses Zweckes besteht in der Gestattung, die Verluste innerhalb des Konzerns wandern zu lassen."*

861 Danelsing in: Blümich § 14 KStG Rz. 1; Witt in: Dötsch/Eversberg/Jost § 14 KStG Rz. 1 m.w.N.

862 Siehe auch Eicker, Stbg 2005, 197 (201).

863 SchlA GA Maduro v. 7.4.2005, Rs. C-446/03 (Marks & Spencer), RIW 2005, 383.

Unabhängig von der Frage, ob die deutsche Organschaft überhaupt mit dem britischen „group relief"-System vergleichbar ist, müssen die Ausführungen des Generalanwalts auch kritisiert werden. Zweifelhaft erscheint insbesondere, ob die für die Versagung des Verlustabzugs vorausgesetzte *„gleichwertige Behandlung"*[864] der Verluste im Staat der Tochtergesellschaft möglich ist:

- In EU-Mitgliedstaaten mit einer höheren Steuerbelastung führt die Verrechnung von Verlusten zu einer höheren Steuereinsparung als in Mitgliedstaaten mit einer niedrigeren Steuerbelastung[865]. Eine Gleichwertigkeit der Verlustbehandlung ist damit bereits aufgrund der unterschiedlichen Steuersysteme im Gemeinschaftsgebiet ausgeschlossen[866].

- Selbst die vom Generalanwalt als „gleichwertig" qualifizierte Verlustvortragsmöglichkeit im Sitzstaat der Tochtergesellschaft[867] kann nicht mit einer sofortigen Verlustverrechnung gleichgesetzt werden, da die Versagung des Verlustabzugs innerhalb des Veranlagungszeitraums der Verlustentstehung mit Zins- und Liquiditätsnachteilen verbunden ist[868]. Der EuGH hat jedoch bereits in den verbundenen Rechtssachen „Metallgesellschaft/Hoechst" festgestellt, dass Zins- und Liquiditätsnachteile nicht zu rechtfertigende Beschränkungen der Niederlassungsfreiheit darstellen[869]. Hinzukommt, dass auch die Dauer des Verlustvortrags in den meisten Mitgliedstaaten variiert und auch insoweit eine Gleichwertigkeit ausscheidet.

- Die Zurechnung des ausländischen Verlusts zu einem Dritten[870] wirft ebenfalls Probleme auf. Hingewiesen sei nur auf den Verkauf oder die Verschmelzung der verlustträchtigen Tochtergesellschaft, wofür in den meisten EU-Mitgliedstaaten spezielle Bestimmungen gelten[871]. Bereits die in Deutschland bestehenden Rechtsunsicherheiten im Zusammenhang mit der Mantelkaufre-

864 SchlA GA Maduro v. 7.4.2005, Rs. C-446/03 (Marks & Spencer), RIW 2005, 383, Randnr. 84.

865 Siehe hierzu Überblick bei Broer/Schneider, BB 2005, 1419; Diller/Stegbauer, RIW 2005, 750; Spengel/Wiegard, DB 2005, 516.

866 So auch M. Lang, EC Tax Review 2005, 95 (99).

867 SchlA GA Maduro v. 7.4.2005, Rs. C-446/03 (Marks & Spencer), RIW 2005, 383, Randnr. 79.

868 So auch M. Lang, SWI 2005, 255 (256); Raupach/Pohl, NZG 2005, 489 (491); Scheunemann, IStR 2005, 303 (308).

869 EuGH v. 8.3.2001, Rs. C-397/98 und C-410/98 (Metallgesellschaft/Hoechst), Slg. 2001, I-1727.

870 SchlA GA Maduro v. 7.4.2005, Rs. C-446/03 (Marks & Spencer), RIW 2005, 383, Randnr. 79.

871 Siehe Herzig/Englisch/Wagner, Der Konzern 2005, 298 (311); Scheunemann, IStR 2005, 303 (308).

gelung des § 8 Abs. 4 KStG oder der Bestimmungen des § 12 Abs. 3 UmwStG machen deutlich, dass eine Gleichwertigkeit der steuerlichen Behandlung der Verluste in- und ausländischer Tochtergesellschaften hier regelmäßig nicht vorliegen wird[872].

Die Analyse zeigt, dass eine *„gleichwertige steuerliche Behandlung"* der Verluste im Ausland im Regelfall ausgeschlossen ist. Die in Anträge des Generalanwalts würden sich allenfalls als tragfähig erweisen, wenn die Unternehmenssteuersysteme innerhalb der EU harmonisiert wären. Dies ist jedoch nicht der Fall[873]. Wie im Folgenden gezeigt wird[874], wäre allerdings selbst bei einheitlichen Steuersystemen im Gemeinschaftsgebiet der Steuerhoheit der einzelnen Mitgliedstaaten Rechnung zu tragen.

(β) Prinzip der begrenzten Einzelermächtigung

Der Ansicht, dass die Ausführungen zum britischen „group relief"-System vor allem deswegen nicht auf das Organschaftskonzept übertragen werden können, weil dieses auch die Zurechnung von Gewinnen vorsieht[875], könnte entgegen gehalten werden, dass Deutschland die Möglichkeit des Abzugs von Verlusten ausländischer EU-Tochtergesellschaften zusätzlich zu den bestehenden Bestimmungen einführen könnte[876]. Auch die österreichische Gruppenbesteuerung sieht für die Konzerngesellschaften innerhalb Österreichs die Verrechnung von Gewinnen und Verlusten vor, für Tochtergesellschaften außerhalb Österreichs lediglich die Übertragung von Verlusten[877]. Die steuerliche Berücksichtigung von Verlusten ausländischer Tochtergesellschaften wäre zudem auch in der Bundesrepublik Deutschland nicht neu. Eine inländische Muttergesellschaft konnte bereits gemäß § 3 AIG[878] eine steuerfreie Rücklage für die Verluste ihrer ausländischen Tochtergesellschaften bilden[879]. Der EuGH kann einen Mitgliedstaat jedoch nicht verpflichten, derartige gesetzliche Bestimmungen zu schaffen:

---

872 M. Lang, SWI 2005, 255 (257).

873 Zu den jüngsten Bestrebungen siehe Scheffler, BB 2005, 33; vgl. auch Weber-Grellet, EuStR, S. 162 ff.

874 Siehe 5. Teil D I 3 b) dd) (7) (β).

875 Siehe 5. Teil D I 3 b) dd) (7) (α).

876 So Dörr, IStR 2004, 265 (269).

877 Siehe Danelsing, DStR 1342 (1346).

878 Gesetz über steuerliche Maßnahmen bei Auslandsinvestitionen der deutschen Wirtschaft („AIG") v. 18.8.1969, BGBl I 1969, 1214.

879 Der Verlust der ausländischen Tochtergesellschaft war nach deutschen Gewinnermittlungsvorschriften zu ermitteln. Auch in der in Österreich eingeführten Gruppenbesteuerung ist eine Umrechnung ausländischer Gewinne vorgesehen, siehe Bergemann/Schönherr/Stäblein, BB 2005, 1705 (1714); Danelsing, DStR 2005, 1342 (1346).

Der Europäischen Gemeinschaft ist trotz der Zuweisung vieler Kompetenzen durch die Mitgliedstaaten keine Staatsqualität beizumessen[880], weil sie sich dadurch von einem Staat unterscheidet, dass sie keine Kompetenz-Kompetenz hat, d.h. keine Kompetenz, neue Kompetenzen zu begründen. Es gilt das Prinzip der begrenzten Einzelermächtigung (Art. 5 EUV, Art. 5 Abs. 1 EGV), d.h. die Mitgliedstaaten müssen der Gemeinschaft die entsprechende Kompetenz erst zuweisen. Auf dem Gebiet der direkten Steuern hat die EG keine Kompetenz[881]. Zwar besteht die Tätigkeit der Gemeinschaft gemäß Art. 3 Abs. 1 Buchst. h) EGV auch in der *„Angleichung der innerstaatlichen Rechtsvorschriften, soweit dies für das Funktionieren des Gemeinsamen Marktes erforderlich ist"*, doch räumt diese Bestimmung der EG keine eigenständige Kompetenz ein. Andernfalls stünde der Gemeinschaft nahezu in allen Bereichen die Kompetenz zu, da viele Bereiche noch nicht harmonisiert sind[882]. Art. 3 Abs. 1 Buchst. h) EGV postuliert zudem nur eine Annäherung und keine Vollharmonisierung[883]. Die einzige Rechtsgrundlage, aus der das Tätigwerden der EG auf dem Gebiet der direkten Steuern mittelbar abgeleitet werden könnte, findet sich in Art. 94 EGV[884]:

> *„Art. 94*
> *Der Rat erlässt einstimmig auf Vorschlag der Kommission und nach Anhörung des Europäischen Parlaments und des Wirtschafts- und Sozialausschusses Richtlinien für die Angleichung derjenigen Rechts- und Verwaltungsvorschriften der Mitgliedstaaten, die sich unmittelbar auf die Errichtung oder das Funktionieren des Gemeinsamen Marktes auswirken."*

Der Richtlinienauftrag müsste danach allerdings ausdrücklich dem Rat erteilt werden. Solange das nicht der Fall ist, verbleibt es bei der Regelung der entsprechenden Materie durch die Mitgliedstaaten. Raum für eine Lückenfüllung durch den EuGH ergäbe sich lediglich, wenn andernfalls die Funktionsfähigkeit der Gemeinschaft gefährdet wäre[885]. Eine solche Gefährdung ist aber gegenwärtig nicht zu erkennen. Die EG hat sich im Gegenteil durch den Vertrag von Maastricht ausdrücklich für den Wettbewerb der Steuersysteme entschieden. Der Europäische Gerichtshof muss deshalb die nach wie vor bestehende Souveränität der Mitgliedstaaten über das direkte Steuerrecht beachten[886].

---

880 H.M., siehe nur Streinz in: Streinz Art. 1 EGV Rz. 14 m.w.N.

881 Alber in: Forum Bd. 28 (2004), S. 1 (27); Birk, FR 2005, 121; Lehner in: Gassner/Lang/Lechner, DBA und EU-Recht, S. 13 (14).

882 Ebenso Beiser/Pülzl, SWI 2004, 596 (597); Streinz in: Streinz Art. 5 EGV Rz. 19.

883 Alber in: Forum Bd. 28 (2004), S. 1 (27 f.).

884 Vgl. Alber in: Forum Bd. 28 (2004), S. 1 (28).

885 Dänzer-Vanotti in: FS Everling, S. 205 (220).

886 Siehe 5. Teil A I 2 a) bb); Kube, IStR 2003, 325 (330 f.).

Würde der EuGH nunmehr einen Mitgliedstaat verpflichten, Verluste aus einer in einem anderen Mitgliedstaat belegenen Tochtergesellschaft zu berücksichtigen, wäre dessen auch im steuerlichen Territorialitätsprinzip zum Ausdruck kommende Souveränität beeinträchtigt[887]. Mit dem gemeinschaftsrechtlich anerkannten Gewaltenteilungsgrundsatz könnte ein so weitreichender Eingriff in die Steuerhoheit eines Mitgliedstaates nicht mehr vereinbart werden. Der EuGH ist trotz der vom Bundesverfassungsgericht zugestandenen Rechtsfortbildungskompetenz dem Subsidiaritätsprinzip nach Art. 5 EGV verpflichtet[888]. Im Schrifttum häufen sich bereits die Stimmen, die die extensive Auslegung des Gemeinschaftsrechts durch den EuGH kritisieren[889]. Im Übrigen könnten die Mitgliedstaaten kompetenzüberschreitenden Urteilen des Gerichtshofs die Gefolgschaft verweigern, ohne eine Vertragsverletzung zu begehen[890].

Wollte man die Mitgliedstaaten verpflichten, auch Verluste ausländischer Tochtergesellschaften innerhalb einer Organschaft zu berücksichtigen, wäre dies nach Art. 94 EGV damit nur auf der Grundlage einer vom Rat beschlossenen Richtlinie zulässig[891]. Eine derartige Richtlinie liegt jedoch gegenwärtig nicht vor[892]. Für die Zeit nach dem Abschluss der Verfahren „Ritter-Coulais“ und „Marks & Spencer“ ist allerdings ein Richtlinienentwurf für eine grenzüberschreitende Verlustverrechnung angekündigt[893].

---

887 Lehner in: FS Wassermeyer, S. 241 (249 ff.).

888 BVerfG v. 8.4.1987, 2 BvR 687/85, BVerfGE 75, 223; Scholz in: Maunz/Dürig Art. 23 GG Rz. 77; Schön, ZGR 1995, 1 ff.

889 So Ahmann, DStZ 2005, 75; Aigner/Tissot, SWI 2004, 293 (296); Birk, FR 2005, 121 (127); Drüen/Kahler, StuW 2005, 171 (175; 178 ff.) m.w.N.; P. Fischer, FR 2005, 457; Gosch, DStR 2004, 1988 (1992); T. Oppermann, DVBl 1994, 901 (905 f.); Seiler, StuW 2005, 25 (36); Ståhl, EC Tax Review 2004, 47 (56); S. Wagner, DStZ 2004, 185 (189); Wassermeyer: Forum Bd. 28 (2004), S. 60 (62); Wieland in: FS Zuleeg, S. 492 ff. Siehe auch F. Hey, EWS 2003, 26 (28), der den EuGH mit dem US Supreme Court vergleicht, der im letzten Jahrhundert durch eine extensive Auslegung einer speziellen Klausel der US-Verfassung Handelshemmnisse zwischen den US Bundesstaaten auszuhebeln versuchte.

890 Dänzer-Vanotti in: FS Everling, S. 205 (208).

891 Ebenso Lehner in: DStJG 23 (2000), S. 263 (284); a.A. Vanistendael, EC Tax Review 2003, 136 (143), der jedoch die mit Artt. 5, 94 EGV, Art. 5 EUV zusammenhängenden Fragen nicht anspricht.

892 Der Vorschlag für eine Richtlinie des Rates über eine Regelung für Unternehmen zur Berücksichtigung der Verluste ihrer in anderen Mitgliedstaaten belegenen Betriebsstätten und Tochtergesellschaften v. 6.12.1990, DOK KOM (1990) 595 endg., ABl. 1991 Nr. C 53, S. 30, wurde zurückgezogen durch DOK KOM (2001) 763 endg./2 v. 21.12.2002, ABl. 2004 Nr. C 5, S. 2.

893 Mitteilung v. 24.11.2003, DOK KOM (2003) 76 endg. Tz. 3.3; IStR 2005, Heft 13, Länderbericht, S. 1.

Aufgrund der fortbestehenden Steuerhoheiten der einzelnen Mitgliedstaaten muss die Kohärenz zweier Regelungen aus der Perspektive des einzelnen Mitgliedstaates und nicht aus der Perspektive der EU beurteilt werden. An der Stellungnahme des Generalanwalts in der Rechtssache „Marks & Spencer"[894] ist somit ferner zu kritisieren, dass lediglich die Tatsache, dass eine gleichwertige steuerliche Behandlung der Verluste in einem anderen Mitgliedstaat die Nichtberücksichtigung der Auslandsverluste bei der Muttergesellschaft aus Gründen der Kohärenz rechtfertigen kann. Das Gemeinschaftsrecht sieht keine grenzüberschreitende steuerrechtliche Einheit innerhalb des Gemeinschaftsgebietes vor. Es sollte daher nicht als gleichgültig angesehen werden, in welchem Staat die Verluste (oder bei den Organschaftsbestimmungen insbesondere auch die Gewinne) anfallen[895]. § 14 Abs. 1 S. 1 KStG ist folglich als kohärent und im Einklang mit dem Territorialitätsprinzip zu beurteilen, weil der belastenden Versagung des Abzugs ausländischer Verluste der Vorteil gegenübersteht, dass auch die Gewinne der ausländischen Tochtergesellschaft im Inland nicht besteuert werden (Art. 7 OECD-MA)[896].

ee) Ergebnis

§ 14 Abs. 1 S. 1 KStG verstößt nicht dadurch gegen die Niederlassungsfreiheit, dass ausländische Kapitalgesellschaften mit ausländischen Gewinnen und Verlusten nicht in inländische Organschaften eingegliedert werden können. Der Ausschluss stellt eine kohärente Regelung dar und entspricht dem Territorialitätsprinzip. Die bisherige Rechtsprechung des EuGH steht dem nicht entgegen. Eine Verpflichtung der Mitgliedstaaten, ausländische Gewinne oder Verluste von ausländischen Tochtergesellschaften in die inländische Bemessungsgrundlage einzubeziehen, könnte nach der gegenwärtigen Kompetenzverteilung im Gemeinschaftsgebiet nur durch eine Richtlinie geschaffen werden.

II. Organträger

1. Kapitalgesellschaften mit lediglich inländischem Sitz

Eine Kapitalgesellschaft, die lediglich ihren Sitz im Inland hat, kann nicht Organträgerin sein, weil § 14 Abs. 1 S. 1 Nr. 2 KStG zumindest eine inländische Geschäftsleitung voraussetzt. Die Kapitalgesellschaft könnte die Stellung als Organträgerin auch nicht über eine inländische Betriebsstätte wahrnehmen, da eine inländische Betriebsstätte aufgrund ihrer unbeschränkten Steuerpflicht nicht

---

894 SchlA GA Maduro v. 7.4.2005, Rs. C-446/03 (Marks & Spencer), RIW 2005, 383.

895 Kritisch auch Birk, IStR 2005, 121 (126), und Wieland in: FS Zuleeg, S. 492 (502) zu EuGH v. 7.9.2004, Rs. C-319/02 (Manninen), IStR 2004, 680.

896 Siehe 5. Teil D I 3 b) aa).

als „ausländisches gewerbliches Unternehmen“ i.S.v. § 18 S. 1 KStG zu qualifizieren ist[897]. Die Regelung des § 14 Abs. 1 S. 1 Nr. 2 KStG wird deshalb von der herrschenden Meinung als unvereinbar mit der Niederlassungsfreiheit gemäß Art. 43 EGV angesehen[898]. Dies soll im Folgenden überprüft werden.

a) Schutzbereich

Der Schutzbereich der Niederlassungsfreiheit könnte durch § 14 Abs. 1 S. 1 Nr. 2 KStG in zweierlei Hinsicht verletzt sein. Zum einen sind deutsche Unternehmen, die ihre Geschäftsleitung in das Ausland verlagern, durch die ausschließliche Anknüpfung der Organträgerstellung an den Ort der Geschäftsleitung in der Ausübung ihrer Niederlassungsfreiheit behindert, bzw. die Ausübung der Niederlassungsfreiheit wird weniger attraktiv. Art. 43 EGV ist insoweit in seiner Funktion als Beschränkungsverbot verletzt (Wegzugsbehinderung)[899]. Im Zuzugsfall wird eine Kapitalgesellschaft, die ihren Sitz in das Inland verlegt, schlechter behandelt als eine Kapitalgesellschaft mit Geschäftsleitung im Inland. Insoweit liegt eine Diskriminierung vor[900].

b) Rechtfertigung

Der Ausschluss von Kapitalgesellschaften mit lediglich inländischem Sitz könnte Ausdruck eines kohärenten Steuersystems sein. Dem steht jedoch entgegen, dass selbst beschränkt steuerpflichtige Kapitalgesellschaften mit einer inländischen Betriebsstätte unter den Voraussetzungen des § 18 KStG befugt sind, die Funktion als Organträgerin wahrzunehmen. Der Ausschluss von unbeschränkt steuerpflichtigen Kapitalgesellschaften mit Sitz im Inland ist daher nicht schlüssig. Mit der Anerkennung inländischer Betriebsstätten als Organträger hat der Gesetzgeber entschieden, dass seine Interessen selbst dann nicht ungerechtfertigt beeinträchtigt sind, wenn Sitz und Geschäftsleitung der Gesellschaft im Ausland liegen[901].

---

897 H.M., BFH v. 13.11.1991, I B 72/91, BStBl II 1992, 263; Frotscher in: Frotscher/Maas § 18 KStG Rz. 6; Meilicke, DB 2002, 911 (912); Walter in: Ernst & Young § 18 KStG Rz. 7; Witt in: Dötsch/Eversberg/Jost § 14 KStG Rz. 32.

898 H.M.: Frotscher in: Frotscher/Maas § 14 KStG Rz. 27; Kellersmann/Treisch, S. 184; Meilicke, DB 2002, 911 (912); Micker, DB 2003, 2734 (2736); Herlinghaus, GmbHR 2001, 956 (961); Sörgel, DB 1999, 2236 (2238); Thömmes in: Herzig, Organschaft, S. 525 (536 ff.). Kritisch auch Danelsing in: Blümich § 14 KStG Rz. 47.

899 So Micker, DB 2003, 2734 (2736); Thömmes in: Herzig, Organschaft, S. 525 (537).

900 Siehe Frotscher, Der Konzern 2004, 98 (102); Micker, DB 2003, 2734 (2736).

901 Sog. „Anerkennungsgrundsatz“, siehe EuGH v. 21.9.1999, Rs. C-307/97 (Saint-Gobain), Slg. 1999, I-6161; EuGH v. 8.3.2001, Rs. C-397/98 und C-410/98 (Metallgesellschaft/Hoechst), Slg. 2001, I-1727, Randnr. 74; Frotscher, Der Konzern 2004, 98 (103).

Nach der Gesetzesbegründung zu § 14 Abs. 1 S. 1 Nr. 2 KStG haben Überlegungen zum Ergebnisabführungsvertrag zur ausschließlichen Anknüpfung an die Geschäftsleitung geführt[902]. Man wollte Konflikte mit der Sitztheorie und der damit zusammenhängenden Rechtsprechung des EuGH vermeiden. Probleme im Zusammenhang mit dem Abschluss eines Ergebnisabführungsvertrags dürften indes kein zwingender Grund für den Ausschluss von Kapitalgesellschaften mit Sitz im Inland sein[903]. Wie die Regelung in § 18 KStG zeigt, ist die fehlende Rechtsfähigkeit einer Kapitalgesellschaft kein Grund, der die Nichtzulassung einer Organschaft rechtfertigen kann[904]. Zudem können auch Personengesellschaften Ergebnisabführungsverträge abschließen, falls die ausländische Kapitalgesellschaft nach deutschem Recht als Personengesellschaft zu qualifizieren sein sollte. Der Ausschluss ausländischer Kapitalgesellschaften mit lediglich inländischem Sitz lässt sich daher nicht als kohärente Regelung qualifizieren.

Die Nichteinbeziehung ausländischer Kapitalgesellschaften könnte zur Bekämpfung der Steuerumgehung bzw. Steuerhinterziehung gerechtfertigt sein; denn durch die ausschließliche Anknüpfung an die Geschäftsleitung sollte auch verhindert werden, dass das deutsche Besteuerungsrecht für das Organeinkommen im Abkommensfall verloren geht[905]. Besteht ein Doppelbesteuerungsabkommen, das dem OECD-MA entspricht, gilt eine Gesellschaft, die in beiden Vertragsstaaten ansässig ist, nur in dem Staat als ansässig, in dem sich der Ort ihrer tatsächlichen Geschäftsleitung befindet (Art. 4 Abs. 3 OECD-MA)[906]. Der deutsche Fiskus verliert daher möglicherweise sein Besteuerungsrecht am Organeinkommen. Eine pauschaler Ausschluss sämtlicher Kapitalgesellschaften mit Sitz, aber ohne Geschäftsleitung in Deutschland unabhängig von der steuerlichen Situation und der Abkommenslage stellt jedoch eine typisierende Regelung dar, die nach der Rechtsprechung des EuGH keine zulässige Maßnahme zur Bekämpfung der Steuerumgehung ist[907]. Die Regelung § 14 Abs. 1 S. 1 Nr. 2 KStG wäre daher nicht verhältnismäßig, selbst wenn sie zur Bekämpfung der Steuerumgehung diente und ist folglich mit der in Art. 43 EGV verankerten Niederlas-

902 Begründung zum Gesetzesentwurf der Bundesregierung betr. UntStFG, BT-Drucks. 14/6882 v. 10.9.2001, S. 37.
903 Siehe 5. Teil D I 1 b); 5. Teil I D 2 b); im Ergebnis auch Herlinghaus, GmbHR 2001, 956 (961).
904 Meilicke, DB 2002, 911 (912).
905 Begründung des Gesetzesentwurfs der Bundesregierung zum UntStFG, BT-Drucks. 14/6882 v. 10.9.2001, S. 37.
906 Siehe 4. Teil A III.
907 EuGH v. 17.7.1997, Rs. C-28/95 (Leur-Bloem), Slg. 1997, I-4161 (4204).

sungsfreiheit unvereinbar, soweit ausländische Kapitalgesellschaften mit inländischem Sitz nicht als Organträger zugelassen werden[908].

2. Ausländische Organträger

§ 18 KStG knüpft die Organträgerstellung einer inländischer Betriebsstätte an bestimmte organisatorische und finanzielle Voraussetzungen, insbesondere an die Verpflichtung, die Eingliederung in eine im Inland befindliche Zweigniederlassung herbeizuführen. Ausländische Kapitalgesellschaften sind demnach gehalten, für die Begründung einer Organschaft gewisse Strukturen in Deutschland zu implementieren. Dies wird in der Literatur vereinzelt unter Hinweis auf die EuGH-Entscheidung „Metallgesellschaft/Hoechst“[909] als Verstoß gegen die Niederlassungsfreiheit gemäß Art. 43 EGV gewertet[910].

In der Vorlage „Metallgesellschaft/Hoechst“ ging es um die Befreiung von Körperschaftsteuervorauszahlungen, die das britische Steuerrecht einer in Großbritannien ansässigen Kapitalgesellschaft verwehrte, sofern ihre Anteile nicht von einer ebenfalls in Großbritannien ansässigen Kapitalgesellschaft gehalten wurden. Im Vergleich zu in Großbritannien ansässigen Kapitalgesellschaften mit britischen Muttergesellschaften entstand dadurch ein Liquiditätsnachteil. Dies verstieß gegen die Niederlassungsfreiheit[911].

Aus dem Urteil des EuGH ist im Schrifttum der Schluss gezogen worden, dass die Möglichkeit einer Konzernbesteuerung nicht von einer gebietsansässigen Muttergesellschaft abhängig gemacht werden dürfe, wenn dem keinerlei Einfluss auf die steuerliche Lage zukomme[912]. Die in den Rechtssachen „Metallgesellschaft/Hoechst“ überprüften Bestimmungen sind jedoch mit der Situation eines ausländischen Organträgers nicht vergleichbar. § 18 KStG statuiert lediglich Voraussetzungen, die eine beschränkt steuerpflichtige Kapitalgesellschaft erfüllen muss, um im Inland als Organträgerin fungieren zu können. Die Stellung als Organträgerin ist also möglich. Insoweit besteht ein Unterschied zu der im Verfahren „Metallgesellschaft/Hoechst“ überprüften Regelung des britischen Steuerrechts. Dort waren die britischen Gesellschaften mit einer ausländischen Muttergesellschaft schlechthin von einer bestimmten Begünstigung ausgenom-

---

908 Ebenso Frotscher, Der Konzern 2003, 98 (102), Frotscher in: Frotscher/Maas § 14 KStG Rz. 27; Herzig/Wagner, DB 2005, 1 (6) m.w.N.; Meilicke, DB 2002, 911; Micker, DB 2003, 2734 (2736).

909 EuGH v. 8.3.2001, Rs.C-397/98 und C-410/98 (Metallgesellschaft/Hoechst), Slg. 2001, I-1727.

910 Dautzenberg, StuB 2001, 599 (600).

911 Vgl. auch 5. Teil D I 3 b) dd) (4).

912 Dautzenberg, StuB 2001, 599 (600).

men. Die Tatsache, das die ausländischen Kapitalgesellschaft nach § 18 KStG bestimmte Vorgaben einhalten müssen, um als Organträgerin zu fungieren (z.B. die Eintragung der Zweigniederlassung in das Handelsregister), reicht nicht aus, um eine diskriminierende Ungleichbehandlung zu begründen. Für unbeschränkt steuerpflichtige Gesellschaften bestehen im Wesentlichen die gleichen Voraussetzungen; auch sie müssen in einem deutschen Handelsregister eingetragen werden und einen Ergebnisabführungsvertrag abschließen. Es liegt damit bereits keine Ungleichbehandlung vor.

§ 18 KStG verstößt daher schon deshalb nicht gegen die Niederlassungsfreiheit gemäß Art. 43 EGV, da kein Eingriff in den Schutzbereich vorliegt.

III. Zusammenfassung

§ 14 Abs. 1 S. 1 KStG ist insoweit nicht mit der Niederlassungsfreiheit gemäß Art. 43 EGV vereinbar, als Kapitalgesellschaften nur dann Organgesellschaften sein können, wenn sie sowohl Sitz als auch Geschäftsleitung im Inland haben. Gemeinschaftsrechtlich ist eine alternative Anbindung an Sitz oder Geschäftsleitung ausreichend. § 14 Abs. 1 S. 1 KStG verstößt ferner gegen Art. 43 EGV, soweit inländische Betriebsstätten ausländischer Kapitalgesellschaften nicht in Organschaften integriert werden dürfen. Der Ausschluss der Betriebsstätten ist eine inkohärente Maßnahme.

Soweit § 14 Abs. 1 S. 1 KStG die Einbeziehung ausländischer Kapitalgesellschaften mit ausländischen Einkünften in eine inländische Organschaft ausschließt, ist die Regelung mit der Niederlassungsfreiheit gemäß Art. 43 EGV vereinbar. Der Ausschluss stellt eine kohärente Regelung dar und entspricht zudem dem Territorialitätsprinzip. Aus der bisherigen Rechtsprechung des EuGH lassen sich keine Anhaltspunkte für die Notwendigkeit einer Einbeziehung ausländischer Gewinne und Verluste ableiten. Nach der gegenwärtigen Kompetenz-Verteilung könnte eine derartige Verpflichtung der Mitgliedstaaten nur auf der Basis einer EG-Richtlinie gemäß Art. 94 EGV geschaffen werden.

§ 14 Abs. 1 S. 1 Nr. 2 KStG verletzt insoweit die Niederlassungsfreiheit gemäß Art. 43 EGV, als Kapitalgesellschaften, die lediglich ihren Sitz im Inland haben, von der Funktion als Organträger ausgeschlossen sind. § 18 KStG steht mit den Grundfreiheiten des EGV im Einklang.

E. Körperschaftsteuerminderung und -erhöhung

Ein Altbestand an Körperschaftsteuererhöhungs- bzw. Körperschaftsteuerminderungspotential kann aus der Sicht des nationalen Steuerrechts nach der Verlegung von Sitz und Geschäftsleitung nicht mehr von der beschränkt steuerpflichtigen Kapitalgesellschaft genutzt werden[913]. Da sich ein „Verfall“ von Körperschaftsteuererhöhungspotenzial nach § 38 KStG jedoch nur vorteilhaft auf die Kapitalgesellschaft auswirken würde[914], beschränken sich die folgenden Überlegungen auf die Frage, ob die Grundfreiheiten des EGV, insbesondere die Niederlassungsfreiheit gemäß Art. 43 EGV, es verlangen, dass eine im Inland verbleibende Betriebsstätte das vorhandene Körperschaftsteuerguthaben weiter nutzen kann[915].

I. Niederlassungsfreiheit

Eine Kapitalgesellschaft, die von ihrer Niederlassungsfreiheit Gebrauch macht, indem sie Sitz und Geschäftsleitung in das Ausland verlegt und im Inland nur noch mit einer Betriebsstätte beschränkt steuerpflichtig ist, kann ein Körperschaftsteuerguthaben gemäß § 37 KStG nicht mehr nutzen. Sie ist damit im Vergleich zu einer Kapitalgesellschaft, die den Sitz und die Geschäftsleitung im Inland beibehält oder den Sitz und/oder die Geschäftsleitung lediglich im Inland verlegt, schlechter gestellt, da dieser das Körperschaftsteuerminderungspotential im Rahmen der zeitlichen und betragsmäßigen Grenzen des § 37 KStG weiterhin zur Verfügung steht. Eine formale Ungleichbehandlung liegt damit vor. Die steuerliche Situation der mit einer Betriebsstätten beschränkt steuerpflichtigen Kapitalgesellschaft und einer Kapitalgesellschaft mit Sitz und/oder Geschäftsleitung im Inland ist auch vergleichbar[916], so dass ein Eingriff in den Schutzbereich der Niederlassungsfreiheit gegeben ist.

Der Ausschluss der Nutzung des Körperschaftsteuerguthabens gemäß § 37 KStG könnte allerdings Ausfluss eines kohärenten Steuersystems sein, weil beschränkt steuerpflichtige Kapitalgesellschaften unter der Geltung des Körperschaftsteueranrechnungssystem nicht zur Gliederung ihres Eigenkapitals verpflichtet waren und daher auch keine Körperschaftsteuerminderung realisieren konnten.

---

913 Siehe 4. Teil D V.

914 Siehe 4. Teil D V.

915 Es sei allerdings darauf hingewiesen, dass § 38 KStG ggf. gegen die EG-Mutter-/Tochter-RL verstößt (siehe EuGH v. 4.10.2001, Rs. C-294/99 (Athinaïki Zythopiia AE), Slg. 2001, I-6797; Dötsch in: Dötsch/Eversberg/Jost § 38 KStG Rz. 5b; Frotscher in: Frotscher/Maas § 38 KStG Rz. 37a; Schnitger, GmbHR 2003, 1240). Auf die Frage der Vereinbarkeit des Körperschaftsteueranrechnungsverfahrens mit dem Gemeinschaftsrecht sowie auf die Frage, ob das Europarecht die Realisation des Körperschaftsteuerminderungs- bzw. des Körperschaftsteuererhöhungspotentials nicht bereits als Rechtsfolge des § 12 Abs. 1 KStG voraussetzt, wird im Folgenden nicht eingegangen.

916 Siehe 3. Teil B II 1 c); 5. Teil B I 1.

Im Regelfall wird das Körperschaftsteuerminderungsguthaben gemäß § 37 KStG jedoch aus dem gespaltenen Körperschaftsteuertarif für thesaurierte und ausgeschüttete Gewinne resultieren, der für unbeschränkt steuerpflichtige Kapitalgesellschaften unter dem Körperschaftsteueranrechnungsverfahren galt. Erfolgte eine Gewinnausschüttung, war – unter der Prämisse, dass aus dem Bestand des verwendbaren Eigenkapitals ausgeschüttet wurde, das einer Tarifbelastung von zuletzt, d.h. unmittelbar vor Abschaffung des Körperschaftsteueranrechungssystems, 40% unterlegen hatte - der für thesaurierte Gewinne anwendbare Tarifsteuersatz von 40% nach § 27 Abs. 1 KStG 1999 auf die Ausschüttungsbelastung von 30% zu reduzieren[917]. Für beschränkt steuerpflichtige Kapitalgesellschaften gab es hingegen nur einen einheitlichen Steuersatz von zuletzt 40% (§ 23 Abs. 1 KStG 1999), gleichgültig, ob die Gewinne in das ausländische Stammhaus weitergeleitet wurden oder in der inländischen Betriebsstätte verblieben. Die Steuerbelastung für Betriebsstätten war damit höher als bei einer vergleichbaren Tochterkapitalgesellschaft[918]. Nach der EuGH-Entscheidung „Royal Bank of Scotland"[919] ist davon auszugehen, dass unterschiedliche Steuersätze für Betriebsstätten und Kapitalgesellschaften gegen die Niederlassungsfreiheit nach Art. 43 EGV verstießen[920]. Mit Beschluss vom 1.4.2003 hat der BFH deshalb auch ein entsprechendes Vorabentscheidungsverfahren beim EuGH eingeleitet[921]. Der Generalanwalt hat den spezielle Betriebsstättensteuersatz in seinen Schlussanträgen bereits als europarechtswidrig qualifiziert[922]. Die Entscheidung des EuGH steht noch aus.

Wegen der Europarechtswidrigkeit des im früherem Körperschaftsteuersystem geltenden gespaltenen Steuertarifs müsste den Betriebsstätten wenigstens die Nutzung des vorhandenen Altbestands an Körperschaftsteuerminderungspotential gemäß § 37 KStG erlaubt sein, das aus dem niedrigeren Ausschüttungssteuersatz für unbeschränkt steuerpflichtige Kapitalgesellschaften resultiert. Andernfalls würde die diskriminierende Behandlung der Betriebsstätten in Bezug auf die unterschiedlichen Steuersätze für die Nutzung der Altbestände gemäß § 37 KStG bis zum Ablauf der Übergangszeit im Jahr 2018 weitergeführt. Die

917 Entstammte der ausgeschüttete Betrag jedoch einem Bestand an verwendbarem Eigenkapital, das einer niedrigeren Körperschaftsteuer unterlegen hatte, erfolgte eine Körperschaftsteuererhöhung, d.h. die Körperschaftsteuer der Kapitalgesellschaft war auf den Ausschüttungssteuersatz von 30% zu erhöhen.

918 Herzig/Dötsch, DB 1998, 15 (17); Rädler/Lausterer, DB 1993, 451.

919 EuGH v. 29.4.1999, Rs. C-311/97 (Royal Bank of Scotland), Slg. 1999, I-2651.

920 So bereits Knobbe-Keuk, Bil/UntStR, S. 358; Rädler/Lausterer, DB 1993, 451 (453); Rädler/Lausterer, DB 1994, 699 (700 f.); siehe auch Schnitger, IStR 2004, 821 (822).

921 BFH v. 1.4.2003, I R 31/01, BStBl II 2003, 669; EuGH Az.: C-253/03, Rs. „CLT-UFA"; in dem Verfahren geht es um die Vereinbarkeit des im Jahre 1994 geltenden Betriebsstättensteuersatzes i.H.v. 42% mit dem Gemeinschaftsrecht.

922 SchlA GA Léger v. 14.4.2005, Rs. C-253/03 (CLT-UFA), IStR 2005, 379.

Niederlassungsfreiheit gemäß Art. 43 EGV erfordert es daher im Regelfall, dass auch eine mit einer Betriebsstätte beschränkt steuerpflichtig (gewordene) Kapitalgesellschaft das Körperschaftsteuerguthaben gemäß § 37 KStG nutzen kann.

II. Gemeinschaftsrechtskonforme Auslegung

Die zur Führung der Altbestände an Körperschaftsteuerminderungs- bzw. Körperschaftsteuererhöhungspotential berechtigten Steuersubjekte sind in den Regelungen des §§ 36 ff. KStG nicht ausdrücklich genannt. Aus nationaler Sicht ist daher Spielraum für eine gemeinschaftsrechtskonforme Auslegung eröffnet, zu der alle Träger öffentlicher Gewalt in den Mitgliedstaaten im Rahmen ihrer Zuständigkeiten (und damit auch die Finanzverwaltung) von Amts wegen verpflichtet sind[923]. §§ 36 ff. KStG sind daher so auszulegen, dass die im Inland verbleibende Betriebsstätte das vorhandene Körperschaftsteuerguthaben weiter nutzen kann, wenn eine Kapitalgesellschaft ihren Sitz und/oder ihre Geschäftsleitung in einen anderen Mitgliedstaat verlegt.

Fraglich ist jedoch, wie das Körperschaftsteuerminderungspotential im konkreten Fall aktiviert werden soll. § 37 Abs. 2 KStG bestimmt, dass das Körperschaftsteuerguthaben – innerhalb der zeitlichen und betragsmäßigen Grenzen des § 37 Abs. 2a KStG – nur realisiert wird, wenn die Gewinnausschüttung auf einem den gesellschaftsrechtlichen Vorschriften entsprechenden Gewinnausschüttungsbeschluss beruht. Eine Betriebsstätte kann jedoch im Gegensatz zu einer Kapitalgesellschaft keinen Gewinnausschüttungsbeschluss fassen. Um eine gleiche Behandlung von inländischen Kapitalgesellschaften und Betriebsstätten zu gewährleisten, müsste darauf abgestellt werden, wann die ausländische Kapitalgesellschaft über die in der Betriebsstätte erzielten Einkünfte verfügten kann. Hierfür sind die Grundsätze heranzuziehen, die unter dem bis 2000 geltenden Körperschaftsteueranrechnungsverfahrens zur Herstellung der Ausschüttungsbelastung gemäß § 27 Abs. 3 KStG 1999 führten[924]. Hinsichtlich der Nutzung des Körperschaftsteuerminderungspotentials ist der Gesetzgeber daher zur Nachbesserung des § 37 KStG aufgefordert.

III. Zusammenfassung

Der Verfall von Körperschaftsteuerminderungspotential als Folge der Verlegung von Sitz und/oder Geschäftsleitung in das Ausland würde gegen die Niederlassungsfreiheit gemäß Art. 43 EGV verstoßen. §§ 36 ff. KStG sind daher dahingehend gemeinschaftsrechtskonform auszulegen, dass Körperschaftsteuerminde-

[923] Jarass/Beljin, JZ 2003, 768 (774).
[924] Siehe z.B. Abschn. 77 Abs. 6-10 KStR 1995 m.w.N.

rungspotential gemäß § 37 KStG nach der Verlegung von Sitz und/oder Geschäftsleitung einer Kapitalgesellschaft in einen anderen Mitgliedstaat von der im Inland verbleibenden Betriebsstätte weitergenutzt werden kann. Die Modalitäten der Nutzung des Körperschaftsteuerguthabens muss der Gesetzgeber näher regeln.

F. Geltung der Grundfreiheiten für Staaten außerhalb der EU

Durch das EWR-Abkommen (EWRA) werden die im EGV verankerten Grundfreiheiten auch im Europäischen Wirtschaftsraum garantiert. Art. 31 EWRA normiert nahezu wortgleich mit Art. 43 EGV die Niederlassungsfreiheit, die gemäß Art. 34 EWRA auch von Gesellschaften in Anspruch genommen werden kann. Neben dem freien Warenverkehr (Artt. 8 ff. EWRA), der Freizügigkeit der Arbeitnehmer (Art. 28 EWRA) und der Dienstleistungsfreiheit (Art. 36 EWRA) gewährleistet das Abkommen gemäß Art. 40 EWRA auch die Kapitalverkehrsfreiheit und sieht ein dem Art. 12 EGV entsprechendes allgemeines Diskriminierungsverbot (Art. 4 EWRA) vor. Nach Art. 6 EWRA ist die Rechtsprechung des EuGH für die Auslegungen des EWRA maßgeblich, soweit die Regelung des EWRA mit denjenigen des EGV identisch sind. Insbesondere bei der Niederlassungsfreiheit ist diese Identität wegen der weitgehenden Übereinstimmung des Wortlauts der Vorschriften zu bejahen[925]. Die im Rahmen dieser Arbeit als europarechtswidrig angesehenen Vorschriften des deutschen Steuerrechts sind daher auch dann rechtswidrig, wenn es um die Verlegung von Sitz und/oder Geschäftsleitung in einen bzw. aus einem Staat des Europäischen Wirtschaftsraums geht[926].

Es bleibt damit noch die Frage zu klären, ob die gegen die Grundfreiheiten des EGV verstoßenden Normen auch rechtswidrig sind, soweit der Sitz und/oder Geschäftsleitung in einen Staat außerhalb der EU oder des EWR verlegt bzw. von einem Staat außerhalb der EU oder des EWR in die EU oder den EWR hineinverlegt wird.

Die Kapitalverkehrsfreiheit gilt nach dem Wortlaut des Art. 56 EGV auch im Verhältnis zu Drittstaaten[927] (sog. „erga-omnes-Wirkung“)[928]. Allerdings sind

---

925 So auch Schnitger, IStR 2002, 711 (713); dies gilt auch für die Kapitalverkehrsfreiheit, siehe EuGH v. 23.9.2003, Rs. C-452/01 (Ospelt), Slg. 2003, I-9743, Randnr. 32.

926 Zu den weitgehend einheitlichen Anforderungen des EWRA und des EGV an das deutsche Steuerrecht siehe auch Cordewener, FR 2005, 236 (238 ff.).

927 J. Hey, StuW 2004, 193 (195); Kessler/Eicker/Obser, IStR 2004 325 (327); Ress/Ukrow in: Grabitz/Hilf Art. 56 EGV Rz. 73; Sedlaczek in: Streinz Art. 56 EGV Rz. 27.

928 Art. 56 EGV unterscheidet sich diesbezüglich von Art. 40 EWRA, der die Kapitalverkehrsfreiheit nur im Hinblick auf die Vertragsparteien des EWRA garantiert.

die Konturen insoweit noch unklar, was auch daran liegt, dass dazu bislang noch keine Entscheidung des EuGH vorliegt[929]. So ist z.B. fraglich, ob der EuGH bei der Kapitalverkehrsfreiheit im Verhältnis zu Drittstaaten den gleichen Prüfungsmaßstab anlegt wie für den rein innergemeinschaftlichen Bereich[930]. Artt. 57 ff. EGV enthalten zudem eine Reihe von Einschränkungen. Nach Art. 57 Abs. 1 EGV sind beschränkende Maßnahmen der EG-Mitgliedstaaten gegenüber Drittstaaten z.B. zulässig, wenn sie bereits zum 31.12.1993 bestanden haben[931]. Auch das umstrittene Verhältnis der Kapitalverkehrsfreiheit zur Niederlassungsfreiheit bewirkt Rechtsunsicherheiten[932]. Wäre z.B. die Anwendung der Kapitalverkehrsfreiheit ausgeschlossen, soweit es sich um eine unter den Schutzbereich der Niederlassungsfreiheit fallende Beteiligung mit Kontrollmöglichkeit handelt[933], käme Art. 56 EGV auch im Verhältnis zu Drittstaaten nicht in Betracht, da nur auf die Niederlassungsfreiheit abgestellt werden könnte, die jedoch im Verhältnis zu Drittstaaten nicht anwendbar ist.

Gegen eine uneingeschränkte Anwendung der Kapitalverkehrsfreiheit gemäß Art. 56 EGV auf Drittstaaten werden auch im Schrifttum Bedenken geäußert[934]. *Schön* weist z.B. darauf hin, dass die Zielsetzung des „offenen Marktes" im Gemeinschaftsrecht in erster Linie als Öffnung innerhalb des Gemeinschaftsgebietes, nicht aber als Öffnung im Verhältnis zu Drittstaaten verstanden werde. Den Grundfreiheiten des EGV stehe zudem die Befugnis der Gemeinschaftsorgane gegenüber, im Wege der Rechtsangleichung gemäß Artt. 94, 95 EGV einen Rechtsrahmen für die Ausübung der Grundfreiheiten zu finden. Eine derartige Befugnis existiere im Verhältnis zu Drittstaaten nicht. Auch der Vergleich mit der Zollunion spreche gegen eine uneingeschränkte Anwendung der Kapitalver-

---

929 Gegenwärtig sind allerdings eine Reihe von Vorabentscheidungsverfahren beim EuGH hierzu anhängig: Rs. C-492/04 (Lasertec), Vorlage FG Baden-Württemberg v. 14.10.2004, 3 K 62/99, EFG 2005, 309, ABl. C v. 5.2.2005, S. 11; Rs. C-513/03 (van Hilten), Vorlage Gerechtshof Hertogenbosch v. 5.11.2003, MK IV, Nr. 02/1531, VN 2003/58.21, ABl. 2004 C 85/12 v. 3.4.2004; Rs. C-452/04 (Fidium Finanz AG), Vorlage VG Frankfurt v. 11.10.2004, 9 E 933/04 (V), ZIP 2004, 2323, ABl. C 6 v. 8.1.2005, S. 28. In der Rechtssache „van Hilten" liegen bereits die Schlussanträge vor (GA Léger v. 30.6.2005, Rs. C-513/03, IWB v. 10.8.2005, Fach 11a, Rechtsprechung, S. 889 ff.). Die Frage der Drittstaatenwirkung des Art. 56 EGV wurde darin allerdings nicht näher behandelt, da bereits eine Verletzung der Kapitalverkehrsfreiheit verneint worden ist. Siehe auch Kessler/Eicker/Obser, IStR 2005, 658 (666 ff.) m.w.N. zu anhängigen Verfahren.

930 SchlA GA Geelhoed v. 10.4.2003, Rs. C-452/01 (Ospelt), Slg. 2003, I-9745, Randnr. 33 ff.; kritisch auch Schnitger, IStR 2004, 635.

931 Siehe Eicker/Obser, IStR 2004, 443 (446); Schön in: FS Wassermeyer, S. 489 (493 ff.).

932 Siehe 3.Teil B VI.

933 Siehe 3. Teil B VI.

934 Schön in: FS Wassermeyer, S. 489 ff; kritisch auch Kessler/Eicker/Obser, IStR 2005, 658; Ståhl, EC Tax Review 2004, 47.

kehrsfreiheit im Verhältnis zu Drittstaaten. Die Zollunion verbiete nämlich den Mitgliedstaaten einen unterschiedliche Zollpolitik nach außen, eröffne jedoch zugleich die Möglichkeit, Drittlandswaren im inländischen Steuerrecht anders zu behandeln als einheimische oder EU-Waren. Daraus lasse sich ableiten, dass auch die erga-omnes-Wirkung des Art. 56 EGV in dem Sinne verstanden werden müsse, dass sie lediglich verbiete, dass der einzelne Mitgliedstaat gegenüber Drittstaaten unterschiedliche Schranken errichte. Nach Ansicht von *Schön* verlangt deshalb die Kapitalverkehrsfreiheit nach Art. 56 EGV bei Drittstaaten lediglich eine einheitliche Außengrenze für Kapital, jedoch keine uneingeschränkte Anwendung der Kapitalverkehrsfreiheit auf Drittstaaten[935]. Zusammenfassend ist festzustellen, dass gegenwärtig wegen der unklaren Rechtslage nicht davon ausgegangen werden kann, dass die Kapitalverkehrsfreiheit entsprechend ihres Wortlauts auch dann uneingeschränkt anwendbar ist, wenn der Sitz und/oder die Geschäftsleitung einer Kapitalgesellschaft in einen oder aus einem Staat außerhalb der EU bzw. des EWR verlegt werden.

Neben der Kapitalverkehrsfreiheit könnten auch abkommensrechtliche Gleichbehandlungsgebote (Art. 24 OECD-MA) einen Ansatzpunkt für die Übertragung des Schutzes der europavertraglichen Grundfreiheiten auf Drittstaatenfälle bieten. Deutlich wurde dies in der Entscheidung des BFH vom 29.1.2003 zum Organträger-Status einer doppelt ansässigen Kapitalgesellschaft, in der die im EGV verankerte Niederlassungsfreiheit und die Kapitalverkehrsfreiheit über das in Art. 24 Abs. 4 DBA Deutschland-USA niedergelegte Diskriminierungsverbot[936] hinaus auf die USA übertragen wurde. Der BFH führte hierzu aus[937]:

> *„Die [...] anderweitige Auffassung lässt sich in Anbetracht der zwischenzeitlichen Rechtsentwicklung nicht aufrechterhalten, nachdem der Gerichtshof der Europäischen Gemeinschaften (EuGH) durch Urteil vom 5. November 2002, Rs. C-208/00 „Überseering" [...] in der sog. Sitztheorie bei Zuzugsfällen eine Verletzung der Niederlassungs- und der Kapitalverkehrsfreiheit nach Art. 43 und Art. 48 des Vertrages zur Gründung der Europäischen Gemeinschaft [...] gesehen hat. Die Entscheidung wirkt sich zwar unmittelbar nur auf die EG-Mitgliedstaaten aus. Juristische Personen anderer (Dritt-)Staaten können im Hinblick darauf keine Gleichbehandlung mit Angehörigen der Mitgliedstaaten einfordern. Wegen des in Art. 24 Abs. 4 DBA-USA 1989 enthaltenen bilateralen Diskriminierungsverbots verhält es sich für eine US-Kapitalgesellschaft jedoch anders. Besteuerungsnachteile inländischer Tochterunternehmen von US-amerikanischen Unternehmen gegenüber anderen ähnlichen inländischen Unternehmen sind hiernach nicht hin-*

---

935 Schön in: FS Wassermeyer, S. 489 (506 ff.) m.w.N.

936 Art. 24 Abs. 4 DBA USA entspricht Art. 24 Abs. 5 OECD-MA. Eine derartige Klausel befindet sich in nahezu allen von Deutschland abgeschlossenen Doppelbesteuerungsabkommen, siehe Pache, IStR 2003, 808 (810); Rust in: Vogel/Lehner Art. 24 OECD-MA Rz. 172.

937 BFH v. 29.1.2003, I R 6/99, BStBl II 2004, 1043.

zunehmen und können deswegen im Ergebnis keiner für sie ungünstigeren Beurteilung als Unternehmen innerhalb der EG unterfallen."

Die Ausweitung des Anwendungsbereichs der europavertraglichen Grundfreiheiten durch das Abkommensrecht wird im Schrifttum allerdings zum Teil kritisch betrachtet. Wegen der unterschiedlichen Teleologie des auf Integration angelegten Gemeinschaftsrechts und des Abkommensrechts, das lediglich den Schutz der Angehörigen des Vertragspartners bezwecke, könne insbesondere die Rechtsprechung des EuGH zu den in den Grundfreiheiten enthaltenen Diskriminierungsverboten nicht auf die Auslegung eines mit einem Drittstaat abgeschlossenen Doppelbesteuerungsabkommens herangezogen werden[938]. Diesem Einwand ist zuzustimmen. Zudem ist festzustellen, dass das abkommensrechtliche Diskriminierungsverbot - anders als das europarechtliche[939] - auch nicht vor indirekten Diskriminierungen aufgrund der Staatsangehörigkeit schützt, so dass unterschiedliche Besteuerungsregelungen für beschränkt und unbeschränkt Steuerpflichtige grundsätzlich nicht gegen Art. 24 OECD-MA verstoßen[940]. Aus der Entscheidung des BFH ist daher nicht allgemein der Schluss zu ziehen, dass die im EGV verankerten Grundfreiheiten im Abkommensfall über das Gleichbehandlungsgebot auch auf den jeweils betroffenen Drittstaat gelten[941].

Da die Wirkung der Grundfreiheiten im Verhältnis zu Drittstaaten nach wie vor unsicher ist, beschränken sich die im Teil 6 vorgeschlagenen Neufassungen europarechtlich zweifelhafter Normen auf Regelungen im Verhältnis zu EU- bzw. EWR-Staaten. Ein Blick nach Österreich zeigt, dass auch in anderen Mitgliedstaaten die Tendenz besteht, europarechtlich bedenkliche Normen lediglich für grenzüberschreitende Fälle innerhalb der EU bzw. des EWR zu korrigieren. In dem österreichischen Abgabenänderungsgesetz 2004 wurde z.B. lediglich eine Neufassung der Wegzugsfälle vorgenommen, die einen Wegzug bzw. eine Sitzverlegung in einen Mitgliedstaat der EU bzw. in einen Staat des EWR betreffen[942].

---

938 So Hahn, BB 2005, 521 (526).

939 Siehe 3. Teil B I.

940 Vgl. Loukota, SWI 2005, 56 (57).

941 So auch Kessler/Eicker/Obser, IStR 2005, 658 (669).

942 Abgabenänderungsgesetz 2004 (öBGBl I Nr. 180/2004); siehe Schindler, IStR 2004, 711.

6. Teil: Vorschläge de lege ferenda

A. Abschaffung der Dichotomie von beschränkter und unbeschränkter Steuerpflicht

Eine große Anzahl der Vorabentscheidungsverfahren des EuGH auf dem Gebiet der direkten Steuern haben die unterschiedliche Besteuerung von unbeschränkt und beschränkt Steuerpflichtigen zum Gegenstand[943]. Da die Urteile des EuGH häufig zur Unanwendbarkeit der entsprechenden nationalen Vorschrift bzw. zu umfangreichen Nachbesserungen in den nationalen Steuerordnungen führen, haben sich die für die beschränkte sowie für die unbeschränkte Steuerpflicht geltenden Regelungen immer mehr angeglichen[944]. Im Schrifttum wird daher bereits diskutiert, ob die Dichotomie von beschränkter und unbeschränkter Steuerpflicht, die in fast allen Staaten, zumindest aber in allen Mitgliedstaaten der Europäischen Gemeinschaft, praktiziert wird[945], vor dem Hintergrund der dynamischen Entwicklung der EuGH-Rechtsprechung noch sinnvoll ist[946]. Die Dichotomie wäre aufgehoben, wenn entweder das Welteinkommensprinzip generell gelten oder das Territorialitätsprinzip für auch für die bislang der unbeschränkten Steuerpflicht unterfallenden Subjekte anwendbar sein würde. Ferner müsste sichergestellt werden, dass die Einkünfte unabhängig davon, ob der Steuerpflichtige im In- oder Ausland ansässig ist, in gleicher Weise besteuert werden.

I. Besteuerung nach dem Welteinkommens- oder dem Territorialitätsprinzip

Das im Rahmen der unbeschränkten Steuerpflicht geltende Welteinkommensprinzip hat sich in der Staatenpraxis erst im Laufe des 20. Jahrhunderts gegen das Territorialitätsprinzip durchgesetzt[947]. Es ist zwar mittlerweile allgemein akzeptiert[948]. Die Rückkehr zum Territorialitätsprinzip wird dennoch in der Litera-

---

943 Vgl. nur EuGH v. 15.5.1997, Rs. C-250/95 (Futura), Slg. 1997, I-2471; EuGH v 29.4.1999, Rs. C-311/97 (Royal Bank of Scotland) Slg. 1999, I-2651; EuGH v. 21.9.1999, Rs. C-307/97 (Saint-Gobain), Slg. 1999, I-6161; EuGH v. 12.6.2003, Rs. C-234/01 (Gerritse), Slg. 2003, I-5933.

944 So auch Birk, FR 2005, 121 (126 f.); Reimer, IStR 2004, 816.

945 Siehe Jacobs, S. 6 ff.; Schaumburg, IntStR Rz. 5.1 ff.

946 Reimer in: Lehner Grundfreiheiten, S. 39 (86); Schön, StbJb. 2003/2004, S. 27 (35 ff.); Schön, IStR 2004, 289 (292); Seer in: Gassner/Lang/Lechner, Beschränkte Steuerpflicht, S. 37 ff.; Seer, IWB v. 8.10.2003, Fach 11, Gruppe 2, S. 573 ff.

947 So Flick in: Engelschalk, S. 93 f.; das Preussische EStG 1891 sowie das KStG 1920 sahen bereits das Welteinkommensprinzip bei unbeschränkter Steuerpflicht vor, siehe 2. Teil A II, B I.

948 Schaumburg, IntStR Rz. 5.66 m.w.N.

tur immer wieder thematisiert und – nicht nur in jüngster Vergangenheit unter europarechtlichen Gesichtspunkten[949] - von einer großen Anzahl von Autoren befürwortet[950]. Hierfür wird auch angeführt, dass die mit dem Welteinkommensprinzip bezweckten Ziele - Vermeidung der Doppelbesteuerung[951], Berücksichtigung der Leistungsfähigkeit[952] und der Äquivalenz[953] - auch durch das Territorialitätsprinzip verwirklicht werden könnten. Eine Abkehr vom Welteinkommensprinzip würde außerdem zur Vereinfachung des Steuerrechts[954] sowie zur Eindämmung der Steuerflucht[955] beitragen. Hinzu kämen wirtschaftliche Erwägungen: Die Abschaffung des Welteinkommensprinzips würde Unternehmen ermutigen, sich im Ausland zu betätigen, da keinerlei Doppelbesteuerung mehr zu befürchten sei[956]. Zudem könnte eine konsequente Umsetzung des Territorialitätsprinzips zur Erschließung neuer Einkunftsquellen wie z.B. der generellen Erfassung inländischer Kapitalerträge führen[957]. Ein Staat, der im Rahmen des Welteinkommensprinzips einerseits den Zugriff auf Besteuerungsobjekte wie z.B. ausländische Betriebsstätten anstrebe, andererseits jedoch diese Besteuerungsobjekte nach den eigenen steuerrechtlichen Wertungen dem inländischen Quellenstaat zuordne, verhalte sich nicht prinzipientreu[958].

Auf der anderen Seite wird das Territorialitätsprinzip in älteren Literaturbeiträgen wegen seiner *„etwas isolierenden“* Wirkung als ungeeignet für den Europäischen Wirtschaftsraum angesehen[959]. Deshalb plädiert das Schrifttum zum Teil ausdrücklich für die Beibehaltung des Welteinkommensprinzips. So will z.B. *Kirchhof* in seinem Vorschlag zur Reform der Einkommen- und Körperschaftsteuer nicht nur die Unterteilung in unbeschränkte und beschränkte Steuer-

---

949 So z.B. Zorn in: DStJG 23 (2000), S. 227 (240).

950 Endriss, S. 72 ff; Endriss, FR 1968, 388 ff.; Schaumburg in: FS Tipke, S. 125 (131); Schaumburg, IntStR Rz. 5.70; Schulze-Brachmann, StuW 1964, 589; Vogel, StuW 1980, 206 (211 f.); Wassermeyer, DStR 2001, 920 (921).

951 Endriss, S. 73.

952 Endriss, S. 73; Schaumburg, IntStR Rz. 5.70; Vogel in: FS Klein, S. 361 (371 f.); jedoch umstritten, a.A. Debatin, FR 1969, 277 (278); Schön, StbJb. 2003/2004, S. 27 (36).

953 Endriss, S. 74.

954 Schulze-Brachmann, StuW 1964, 589 (623 f.); Vogel, StuW 1980, 206 (211 f.).

955 Endriss, S. 74 f.

956 Schulze-Brachmann, StuW 1964, 589 (623).

957 Schulze-Brachmann, StuW 1964, 589 (624).

958 Schaumburg, IntStR Rz. 5.70.

959 Schulze-Brachmann, StuW 1964, 589 (625 f.), unter Hinweis auf einen Bericht des Steuer- und Finanzausschusses an die EWG aus dem Jahr 1962, in dem zu lesen war (S. 73): *„Es erscheint weder notwendig noch wünschenswert, innerhalb des Gemeinsamen Marktes dem Grundsatz der Besteuerung im Quellenstaat so weit zu folgen, wie dies im Verhältnis zu Drittländern geschieht.“*

pflicht[960], sondern auch das Welteinkommensprinzip für die unbeschränkte und das Territorialitätsprinzip für die beschränkte Steuerpflicht mit der Begründung beibehalten, dass ein Übergang zum Territorialitätsprinzip die Verhandlungsposition der Bundesrepublik beim Abschluss von Doppelbesteuerungsabkommen schwächen würde[961].

Sowohl das Welteinkommensprinzip als auch das Territorialitätsprinzip sind mit dem europäischen Gemeinschaftsrecht vereinbar. In der Entscheidung „Futura" hat der EuGH die Geltung des Territorialitätsprinzips für beschränkt Steuerpflichtige ausdrücklich als europarechtskonform anerkannt[962]. Es ist kein Grund ersichtlich, warum das Gemeinschaftsrecht verletzt sein sollte, wenn das Territorialitätsprinzip auch auf in Deutschland ansässige (bisher der unbeschränkten Steuerpflicht unterfallende) Gesellschaften zur Anwendung käme, zumal die europavertraglichen Grundfreiheiten nicht vor Inländerdiskriminierung schützen. Zum Welteinkommensprinzip hat sich der EuGH zwar bislang noch nicht ausdrücklich geäußert. Auf der Basis der bisherigen Rechtsprechung ist jedoch nicht davon auszugehen, dass das Welteinkommensprinzip als solches gegen die Grundprinzipien des EGV verstößt[963].

Gegen eine Ausweitung des Welteinkommensprinzips auf alle in der EU ansässigen Personen und Gesellschaften bestehen jedoch völkerrechtliche Bedenken. Es gibt zwar keinen allgemeinen völkerrechtlichen Grundsatz, dass sich der Steueranspruch eines Staates auf das eigene Staatsgebiet beschränken muss[964]. Es entspricht aber allgemeiner Meinung, dass die staatlichen Befugnisse, z.B. die Steuerverwaltungshoheit, auf das eigene Hoheitsgebiet beschränkt sind[965]. Die Besteuerung ausländischer Staatsangehöriger oder Gesellschaften hinsichtlich deren ausländischer Einkunftsquellen wäre daher nur schwer oder gar nicht durchsetzbar[966]. Vor allem im steuerrechtlichen Schrifttum wird daher für ein Steuererhebungsrecht überwiegend ein sachlicher Bezug zur inländischen Steuerhoheit für erforderlich gehalten[967]. Solange die Europäische Gemeinschaft nicht selbst steuererhebungsberechtigter Staat ist, würde folglich die Auswei-

960 Kirchhof, EStGB, §§ 19, 20 EStGB.
961 Kirchhof, EStGB, § 19 EStGB Rz. 13.
962 EuGH v. 15.5.1997, Rs. C-250/95 (Futura), Slg. 1997, I-2471, Randnr. 22.
963 So Reimer in: Lehner, Grundfreiheiten, S. 39 (86, 89 ff.); Schön, IStR 2004, 289 (292).
964 Dolzer in: Graf Vitzthum Rz. 102; Spitaler, S. 422 ff.; Wassermeyer in: DStJG 8 (1985), S. 49 (52 ff.); BFH v. 18.12.1963, I 230/61 S, BStBl III 1964, 253 m.w.N.
965 Dolzer in: Graf Vitzthum Rz. 106; Spitaler, S. 424.
966 J. Hey, IWB v. 14.1.2004, Deutschland, Gruppe 1, S. 2003 (2004).
967 Schaumburg, IntStR Rz. 3.14, Rz. 5.121 m.w.N.; Schön, StbJb. 2003/2004, S. 27 (46); Vogel in: Vogel/Lehner Einl 11; von Beckerath, S. 144 ff. m.w.N.; siehe aber auch Ipsen § 23 Rz. 98.

tung der unbeschränkten Steuerpflicht auf alle in der Gemeinschaft ansässigen Gesellschaften (oder darüber hinaus) keinen Sinn machen[968].

Eine Geltung des Territorialitätsprinzips auch für unbeschränkt Steuerpflichtige scheint zumindest aus völker- und europarechtlicher Sicht unbedenklich[969], selbst wenn dies nicht zu einer automatischen Gleichbehandlung von beschränkt und unbeschränkt Steuerpflichtigen führen würde. Wenn sowohl im Inland als auch im Ausland Ansässige nur mit den im Inland erwirtschafteten Einkünften besteuert werden, ist eine Diskriminierung von Steuerpflichtigen, die in einem anderen Mitgliedstaat ansässig sind, im Vergleich zu im Inland ansässigen Steuerpflichtigen nicht grundsätzlich auszuschließen. Es müsste daher sichergestellt werden, dass die inländischen Einkünfte unabhängig davon, ob der Steuerpflichtige im In- oder Ausland ansässig ist, in gleicher Weise besteuert werden.

II. Auswirkungen auf die europarechtswidrigen Regelungen

Die Einführung des Territorialitätsprinzips verbunden mit einer Gleichstellung der Besteuerung von gebietsansässigen und gebietsfremden Gesellschaften hätte auf die im Rahmen dieser Arbeit als europarechtswidrig angesehenen nationalen Regelungen folgende Auswirkungen:

- Ein Übergang zum Territorialitätsprinzip würde die durch die Aufdeckung der stillen Reserven gemäß § 12 KStG verursachten Verstöße gegen das Gemeinschaftsrecht[970] nicht verhindern. Auch wenn eine Kapitalgesellschaft mit Sitz und Geschäftsleitung im Inland nur mit inländischen Einkünften steuerpflichtig wäre und sich ihre steuerliche Behandlung nicht von der Besteuerung nicht einer ausländischen Kapitalgesellschaft mit inländischen Einkünften unterscheiden würde, bliebe offen, ob der Wegzug oder der Zuzug der Kapitalgesellschaft aufgrund der Rechtsformabhängigkeit des Körperschaftsteuerrechts zur Aufdeckung der stillen Reserven führt. Ferner müsste entschieden werden, ob die stillen Reserven bei einer drohenden Steuerentstrickung auch dann sofort aufzudecken sind, wenn die Wirtschaftsgüter lediglich in den Hoheitsbereich eines anderen EU- bzw. EWR-Staates verbracht werden. Beim Zuzug bliebe eine Reihe von Problemen ungelöst. So wäre z.B. zu entscheiden, ob erstmals in Deutschland steuerverstrickte stille Reserven mit dem Teilwert oder den ursprünglichen Anschaffungskosten anzusetzen sind.

---

968 Ebenso Wassermeyer, DB 1998, 28 (30).

969 Die Vereinbarkeit mit dem Leistungsfähigkeitsprinzip soll hier nicht näher untersucht werden.

970 Siehe 5. Teil A I 3.

- Eine Aufhebung der Dichotomie von beschränkter und unbeschränkter Steuerpflicht wäre bei der Verlustnutzung zum Teil europarechtlich „vorteilhafter". Bei steuerabzugspflichtigen Einkünften beschränkt steuerpflichtiger Kapitalgesellschaften gilt die Steuer gegenwärtig mit dem Abzug an der Quelle als abgegolten. Ein Verlustvor- bzw. ein Verlustrücktrag ist insoweit nicht vorgesehen. Die Aufhebung der darin liegenden Schlechterstellung ausländischer Kapitalgesellschaften[971] bzw. die Ausdehnung der Abzugsbesteuerung auf inländische Kapitalgesellschaften würde die bestehende Europarechtswidrigkeit beseitigen.

Die bei einem Wechsel von beschränkter und unbeschränkter Steuerpflicht problematische Nutzung der Verluste im Kalenderjahr des Wechsels bzw. die weitere Verwendbarkeit bestehender Verluste bei Wegzug oder Zuzug würde indes durch die Ausweitung des Territorialitätsprinzips und die Gleichstellung der Besteuerung von beschränkt und unbeschränkt Steuerpflichtigen nicht gemeinschaftskonform gelöst. Auch wenn sowohl ausländische als auch inländische Kapitalgesellschaften lediglich mit ihren inländischen Einkünften besteuert würden, hätte dies nicht zur Folge, dass die zivilrechtliche Identität der wegziehenden (bzw. zuziehenden) Kapitalgesellschaft gewahrt wäre, so dass streitig bliebe, ob in § 10d EStG bzw. § 8 Abs. 4 KStG eine fortbestehende steuerrechtliche Identität genügt. Eine Verrechnung von Verlusten in verschiedenen Veranlagungsabschnitten im Wirtschaftsjahr des Wechsels wäre ebenfalls nicht alleine deswegen zulässig, weil unbeschränkt und beschränkt steuerpflichtige Kapitalgesellschaften lediglich (in gleicher Weise) mit inländischen Einkünften besteuert würden.

- Die Gleichbehandlung von beschränkt und unbeschränkt steuerpflichtigen Kapitalgesellschaften würde dazu führen, dass auch inländische Betriebsstätten ausländischer Kapitalgesellschaften in Organschaften einbezogen werden könnten. Die diesbezüglich festgestellte Europarechtswidrigkeit[972] wäre damit beseitigt. Die Diskriminierung von Organgesellschaften, die lediglich Sitz oder Geschäftsleitung im Inland haben, bzw. der Ausschluss von Organträgern mit lediglich einem Sitz im Inland bliebe aber unverändert bestehen. Außerdem könnte die Einbeziehung ausländischer Gesellschaften nicht mehr unter Hinweis auf das für den Organträger geltenden Welteinkommensprinzip gefordert werden. Damit läge ein weiteres Argument für die EG-Konformität der gegenwärtigen Regelung vor.

---

971 Siehe 5. Teil C II 2 e).

972 Siehe 5. Teil D 2 b).

III. Zusammenfassung

Die Aufhebung der Dichotomie von unbeschränkter und beschränkter Steuerpflichtige würde die Europarechtswidrigkeit der im Rahmen dieser Arbeit untersuchten nationalen Regelungen allenfalls teilweise beheben. Dies spricht dafür, die Unterteilung in unbeschränkte und beschränkte Steuerpflicht beizubehalten. In der Rechtsprechung des EuGH findet sich zudem bislang kein Hinweis, dass das Nebeneinander von beschränkter und unbeschränkter Steuerpflicht gegen die Grundfreiheiten des EGV verstoßen könnte[973]. Im Übrigen bliebe die Frage, wer einen derartigen Systemwechsel herbeiführen dürfte. Von den Mitgliedstaaten ist die Abschaffung des Welteinkommensprinzips bereits aus fiskalischen Gründen nicht zu erwarten[974]. Der EuGH wäre zu einem derart weitgehenden Eingriff in die Kompetenzen der Mitgliedstaaten nicht berechtigt. Die grundlegende Entscheidung zwischen Welteinkommensprinzip und Territorialitätsprinzip könnte gemeinschaftsrechtlich nur durch eine Richtlinie oder ein anderes Übereinkommen der Mitgliedstaaten getroffen werden[975].

B. Änderungen bestehender und Einführung neuer Vorschriften

I. Allgemeines

Folgende Vorschriften, die im Zusammenhang mit einem Wechsel von beschränkter und unbeschränkter Steuerpflicht relevant sind, entsprechen nicht den gemeinschaftsrechtlichen Anforderungen[976]:

- § 12 Abs. 1 KStG (Aufdeckung der stillen Reserven im Wegzugsfall)[977]
- § 50 Abs. 1 S. 2 Halbs. 2 EStG (Aufbewahrung von Buchhaltungsunterlagen im Inland)[978]
- § 50 Abs. 2 EStG (Verlustausgleich und –abzug bei bestimmten Einkunftsarten)[979]
- § 14 KStG (Qualifikation als Organgesellschaft bzw. Organträger)[980]

973 Seer in: Gassner/Lang/Lechner, Beschränkte Steuerpflicht, S. 37 (58); Schön, IStR 2004, 289 (292).
974 Vgl. auch Kirchhof, EStGB, § 19 EStGB Rz. 13; so auch Schaumburg, IntStR Rz. 5.70.
975 So auch Reimer in: Lenner, Grundfreiheiten, S. 39 (90).
976 Daneben werden eine Vielzahl weiterer Vorschriften für europarechtswidrig gehalten, siehe nur Kessler/Spengel, DB 2004, Beilage 6 zu Heft 43.
977 Siehe 5. Teil A I 3.
978 Siehe 5. Teil C I 2.
979 Siehe 5. Teil C II 2 e).
980 Siehe 5. Teil D I 1 b); 5. Teil D I 2 b); 5. Teil D II 1 b).

Außerdem müssen folgende Vorschriften klarer gefasst bzw. neue gesetzliche Regelungen geschaffen werden:

- In § 12 Abs. 2 KStG ist klarzustellen, dass keine Aufdeckung von stillen Reserven in einer inländischen Betriebsstätte erfolgt, wenn die beschränkt steuerpflichtige Kapitalgesellschaft ihren Sitz und/oder ihre Geschäftsleitung nach Deutschland verlegt[981].
- Der Verlustabzug muss beim Wechsel von beschränkter und unbeschränkter Körperschaftsteuerpflicht auch während eines Kalenderjahres möglich sein[982].
- Die Modalitäten der Nutzung von Körperschaftsteueranrechnungsguthaben gemäß § 37 KStG durch eine im Inland verbleibende Betriebsstätte sind gesetzlich zu regeln[983].

Die Urteile des EuGH wirken grundsätzlich ex tunc. Europarechtswidrige Rechtsnormen sind von Anfang an nichtig (unanwendbar)[984]. Eine eingeschränkte Rückwirkung wird bisher in entsprechender Anwendung des Art. 231 Abs. 2 EGV nur in speziellen Ausnahmefällen angenommen, z.B. wenn es aufgrund der unklaren Rechtslage vor Erlass des Urteils nicht angemessen wäre, gutgläubig begründete Rechtsverhältnisse rückwirkend in Frage zu stellen[985]. Der deutsche Gesetzgeber wäre deshalb gut beraten, Verstöße gegen das Europarecht vor einer Entscheidung des EuGH zu beseitigen.

II. Vorschläge im Einzelnen

1. § 12 Abs. 1 KStG

§ 12 Abs. 1 S.1 und 2 KStG lauten wie bisher:

> *„[1]Verlegt eine unbeschränkt steuerpflichtige Körperschaft oder Vermögensmasse ihre Geschäftsleitung und ihren Sitz oder eines von bei-*

---

981 Siehe 5. Teil B I 2.

982 Siehe 5. Teil C III 2.

983 Siehe 5. Teil E III.

984 EuGH v. 27.3.1980, Rs. C-61/79 (Denkavit), Slg. 1980, 1205, Randnr. 16; EuGH v. 13.2.1996, Rs. C-197/94 und C-252/94 (Bautiaa/Société française maritime), Slg. 1996, I-505, Randnr. 47; EuGH v. 15.9.1998, Rs. C-231/96 (Edis), Slg. 1998, I-4951, Randnr. 15; siehe auch Ehricke in: Streinz Art. 234 EGV Rz. 69.

985 EuGH v. 8.4.1976, Rs. C-43/75 (Defrenne II); Slg. 1976, 455, Randnrn. 69 ff.; EuGH v. 17.5.1990, Rs. C-262/88 (Barber), Slg. 1990, I-1889, Randnr. 41; EuGH v. 16.7.1992, Rs. C-163/90 (Legros), Slg. 1992, I-4625, Randnrn. 29 ff.; siehe dazu auch Alber in: Forum Bd. 28 (2004), S. 1 (12); Ehricke in: Streinz Art. 234 EGV Rz. 70 ff.; Schima, S. 102 ff.

den ins Ausland und scheidet sie dadurch aus der unbeschränkten Steuerpflicht aus, so ist § 11 entsprechend anzuwenden. ²An die Stelle des zur Verteilung kommenden Vermögens tritt der gemeine Wert des vorhandenen Vermögens.“

Sodann sind Regelungen hinzuzufügen, die sicherstellen, dass die stillen Reserven nicht aufgedeckt werden müssen, soweit sie in Deutschland steuerverstrickt bleiben.

Vorschlag:

„³Soweit das vorhandene Vermögen nach der Verlegung von Sitz und Geschäftsleitung oder eines von beiden ins Ausland einer inländischen Betriebsstätte zuzuordnen ist und das Besteuerungsrecht der Bundesrepublik Deutschland hinsichtlich des Gewinns aus einer Veräußerung des vorhandenen Vermögens oder aus einem sonstigen Vorgang, der die Realisation der stillen Reserven im vorhandenen Vermögen auslöst, auch nach der Verlegung von Sitz und Geschäftsleitung oder eines von beiden ins Ausland nicht ausgeschlossen ist, tritt anstelle des Ansatzes zum gemeinen Wertes i.S.v. Satz 2 der Ansatz zum Buchwert. ⁴Das Gleiche gilt, wenn das vorhandene Vermögen nach der Verlegung nicht einer inländischen Betriebsstätte zuzuordnen ist, soweit das Besteuerungsrecht der Bundesrepublik Deutschland hinsichtlich des Gewinns aus einer Veräußerung oder eines sonstigen Vorgangs, der die Realisation der stillen Reserven im vorhandenen Vermögen auslöst, auch nach der Verlegung erhalten bleibt.“

§ 12 Abs. 1 S. 3 KStG wird redaktionell angepasst und zu Satz 5:

„⁵Verlegt eine unbeschränkt steuerpflichtige Personenvereinigung ihre Geschäftsleitung ins Ausland, so gelten die Sätze 1 bis 4 entsprechend.“

Angefügt wird sodann ein Absatz 1a, der die Vereinbarkeit des § 12 Abs. 1 KStG mit dem Europarecht dadurch herbeiführt, dass die Besteuerung der steuerentstrickten stillen Reserven auf den Zeitpunkt der tatsächlichen Realisation zinslos aufgeschoben wird. Da hinsichtlich der EFTA-Staaten Island, Norwegen und des Fürstentums Liechtenstein im Verhältnis zur Bundesrepublik Deutschland keine lückenlose Amts- und Rechtshilfe bzw. Hilfe in Beitreibungssachen besteht[986], ist die Regelung hinsichtlich des Wegzugs in den EWR mit einem entsprechenden Vorbehalt zu versehen. Absatz 1a würde wie folgt lauten:

> „[1]*Die auf einen Gewinn im Sinne des Absatzes 1 entfallende Körperschaftsteuer wird auf Antrag in folgenden Fällen bis zur tatsächlichen Realisation der stillen Reserven ohne Sicherheitsleistung gestundet:*
> *a. Bei Verlegung von Sitz und Geschäftsleitung oder eines von beiden in einen Staat der Europäischen Union oder*
> *b. bei Verlegung von Sitz und Geschäftsleitung oder eines von beiden in einen Staat des Europäischen Wirtschaftsraums, mit dem eine umfassende Amts- und Vollstreckungshilfe besteht.*
> [2] *Die stillen Reserven werden im Sinne des Satzes 1 tatsächlich realisiert, wenn das Vermögen der Körperschaft oder Vermögensmasse auf einen anderen übertragen wird oder die Körperschaft oder Vermögensmasse ihren Sitz und Geschäftsleitung oder eines von beiden in einen Staat außerhalb der Europäischen Union oder des Europäischen Wirtschaftsraums, mit dem keine umfassende Amts- oder Vollstreckungshilfe besteht, verlegt wird.* [3]*§§ 233 - 239 der Abgabenordnung finden keine Anwendung.* [4]*Übersteigt der Gewinn nach Absatz 1 den durch die Realisation der stillen Reserven tatsächlich entstandenen Gewinn, so tritt der tatsächlich realisierte Gewinn an die Stelle des Gewinns nach Absatz 1.* [5]*Dies gilt nicht, soweit die Gewinnminderung auf nach dem Zeitpunkt der Verlegung vorgenommene Ausschüttungen von Gewinnen aus Wirtschaftsjahren vor der Verlegung zurückzuführen ist.*“

2. § 12 Abs. 2 KStG

In § 12 Abs. 2 KStG ist klarzustellen, dass eine „Übertragung auf einen anderen“ i.S.v. § 12 Abs. 2 S. 2 KStG nicht vorliegt, wenn Sitz und/oder Geschäftsleitung einer Kapitalgesellschaft in das Ausland verlegt werden. Die Klarstel-

---

986 Lediglich das Abkommen zwischen der Bundesrepublik Deutschland und dem Königreich Norwegen zur Vermeidung der Doppelbesteuerung und über gegenseitige Amtshilfe auf dem Gebiet der Steuern vom Einkommen und vom Vermögen v. 4.10.1991 (BGBl II 1993, 972) sieht in Artt. 26, 27 Amts- und Rechtshilfe sowie auch Beitreibungshilfe vor; mit dem Fürstentum Liechtenstein besteht keine Vereinbarung über eine Amts-, Rechts- oder Beitreibungshilfe in Steuerangelegenheiten; bzgl. Island wird gemäß Art. 26 des Abkommens zwischen der Bundesrepublik Deutschland und der Republik Island zur Vermeidung der Doppelbesteuerung auf dem Gebiete der Steuern vom Einkommen und vom Vermögen v. 18.3.1971, BGBl II 1973, 358) lediglich Amts- und Rechthilfe gewährt; siehe Söhn in: Hübschmann/Hepp/Spitaler § 117 AO Rz. 33 m.w.N.

lung sollte unmittelbar im Anschluss an Satz 2 eingefügt werden. Der bisherige Satz 3 würde zu Satz 4. § 12 Abs. 2 KStG lautete sodann wie folgt:

> *„[1]Absatz 1 gilt entsprechend, wenn die inländische Betriebsstätte einer beschränkt steuerpflichtigen Körperschaft, Personenvereinigung oder Vermögensmasse aufgelöst oder ins Ausland verlegt wird. [2]Satz 1 gilt auch, wenn das Vermögen der Betriebsstätte als Ganzes auf einen anderen übertragen wird, es sei denn die Übertragung erfolgt im Ausland zu Buchwerten durch einen Vorgang, der einer Verschmelzung auf eine andere Körperschaft im Sinne des § 2 des Umwandlungsgesetzes vergleichbar ist und das Besteuerungsrecht der Bundesrepublik Deutschland geht nicht verloren. [3]Eine Übertragung auf einen anderen i.S.d. Satzes 2 bzw. eine Auflösung oder Verlegung der Betriebsstätte ins Ausland i.S.d. Satzes 1 liegt nicht vor, wenn die die Betriebsstätte betreibende steuerpflichtige Körperschaft, Personenvereinigung oder Vermögensmasse ihre Geschäftsleitung und/oder ihren Sitz aus einem Staat der Europäischen Union oder des Europäischen Wirtschaftsraums in das Inland verlegt und dadurch unbeschränkt steuerpflichtig wird. [4]Unberührt bleiben die Regelungen des Umwandlungssteuergesetzes."*

3. § 50 Abs. 1 S. 2 EStG und § 50 Abs. 2 EStG

Die Anwendung des § 50 Abs. 1 S. 2 Halbs. 2 EStG auf beschränkt Steuerpflichtige eines anderen Mitgliedstaates der EU oder eines Staates des Europäischen Wirtschaftsraums ist durch folgenden nach Satz 2 einzufügenden Satz 3 auszuschließen:

> *„[2]§ 10d EStG ist nur anzuwenden, wenn Verluste in wirtschaftlichem Zusammenhang mit inländischen Einkünften stehen und sich aus Unterlagen ergeben, die im Inland aufbewahrt werden. [3]Bei beschränkt Steuerpflichtigen aus einem anderen Staat der Europäischen Union bzw. aus einem anderen Staat des Europäischen Wirtschaftsraums, mit dem eine umfassende Amts- und Vollstreckungshilfe besteht, ist § 10d EStG anzuwenden, wenn die Verluste in wirtschaftlichem Zusammenhang mit inländischen Einkünften stehen und sich aus Unterlagen ergeben, die im Inland oder in einem anderen Staat der Europäischen Union oder des Europäischen Wirtschaftsraums aufbewahrt werden."*

Die folgenden Sätze des § 50 Abs. 1 EStG verschieben sich entsprechend.

Die Geltung des § 50 Abs. 2 EStG für beschränkt Steuerpflichtige aus einem anderen Staat der Europäischen Union bzw. aus einem anderen Staat des Europäischen Wirtschaftsraums ist aufzuheben. Die Vorschrift könnte dann wie folgt gefasst werden:

> *„[1]Bei Einkünften, die dem Steuerabzug unterliegen, und bei Einkünften im Sinne des § 20 Abs. 1 Nr. 5 und 7 ist für beschränkt Steuerpflichtige ein Ausgleich mit Verlusten aus anderen Einkunftsarten nicht zulässig. [2]Einkünfte im Sinne des Satzes 1 dürfen bei einem Verlustabzug (§ 10d EStG) nicht berücksichtigt werden. [3]Satz 1 und Satz 2 gelten nicht für beschränkt Steuerpflichtige aus einem anderen Staat der Europäischen Union bzw. aus einem anderen Staat des Europäischen Wirtschaftsraums."*

4. Sonstige Änderungen

Da sich die europarechtswidrige Beschränkung des objektiven Nettoprinzips auch in anderen Vorschriften des EStG sowie des KStG widerspiegelt, wären weitere Änderungen erforderlich, die hier im Einzelnen nicht behandelt werden können. Im Körperschaftsteuerrecht müsste z.B. die Anwendbarkeit des § 32 Abs. 1 Nr. 2 KStG auf beschränkt Steuerpflichtige aus einem anderen Staat der Europäischen Union bzw. aus einem anderen Staat des Europäischen Wirtschaftsraums aufgehoben werden.

Bei einem Wechsel zwischen beschränkter und unbeschränkter Steuerpflicht während des Wirtschaftsjahres fordert das Gemeinschaftsrecht, dass vorhandene Verluste auch im Jahr des Wechsels verrechnet werden können. Im Einkommensteuerrecht wurde dies bereits durch die Einführung des § 2 Abs. 7 S. 3 EStG erreicht. Für den Wechsel von beschränkter und unbeschränkter Körperschaftsteuerpflicht könnte eine entsprechende Regelung in § 8 KStG eingefügt und § 8 Abs. 4a KStG z.B. wie folgt gefasst werden:

> *„Wechselt die beschränkte und unbeschränkte Körperschaftsteuerpflicht während des Kalenderjahres und werden getrennte Veranlagungen durchgeführt, ist eine Verrechnung mit bestehenden Verlustvor- und rückträgen i.S.v. § 10d EStG auch zwischen den Veranlagungsabschnitten zulässig, sofern dem nicht andere gesetzliche Bestimmungen entgegen stehen."*

5. § 14 KStG

Die in § 14 Abs. 1 S. 1 KStG vorgesehene doppelte Inlandsanbindung für Organgesellschaften ist aufzuheben und § 14 Abs. 1 S. 1 KStG deshalb wie folgt zu fassen:

> „*Verpflichtet sich eine Aktiengesellschaft oder Kommanditgesellschaft auf Aktien mit Geschäftsleitung oder Sitz im Inland (Organgesellschaft) durch einen Gewinnabführungsvertrag im Sinne des § 291 des Aktiengesetzes, ihren ganzen Gewinn an ein einziges anderes gewerbliches Unternehmen abzuführen, so ist das Einkommen der Organgesellschaft, soweit sich aus § 16 nichts anderes ergibt, dem Träger des Unternehmens (Organträger) zuzurechnen, wenn die folgenden Voraussetzungen erfüllt sind:[...]*"

Die Einbeziehung inländischer Betriebsstätten beschränkt steuerpflichtiger Kapitalgesellschaften aus einem anderen Staat der Europäischen Union bzw. aus einem anderen Staat des Europäischen Wirtschaftsraums in einen Organkreis könnte nach dem Vorbild des § 18 KStG ein einem neuen § 18a KStG wie folgt geregelt werden:

> „*Verpflichtet sich eine Kapitalgesellschaft mit Sitz und Geschäftsleitung in einem anderen Mitgliedstaat der Europäischen Union bzw. des Europäischen Wirtschaftsraums, ihren ganzen in einer inländischen Betriebsstätte erwirtschafteten Gewinn an einen Organträger abzuführen, so gelten die §§ 14 bis 17 KStG sinngemäß, sofern folgende Voraussetzungen erfüllt sind:*
>
> 1. *Die Betriebsstätte ist im Inland als Zweigniederlassung im Handelsregister eingetragen und*
> 2. *der Ergebnisabführungsvertrag ist unter der Firma der Zweigniederlassung abgeschlossen und bezieht sich auf den in der inländischen Betriebsstätte erwirtschafteten Gewinn und Verlust und*
> 3. *die Voraussetzungen der finanziellen Eingliederung liegen im Hinblick auf die beschränkt steuerpflichtige Kapitalgesellschaft vor.*"

In § 14 Abs. 1 S. 1 Nr. 2 KStG müssten auch Gesellschaften als Organträger zugelassen werden, die lediglich ihren Sitz im Inland haben. § 14 Abs. 1 S. 1 Nr. 2 KStG wäre wie folgt neu zu fassen:

„[1]Der Organträger muss eine unbeschränkt steuerpflichtige natürliche Person oder eine nicht steuerbefreite Körperschaft, Personenvereinigung oder Vermögensmasse im Sinne des § 1 mit Geschäftsleitung im Inland sein. [2]Organträger kann auch eine nicht steuerbefreite Körperschaft mit Geschäftsleitung in einem anderen Staat der Europäischen Union bzw. des Europäischen Wirtschaftsraums sein, deren Sitz sich im Inland befindet, sofern das Besteuerungsrecht der Bundesrepublik Deutschland nicht nach den Vorschriften eines Abkommens zur Vermeidung der Doppelbesteuerung ausgeschlossen ist."

Die bisherigen Sätze 2 und 3 KStG in § 14 Abs. 1 S. 1 Nr. 1 würden zu Sätzen 3 und 4.

6. §§ 36 ff. KStG

Der Übergang eines festgestellten Körperschaftsteuerminderungspotentials auf eine im Inland verbleibende Betriebsstätte könnte in § 37 KStG als neuer Absatz 4 durch folgende Neuregelung angeordnet werden:

„[1]Ein festgestelltes Körperschaftsteuerguthaben ist von einer im Inland verbleibenden Betriebsstätte fortzuführen, sofern die Kapitalgesellschaft ihren Sitz und/oder ihre Geschäftsleitung i.S.v. § 12 Absatz 1 in einen anderen Staat der Europäischen Union oder des Europäischen Wirtschaftsraums verlegt. Anstelle des Betrages der auf einen den gesellschaftsrechtlichen Vorschriften entsprechenden beschlossenen Gewinnausschüttung i.S.d Absatzes 2 tritt der Betrag, der als Betriebsstättengewinn an das Stammhaus überführt wird. Hierbei gelangen die Grundsätze zur Anwendung, die nach § 27 des Körperschaftsteuergesetzes in der Fassung der Bekanntmachung vom 22. April 1999 (BGBl. I S. 817) zur Herstellung der Ausschüttungsbelastung führten."

7. Teil: Zusammenfassung der wichtigen Ergebnisse

I. Die Einkommensbesteuerung der Kapitalgesellschaften hat ihren Ursprung in den ab der zweiten Hälfte des 19. Jahrhunderts geltenden Einkommensteuergesetzen der deutschen Länder. Eine geordnete Entwicklung des Körperschaftsteuerrechts begann jedoch erst mit dem Übergang der Steuerhoheit auf das Deutsche Reich. 1920 wurde erstmals ein Körperschaftsteuergesetz erlassen. Beschränkt und unbeschränkt körperschaftsteuerpflichtige Kapitalgesellschaften sind von Beginn an unterschiedlich behandelt worden. Bei beschränkt steuerpflichtigen Kapitalgesellschaften, die lediglich steuerabzugspflichtige Einkünfte erzielten, war z.B. die Steuer seit der Ausdehnung der beschränkten Steuerpflicht auf Kapitalvermögen im Jahre 1925 mit dem Steuerabzug abgegolten. Außerdem wurde der 1929 eingeführte Verlustvortrag auf unbeschränkt steuerpflichtige Kapitalgesellschaften beschränkt. Ausländische Kapitalgesellschaften konnten nicht in Organschaften einbezogen werden. Zum Teil galten höhere Steuersätze. (S. 26 ff.)

Bei einem Wechsel von beschränkter und unbeschränkter Steuerpflicht mussten regelmäßig die in der Kapitalgesellschaft ruhenden stillen Reserven aufgedeckt werden. Bereits § 18 KStG 1920 ordnete eine Schlussbesteuerung bei der Verlegung von Sitz und Geschäftsleitung einer Kapitalgesellschaft in das Ausland an, um die Besteuerung von im Inland erwirtschafteten stillen Reserven sicherzustellen bzw. die Kapitalgesellschaften von der Verlagerung ihrer Geschäftstätigkeit in das Ausland abzuhalten. § 18 S. 3 KStG 1920 enthielt jedoch die Einschränkung, dass die stillen Reserven insoweit nicht aufzudecken waren, als die Wirtschaftsgüter in einem inländischen Betriebs- oder Grundvermögen steuerverhaftet blieben. Im Jahre 1934 wurde dieser einschränkende Satz 3 gestrichen. Seitdem ist es streitig, ob auch die im Inland verbleibenden stillen Reserven bei der Verlegung von Sitz und/oder Geschäftsleitung aufzudecken sind. (S. 35 ff.)

II. Die gesetzliche Regelung des Wechsels zwischen beschränkter und unbeschränkter Steuerpflicht von Kapitalgesellschaften muss mit dem Europarecht vereinbar sein. Die Körperschaftsteuer fällt zwar als direkte Steuer in den Zuständigkeitsbereich der Mitgliedstaaten. Diese müssen aber ihre Befugnisse unter Wahrung des Gemeinschaftsrechts ausüben. Als Überprüfungsmaßstab kommt insbesondere die Niederlassungsfreiheit gemäß Art. 43 EGV in Betracht, die den Gesellschaften im Gemeinschaftsgebiet das Recht auf freie Wahl des Standorts der Hauptniederlassung, der Tochtergesellschaften, Zweigniederlassungen oder anderen Sekundärniederlassungen gewährleistet. Art. 43 EGV wirkt als Diskriminierungsverbot sowie als Beschränkungsverbot. Das Diskriminierungsverbot verbietet eine Schlechterstellung ausländischer Kapitalgesellschaften im Vergleich zu inländischen Kapitalgesellschaften in inbound-Konstellationen. In seiner Funktion als Beschränkungsverbot verhindert die Niederlassungsfreiheit Maßnahmen, die den Wegzug von Kapitalgesellschaften behindern oder weniger attraktiv machen. Ein Anspruch auf eine rechtsformneutrale Besteuerung lässt sich allerdings aus Art. 43 EGV nicht ableiten. (S. 41 ff.)

III. Die unbeschränkte Körperschaftsteuerpflicht von Kapitalgesellschaften knüpft gemäß § 1 Abs. 1 Nr. 1 KStG alternativ an den Sitz oder die Geschäftsleitung der Kapitalgesellschaft im Inland an und erstreckt sich auf das gesamte Welteinkommen. Ausländische Kapitalgesellschaften mit inländischer Geschäftsleitung fallen unter § 1 Abs. 1 Nr. 1 KStG. Kapitalgesellschaften, die weder ihren Sitz noch ihre Geschäftsleitung im Inland haben, und inländische Einkünfte erzielen, sind gemäß § 2 Nr. 1 KStG beschränkt körperschaftsteuerpflichtig, sofern sie körperschaftsteuerpflichtigen Rechtsgebilden vergleichbar sind. Die steuerliche Qualifikation ausländischer Gebilde verlangt einen Typenvergleich; hierbei besteht keine Bindung an das Zivilrecht. Die Entwicklung der EuGH-Rechtsprechung im Internationalen Gesellschaftsrecht hat daher keinen Einfluss auf die steuerliche Subjektqualifikation ausländischer Kapitalgesellschaften. Die beschränkte Körperschaftsteuerpflicht folgt wie die beschränkte Einkommensteuerpflicht dem Territorialitätsprinzip. Das objektive Nettoprinzip wird nicht durchgängig verwirklicht. (S. 62 ff.)

IV. Der Wechsel einer Kapitalgesellschaft von der unbeschränkten zur beschränkten Steuerpflicht durch die Verlegung von Sitz und Geschäftsleitung in das Ausland wirkt sich steuerlich unter verschiedenen Aspekten nachteilig aus:

- Der schwerwiegendste Nachteil ergibt sich aus § 12 Abs. 1 KStG, wonach die in der Kapitalgesellschaft angesammelten stillen Reserven bei Verlegung von Sitz und/oder Geschäftsleitung in das Ausland aufzudecken sind. § 12 Abs. 1 KStG muss jedoch teleologisch reduziert werden, wenn die stillen Reserven nicht aus der deutschen Besteuerungshoheit ausscheiden. Die betroffenen Wirtschaftsgüter sind in der Schlussbilanz zum Buchwert anzusetzen. Die Finanzverwaltung sowie eine Mindermeinung im Schrifttum lehnt eine derartige teleologische Reduktion des § 12 Abs. 1 KStG allerdings ab, so dass die Kapitalgesellschaft, die ihren Sitz und/oder ihre Geschäftsleitung in das Ausland verlegen will, in der Praxis mit der Besteuerung des Verlegungsgewinns rechnen muss, obwohl keine liquiden Mittel zufließen. (S. 97 ff.)

- Der Wechsel der Steuerpflicht hat nachteilige Auswirkungen auf die Verlustverrechnung. Findet der Wechsel von unbeschränkter zu beschränkter Steuerpflicht während eines Wirtschaftsjahres statt, kann im Wirtschaftsjahr des Wechsels kein Verlustausgleich bzw. Verlustvor- oder rücktrag vorgenommen werden. Im Übrigen können die im Zeitraum der unbeschränkten Steuerpflicht erwirtschafteten Verluste weiterhin genutzt werden, sofern § 50 Abs. 2 EStG dies nicht ausschließt[987]. § 10d EStG bzw. § 8 Abs. 4 KStG sind beim Wechsel einer Kapitalgesellschaft von der unbeschränkten in die beschränkte Steuerpflicht nach rein zivilrechtlichen Gesichtspunkten auszulegen. Es ist nicht auf die zivilrechtliche, sondern auf die steuerrechtliche Identität abzustellen. (S. 118 ff.)

- Nachteile ergeben sich im Organschaftsfall. War die den Sitz bzw. die Geschäftsleitung verlegende Gesellschaft Organgesellschaft, ist eine weitere Einbeziehung in einen Organkreis nicht mehr möglich, da § 14 Abs. 1 S. 1 KStG Sitz und Geschäftsleitung der Organgesellschaft im Inland voraussetzt. Eine Organträger-Funktion kann eine im Inland verbleibende Zweigniederlassung übernehmen, auch wenn der Wegzug im Regelfall mit einer Unterbrechung des Organschaftsverhältnisses verbunden ist. (S. 126 ff.)

- Die Rechtslage bezüglich der Weiternutzung von Altbeständen an Körperschaftsteuerminderungs- bzw. Körperschaftsteuererhöhungspotential nach dem früherem Körperschaftsteuersystem (§§ 36 ff. KStG) ist unklar. Bei einer ausschließlichen Orientierung am nationalen Steuerrecht kann ein Guthaben von einer im Inland verbleibenden Betriebsstätte nicht genutzt werden. (S. 130 ff.)

- Die für die Verlegung von Sitz und Geschäftsleitung geltenden Beschränkungen bestehen im Wesentlichen auch bei isolierter Verlegung von Sitz oder Geschäftsleitung in das Ausland. (S. 100 ff.; 118 ff.; 126 ff.; 130 ff.)

V. Der Wechsel von der beschränkten zur unbeschränkten Steuerpflicht einer Kapitalgesellschaft durch die Verlegung von Sitz und Geschäftsleitung in das Inland hat verschiedene steuerlich nachteilige Auswirkungen:

- Verlegt eine Kapitalgesellschaft ihren Sitz und ihre Geschäftsleitung nach Deutschland, sind die in einer im Inland belegenen Betriebsstätte

987 Zu den europarechtlichen Aspekten siehe unter Ziffer IX.

vorhandenen stillen Reserven nach einer in der Literatur vertretenen Ansicht gemäß § 12 Abs. 2 S. 2 KStG aufzudecken. Dem ist nicht zuzustimmen, da bereits keine Übertragung auf einen „anderen" i.S.v. § 12 Abs. 2 S. 2 KStG vorliegt. Die bereits steuerverhafteten Wirtschaftsgüter der Betriebsstätte sind in der Eröffnungsbilanz der Kapitalgesellschaft mit dem Buchwert anzusetzen. Wirtschaftsgüter, die durch den Eintritt der Kapitalgesellschaft in die unbeschränkte Steuerpflicht erstmals steuerverstrickt werden, sind nach einer sich auch in der jüngeren BFH-Rechtsprechung abzeichnenden Meinung mit dem Teilwert zum Zeitpunkt des Eintritts in die unbeschränkte Steuerpflicht zu bilanzieren. (S. 133 ff.)

- Für die Verlustverrechnung gelten die Ausführungen zum Wechsel von der unbeschränkten zur beschränkten Steuerpflicht entsprechend. (S. 145 f.)

- Für Organschaften gelten ebenfalls Einschränkungen. Insbesondere kann eine Kapitalgesellschaft mit lediglich inländischem Sitz nicht Organträgerin sein, da § 14 Abs. 1 S. 1 Nr. 2 KStG zumindest eine inländische Geschäftsleitung voraussetzt. § 18 KStG kann auf eine ausländische Kapitalgesellschaft mit lediglich Sitz im Inland keine Anwendung finden, da es sich bei der zuziehenden Gesellschaft um eine unbeschränkt steuerpflichtige und nicht - wie von § 18 S. 1 KStG vorausgesetzt - um eine beschränkt steuerpflichtige Kapitalgesellschaft handelt. (S. 146 f.)

- Die für die Verlegung von Sitz und Geschäftsleitung bestehenden Beschränkungen gelten im Wesentlichen auch bei einer isolierten Verlegung von entweder Sitz oder Geschäftsleitung. (S. 133 ff.; 145 f.; 146 f.)

VI. Die Sitzverlegung einer Societas Europaea richtete sich gegenwärtig nach den allgemeinen steuerlichen Vorschriften. Allerdings wurde die FRL kürzlich dahingehend abgeändert, dass die Sitzverlegung von einem in einen anderen Mitgliedstaat keine Aufdeckung der stillen Reserven auslöst, soweit das Gesellschaftsvermögen im Wegzugsstaat in einer Betriebsstätte steuerverstrickt bleibt und das Betriebsvermögen weiterhin zum Buchwert angesetzt wird. Die gebildeten Rücklagen bzw. Rückstellungen können weitergeführt und die Verluste weiter genutzt werden. Die Änderungen der FRL sind von den Mitgliedstaaten bis zum 1.1.2006 umzusetzen. Zur Zeit bestehen damit bei einem Wechsel von beschränkter und unbeschränkter Steuerpflicht zwischen einer „gewöhnlichen" Kapitalgesellschaft und einer SE lediglich Unterschiede, falls man der Auffassung folgen wollte, dass das Steuerrecht bei der Beurteilung der Steuersubjektfähigkeit an das Zivilrecht gebunden ist. Wegen der Wahrung der zivilrechtlichen Identität der SE kann es nämlich auch dann nicht zu einer direkten Anwendung des § 11 KStG bei einer Verlegung von Sitz und/oder Geschäftsleitung bzw. zu einem Verfall der Verlustvorträge gemäß § 10d EStG bzw. § 8 Abs. 4 KStG kommen. (S. 148 ff.)

VII. § 12 Abs. 1 KStG ist nicht mit dem Europarecht vereinbar. Die Aufdeckung der stillen Reserven greift in den Schutzbereich der Niederlassungsfreiheit gemäß Art. 43 EGV ein, da die Verlegung von Sitz und/oder Geschäftsleitung behindert bzw. weniger attraktiv gemacht wird. Das in § 12 Abs. 1 KStG verankerte Prinzip der Steuerentstrickung ist zwar als eine kohärente Maßnahme und unter dem Aspekt der Territorialität als zwingender Grund des Allgemeininteresses (auch im Lichte der EuGH-Entscheidungen „X und Y" und „Lasteyrie du Saillant") anzuerkennen, so dass der Eingriff in den Schutzbereich der Niederlassungsfreiheit an sich gerechtfertigt wäre. § 12 Abs. 1 KStG ist jedoch nicht verhältnismäßig. (S. 151 ff.)

Ist § 12 Abs. 1 KStG - entgegen der hier befürworteten teleologischen Reduktion - auch auf weiterhin in Deutschland steuerverhaftete Wirtschaftsgüter anzuwenden, ist die Regelung bereits deswegen unverhältnismäßig, weil kein Verlust von Besteuerungssubstrat droht. Bei Wirtschaftsgütern, die durch die Verlegung von Sitz und/oder Geschäftsleitung in einen anderen EU-Mitgliedstaat steuerentstrickt werden, ergibt sich die Unverhältnismäßigkeit daraus, dass § 12 Abs. 1 KStG die sofortige Aufdeckung und Besteuerung der stillen Reserven im Zeitpunkt des Ausscheidens aus der unbeschränkten Steuerpflicht vorsieht, obwohl der Kapitalgesellschaft zu diesem Zeitpunkt keine liquiden Mittel zufließen. Mit einem zinslosen Aufschub der Besteuerung bis zur tatsächlichen Realisation der stillen Reserven stünde dem deutschen Gesetzgeber ein milderes Mittel zur Verfügung. Die - weitergehende – Forderung einer Garantie oder sonstigen Sicherheit lässt sich nach der jüngeren Entwicklung der Rechtsprechung des EuGH nicht mit dem Europarecht vereinbaren. (S. 168 ff.)

VIII. Die in § 12 Abs. 2 S. 2 KStG vorgesehene Aufdeckung der stillen Reserven in einer Betriebsstätte einer Kapitalgesellschaft, die ihren Sitz und/oder ihre Geschäftsleitung nach Deutschland verlegt und dadurch von der beschränkten in die unbeschränkte Steuerpflicht wechselt, verstößt gegen die Niederlassungsfreiheit gemäß Art. 43 EGV. (S. 178 ff.)

IX. Das für einen Verlustvor- bzw. Verlustrücktrag in § 50 Abs. 1 S. 2 Halbs. 1 EStG vorgesehene Erfordernis eines wirtschaftlichen Zusammenhangs der

Verluste mit inländischen Einkünften steht im Einklang mit dem Europarecht. Die gemäß § 50 Abs. 1 S. 2 Halbs. 2 EStG vorausgesetzte Aufbewahrung der Buchführungsunterlagen im Inland verstößt jedoch gegen die Niederlassungsfreiheit gemäß Art. 43 EGV. Ferner ist der Ausschluss bestimmter beschränkt steuerpflichtiger Kapitalgesellschaften von der Besteuerung nach dem objektiven Nettoprinzip nach § 50 Abs. 2 EStG mit den europavertraglichen Grundfreiheiten unvereinbar. Die Regelung ist weder Bestandteil eines kohärenten Steuersystems noch durch andere zwingende Gründe des Allgemeininteresses gerechtfertigt. Europarechtswidrig ist ferner der Ausschluss der Verrechnung von Verlusten bei einem Wechsel der Steuerpflicht während eines Veranlagungszeitraums. Die Niederlassungsfreiheit nach Art. 43 EGV verlangt, dass die Verluste unabhängig von einem Wechsel der Steuerpflichtart zeitlich lückenlos verrechnet werden können. (S. 182 ff.)

X. Die doppelte Inlandsanbindung für Organgesellschaften gemäß § 14 Abs. 1 S. 1 KStG ist nicht mit dem Europarecht vereinbar. Zur Gewährleistung der Niederlassungsfreiheit muss ein inländischer Sitz oder eine inländische Geschäftsleitung einer Kapitalgesellschaft für eine Einbeziehung als Organgesellschaft reichen. § 14 Abs. 1 S. 1 KStG verstößt ferner insoweit gegen Art. 43 EGV, als inländische Betriebsstätten ausländischer Kapitalgesellschaften nicht in eine Organschaft integriert werden können. Die Nichteinbeziehung ausländischer Kapitalgesellschaften mit ausländischen Einkünften in eine inländische Organschaft stellt indes eine kohärente Regelung dar und entspricht zudem dem Territorialitätsprinzip. Eine gegenteilige Auffassung würde die Souveränität der Mitgliedstaaten auf dem Gebiet der direkten Steuern missachten. Eine Verpflichtung der Mitgliedstaaten, Verluste ausländischer Tochtergesellschaften im Rahmen einer inländischen Organschaft zu berücksichtigen, wäre nach dem im EGV verankerten Prinzip der begrenzten Einzelermächtigung nur auf der Grundlage einer Richtlinie des Rats gemäß Art. 94 EGV zulässig. (S. 191 ff.)

§ 14 Abs. 1 S. 1 Nr. 2 KStG verstößt ferner insoweit gegen die Niederlassungsfreiheit, als Kapitalgesellschaften, die lediglich ihren Sitz im Inland haben, von der Funktion als Organträger ausgeschlossen sind. § 18 KStG steht mit den europavertraglichen Grundfreiheiten im Einklang. (S. 213 ff.)

XI. Der Verfall von Körperschaftsteuerminderungspotential als Folge der Verlegung von Sitz und/oder Geschäftsleitung einer Kapitalgesellschaft in das Ausland verstößt gegen die Niederlassungsfreiheit gemäß Art. 43 EGV, soweit das Körperschaftsteuerminderungspotential, das aus dem für unbeschränkt steuerpflichtige Kapitalgesellschaften vor 2001 geltenden gespaltenen Steuertarif resultiert, bei Betriebsstätten unter Verstoß gegen Gemeinschaftsrecht nicht anwendbar war. Die Regelungen der §§ 36 ff. KStG sind europarechtskonform so auszulegen, dass das vorhandene Körperschaftsteuerminderungspotential nach Verlegung von Sitz und/oder Geschäftsleitung von einer im Inland verbleibenden Betriebsstätte weitergenutzt werden kann. Die Modalitäten der Nutzung muss der Gesetzgeber regeln. (S. 217 ff.)

XII. Die im EGV normierten Grundfreiheiten gelten nach den Bestimmungen des EWRA auch für Gesellschaften mit Sitz und/oder Geschäftsleitung im Europäischen Wirtschaftsraum. Die Grundfreiheiten des EGV bzw. EWRA entfalten indes keine direkten Auswirkungen, soweit es um die Verlegung des Sitzes und/oder der Geschäftsleitung einer Kapitalgesellschaft von einem oder in einen Staat außerhalb der EU bzw. des EWR geht. Nach dem Wortlaut des Art. 56 EGV wirkt die Kapitalverkehrsfreiheit zwar auch im Verhältnis zu Drittstaaten. Eine nähere Analyse wirft jedoch Zweifel an einer uneingeschränkten Anwendung der Kapitalverkehrsfreiheit auf Drittstaaten auf. Im Schrifttum wird daher mit guten Gründen vertreten, dass Art. 56 EGV bei Drittstaaten lediglich eine einheitliche Außengrenze für Kapital fordere. Auch aus abkommensrechtlichen Diskriminierungsverboten lässt sich eine unmittelbare Anwendung der Grundfreiheiten des EGV bzw. EWRA auf Drittstaaten nicht pauschal herleiten. (S. 221 ff.)

XIII. Die Aufgabe des Welteinkommensprinzips und die Einführung des Territorialitätsprinzips auch für unbeschränkt Steuerpflichtige verbunden mit einer vollständigen Angleichung der Besteuerung von beschränkt und unbeschränkt Steuerpflichtigen würde die mit einem Wechsel der Steuerpflicht verbundenen europarechtlichen Probleme, insbesondere die festgestellten Europarechtswidrigkeit der Wegzugs- bzw. der Zuzugsbeschränkungen, nicht vollständig beheben. Der Gesetzgeber ist daher nicht zuletzt vor dem Hintergrund der ex-tunc Wirkung der Entscheidungen des EuGH aufgefordert, europarechtswidrige Regelungen zu ändern. Hierzu werden konkrete Formulierungsvorschläge unterbreitet. (S. 225 ff.)

8. Teil: Schlussbemerkung

Die Untersuchung des Wechsels von beschränkter und unbeschränkter Steuerpflicht von Kapitalgesellschaften hat gezeigt, dass das deutsche Körperschaftsteuerrecht eine Reihe von Vorschriften enthält, die diesen erschweren. Ein Abbau der Hemmnisse wäre angesichts des globalen Wettbewerbs zumindest innerhalb der Europäischen Gemeinschaft wünschenswert, damit Deutschland und Europa sich in der Konkurrenz mit Asien und Amerika besser behaupten können.

Der Europäische Gerichtshof hat in den letzten Jahren zwar einen großen Beitrag zum Abbau steuerlicher Beschränkungen geleistet und dadurch die wirtschaftlichen Bedingungen innerhalb der Gemeinschaft verbessert. Ein Blick in die geschichtliche Entwicklung des Körperschaftsteuerrechts lässt allerdings Zweifel aufkommen, ob die noch bestehenden Barrieren alleine aufgrund der naturgemäß fallbezogene Rechtsprechung des EuGH beseitigt werden können. Auch die unterschiedlichen Steuersysteme der deutschen Bundesstaaten wurden gegen Ende des 19. Jahrhunderts erst harmonisiert, als die Steuerhoheit auf das Deutsche Reich überging. In der Europäischen Gemeinschaft liegt die Zuständigkeit auf dem Gebiet der direkten Steuern jedoch nach wie vor bei den Mitgliedstaaten. Nach den ablehnenden Referenden zur EU-Verfassung in Mitgliedstaaten wie Frankreich und den Niederlanden scheint eine Änderung dieser Kompetenzverteilung gegenwärtig ferner denn je. Hinzukommt, dass im Schrifttum vor dem Hintergrund des vom Maastricht-Vertrag vorgesehenen Wettbewerbs der einzelnen Steuersysteme vermehrt Kritik an der immer häufiger in die Kompetenzen der Mitgliedstaaten eingreifenden Rechtsprechung des EuGH im Unternehmenssteuerrecht laut wird. Dem Europäischen Gerichtshof wird daher auch in Zukunft die schwierige Rolle zukommen, einerseits eine gewisse Zurückhaltung bei der Auslegung der Grundfreiheiten walten zu lassen, jedoch andererseits zugleich dafür Sorge zu tragen, dass der EGV den „effet utile“ nicht verliert, um das Ziel der Harmonisierung der steuerlichen Rahmenbedingungen und der wirtschaftlichen Integration zum Wohle aller Mitgliedstaaten und der in ihnen tätigen Unternehmen zu verwirklichen.

Literaturverzeichnis

Ahmann, Karin-Renate, Das Ertragssteuerrecht unter dem Diktat des Europäischen Gerichtshofs? Können wir uns wehren?, DStZ 2005, 75 ff.

Aigner, Dietmar / Kofler, Georg, Steuerliche Folgen des Zuzugs von EU-Kapitalgesellschaften nach Österreich nach der Rechtsprechung des EuGH in der Rs. Überseering (C-208/00), IStR 2003, 570 ff.

Aigner, Dietmar / Tissot, Michael, Rs. *Hughes de Lasteyrie du Saillant* – Gemeinschaftsrechtswidrigkeit von Wegzugsbesteuerungen innerhalb der EU, SWI 2004, 293 ff.

Aigner, Dietmar / Kofler, Georg / Tumpel, Michael, Zuzug und Wegzug von Kapitalgesellschaften im Steuerrecht: ein Überblick zu den steuerlichen Folgen von Daily Mail, Centros, Überseering und Inspire Art, Wien 2004 (zit.: Aigner/Kofler/Tumpel, Zuzug und Wegzug)

Alber, Siegbert, Gesellschafts- und Steuerrecht in der Rechtsprechung des Europäischen Gerichtshofs, in: Lüdicke, Jürgen (Hrsg.), Deutsches Steuerrecht im europäischen Rahmen, Forum der Internationalen Besteuerung, Band 28, Köln 2004, S. 1 ff. (zit.: Alber in: Forum Bd. 28 (2004))

Antoni, G., Die Steuersubjekte im Zusammenhalte mit der Durchführung der Allgemeinheit der Besteuerung nach den in Deutschland geltenden Staatssteuergesetzen, FinArch 1888, 5. Jg., Band II, S. 916 ff.

Arendt, Wolfgang, Zum Qualifikationsproblem im deutschen Internationalen Steuerrecht, StuW 1959, 381 ff.

Bachmann, Birgit, Prohibitions of Discrimination: EC-Treaty Rules and Direct Taxation in Germany, EC Tax Review 1995, 237 ff.

Balmes, Frank / Brück, Michael J. J. / Ribbrock, Martin, Der EuGH-Fall Marks & Spencer: Rückschlüsse für die deutsche Organschaftsbesteuerung, BB 2005, 966 ff.

Balser, Heinrich, Der Doppelsitz von Kapitalgesellschaften, DB 1972, 2049 f.

Baranowski, Karl-Heinz, Besteuerung bei Sitzverlegung einer ausländischen Kapitalgesellschaft ins Inland, IWB v. 10.6.1989, Fach 3, Gruppe 4, S. 331 ff.

Baranowski, Karl-Heinz, Die Kapitalgesellschaft im Spektrum des Internationalen Steuerrechts, in: Burmester, Gabriele / Endres, Dieter (Hrsg.), Aussensteuerrecht, Doppelbesteuerungsabkommen und EU-Recht im Spannungsverhältnis: Festschrift für Helmut Debatin zum 70. Geburtstag, München 1997, S. 1 ff. (zit.: Baranowski in: FS Debatin)

Baranowski, Karl-Heinz, Einkommensbesteuerung ausländischer Kapitalgesellschaften bei Zuzug nach und anschließendem Wegzug aus Deutschland, IWB v. 14.4.1999, Fach 3, Gruppe 4, S. 397 ff.

Bauschatz, Peter, Internationale Beherrschungs- und Gewinnabführungsverträge, Der Konzern 2003, 805 ff.

Bauschatz, Peter, Ausländische Kapitalgesellschaften als sinnvolle Alternative zu inländischen Rechtsformen?, KÖSDI 2004, 14150 ff.

Bayer, Hermann-Wilfried, Die unbeschränkte und die beschränkte Einkommensteuer – ein Vergleich, in: Bernhardt, Rudolf (Hrsg.), Völkerrecht als Rechtsordnung – internationale Gerichtsbarkeit – Menschenrechte: Festschrift für Hermann Mosler, Berlin 1983, S. 59 ff. (zit.: Bayer in: FS Mosler)

Bayer, Walter, Die EuGH-Entscheidung „Inspire Art" und die deutsche GmbH im Wettbewerb der europäischen Rechtsordnungen, BB 2003, 2357 ff.

Beck'scher Bilanz-Kommentar, hrsg. von Berger, Axel / Ellrott, Helmut / Förschle, Gerhart / Hense, Burkhard, 5. Auflage München 2003 (zit.: *Bearbeiter* in: Beck'scher Bilanz-Kommentar)

Behrens, Peter, Die Umstrukturierung von Unternehmen durch Sitzverlegung oder Fusion über die Grenze im Licht der Niederlassungsfreiheit im Europäischen Binnenmarkt (Art. 52 und 58 EWGV), ZGR 1994, 1 ff.

Behrens, Peter, EuGH klärt Niederlassungsfreiheit von Gesellschaften, EuZW 2002, 737

Beinert, Stefanie / Werder, Alexander, Vormarsch ausländischer Gesellschaften - Gesetzgeberische Klarstellungen im Steuerrecht tun not, DB 2005, 1480 ff.

Beiser, Reinhold / Pülzl, Peter, Harmonisierung der direkten Steuern in der EU – Rechtsgrundlagen, Stand und Perspektiven, SWI 2004, 596 ff.

Beisse, Heinrich, Die wirtschaftliche Betrachtungsweise bei der Auslegung der Steuergesetze in der neueren deutschen Rechtsprechung, StuW 1981, 1 ff.

Bender, Richard, Körperschaftsteuergesetz vom 16. Oktober 1934, München/ Berlin 1935 (zit.: Bender)

Bergemann, Achim / Schönherr, Frank / Stäblein, Winfried, Die Rechtsprechung des EuGH im Ertragsteuerrecht – Chancen und Risiken für deutsche Unternehmen, BB 2005, 1706 ff.

Bieg, Thorsten, Der Gerichtshof der Europäischen Gemeinschaften und sein Einfluß auf das deutsche Steuerrecht: dogmatische Grundlagen, verallgemeinerungsfähige Prinzipien und Auswirkungen der Rechtsprechung des EuGH zu den direkten Steuern, Diss. 1997, Frankfurt/Berlin/Bern 1997 (zit.: Bieg)

Birk, Dieter, Besteuerungsgleichheit in der Europäischen Union, in: Steuerrecht im Europäischen Binnenmarkt: Einfluss des EG-Rechts auf die nationalen Steuerrechtsordnungen, hrsg. im Auftrag der Deutschen Steuerjuristischen Gesellschaft e.V. von Lehner, Moris, Band 19, Köln 1996, S. 63 ff. (zit.: Birk in: DStJG 19 (1996))

Birk, Dieter, Wegzugsbesteuerung und Europarecht in: Kirchhof, Paul (Hrsg.), Steuerrechtsprechung, Steuergesetz, Steuerreform: Festschrift für Klaus Offerhaus zum 65. Geburtstag, Köln 1999, S. 163 ff. (zit.: Birk in: FS Offerhaus)

Birk, Dieter, Das sog. „Europäische" Steuerrecht, FR 2005, 121 ff.

Birkenfeld, Wolfram, Der Einfluß des Gemeinschaftsrechts auf die Rechtsverwirklichung im Steuerrecht, StuW 1998, 55 ff.

Blümich, Walter / Hafemann, Johannes, Körperschaftsteuergesetz vom 16. Oktober 1934, Berlin 1939 (zit.: Blümich, Körperschaftsteuergesetz vom 16. Oktober 1934)

Blümich, Walter (Begr.) / Ebling, Klaus / Freericks, Wolfgang (Hrsg.), Einkommensteuergesetz – Körperschaftsteuergesetz – Gewerbesteuergesetz, Kommentar, München, Loseblatt, Stand: 86. Erg. Lief. Mai 2005 (zit.: *Bearbeiter* in: Blümich)

Blumenberg, Jens, Auswirkungen aktueller EuGH-Verfahren auf die deutsche Besteuerungspraxis, in: Lüdicke, Jürgen (Hrsg.), Besteuerungspraxis bei grenzüberschreitender Tätigkeit, Forum der Internationalen Besteuerung, Band 25, Köln 2003, S. 1 ff. (zit.: Blumenberg in: Forum Bd. 25 (2003))

Brandenberg, Bernwart, Wegzugsbesteuerung, § 6 AStG, in: Herzig, Norbert / Günkel, Manfred / Niemann, Ursula (Hrsg.), Steuerberater-Jahrbuch 2004/2005, Köln 2005, S. 157 ff. (zit.: Brandenberg, StbJb. 2004/2005)

Breuninger, Gottfried, Grenzüberschreitende Strukturveränderungen: „Sitzverlegung und Fusion über die Grenze" (dual resident), in: Jahrbuch der Fachanwälte für Steuerrecht 1993/94: aktuelle steuerrechtliche Beiträge, Referate und Diskussionen der 44. Steuerrechtlichen Jahresarbeitstagung, Wiesbaden, vom 24. bis 26. Mai 1993, hrsg. vom Deutschen Anwaltsinstitut e.V., Herne/Berlin 1994, S. 406 ff. (zit.: Breuninger, JbFStR 1993/94)

Breuninger, Gottfried / Heimann, Jens, Steuerfragen bei der Begründung einer sog. Dual-Resident-Struktur, GmbHR 2000, 1037 ff.

Breuninger, Gottfried / Krüger, Astrid, Die abnehmende Lokalisierung von Unternehmen als Rechtsproblem im internationalen Steuer- und Gesellschaftsrecht, in: Breuninger, Gottfried (Hrsg.), Steuerrecht und europäische Integration: Festschrift für Albert J. Rädler zum 65. Geburtstag, München 1999, S. 79 ff. (zit.: Breuninger/Krüger in: FS Rädler)

Broer, Michael / Schneider Jürgen, Unternehmensteuerbelastung im internationalen Vergleich, BB 2005, 1419 ff.

Budde, Wolfgang Dieter / Förschle, Gerhart (Hrsg.), Sonderbilanzen, 3. Auflage München 2002 (zit.: *Bearbeiter* in: Budde/Förschle)

Bungert, Hartwin, Konsequenzen der Centros-Entscheidung des EuGH für die Sitzanknüpfung des deutschen internationalen Gesellschaftsrechts, DB 1999, 1841 ff.

Bungert, Hartwin, Sitzanknüpfung für Rechtsfähigkeit von Gesellschaften gilt auch nicht mehr im Verhältnis zu den USA, DB 2003, 1043 ff.

Buyer, Christoph, Die „Repatriierung" ausländischer beschränkt steuerpflichtiger Kapitalgesellschaften durch Sitzverlegung ins Inland, DB 1990, 1682 ff.

Caamaño Anido, M.A. / Calderón Carrero, J.M., Accounting, the permanent establishment and EC law: the *Futura Participations* case, EC Tax Review 1999, 24 ff.

Classen, Claus Dieter, Auf dem Weg zu einer einheitlichen Dogmatik der EG-Grundfreiheiten ?, EWS 1995, 97 ff.

Cordewener, Axel, Europäische Grundfreiheiten und nationales Steuerrecht: „Konvergenz" des Gemeinschaftsrechts und „Kohärenz" der direkten Steuern in der Rechtsprechung des EuGH, Diss. 2001, Köln 2002 (zit.: Cordewener)

Cordewener, Axel, Auslandsverluste und EG-Grundfreiheiten: Kurskorrektur am falschen Fall?, IStR 2003, 413 ff.

Cordewener, Axel, Deutsche Unternehmensbesteuerung und europäische Grundfreiheiten – Grundzüge des materiellen und formellen Rechtsschutzsystems der EG, DStR 2004, 6 ff.

Cordewener, Axel, Das Abkommen über den Europäischen Wirtschaftsraum: eine unerkannte Baustelle des deutschen Steuerrechts, FR 2005, 236 ff.

Cordewener, Axel / Dahlberg, Mattias / Pistone, Pasquale / Reimer, Ekkehart / Romano, Carlo, The Tax Treatment of Foreign Losses: *Ritter*, *M & S*, and the Way Ahead (Part Two), European Taxation 2004, 218 ff. (zit.: Cordewener/Dahlberg/Pistone, European Taxation 2004, 218 ff.)

Crezelius, Georg, Steuerrechtliche Rechtsanwendung und allgemeine Rechtsordnung: Grundlagen für eine liberale Besteuerungspraxis, Habil.-Schr. 1982/83, Herne/Berlin 1983 (zit.: Crezelius)

Dänzer-Vanotti, Wolfgang, Der Europäische Gerichtshof zwischen Rechtsprechung und Rechtsetzung, in: Due, Ole / Lutter, Marcus / Schwarze, Jürgen (Hrsg.), Festschrift für Ulrich Everling, Band I, 1. Auflage Baden-Baden 1995, S. 205 ff. (zit.: Dänzer-Vanotti in: FS Everling)

Danelsing, Walter, Reform der inländischen Organschaftsbesteuerung – Die österreichische Gruppenbesteuerung als ein mögliches Modell, DStR 2005, 1342 ff.

Daniels, Ton, The freedom of establishment: some comments on the *ICI* decision, EC Tax Review 1999, 39 ff.

Dautzenberg, Norbert, Anmerkung zu BFH v. 17.12.1997, I B 108/97, FR 1998, 491 f.

Dautzenberg, Norbert, Die Kapitalverkehrsfreiheit des EG-Vertrages, der Steuervorbehalt des Art. 73 d EGV und die Folgen für die Besteuerung, RIW 1998, 537 ff.

Dautzenberg, Norbert, Das EG-rechtliche Gleichbehandlungsgebot für Betriebsstätten und Tochterkapitalgesellschaften, EWS 2001, 270 ff.

Dautzenberg, Norbert, Entscheidung des EuGH in der Sache „Metallgesellschaft", StuB 2001, 599 ff.

Dautzenberg, Norbert, Kapitalertragsteuer auf deutsche Dividenden an ausländische Kapitalgesellschaften EG-rechtswidrig?, BB 2001, 2137 ff.

Dautzenberg, Norbert, Steuerliche Folgen des Wechsels zur „Gründungstheorie" in Europa, StuB 2003, 405 ff.

Debatin, Helmut, Die beschränkte Steuerpflicht bei der Einkommen- und Körperschaftsteuer, BB 1960, 1015 ff.

Debatin, Helmut, Konzeptionen zur Steuerpflicht, FR 1969, 277 ff.

Debatin, Helmut, Subjektfähigkeit ausländischer Wirtschaftsgebilde im deutschen Steuerrecht, BB 1988, 1155 ff.

Debatin, Helmut, Die grenzüberschreitende Sitzverlegung von Kapitalgesellschaften, GmbHR 1991, 164 ff.

Debatin, Helmut / Wassermeyer, Franz (Hrsg.), Doppelbesteuerung: Kommentar zu allen deutschen Doppelbesteuerungsabkommen, München Loseblatt, Stand: 95. Erg. Lief. Januar 2005 (zit.: *Bearbeiter* in: Debatin/Wassermeyer)

de Bont, Guido, Taxation and the Free Movement of Capital and Payments, EC Tax Review 1995, 136 ff.

Deininger, Rainer, Körperschaftsteuerrechtliche Auswirkungen der Überseering-Entscheidung des EuGH, IStR 2003, 214 ff.

de Weerth, Jan, EG-Recht und direkte Steuern, RIW 1997, 482 ff.

de Weerth, Jan, Jahresüberblick 1998: EG-Recht und direkte Steuern, RIW 1999, 511 ff.

de Weerth, Jan, EG-Recht und direkte Steuern – Jahresüberblick 1999, RIW 2000, 509 ff.

Dierksmeier, Jochen, Die englische Ltd. in Deutschland – Haftungsrisiko für Berater, BB 2005, 1516 ff.

Dieterlen, Joachim / Schaden, Michael, Einbringung einer inländischen Betriebsstätte in eine unbeschränkt körperschaftsteuerpflichtige Kapitalgesellschaft durch eine nicht in einem EU-Staat ansässige beschränkt steuerpflichtige Körperschaft, IStR 1999, 1 ff.

Dietrich, Holger, Sitzverlegung im Binnenmarkt und ihre Besteuerung, Diss. 2001, Frankfurt/Berlin/Bonn 2001 (zit.: Dietrich)

Diller, Markus / Stegbauer, Michaela, Effektive Durchschnittssteuerbelastungen bei Investitionen in den neuen Beitrittsländern, RIW 2005, 750 ff.

Dinkhoff, Holger, Internationale Sitzverlegung von Kapitalgesellschaften unter besonderer Berücksichtigung des Internationalen Gesellschaftsrechts und des Steuerrechts, Diss. 2000, Frankfurt am Main/Berlin/Bern 2001 (zit.: Dinkhoff)

Dörr, Ingmar, Abschaffung oder Erweiterung der Organschaft?! Zu den möglichen Konsequenzen der Rechtssache „Marks and Spencer plc", IStR 2004, 265 ff.

Dörrfuß, Peter, Die Sitzverlegung von Kapitalgesellschaften, zugleich Anmerkungen zum Urteil des BFH vom 17.5.2000, IStR 2001, 147 ff.

Dötsch, Ewald, Körperschaftsteuerliche Behandlung der Verlegung des Sitzes bzw. der Geschäftsleitung einer Kapitalgesellschaft über die Grenze, DB 1989, 2296 ff.

Dötsch, Ewald / Eversberg, Horst / Jost, Werner F. / Pung, Alexandra / Witt, Georg (Hrsg.), Die Körperschaftsteuer, Kommentar zum Körperschaftsteuergesetz, zum Umwandlungssteuergesetz und zu den einkommensteuerrechtlichen Vorschriften, Stuttgart, Loseblatt, Stand: 54. Erg. Lief. Juli 2005 (zit.: *Bearbeiter* in: Dötsch/Eversberg/Jost)

Dreissig, Hildegard, Verlegung der Geschäftsleitung einer deutschen Kapitalgesellschaft ins Ausland, DB 2000, 893 ff.

Drüen, Klaus-Dieter / Kahler, Björn, Die nationale Steuerhoheit im Prozess der Europäisierung, StuW 2005, 171 ff.

Ebenroth, Carsten / Auer, Thomas, Grenzüberschreitende Verlagerung von unternehmerischen Leitungsfunktionen im Zivil- und Steuerrecht, RIW 1992, Beilage 1 zu Heft 3

Ebenroth, Carsten / Auer, Thomas, Körperschaftsteuersubjektfähigkeit ausländischer Gesellschaften mit inländischem Ort der Geschäftsleitung?, RIW 1992, 988 ff.

Ebenroth, Carsten / Auer, Thomas, Die Vereinbarkeit der Sitztheorie mit europäischem Recht, GmbHR 1994, 16 ff.

Ebenroth, Carsten / Daiber, Claudia, Dual-Resident Companies Under German Law, European Taxation 1990, 175 ff.

Ebenroth, Carsten / Eyles, Uwe, Die Beteiligung ausländischer Gesellschaften an einer inländischen Kommanditgesellschaft, DB 1988, Beilage 2 zu Heft 6

Ebenroth, Carsten / Eyles, Uwe, Die innereuropäische Verlegung des Gesellschaftssitzes als Ausfluß der Niederlassungsfreiheit (Teil I), DB 1989, 363 ff.

Ebke, Werner, Das Schicksal der Sitztheorie nach dem Centros-Urteil des EuGH, JZ 1999, 656 ff.

Ebke, Werner, Überseering: „Die wahre Liberalität ist Anerkennung", JZ 2003, 927 ff.

Eicker, Klaus, Grenzüberschreitende Verlustberücksichtigung: Die Schlussanträge des Generalanwalts *Maduro* in der Rechtssache Marks & Spencer, Stbg 2005, 197 ff.

Eicker, Klaus / Obser, Ralph, Die Kapitalverkehrsfreiheit bekommt Konturen – zugleich Anmerkungen zu den Schlussanträgen in den Rechtssachen Weidert und Paulus, Manninen und Lenz, IStR 2004, 443 ff.

Eicker, Klaus / Schwind, Heike, Anmerkung zu EuGH v. 11.3.2004, Rs. C-9/02 (Lasteyrie du Saillant), EWS 2004, 186 ff.

Eidenmüller, Horst, Wettbewerb der Gesellschaftsrechte in Europa, ZIP 2002, 2233 ff.

Eilers, Stephan / Wienands, Hans-Gerd, Neue steuerliche und gesellschaftsrechtliche Aspekte der Doppelansässigkeit von Kapitalgesellschaften nach der EuGH-Entscheidung vom 9.3.1999, IStR 1999, 289 ff.

Elicker, Michael, Die „steuerrechtliche Kohärenz" in der Rechtsprechung des Europäischen Gerichtshofes, IStR 2005, 89 ff.

Emmerich, Volker / Habersack, Mathias, Aktien- und GmbH-Konzernrecht, 4. Auflage München 2005 (zit.: *Bearbeiter* in: Emmerich/Habersack)

Endres, Dieter, Konzernbesteuerung in wichtigen Industriestaaten, Herzig, Norbert (Hrsg.), Organschaft, Stuttgart 2003, S. 461 ff. (zit.: Endres in: Herzig, Organschaft)

Endriss, Horst Walter, Wohnsitz- oder Ursprungsprinzip? Die Vermeidung der internationalen Doppelbesteuerung sowie der internationalen Steuerflucht durch Wohnsitzverlagerung bei ausschließlicher Anwendung des Ursprungsprinzips, Köln 1967 (zit.: Endriss)

Endriss, Horst Walter, Ist die Unterscheidung zwischen unbeschränkter und beschränkter Steuerpflicht noch zeitgemäß?, FR 1968, 338 ff.

Engelschalk, Michael, Die Besteuerung von Steuerausländern auf Bruttobasis: Bestandsaufnahme, rechtliche Grenzen, Alternativen, Diss. 1987, Heidelberg 1988 (zit.: Engelschalk)

Englisch, Joachim, Zur Dogmatik der Grundfreiheiten des EGV und ihren ertragsteuerlichen Implikationen, StuW 2003, 88 ff.

Ernst & Young (Hrsg.), Körperschaftsteuergesetz Kommentar, Loseblatt, Stand: 46. Erg. Lief. März 2005, Bonn/Berlin (zit.: *Bearbeiter* in: Ernst & Young)

Essers, Peter / Elsweier, Frank, Dutch experience with European developments: a story of Dr. Jekyll and Mr. Hyde, EC Tax Review 2003, 82 ff.

Everling, Ulrich, Die Niederlassungsrecht in der EG als Beschränkungsverbot, in: Schön, Wolfgang (Hrsg.), Gedächtnisschrift für Brigitte Knobbe-Keuk, Köln 1997, S. 607 ff. (zit.: Everling in: GS Knobbe-Keuk)

Evers, Robert, Kommentar zum Körperschaftsteuergesetz in der Fassung vom 30. März 1920 / 8. April 1922, 1. Auflage Berlin 1923 (zit.: Evers, 1. Aufl. 1923)

Evers, Robert, Kommentar zum Körperschaftsteuergesetz vom 10. August 1925, 2. Auflage Berlin 1927 (zit.: Evers, 2. Aufl. 1927)

Fischer, Brigitte, Grenzüberschreitende Einkünfte in Betriebsstätten, in: Lüdicke, Jürgen (Hrsg.), Besteuerungspraxis bei grenzüberschreitender Tätigkeit, Forum der Internationalen Besteuerung, Band 25, Köln 2003, S. 163 ff. (zit.: Fischer in: Forum Bd. 25 (2003))

Fischer, Peter, Mobilität und (Steuer-)Gerechtigkeit in Europa, FR 2004, 630 ff.

Fischer, Peter, Europa macht mobil – bleibt der Verfassungsstaat auf der Strecke?, FR 2005, 457 ff.

Flick, Hans, in: Engelschalk, Michael (Hrsg.), Steuern auf ausländische Einkünfte: geltendes Recht, Rechtsvergleichung, Fortentwicklung, mit Diskussionsbeiträgen eines Münchener Symposions, München 1985, S. 93 ff. (zit.: Flick in: Engelschalk)

Fock, Till Henning, Sitztheorie im deutschen internationalen Steuerrecht nach der *Centros*-Entscheidung, RIW 2000, 42 ff.

Förster, Guido / Lange, Carsten, Grenzüberschreitende Sitzverlegung der Europäischen Aktiengesellschaft aus ertragsteuerlicher Sicht, RIW 2002, 585 ff.

Forsthoff, Ulrich, Abschied von der Sitztheorie, BB 2002, 318 ff.

Freitag, Robert, Mitgliedstaatliche Beschränkungen des Kapitalverkehrs und Europäisches Gemeinschaftsrecht, EWS 1997, 186 ff.

Freitag, Robert, Der Wettbewerb der Rechtsordnungen im Internationalen Gesellschaftsrecht, EuZW 1999, 267 ff.

Frotscher, Gerrit, Internationales Steuerrecht, 2. Auflage München 2005 (zit.: Frotscher, IntStR)

Frotscher, Gerrit, Die grenzüberschreitende Organschaft, Der Konzern 2003, 98 ff.

Frotscher, Gerrit / Maas, Ernst (Hrsg.), Kommentar zum Körperschaft- und Umwandlungssteuergesetz, Freiburg, Loseblatt, Stand: 80. Erg. Lief. August 2005 (zit.: *Bearbeiter* in: Frotscher/Maas)

Fuisting, Bernhard, Die Preussischen direkten Steuern, Band I, 4. Auflage Berlin 1899 (zit.: Fuisting)

Gail, Winfried / Düll, Alexander / Fuhrmann, Gerd / Grupp, Siegfried, Aktuelle Entwicklungen des Unternehmenssteuerrechts, DB 1999, Beilage 14 zu Heft 49, S. 1 ff.

Gassner, Wolfgang, Europarechtswidrigkeit der Organschaftsbesteuerung, DB 2004, 841 ff.

Gassner, Wolfgang, Reform der Konzernbesteuerung in Deutschland und Europa – Österreich ersetzt Organschaft durch Gruppenbesteuerung, FR 2004, 517 ff.

Geiler, Karl, Das neue Körperschaftsteuergesetz, Mannheim/Berlin/Leipzig 1923 (zit.: Geiler)

Geurts, Matthias, Das Konkurrenzverhältnis der EU-Grundfreiheiten, IStR 2000, 572 ff.

Göttsche, Max, Das Centros-Urteil des EuGH und seine Auswirkungen, DStR 1999, 1403 ff.

Gosch, Dietmar, Anmerkung zu EuGH v. 5.11.2002, Rs. C-208/00 (Überseering), StBp 2002, 374 ff.

Gosch, Dietmar, Anrechnung ausländischer Steuern nach dem EuGH-Urteil in der Rechtssache „Manninen" trotz Bestandskraft?, DStR 2004, 1988 ff.

Gosch, Dietmar (Hrsg.), Körperschaftsteuergesetz, Kommentar, München 2005 (zit.: *Bearbeiter* in: Gosch)

Grabitz, Eberhard / Hilf, Meinhard, Kommentar zur Europäischen Union: Vertrag über die Europäische Union, Vertrag zur Gründung der Europäischen Gemeinschaft, München, Loseblatt, Stand: 27. Erg. Lief., Juni 2005 (zit.: *Bearbeiter* in: Grabitz/Hilf)

Graf Vitzthum, Wolfgang (Hrsg.), Völkerrecht, 2. Auflage Berlin/New York 2001 (zit.: *Bearbeiter* in: Graf Vitzthum)

Graf von Bernstorff, Christoph, Das Betreiben einer englischen Limited in Deutschland, RIW 2004, 498 ff.

Graf, Helmut / Bisle, Michael, Besteuerung und Rechnungslegung der britischen „private company limited by shares" (Limited) – Teil II, IStR 2004, 873 ff.

Großerichter, Helge, Ausländische Kapitalgesellschaften im deutschen Rechtsraum: Das deutsche Internationale Gesellschaftsrecht und seine Perspektiven nach der Entscheidung „Überseering", DStR 2003, 159 ff.

Großfeld, Bernhard, Basisgesellschaften im Internationalen Steuerrecht, Tübingen 1974 (zit.: Großfeld)

Großmann, Klaus, Doppelt ansässige Kapitalgesellschaften im internationalen Steuerrecht, Diss. 1995, München 1995 (zit.: Großmann)

Grotherr, Siegfried, Zur gegenwärtigen Bedeutung der Organschaft in der Konzernsteuerplanung, BB 1993, 1986 ff.

Grotherr, Siegfried, Konzernbesteuerung in Dänemark, IWB v. 14.6.1995, Fach 5, Gruppe 2, Dänemark, S. 113 ff.

Grütters, Jochen, Limited auf dem Vormarsch – Serien-Reinfälle nicht ausgeschlossen, BB 2005, 1523

Gutmann, Daniel, The *Marks & Spencer* case: proposals for an alternative way of reasoning, EC Tax Review 2003, 154 ff.

Haarmann, Wilhelm, Grenzüberschreitende Gruppenbesteuerung und Verlustnutzung in der EU, in: Lüdicke, Jürgen (Hrsg.), Deutsches Steuerrecht im europäischen Rahmen, Forum der Internationalen Besteuerung, Band 28, Köln 2004, S. 169 ff. (zit.: Haarmann in: Forum Bd. 28 (2004))

Haarmann, Wilhelm / Fuhrmann, Sven, Konsequenzen aus der EU-Rechtswidrigkeit der abgeltenden Abzugsbesteuerung auf Bruttobasis für beschränkt Steuerpflichtige innerhalb der Europäischen Union, IStR 2003, 558 ff.

Haase, Florian, Die Steuersubjektfähigkeit von Kapitalgesellschaften nach grenzüberschreitenden Sitzverlegungen nach dem Urteil des EuGH vom 5.11.2002, SteuerStud 2003, 198 ff.

Haase, Florian, Neuere Überlegungen zur sogenannten Schlussbesteuerung im Rahmen grenzüberschreitender Sitzverlegungen, IStR 2004, 232 ff.

Hahn, Hartmut, Die Vereinbarkeit von Normen des deutschen internationalen Steuerrechts mit EG-Recht, Bonn 1999, Institut „Finanzen und Steuern" e.V., Schrift Nr. 378, Bonn 1999 (zit.: Hahn, IFSt-Schrift Nr. 378)

Hahn, Hartmut, DBA- und EG-rechtliche Diskriminierungsverbote – zwei Paar Schuhe, BB 2005, 521 ff.

Hansen, Anders Oreby / Munch David A., Application of the Danish Tax Rules on Group Consolidation, Tax Notes International v. 30.6.2003, Vol. 30, Number 13, S. 1339 ff.

Haritz, Detlef / Benkert, Manfred (Hrsg.), Umwandlungssteuergesetz : Kommentar, 2. Auflage München 2000 (zit.: *Bearbeiter* in: Haritz/Benkert)

Hartmann, Udo B., Steuerliche Subjektsfähigkeit ausländischer juristischer Personen mit inländischer Geschäftsleitung am Beispiel einer britischen „non-resident-limited", DB 1987, 122 ff.

Hausmann, Rainer (Hrsg.), Steuergestaltung durch doppelt ansässige Gesellschaften?, München 1988

Heckschen, Heribert, Deutsche GmbH vor dem Aus? Eine merkwürdige „wissenschaftliche" Diskussion, GmbHR 2004, R 25 f.

Heidenhain, Martin, Ausländische Kapitalgesellschaften mit Verwaltungssitz in Deutschland, NZG 2002, 1141 ff.

Heinemann, Peter, Beratungsspezifische Fragen des GmbH-Rechts in der aktuellen Steuerpraxis, DStZ 1984, 37 ff.

Henkel, Udo W., Subjektfähigkeit grenzüberschreitender Kapitalgesellschaften, RIW 1991, 565 ff.

Hennig, Der Uebergang von der unbeschränkten zur beschränkten Steuerpflicht und umgekehrt, Die Steuerwarte 1936, 328 ff.

Herchen, Axel, „Checkliste" zur Eintragung einer Zweigniederlassung einer englischen private company limited by shares im Handelsregister, RIW 2005, 529 ff.

Herlinghaus, Andreas, Weitere „Renovierung" der steuerlichen Organschaftsbestimmungen, GmbHR 2001, 956 ff.

Hermann, Carl / Heuer, Gerhard / Raupach, Arndt, Einkommensteuer- und Körperschaftsteuergesetz – Kommentar, 21. Auflage, Köln 1996, Loseblatt, Stand: 219. Erg. Lief. Juli 2005 (zit.: *Bearbeiter* in: HHR)

Herrfurth, L., Das preuss. Kommunalsteuer-Notgesetz vom 27. Juli 1885, FinArch 1886, 3. Jg., Band I, S. 168 ff.

Herz, Harald, Die Einordnung grenzüberschreitender Kapitalgesellschaften in das geltende System der Einkommensbesteuerung von Gesellschaften, Diss. 1996, Berlin 1997 (zit.: Herz)

Herzig, Norbert, Besteuerung der Unternehmen in Europa – Harmonisierung im Wettbewerb der Systeme, in: Steuerrecht im europäischen Binnenmarkt: Einfluss des EG-Rechts auf die nationalen Steuerrechtsordnungen, hrsg. im Auftrag der Deutschen Steuerjuristischen Gesellschaft e.V. von Lehner, Moris, Band 19, Köln 1996, S. 121 ff. (zit.: Herzig in: DStJG 19 (1996))

Herzig, Norbert, Körperschaftsteuersystem und Europäischer Binnenmarkt, in: Schön, Wolfgang (Hrsg.), Gedächtnisschrift für Brigitte Knobbe-Keuk, Köln 1997, S. 627 ff. (zit.: Herzig in: GS Knobbe-Keuk)

Herzig, Norbert / Dautzenberg, Norbert, Die Einwirkungen des EG-Rechts auf das deutsche Unternehmenssteuerrecht, DB 1997, 8 ff.

Herzig, Norbert / Dautzenberg, Norbert, Die deutsche Steuerreform ab 1999 und ihre Aspekte für das deutsche Außensteuerrecht und das internationale Steuerrecht, DB 2000, 12 ff.

Herzig, Norbert / Dötsch, Ewald, Körperschaftsteuer 2000, DB 1998, 15 ff.

Herzig, Norbert. / Griemla, Stefan, Steuerliche Aspekte der Europäischen Aktiengesellschaft/Societas Europaea (SE), StuW 2002, 55 ff.

Herzig, Norbert / Wagner, Thomas, Zukunft der Organschaft im EG-Binnenmarkt, DB 2005, 1 ff.

Herzig, Norbert / Dautzenberg, Norbert / Heyeres, Ralf, System und Schwächen der Fusionsrichtlinie, DB 1991, Beilage 12 zu Heft 41

Herzig, Norbert / Englisch, Joachim / Wagner, Thomas, Steuerliche Berücksichtigung von Verlusten ausländischer Konzerntöchter, Der Konzern 2005, 298 ff.

Hey, Friedrich E.F., Kommentar zu EuGH v. 12.12.2002, Rs. C-324/00 (Lankhorst), EWS 2003, 26 ff.

Hey, Johanna, Das Territorialitätsprinzip als theoretische Grundlage der beschränkten Steuerpflicht, IWB v. 14.1.2004, Deutschland, Gruppe 1, S. 2003 ff.

Hey, Johanna, Die beschränkte Steuerpflicht im Licht von Territorialitätsprinzip, Isolationstheorie und Objektsteuercharakter, in: Gassner, Wolfgang / Lang, Michael / Lechner, Eduard u.a. (Hrsg.), Die beschränkte Steuerpflicht im Einkommen- und Körperschaftsteuerrecht, Wien 2004, S. 15 ff. (zit.: J. Hey in: Gassner/Lang/Lechner, Beschränkte Steuerpflicht)

Hey, Johanna, Personalstatut und Steuerrecht, Der Konzern 2004, 577 ff.

Hey, Johanna, Perspektiven der Unternehmensbesteuerung in Europa, StuW 2004, 193 ff.

Hinnekens, Luc, Non-Discrimination in EC Income Tax Law: Painting in the Colours of a Chameleon-Like Principle, European Taxation 1996, 286 ff.

Hinnekens, Luc, The *Marks and Spencer Case*: UK Special Commissioners Find UK Group Relief Rules Compatible with Freedom of Establishment, European Taxation 2003, 175 ff.

Hirschler, Klaus / Schindler, Clemens Philipp, Die österreichische Gruppenbesteuerung als Vorbild für Europa?, IStR 2004, 505 ff.

Hirte, Heribert, Kommentar zu EuGH v. 30.9.2003, Rs. C-167/01 (Inspire Art), EWS 2003, 521 ff.

Hirte, Heribert / Bücker, Thomas (Hrsg.), Grenzüberschreitende Gesellschaften, Köln/Berlin/München 2005 (zit.: *Bearbeiter* in: Hirte/Bücker)

Höft, Walter, Identitätswahrende Verwaltungssitzverlegung: gesellschafts- und steuerrechtliche Beurteilung der Verwaltungssitzverlegung einer „US-corporation" in die Bundesrepublik Deutschland, Diss. 1991, Köln/Berlin/Bonn 1992 (zit.: Höft)

Hoffmann, Jochen, Neue Möglichkeiten zur identitätswahrenden Sitzverlegung in Europa?, ZHR 2000, 43 ff.

Hofmeister, Ferdinand, Sind die Rechtsfolgen des § 12 Abs. 1 KStG mit Art. 43, 48 EG-Vertrag vereinbar?, in: Gocke, Rudolf / Gosch, Dietmar / Lang, Michael (Hrsg.), Körperschaftsteuer Internationales Steuerrecht Doppelbesteuerung, Festschrift für Franz Wassermeyer zum 65. Geburtstag, München 2005, S. 437 ff. (zit.: Hofmeister in: FS Wassermeyer)

Hotze, Wolfgang, Nochmals: Verlustausgleich und Verlustabzug bei Wechsel von der beschränkten zur unbeschränkten Steuerpflicht, DStZ 1987, 622

Hübschmann, Walter / Hepp, Ernst / Spitaler, Armin, Abgabenordnung – Finanzgerichtsordnung, Kommentar, 10. Auflage, Köln 1995, Loseblatt, Stand: 185. Erg. Lief. Juli 2005 (zit.: *Bearbeiter* in: Hübschmann/Hepp/Spitaler)

Hüffer, Uwe, Aktiengesetz, 6. Auflage München 2004 (zit.: Hüffer)

Hügel, Hanns F., Steuerrechtliche Hindernisse bei der internationalen Sitzverlegung, ZGR 1999, 71 ff.

Ipsen, Knut, Völkerrecht: ein Studienbuch, 4. Auflage München 1999 (zit.: Ipsen)

Ismer, Roland / Reimer, Ekkehart / Rust, Alexander, Ist § 6 AStG noch zu halten? – Die Wegzugsbesteuerung auf dem Prüfstand des Gemeinschaftsrechts nach der Entscheidung de Lasteyrie du Saillant, EWS 2004, 207 ff.

Jacobs, Otto H. (Hrsg.), Internationale Unternehmensbesteuerung: deutsche Investitionen im Ausland; ausländische Investitionen im Inland, 5. Auflage München 2002 (zit.: Jacobs)

Jarass, Hans D. / Beljin, Saša, Unmittelbare Anwendung des EG-Rechts und EG-rechtskonforme Auslegung, JZ 2003, 768 ff.

Jochum, Heike, Organschaft versus Gruppenbesteuerung: Ist der Ergebnisabführungsvertrag als Organschaftsvoraussetzung bei der Körperschaftsteuer verzichtbar?, FR 2005, 577 ff.

Johnson, Trevor, U.K. Tax Update: We're All Europeans Now – Well, Almost, Tax Notes International v. 27.1.2003, Vol. 29, Number 4, S. 403 ff.

Kaefer, Wolfgang, Steuernachteile für beschränkt steuerpflichtige EG-Bürger nach Rechtsprechung des Europäischen Gerichtshofes verfassungswidrig, DStR 1991, 671 ff.

Kaefer, W. / Leenders, C.H.M. / Toifl, Gerald, Anmerkung zu BFH v. 17.12.1997, I B 108/97, EWS 1998, 229 ff.

Kallmeyer, Harald, Tragweite des Überseering-Urteils des EuGH vom 5.11.2002 zur grenzüberschreitenden Sitzverlegung, DB 2002, 2521 f.

Kallmeyer, Harald, Vor- und Nachteile der englischen Limited im Vergleich zur GmbH oder GmbH & Co. KG, DB 2004, 636 ff.

Kaminski, Bert, Steuerliche Gestaltungsmöglichkeiten und deren Beurteilung bei der Verlagerung eines inländischen unternehmerischen Engagements in das Ausland, Diss. 1996, Baden-Baden 1996 (zit.: Kaminski)

Kellersmann, Dietrich / Treisch, Corinna, Europäische Unternehmensbesteuerung, 1. Auflage Wiesbaden 2002 (zit.: Kellersmann/Treisch)

Kennerknecht, Albert, Kommentar zum Körperschaftsteuergesetz vom 16. Oktober 1934, Köln, Loseblatt, Stand: Mai 1938 (zit.: Kennerknecht)

Kennerknecht, Albert / Pißel, Ludwig, Der Verlustvortrag und die sonstigen Steueränderungen 1929, Berlin 1929 (zit.: Kennerknecht/Pißel)

Kessler, Wolfgang / Müller, Michael A., Ort der Geschäftsleitung einer Kapitalgesellschaft nach nationalem und DBA-Recht – Bestandsaufnahme und aktuelle Entwicklungen, IStR 2003, 361 ff.

Kessler, Wolfgang / Spengel, Christoph, Checkliste potenziell EG-rechtswidriger Normen des deutschen direkten Steuerrechts – Update 2004, DB 2004, Beilage 6 zu Heft 43

Kessler, Wolfgang / Achilles, Charlotte / Huck, Friedericke, Die Europäische Aktiengesellschaft im Spannungsfeld zwischen nationalem Steuergesetzgeber und EuGH, IStR 2003, 715 ff.

Kessler, Wolfgang / Eicker, Klaus / Obser, Ralph, Die Gesellschafter-Fremdfinanzierung im Lichte der Kapitalverkehrsfreiheit, IStR 2004, 325 ff.

Kessler, Wolfgang / Eicker, Klaus / Obser, Ralph, Die Schweiz und das Europäische Steuerrecht – Der Einfluss des Europäischen Gemeinschaftsrechts auf das Recht der direkten Steuern im Verhältnis zu Drittstaaten am Beispiel der Schweiz, IStR 2005, 658 ff.

Kessler, Wolfgang / Huck, Friedericke / Obser, Ralph / Schmalz, Andrea, Wegzug von Kapitalgesellschaften - Teil II, DStZ 2004, 855 ff.

Kinzl, Ulrich-Peter / Goerg, Diethard, Wegzugsbesteuerung – Abhilfe durch Schreiben des BMF vom 8. Juni 2005?, IStR 2005, 450.

Kirchhof, Paul, Einkommensteuergesetzbuch: ein Vorschlag zur Reform der Einkommen- und Körperschaftsteuer, Heidelberg 2003 (zit.: Kirchhof, EStGB)

Kirchhof, Paul / Söhn, Hartmut / Mellinghoff, Rudolf, Einkommensteuergesetz: Kommentar, Heidelberg, Loseblatt, Stand: 155. Erg. Lief. Juli 2005 (zit.: *Bearbeiter* in: Kirchhof/Söhn/Mellinghoff)

Klein, Eckart, Der Einfluß des Europarechts auf das deutsche Steuerrecht, in: Steuerrecht im europäischen Binnenmarkt: Einfluß des EG-Rechts auf die nationalen Steuerrechtsordnungen, hrsg. im Auftrag der Deutschen Steuerjuristischen Gesellschaft e.V. von Lehner, Moris, Band 19, Köln 1996, S. 7 ff. (zit.: Klein in: DStJG 19 (1996))

Kleinert, Jens / Probst, Peter, Endgültiges Aus für steuerliche Wegzugsbeschränkungen bei natürlichen und juristischen Personen, DB 2004, 673 ff.

Kleinert Jens / Nagler, Jürgen / Rehm, Helmut, Gewinnbesteuerung nach „Art des Hauses" mittels grenzüberschreitender Organschaft, DB 2005, 1869 ff.

Klingberg, Dietgard / van Lishaut, Ingo, Ausländische Umwandlungen im deutschen Steuerrecht, FR 1999, 1209 ff.

Klose-Mokroß, Lydia, Die Eintragung der Zweigniederlassung einer englischen „private limited company" in das deutsche Handelsregister (Teil II), DStR 2005, 1013 ff.

Kluge, Volker, Das Internationale Steuerrecht:Gemeinschaftsrecht, Außensteuerrecht, Abkommensrecht, 4. Auflage München 2000 (zit.: Kluge, IntStR)

Knobbe-Keuk, Brigitte, Der Wechsel von der beschränkten zur unbeschränkten Körperschaftsteuerpflicht und vice versa, StuW 1990, 372 ff.

Knobbe-Keuk, Brigitte, Niederlassungsfreiheit: Diskriminierungs- oder Beschränkungsverbot?, DB 1990, 2573 ff.

Knobbe-Keuk, Brigitte, Europäische Entwicklungen im Gesellschafts- und Unternehmenssteuerrecht, in: Jahrbuch der Fachanwälte für Steuerrecht 1990/91: aktuelle steuerrechtliche Beiträge, Referate und Diskussionen der 41. Steuerrechtlichen Jahresarbeitstagung, Wiesbaden vom 7. bis 9. Mai 1990, hrsg. vom Deutschen Anwaltsinstitut e.V., Herne/Berlin 1991, S. 69 ff. (zit.: Knobbe-Keuk, JbFStR 1990/91)

Knobbe-Keuk, Brigitte, Wegzug und Einbringung von Unternehmen zwischen Niederlassungsfreiheit, Fusionsrichtlinie und nationalem Steuerrecht, DB 1991, 298 ff.

Knobbe-Keuk, Brigitte, Anmerkung zu BFH v. 23.6.1992, IX R 182/87, DB 1992, 2070 f.

Knobbe-Keuk, Brigitte, Bilanz- und Unternehmenssteuerrecht, 9. Auflage Köln 1993 (zit.: Knobbe-Keuk, Bil/UntStR)

Knobbe-Keuk, Brigitte, Restrictions on the Fundamental Freedoms Enshrined in the EC Treaty by Discriminatory Tax Provisions – Ban and Justification -, EC Tax Review 1994, 74 ff.

Koblenzer, Thomas, Die Auswirkungen der „Centros"-Entscheidung des EuGH auf das deutsche Körperschaftsteuerrecht, EWS 1999, 418 ff.

Körner, Andreas, Das "Bosal"-Urteil des EuGH – Vorgaben für die Abzugsfähigkeit der Finanzierungsaufwendungen des Beteiligungserwerbs, BB 2003, 2436 ff.

Körner, Andreas, Europarecht und Wegzugsbesteuerung – das EuGH-Urteil „de Lasteyrie du Saillant", IStR 2004, 424 ff.

Kofler, Georg, Aus der Rechtsprechung des EuGH: Hughes de Lasteyrie du Saillant: Französische „Wegzugsbesteuerung" verstößt gegen die Niederlassungsfreiheit, ÖStZ 2004, 195 ff.

Kokott, Juliane, Die Bedeutung der europarechtlichen Diskriminierungsverbote und Grundfreiheiten für das Steuerrecht der EU-Mitgliedstaaten, in: Lehner, Moris (Hrsg.), Grundfreiheiten im Steuerrecht der EU-Staaten, München 2000, S. 1 ff. (zit.: Kokott in: Lehner, Grundfreiheiten)

Korn, Klaus / Carlé, Dieter / Stahl, Rudolf / Strahl, Michael, Einkommensteuergesetz, Bonn/Berlin, Loseblatt Stand: 24. Erg. Lief. Juni 2005 (zit.: *Bearbeiter* in: Korn)

Kreile, Reinhold / Wachenhausen, Manfred, Die steuerlichen Bestimmungen im Kommissionsvorschlag über das Statut für Europäische Aktiengesellschaften, DB 1976, 1687 ff.

Krug, Tobias, Die steuerliche Behandlung des Wegzugs aus Deutschland unter Berücksichtigung des EG-Vertrages, Diss. 2001, Bonn 2001 (zit.: Krug)

Kruse, Viola, Sitzverlegung von Kapitalgesellschaften innerhalb der EG: Vereinbarkeit der einschlägigen Regelungen des deutschen Sach- und Kollisionsrechts mit dem EG-Vertrag, Diss. 1996, Köln/Berlin/Bonn 1997 (zit.: Kruse)

Kube, Hanno, Grundfreiheiten und Ertragskompetenz – die Besteuerung der grenzüberschreitenden Konzernfinanzierung nach dem Lankhorst-Urteil des EuGH, IStR 2003, 325 ff.

Kuntze, Christian, Die Kompetenzen der Europäischen Gemeinschaft auf dem Gebiet des Steuerrechts, Diss. 1998, Frankfurt/Berlin/Bern 1999 (zit.: Kuntze)

Kutt, Florian, Grenzüberschreitende Kapitalgesellschaften und ihre Besteuerung im deutschen Körperschaftsteuerrecht – insbesondere im Lichte der Niederlassungsfreiheit des EG-Vertrages, der Doppelbesteuerungsabkommen und des Steuerwettbewerbs, Diss. 2001, Regensburg 2001 (zit.: Kutt)

Lackhoff, Klaus / Raczinski, Bernd, Umgekehrte Diskriminierung, EWS 1997, 109 ff.

Lademann, Fritz (Begr.), Kommentar zum Körperschaftsteuergesetz, Stuttgart/München/Hannover, Loseblatt, Stand: 31. Erg. Lief. November 2003 (zit.: *Bearbeiter* in: Lademann)

Lang, Joachim, Besteuerung in Europa zwischen Harmonisierung und Differenzierung, in: Klein, Franz / Stihl, Hans Peter / Wassermeyer, Franz (Hrsg.), Unternehmen Steuern: Festschrift für Hans Flick zum 70. Geburtstag, Köln 1997, S. 873 ff. (zit.: J. Lang in: FS Flick)

Lang, Michael, Marks and Spencer – more questions than answers: an analysis of the Opinion delivered by Advocate General Maduro, EC Tax Review 2005, 95 ff.

Lang, Michael, Marks & Spencer und die Auswirkungen auf das Steuerrecht der Mitgliedstaaten, SWI 2005, 255 ff.

Larenz, Karl (Begr.) / Canaris, Claus-Wilhelm, Methodenlehre der Rechtswissenschaft, 3. Auflage Berlin 1995 (zit.: Larenz)

Laule, Gerhard, Auswirkungen der EuGH-Rechtsprechung auf deutsche Steuervorschriften, Bonn 2003, Institut „Finanzen und Steuern" e.V., Schrift Nr. 407 (zit.: Laule, IFSt-Schrift Nr. 407)

Lausterer, Martin, Anmerkung zu BFH v. 17.12.1997, I B 108/07, IStR 1998, 303 ff.

Lausterer, Martin, X und Y: Neues zu den Grundfreiheiten des EG-Vertrages, IStR 2003, 19 ff.

Lausterer, Martin, Die deutsche Wegzugsbesteuerung nach dem EuGH-Urteil *de Lasteyrie du Saillant,* DStZ 2004, 299 ff.

Lehner, Moris, Die steuerliche Ansässigkeit von Kapitalgesellschaften, RIW 1988, 201 ff.

Lehner, Moris, EU-Recht und die Kompetenz zur Beseitigung der Doppelbesteuerung, in: Gassner, Wolfgang / Lang, Michael / Lechner, Eduard (Hrsg.), Doppelbesteuerungsabkommen und EU-Recht: Auswirkungen auf die Abkommenspraxis, Wien 1996, S. 11 ff. (zit.: Lehner in: Gassner/Lang/Lechner, DBA und EU-Recht)

Lehner, Moris, Wettbewerb der Steuersysteme im Spiegel europäischer und US-amerikanischer Steuerpolitik, StuW 1998, 159 ff.

Lehner, Moris, Steuergerechtigkeit in der Rechtsprechung des Gerichtshofs der Europäischen Gemeinschaften, in: Kirchhof, Paul, (Hrsg.), Steuerrechtsprechung, Steuergesetz, Steuerreform: Festschrift für Klaus Offerhaus zum 65. Geburtstag, Köln 1999, S. 117 ff. (zit.: Lehner in: FS Offerhaus)

Lehner, Moris, Begrenzung der nationalen Besteuerungsgewalt durch die Grundfreiheiten und Diskriminierungsverbote des EG-Vertrages, in: Europa- und verfassungsrechtliche Grenzen der Unternehmensbesteuerung, hrsg. im Auftrag der Deutschen Steuerjuristischen Gesellschaft e.V. von Pelka, Jürgen, Band 23, Köln 2000, S. 263 ff. (zit.: Lehner in: DStJG 23 (2000))

Lehner, Moris, Das Territorialitätsprinzip im Lichte des Europarechts, in: Gocke, Rudolf / Gosch, Dietmar / Lang, Michael (Hrsg.), Körperschaftsteuer Internationales Steuerrecht Doppelbesteuerung, Festschrift für Franz Wassermeyer zum 65. Geburtstag, München 2005, S. 241 ff. (zit.: Lehner in: FS Wassermeyer)

Leible, Stefan, Anmerkung zu EuGH v. 9.3.1999, Rs. C-212/97 (Højesteret), NZG 1999, 300 ff.

Leible, Stefan, Niederlassungsfreiheit und Sitzverlegungsrichtlinie, ZGR 2004, 531 ff.

Leible, Stefan / Hoffmann, Jochen, „Überseering" und das deutsche Gesellschaftskollisionsrecht, ZIP 2003, 925 ff.

Liedtke, Helmut, „Beschränkte Steuerpflicht" – Ein Grundlagenbegriff oder ein Fremdbegriff (Fremdkörper) im Steuerrecht?, DB 1985, 671 ff.

Löwenstein, Ulrich / Looks, Christian (Hrsg.), Betriebsstättenbesteuerung, München 2003 (zit.: *Bearbeiter* in: Löwenstein/Looks)

Loukota, Helmut, Das DBA-Diskriminierungsverbot – Eine Bestandsaufnahme der Verwaltungspraxis, SWI 2005, 56 ff.

Lüdicke, Jürgen / Rödel, Sabine, Generalthema II: Gruppenbesteuerung, IStR 2004, 549 ff.

Lutter, Marcus, „Überseering" und die Folgen, BB 2003, 7 ff.

Malmer, Kerstin, Emigration taxes and EC law, CDFI, vol. LXXXVIIb (2002), S. 79 ff.

Matzka, Bettina, Das österreichische Steuerrecht im Lichte der Freiheit des Kapitalverkehrs, Wien 1998 (zit.: Matzka)

Maunz, Theodor / Dürig, Günter / Herzog, Roman / Scholz, Rupert, Grundgesetz: Kommentar, München, Loseblatt, Stand: 44. Erg. Lief. Februar 2005 (zit.: *Bearbeiter* in: Maunz/Dürig)

Mayr, Siegfried / Frei, Robert, Reform der Unternehmensbesteuerung in Italien (I), IWB v. 8.10.2003, Fach 5, Italien, Gruppe 2, S. 525 ff.

Meilicke, Wienand, Zur Vereinbarkeit der Sitztheorie mit der Europäischen Menschenrechtskonvention und anderem höherrangigem Recht, BB 1995, Beilage 9 zu Heft 31

Meilicke, Wienand, Anmerkung zu EuGH v. 9.3.1999, Rs. C-212/97 (Centros), DB 1999, 627 ff.

Meilicke, Wienand, Die Neuregelung der ertragsteuerlichen Organschaft über die Grenze, DB 2002, 911 ff.

Meilicke, Wienand, Die Niederlassungsfreiheit nach „Überseering" Rückblick und Ausblick nach Handelsrecht und Steuerrecht, GmbHR 2003, 793 ff.

Meilicke, Wienand, Unternehmensfinanzierung in der EU, Lüdicke, Jürgen (Hrsg.), Deutsches Steuerrecht im europäischen Rahmen, Forum der Internationalen Besteuerung, Band 28, Köln 2004, S. 205 ff. (zit.: Meilicke in: Forum Bd. 28 (2004))

Menck, Thomas, Welteinkommen und Territorialität, in: Engelschalk, Michael (Hrsg.), Steuern auf ausländische Einkünfte, München 1985, S. 28 ff. (zit.: Menck in: Engelschalk)

Metzger, Ulrike / Weingarten, Joe, Einkommensteuer und Einkommensteuerverwaltung in Deutschland: ein historischer und verwaltungswissenschaftlicher Überblick, Opladen 1989 (zit.: Metzger/Weingarten)

Micker, Lars, Europarechtswidrigkeit der Organschaftsbesteuerung im Körperschaft- und Gewerbesteuerrecht?, DB 2003, 2734 ff.

Mienert, Karl, Zur einkommensteuerlichen Behandlung von Verlusten nach Wechsel von unbeschränkter zu beschränkter und von beschränkter zu unbeschränkter Steuerpflicht, DB 1988, 2533 ff.

Mirre, Ludwig, Das Körperschaftsteuergesetz vom 10. August 1925, Stuttgart 1926 (zit.: Mirre)

Mössner, Jörg, Diskriminierung beschränkt Steuerpflichtiger, in: Haarmann, Wilhelm (Hrsg.), Die beschränkte Steuerpflicht: aktuelle Schwerpunkte in der Diskussion: Betriebsstätte, grenzüberschreitende Betriebsaufspaltung, Diskriminierung, Treaty-Shopping, Künstler und Sportler, Zinsabschlagsteuer, Verfahrensprobleme, Forum der Internationalen Besteuerung, Band 2, Köln 1993, S. 110 ff. (zit.: Mössner in: Forum Bd. 2 (1993))

Mössner, Jörg, Isolierende Betrachtungsweise, in: Klein, Franz / Stihl, Hans Peter / Wassermeyer, Franz (Hrsg.), Unternehmen Steuern: Festschrift für Hans Flick zum 70. Geburtstag, Köln 1997, S. 939 ff. (zit.: Mössner in: FS Flick)

Mössner, Jörg, Wegzugsbesteuerung, in: Herzig, Norbert / Günkel, Manfred / Niemann, Ursula (Hrsg.), Steuerberater-Jahrbuch 2004/2005, Köln 2005, S. 109 ff. (zit.: Mössner, StbJb. 2004/2005)

Mössner, Jörg / Kellersmann, Dietrich, Freiheit des Kapitalverkehrs in der EU und das deutsche Körperschaftsteueranrechnungsverfahren, DStZ 1999, 505 ff.

Mössner, Jörg / Seeger, Siegbert, Körperschaftsteuergesetz, Kommentar, Herne/Berlin, Loseblatt, Stand: 36. Erg. Lief. Juni 2005 (zit.: *Bearbeiter* in: Mössner/Seeger)

Münchener Kommentar zum Bürgerlichen Gesetzbuch, Rebmann, Kurt / Säcker, Franz (Hrsg.), Band 11, Internationales Handels- und Gesellschaftsrecht, Art. 50-237 EGBGB, 3. Auflage München 1999 (zit.: *Bearbeiter* in: MüKo IntGesR)

Neye, Hans-Werner, Anmerkung zu EuGH v. 5.11.2002, Rs. C-208/00 (Überseering), EWiR 2002, 1003 f.

Nicolas, Thierry-Hervé, Les règles françaises de territorialité de l'impôt sur les sociétés: introduction, CDFI, vol. LXXXIIIa (1998), S. 447 ff.

Ohler, Christoph, Die Kapitalverkehrsfreiheit und ihre Schranken, WM 1996, 1801 ff.

Oppermann, Robert, Steuerrechtliche Folgen der Verlegung des Sitzes und des Orts der Geschäftsleitung von ausländischen Kapitalgesellschaften im Inland, DB 1988, 1469 ff.

Oppermann, Thomas, Die Dritte Gewalt in der Europäischen Union, DVBl. 1994, 901 ff.

Orth, Manfred, Verlustausgleich und Verlustabzug beim Wechsel zwischen unbeschränkter und beschränkter Steuerpflicht oder umgekehrt, FR 1983, 1 ff.

Osterloh, Lerke, Steuerrecht und Privatrecht , JuS 1994, 993 ff.

Pache, Sven, Die Urteile des BFH und des BGH vom 29.1.2003 als erste Reaktionen auf die Überseering-Entscheidung des EuGH, IStR 2003, 808 ff.

Paus, Bernhard, Verlustausgleich und Verlustabzug bei Wechsel von der beschränkten zur unbeschränkten Steuerpflicht, DStZ 1986, 568 f.

Piltz, Detlev Jürgen, Unbeschränkte Steuerpflicht ausländischer Kapitalgesellschaften, FR 1990, 608 f.

Pohl, Dirk, Zuzug und Wegzug – Aktuelle Rechtsentwicklungen im Ertragsteuerrecht, IStR 2001, 460 ff.

Pohl, Dirk, Grenzüberschreitende Ent- und Verstrickung, in: Lüdicke, Jürgen (Hrsg.), Fortentwicklung der Internationalen Unternehmensbesteuerung, Forum der Internationalen Besteuerung, Band 23, Köln 2002, S. 33 ff. (zit.: Pohl in: Forum Bd. 23 (2002))

Pohl, Dirk / Raupach, Arndt, Überreglementierung der Besteuerung des Inlandsfalls – Ausweg aus der EG-Rechtswidrigkeit oder Irrweg? in: Gocke, Rudolf / Gosch, Dietmar / Lang, Michael (Hrsg.), Körperschaftsteuer Internationales Steuerrecht Doppelbesteuerung, Festschrift für Franz Wassermeyer zum 65. Geburtstag, München 2005, S. 179 ff. (zit.: Pohl/Raupach in: FS Wassermeyer)

Prinz, Ulrich, Neue österreichische Gruppenbesteuerung – Steuersystematische und steuerplanerische Erwägungen aus deutscher Sicht, GmbHR 2005, 917 ff.

Prinz, Ulrich / Cordewener, Axel, Unterkapitalisierungsregelung des § 8a Abs. 1 Nr. 2 KStG verstößt gegen Europarecht, GmbHR 2003, 80 ff.

Prinz, Ulrich / von Freeden, Arne, Steuer- und bilanzrechtliche Auswirkungen der EuGH-Entscheidung „Inspire Art Ltd.“, Der Konzern 2004, 318 ff.

Rädler, Albert / Lausterer, Martin, Standortsicherungsgesetz: Verstärkte Steuersatzdiskriminierung ausländischer Betriebsstätten ein klarer Verstoß gegen EWG-Vertrag und Doppelbesteuerungsabkommen, DB 1993, 451 ff.

Rädler, Albert / Lausterer, Martin, Die EWG-vertragswidrige Diskriminierung inländischer Betriebsstätten von EG-Kapitalgesellschaften durch den Körperschaftsteuersatz nach dem Standortsicherungsgesetz, DB 1994, 699 ff.

Rasenack, Christian A.L., Die Theorie der Körperschaftsteuer, Habil.-Schr. 1973, Berlin 1974 (zit.: Rasenack)

Raupach, Arndt, Sitz und Geschäftsleitung – das Spannungsverhältnis zwischen Körperschaftsteuerrecht und Internationalem Privatrecht, in: Hausmann, Rainer (Hrsg.), Steuergestaltung durch doppelt ansässige Gesellschaften?, München 1988, S. 63 ff. (zit.: Raupach in: Hausmann)

Raupach, Arndt, Steuerliche Folgen der Doppelansässigkeit, in: Haarmann, Wilhelm (Hrsg.), Unternehmensstrukturen und Rechtsformen im internationalen Steuerrecht: aktuelle Schwerpunkte in der Diskussion: Standortwettbewerb, Doppelansässigkeit, Personengesellschaft, stille Gesellschaft, Trust, Forum der Internationalen Besteuerung, Band 7, Köln 1996, S. 28 ff. (zit.: Raupach in: Forum Bd. 7 (1996))

Raupach, Arndt / Pohl, Dirk, Die Rechtssache Marks & Spencer, NZG 2005, 489 ff.

Reimer, Ekkehart, Die Auswirkungen der Grundfreiheiten auf das Ertragsteuerrecht der Bundesrepublik Deutschland – Eine Bestandsaufnahme, in: Lehner, Moris (Hrsg.), Grundfreiheiten im Steuerrecht der EU-Staaten, München 2000, S. 39 ff. (zit.: Reimer in: Lehner, Grundfreiheiten)

Reimer, Ekkehart, Der deutsche Nationalbericht zum IFA-Kongress 2005 in Buenos Aires, Generalthema I: Quelle und Ansässigkeit – Neuausrichtung der Prinzipien, IStR 2004, 816 ff.

Riegger, Bodo, Centros – Überseering – Inspire Art: Folgen für die Praxis, ZGR 2004, 510 ff.

Rödder, Thomas, Grundfragen der Besteuerung der Europäischen Aktiengesellschaft (SE), Der Konzern 2003, 522 ff.

Rödder, Thomas, Deutsche Unternehmensbesteuerung im Visier des EuGH, DStR 2004, 1629 ff.

Rödder, Thomas, Steuerfreier Exit von stillen Reserven beim Wegzug von Unternehmen aus Deutschland?, IStR 2005, 297 ff.

Rödder, Thomas / Schumacher, Andreas, Der Regierungsentwurf eines Gesetzes zur Fortentwicklung des Unternehmenssteuerrechts (Teil II), DStR 2001, 1685 ff.

Romani, Brigitte / Strnad, Oliver / Grabbe, Christian, Italien – Große Steuerreform ab 2004, IStR 2004, 155 ff.

Rosenbach, Georg, Die grenzüberschreitende Verschmelzung der Europäischen Aktiengesellschaft, PIStB 2003, 323 ff.

Roth, Wulf-Henning, Die Niederlassungsfreiheit zwischen Beschränkungs- und Diskriminierungsverbot, in: Schön, Wolfgang (Hrsg.), Gedächtnisschrift für Brigitte Knobbe-Keuk, Köln 1997, S. 729 ff. (zit.: Roth in: GS Knobbe-Keuk)

Rudolf, Walter, Über territoriale Grenzen der Steuergesetze, in: Lutter, Marcus / Kollhosser, Helmut / Trusen, Winfried (Hrsg.), Recht und Wirtschaft in Geschichte und Gegenwart: Festschrift für Johannes Bärmann zum 70. Geburtstag, München 1975, S. 769 ff. (zit.: Rudolf in: FS Bärmann)

Ruppe, Hans Georg, Die Bedeutung der Kapitalverkehrsfreiheit für das Steuerrecht, in: Lechner, Eduard / Staringer, Claus / Tumpel, Michael (Hrsg.), Kapitalverkehrsfreiheit und Steuerrecht: eine Analyse des österreichischen Steuerrechts vor dem Hintergrund des EG-Rechts, Wien 2000, S. 9 ff. (zit.: Ruppe in: Lechner/Staringer/Tumpel, Kapitalverkehrsfreiheit)

Sandrock, Otto, Sitztheorie, Überlagerungstheorie und der EWG-Vertrag: Wasser, Öl und Feuer, RIW 1989, 505 ff.

Sandrock, Otto, Centros: ein Etappensieg für die Überlagerungstheorie, BB 1999, 1337 ff.

Sandrock, Otto / Austmann, Andreas, Das Internationale Gesellschaftsrecht nach der Daily Mail-Entscheidung des Europäischen Gerichtshofs: Quo vadis?, RIW 1989, 249 ff.

Sarrazin, Viktor, Nochmals: Unbeschränkte Steuerpflicht ausländischer Körperschaften – zugleich eine Erwiderung auf den Beitrag von Piltz (FR 1985, 347), FR 1985, 466 f.

Saß, Gert, Der Verlustvortrag bei Betriebsstätten in der Europäischen Union, DB 1997, 1533 f.

Saß, Gert, Zum Leur-Bloem-Urteil des EuGH und zum Verhältnis der steuerlichen Antiumgehungsvorschriften zu den EU-Grundfreiheiten, DB 1997, 2250 ff.

Saß, Gert, Anmerkung zu EuGH v. 16.7.1998, Rs. C-264/96 (ICI), EWS 1998, 347 ff.

Saß, Gert, Zur Berücksichtigung der Verluste ausländischer Tochtergesellschaften bei der inländischen Muttergesellschaft in der EU, BB 1999, 447 ff.

Saß, Gert, Steuerliche Aspekte des „Umzugs" einer Gesellschaft in der EU, IWB v. 24.5.2000, Fach 11, Gruppe 2, S. 409 ff.

Saß, Gert, Zur Verlustberücksichtigung bei grenzüberschreitender Unternehmenstätigkeit in der EU, DB 2001, 508 ff.

Saß, Gert, Die geänderte steuerliche EU-Fusionsrichtlinie vom 17.2.2005, DB 2005, 1238 ff.

Schanz, Georg, Die Steuern im Herzogtum Anhalt, ihre Entwicklung und neueste Reform, FinArch 1887, 4. Jg., Band II, S. 961 ff.

Schanz, Georg, Zur Frage der Steuerpflicht, FinArch 1892, 9. Jg., Band II, S. 365 ff.

Schanz, Georg, Das bayrische Ertragssteuersystem und seine Entwicklung, FinArch 1900, 17. Jg., Band II, S. 551 ff.

Schaumburg, Harald, Das Leistungsfähigkeitsprinzip im internationalen Steuerrecht, in: Lang, Joachim (Hrsg.), Die Steuerrechtsordnung in der Diskussion: Festschrift für Klaus Tipke zum 70. Geburtstag, Köln 1995, S. 125 ff. (zit.: Schaumburg in: FS Tipke)

Schaumburg, Harald, Ausländische Umwandlungen mit Inlandsbezug, GmbHR 1996, 668 ff.

Schaumburg, Harald, Grenzüberschreitende Umwandlungen (II), GmbHR 1996, 585 ff.

Schaumburg, Harald, Internationales Steuerrecht: Außensteuerrecht, Doppelbesteuerungsrecht, 2. Auflage Köln 1998 (zit.: Schaumburg, IntStR)

Schaumburg, Harald, Grundsätze grenzüberschreitender Gewinnrealisierung, in: Schaumburg, Harald / Piltz, Detlev J. (Hrsg.), Steuerfolgen von Produktion und Vertrieb im Ausland, Forum der Internationalen Besteuerung, Band 18, Köln 2000, S. 1 ff. (zit.: Schaumburg in: Forum Bd. 18 (2000))

Schaumburg, Harald, Systemdefizite im internationalen Steuerrecht, StuW 2000, 369 ff.

Schaumburg, Harald, Der Wegzug von Unternehmen, in: Gocke, Rudolf / Gosch, Dietmar / Lang, Michael (Hrsg.), Körperschaftsteuer Internationales Steuerrecht Doppelbesteuerung, Festschrift für Franz Wassermeyer zum 65. Geburtstag, München 2005, S. 411 ff. (zit.: Schaumburg in: FS Wassermeyer)

Scheffler, Wolfram, EU-einheitliche Körperschaftsteuer-Bemessungsgrundlage: Konsolidierungsvoraussetzungen, BB 2005, 33 ff.

Scheunemann, Marc, EU: Mündliche Verhandlung im Fall Marks & Spencer, IStR 2005, Heft 5, Länderbericht, S. 1 f.

Scheunemann, Marc, Europaweite Verlustberücksichtigung im Konzern: Steine statt Brot durch die Schlussanträge des Generalanwalts Maduro vom 7.4.2005 im Fall Marks & Spencer?, IStR 2005, 303 ff.

Scheunemann, Marc, Grenzüberschreitende konsolidierte Konzernbesteuerung, Diss. 2004, Köln 2005 (zit.: Scheunemann)

Schima, Bernhard, Das Vorabentscheidungsverfahren vor dem EuGH: unter besonderer Berücksichtigung der Rechtslage in Österreich und Deutschland, 2. Auflage Wien 2004 (zit.: Schima)

Schindler, Clemens Philipp, Hughes de Lasteyrie du Saillant als Ende der (deutschen) Wegzugsbesteuerung?, IStR 2004, 300 ff.

Schindler, Clemens Philipp, Neuregelung der österreichischen Wegzugsbesteuerung – Ein Vorbild für andere Mitgliedstaaten?, IStR 2004, 711 ff.

Schlenker, Anette, Gestaltungsmodelle einer identitätswahrenden Sitzverlegung von Kapitalgesellschaften über die Grenze, Diss. 1998, Konstanz 1998 (zit.: Schlenker)

Schmidt, Karsten, „Company Residence" nach britischem Steuerrecht: Reglungen zur Doppelansässigkeit, RIW 1987, 35 ff.

Schmidt, Ludwig (Hrsg.), Einkommensteuergesetz: Kommentar, 24. Auflage München 2005 (zit.: *Bearbeiter* in: L. Schmidt)

Schmidt, Ludwig / Müller, Thomas / Stöcker, Ernst E., Die Organschaft im Körperschaftsteuer-, Gewerbesteuer- und Umsatzsteuerrecht, 4. Auflage Herne/Berlin 1993 (zit.: L. Schmidt/Müller/Stöcker 1993)

Schmidt, Ludwig / Müller, Thomas / Stöcker, Ernst E., Die Organschaft im Körperschaftsteuer-, Gewerbesteuer- und Umsatzsteuerrecht, 6. Auflage Herne/Berlin 2003 (zit.: L. Schmidt/Müller/Stöcker 2003)

Schmidt, Richard / Sedemund, Jan, Der ertragsteuerliche Status doppelansässiger Kapitalgesellschaften vor und nach dem „*Centros*"-Urteil des EuGH, DStR 1999, 2057 ff.

Schmitt, Joachim / Hörtnagl, Robert / Stratz, Rolf-Christian, Umwandlungsgesetz Umwandlungssteuergesetz, 3. Auflage München 2001 (zit.: *Bearbeiter* in: Schmitt/Hörtnagl/ Stratz)

Schnitger, Arne, Geltung der Grundfreiheiten des EGV für Drittstaatsangehörige im Steuerrecht, IStR 2002, 711 ff.

Schnitger, Arne, Teilweise Aufgabe des Territorialitätsprinzips als europarechtlicher Rechtfertigungsgrund?, FR 2003, 1149 ff.

Schnitger, Arne, Verstoßen Körperschaftsteuer-Erhöhung und Gesellschafter-Fremdfinanzierung gegen die Mutter/Tochter-Richtlinie? Auswirkungen der EuGH-Urteile „Epson", „Athinaïki" und „Océ van der Grinten" auf das deutsche Körperschaftsteuerrecht, GmbHR 2003, 1240 ff.

Schnitger, Arne, Mögliche Wirkungsgrenzen der Grundfreiheiten des EG-Vertrages am Beispiel des § 8a KStG, IStR 2004, 635 ff.

Schnitger, Arne, Möglichkeit zur Präzisierung des europarechtlichen Prinzips der Rechtsformwahlfreiheit und Körperschaftsteuerguthaben für Betriebsstätten ausländischer Kapitalgesellschaften gemäß § 37 KStG – Vorlagenfrage an den EuGH in der Rs. CLT-UFA, IStR 2004, 821 ff.

Schnitger, Arne, Verstoß der Wegzugsbesteuerung (§ 6 AStG) und weiterer Entstrickungsnormen des deutschen Ertragsteuerrechts gegen die Grundfreiheiten des EG-Vertrags, BB 2004, 804 ff.

Schön, Wolfgang, Die Auslegung europäischen Steuerrechts: das harmonisierte Steuerrecht zwischen nationalem Zivilrecht und europäischem Gemeinschaftsrecht, Köln 1993 (zit.: Schön, Auslegung)

Schön, Wolfgang, Die beschränkte Steuerpflicht zwischen europäischem Gemeinschaftsrecht und deutschem Verfassungsrecht, IStR 1995, 119 ff.

Schön, Wolfgang, Gesellschaftsrecht nach Maastricht, ZGR 1995, 1 ff.

Schön, Wolfgang, Europäische Kapitalverkehrsfreiheit und nationales Steuerrecht, in: Schön, Wolfgang (Hrsg.), Gedächtnisschrift für Brigitte Knobbe-Keuk, Köln 1997, S. 743 ff. (zit.: Schön in: GS Knobbe-Keuk)

Schön, Wolfgang, Die Niederlassungsfreiheit von Kapitalgesellschaften im System der Grundfreiheiten, in: Schneider, Uwe H. (Hrsg.), Deutsches und europäisches Gesellschafts-, Konzern- und Kapitalmarktrecht, Festschrift für Marcus Lutter zum 70. Geburtstag, Köln 2000, S. 685 ff. (zit.: Schön in: FS Lutter)

Schön, Wolfgang, Freie Wahl zwischen Zweigniederlassung und Tochtergesellschaft – ein Grundsatz des Europäischen Unternehmensrechts, EWS 2000, 281 ff.

Schön, Wolfgang, Hinzurechnungsbesteuerung und Europäisches Gemeinschaftsrecht, DB 2001, 940 ff.

Schön, Wolfgang, Unternehmensbesteuerung und Europäisches Gemeinschaftsrecht, in: Herzig, Norbert / Günkel, Manfred / Niemann, Ursula (Hrsg.), Steuerberater-Jahrbuch 2003/2004, Köln 2004, S. 27 ff. (zit.: Schön, StbJb. 2003/2004)

Schön, Wolfgang, Besteuerung im Binnenmarkt – die Rechtsprechung des EuGH zu den direkten Steuern, IStR 2004, 289 ff.

Schön, Wolfgang, Der Kapitalverkehr mit Drittstaaten und das internationale Steuerrecht, in: Gocke, Rudolf / Gosch, Dietmar / Lang, Michael (Hrsg.), Körperschaftsteuer Internationales Steuerrecht Doppelbesteuerung, Festschrift für Franz Wassermeyer zum 65. Geburtstag, München 2005, S. 489 ff. (zit.: Schön in: FS Wassermeyer)

Schön, Wolfgang / Schindler, Clemens Philipp, Seminar D: Zur Besteuerung der grenzüberschreitenden Sitzverlegung einer Europäischen Aktiengesellschaft, IStR 2004, 571 ff.

Schönfeld, Jens, Hinzurechnungsbesteuerung und europäisches Gemeinschaftsrecht, Diss. 2004, Köln 2005

Schönfeld, Jens, Hinzurechnungsbesteuerung zwischen Steuerwettbewerb und Europäischen Grundfreiheiten, StuW 2005, 158 ff.

Scholtz, Rolf-Detlev, Der Veranlagungszeitraum bei der Einkommensteuer, DStZ 1982, 487 ff.

Schroen, Oliver Christian, Mehr Klarheit bei der Besteuerung beschränkt Steuerpflichtiger (Anmerkung zu BFH v. 28.1.2004, I R 73/02), NWB v. 28.6.2004, Fach 3, S. 12923 ff.

Schulz, Andreas / Geismar, Bernhard, Die Europäische Aktiengesellschaft, DStR 2001, 1078 ff.

Schulz, Andreas / Petersen, Sven, Die Europa-AG: Steuerlicher Handlungsbedarf bei Gründung und Sitzverlegung, DStR 2002, 1508 ff.

Schulz, Martin / Sester, Peter, Höchstrichterliche Harmonisierung der Kollisionsregeln im europäischen Gesellschaftsrecht: Durchbruch der Gründungstheorie nach „Überseering", EWS 2002, 545 ff.

Schulze-Brachmann, Arno, Totalitäts- oder Territorialitätsprinzip?, StuW 1964, 589 ff.

Schumacher, Andreas, Weiterentwicklung des europäischen Umwandlungssteuerrechts, in: Herzig, Norbert / Günkel, Manfred / Niemann, Ursula (Hrsg.), Steuerberater-Jahrbuch 2004/2005, Köln 2005, S. 351 ff. (zit.: Schumacher, StbJb. 2004/2005)

Schwarze, Jürgen (Hrsg.), EU-Kommentar, 1. Auflage Baden-Baden 2000 (zit.: *Bearbeiter* in: Schwarze)

Schwedhelm, Rolf / Binnewies, Burkhard, Hinzuzugsbesteuerung als neue Begehrlichkeit der Finanzverwaltung, DB 1999, 1420 ff.

Schwedhelm, Rolf / Binnewies, Burkhard, Grenzüberschreitende Sitzverlegung von GmbH, GmbH-StB 2000, 100 ff.

Sedemund, Jan, Anmerkung zu EuGH v. 5.11.2002, Rs. 208/00 (Überseering), IStR 2002, 816 f.

Sedemund, Jan, Der BFH verabschiedet sich von der Sitztheorie im Steuerrecht, BB 2003, 1362 ff.

Sedemund, Jan, Steuerneutrales Ausscheiden aus der deutschen Steuerpflicht auf EG-Ebene möglich!, DStZ 2003, 407 ff.

Sedemund, Jan, Die Sitztheorie im Deutschen Internationalen Steuerrecht, Diss. 2003, Baden-Baden 2004

Sedlazcek, Michael, Der Begriff der Diskriminierung und der Beschränkung – die Kapitalverkehrsfreiheit als konvergente Grundfreiheit des EG-Vertrages in: Lechner, Eduard / Staringer, Claus / Tumpel, Michael (Hrsg.), Kapitalverkehrsfreiheit und Steuerrecht: eine Analyse des österreichischen Steuerrechts vor dem Hintergrund des EG-Rechts, Wien 2000, S. 27 ff. (zit.: Sedlazcek in: Lechner/Staringer/Tumpel, Kapitalverkehrsfreiheit)

Seer, Roman, Die beschränkte Steuerpflicht aus dem Blickwinkel des Gemeinschaftsrechts, IWB v. 8.10.2003, Fach 11, Gruppe 2, S. 573 ff.

Seer, Roman, Beschränkte Steuerpflicht und Gemeinschaftsrecht, in: Gassner, Wolfgang / Lang, Michael / Lechner, Eduard u.a. (Hrsg.), Die beschränkte Steuerpflicht im Einkommen- und Körperschaftsteuerrecht, Wien 2004, S. 37 ff. (zit.: Seer in: Gassner/Lang/Lechner, Beschränkte Steuerpflicht)

Seer, Roman, Die gemeinschaftsrechtliche Beurteilung der erweiterten Mitwirkungspflicht bei Auslandssachverhalten, IWB v. 9.3.2005, Fach 11, Gruppe 2, S. 673 ff.

Seer, Roman / Haken, Ilona, Bedeutung und Einfluss des europäischen Gemeinschaftsrechts, SteuerStud 2001, 344 ff.

Seiler, Christian, Das Steuerrecht unter dem Einfluss der Marktfreiheiten, StuW 2005, 25 ff.

Seithel, Rolf, Verlustabzug nach § 10d EStG für Verluste aus der Zeit beschränkter Steuerpflicht, FR 1979, 217 ff.

Seweloh, Die Reichsfluchtsteuer, StuW 1934, 953 ff.

Sieker, Klaus, Geschäftsleitungsbetriebsstätten bei internationalen Konzernen, in: Piltz, Detlev / Schaumburg, Harald (Hrsg.), Internationale Betriebsstättenbesteuerung, Forum der Internationalen Besteuerung, Band 20, Köln 2001, S. 85 ff. (zit.: Sieker in: Forum Bd. 20 (2001))

Sörgel, Michael, Körperschaftsteuerliche Auswirkungen der „Centros"-Entscheidung des EuGH, DB 1999, 2236 ff.

Sonnenberger, Hans Jürgen / Großerichter, Helge, Konfliktlinien zwischen internationalem Gesellschaftsrecht und Niederlassungsfreiheit, RIW 1999, 721 ff.

Spengel, Christoph / Wiegard, Wolfgang, Deutschland ist ein Hochsteuerland für Unternehmen, DB 2005, 516 ff.

Spitaler, Armin, Das Doppelbesteuerungsproblem bei den direkten Steuern, 2. Auflage Köln 1967, Abdruck der 1. Auflage Reichenberg 1936 (zit.: Spitaler)

Ståhl, Kristina, Dividend taxation in a free capital market, EC Tax Review 1997, 227 ff.

Ståhl, Kristina, Free movement of capital between Member States and third countries, EC Tax Review 2004, 47 ff.

Stapperfend, Thomas, Der Einfluß der Grundfreiheiten und der Diskriminierungsverbote des EG-Vertrags auf die inländische Besteuerung, FR 2003, 165 ff.

Staringer, Claus, Besteuerung doppelt ansässiger Kapitalgesellschaften, Habil.-Schr. 1999, Wien 1999 (zit.: Staringer)

Staudinger, Julius von (Begr.), Kommentar zum Bürgerlichen Gesetzbuch: Einführungsgesetz zum Bürgerlichen Gesetzbuche, IPR Internationales Gesellschaftsrecht, Neubearbeitung von Bernhard Großfeld, Berlin 1998 (zit.: Staudinger-Großfeld IntGesR)

Steiger, Axel, Identitätswahrende Sitzverlegung von Gesellschaften aufgrund bilateraler Staatsverträge?, RIW 1999, 169 ff.

Steindorff, Ernst, Centros und das Recht auf die günstigste Rechtsordnung, JZ 1999, 1140 ff.

Streck, Michael (Hrsg.), Körperschaftsteuergesetz: mit Nebengesetzen, 6. Auflage München 2003 (zit.: *Bearbeiter* in: Streck)

Streinz, Rudolf, Europarecht, 6. Auflage Heidelberg 2003 (zit.: Streinz)

Streinz, Rudolf (Hrsg.), EUV, EGV: Vertrag über die Europäische Union und Vertrag zur Gründung der Europäischen Gemeinschaft, München 2003 (zit.: *Bearbeiter* in: Streinz)

Takacs, Peter, Das Steuerrecht der Europäischen Union: unter besonderer Berücksichtigung der Regelungen Österreichs und Deutschlands; Steuerharmonisierung; Umsatzsteuer; Ertragsteuern; Verkehrsteuern; Verbrauchsteuern, Wien/Frankfurt 1998 (zit.: Takacs)

Theisen, Manuel-René / Wenz, Martin (Hrsg.), Die Europäische Aktiengesellschaft: Recht, Steuern und Betriebswirtschaft der Societas Europaea (SE), Stuttgart 2002 (zit.: *Bearbeiter* in: Theisen/Wenz)

Thiel, Jochen, Die grenzüberschreitende Umstrukturierung von Kapitalgesellschaften im Ertragsteuerrecht, GmbHR 1994, 277 ff.

Thiel, Jochen, Möglichkeiten und Grenzen der steuerneutralen Umstrukturierung von Unternehmen außerhalb des Umwandlungssteuerrechts, in: Fischer, Lutz (Hrsg.), Besteuerung des internationalen Unternehmenskaufs, Forum der Internationalen Besteuerung, Band 17, Köln 1999, S. 31 ff. (zit.: Thiel in: Forum Bd. 17 (1999))

Thiel, Jochen, Der fortschreitende Einfluss des EuGH auf die Ertragsbesteuerung der Unternehmen - Aktuelle Urteile und anhängige Verfahren, DB 2004, 2603 ff.

Thimmel, Klaus / Fuchs, Hans-Peter, Gewinnrealisierung bei der Einbringung deutscher Betriebsstätten in eine ausländische Kapitalgesellschaft, DB 1979, 1054 ff.

Thömmes, Otmar, Identitätswahrende Sitzverlegung von Gesellschaften in Europa, DB 1993, 1021 ff.

Thömmes, Otmar, Die steuerliche Fusionsrichtlinie, Was bleibt zu tun?, ZGR 1994, 75 ff.

Thömmes, Otmar, Verbote der Diskriminierung von Steuerausländern und Steuerinländern, in: Steuerrecht im Europäischen Binnenmarkt: Einfluss des EG-Rechts auf die nationalen Steuerrechtsordnungen, hrsg. im Auftrag der Deutschen Steuerjuristischen Gesellschaft e.V von Lehner, Moris, Band 19, Köln 1996, S. 81 ff. (zit.: Thömmes in: DStJG 19 (1996))

Thömmes, Otmar, Tatbestandsmäßigkeit und Rechtfertigung steuerlicher Diskriminierungen nach EG-Recht, in: Schön, Wolfgang (Hrsg.), Gedächtnisschrift für Brigitte Knobbe-Keuk, Köln 1997, S. 795 ff. (zit.: Thömmes in: GS Knobbe-Keuk)

Thömmes, Otmar, Anmerkung zu BFH v. 17.12.1997, I B 108/97, IWB v. 27.5.1998, Fach 3a, Gruppe 1, S. 684 ff.

Thömmes, Otmar, Stand und Entwicklungstendenzen der EuGH-Rechtsprechung zu den direkten Steuern, in: Herzig, Norbert / Günkel, Manfred / Niemann, Ursula (Hrsg.), Steuerberater-Jahrbuch 1998/99, Köln 1999, S. 173 ff. (zit.: Thömmes, StbJb. 1998/99)

Thömmes, Otmar, Anmerkung zu EuGH v. 5.11.2002, Rs. C-208/00 (Überseering), IWB v. 24.12.2002, Fach 11a, S. 631 f.

Thömmes, Otmar, in: Theisen, Manuel-René / Wenz, Martin, (Hrsg.), Die Europäische Aktiengesellschaft: Recht, Steuern und Betriebswirtschaft der Societas Europaea (SE), Stuttgart 2002, S. 465 ff. (zit.: Thömmes in: Theisen/Wenz)

Thömmes, Otmar, EG-rechtliche Aspekte einer Auslandsinvestition, IWB v. 9.7.2003, Fach 11, Gruppe 2, S. 547 ff.

Thömmes, Otmar, Vereinbarkeit der Organschaftsregeln mit dem EG-Recht, in: Herzig, Norbert (Hrsg.), Organschaft, Stuttgart 2003, S. 525 ff. (zit.: Thömmes in: Herzig, Organschaft)

Thömmes, Otmar, EC Law Aspects of the Transfer of Seat of an SE, European Taxation 2004, 22 ff.

Tipke, Klaus, Die Steuerrechtsordnung, Band I, 2. Auflage Köln 2000 (zit.: Tipke, Steuerrechtsordnung I)

Tipke, Klaus / Kruse, Wilhelm Heinrich (Hrsg.), Abgabenordnung Finanzgerichtsordnung, Köln, Loseblatt, Stand: 106. Erg. Lief. April 2005 (zit.: *Bearbeiter* in: Tipke/Kruse)

Tipke, Klaus (Begr.) / Lang, Joachim, Steuerrecht, 17. Auflage Köln 2002 (zit.: Tipke/Lang)

Toifl, Gerald, Die Wegzugsbesteuerung: (§ 31 Abs 2 Z 2 EStG), Wien 1996 (zit.: Toifl)

Triebel, Volker / von Hase, Karl, Wegzug und grenzüberschreitende Umwandlung deutscher Gesellschaften nach „Überseering" und „Inspire Art", BB 2003, 2409 ff.

Trost, Annette, Faktische Sitzverlegung unter Sitz- und Gründungstheorie im Vergleich: unter besonderer Berücksichtigung ihrer gesellschafts- und zivilrechtlichen Folgewirkungen, Diss. 2002, Frankfurt 2003 (zit.: Trost)

Tumpel, Michael, Die Berücksichtigung von Verlusten beim Wechsel von beschränkter zu unbeschränkter Steuerpflicht, SWI 1991, 105 ff.

Tumpel, Michael, Europarechtliche Besteuerungsmaßstäbe für die grenzüberschreitende Organisation und Finanzierung von Unternehmen, in: Europa- und verfassungsrechtliche Grenzen der Unternehmensbesteuerung, hrsg. im Auftrag der Deutschen Steuerjuristischen Gesellschaft e.V. von Pelka, Jürgen, Band 23, Köln 2000, S. 321 ff. (zit.: Tumpel in: DStJG 23 (2000))

Unzicker, Ferdinand, Niederlassungsfreiheit der Kapitalgesellschaften in der Europäischen Union nach der Centros- und der Überseering-Entscheidung des EuGH, Diss. 2003, Frankfurt 2004 (zit.: Unzicker)

Vanistendael, Frans, The compatibility of the basic economic freedoms with the sovereign national tax systems of the Member States, EC Tax Review 2003, 136 ff.

Vogel, Klaus, Der räumliche Anwendungsbereich der Verwaltungsrechtsnorm: eine Untersuchung über die Grundfragen des sog. Internationalen Verwaltungs- und Steuerrechts, Frankfurt/Berlin 1965 (zit.: Vogel)

Vogel, Klaus, Perfektionismus im Steuerrecht, StuW 1980, 206 ff.

Vogel, Klaus, Über „Besteuerungsrechte" und über das Leistungsfähigkeitsprinzip im Internationalen Steuerrecht, in: Kirchhof, Paul (Hrsg.), Steuerrecht, Verfassungsrecht, Finanzpolitik: Festschrift für Franz Klein, Köln 1994, S. 361 ff. (zit.: Vogel in: FS Klein)

Vogel, Klaus / Lehner, Moris (Hrsg.), Doppelbesteuerungsabkommen der Bundesrepublik Deutschland auf dem Gebiet der Steuern vom Einkommen und Vermögen: Kommentar auf der Grundlage der Musterabkommen, 4. Auflage München 2003 (zit.: *Bearbeiter* in: Vogel/Lehner)

von Beckerath, Hans-Jochem, Der Durchgriff im deutschen Außensteuerrecht, Diss. 1977, Berlin 1978 (zit.: von Beckerath)

von Borries, Reimer, Anmerkung zu EuGH v. 15.5.1997, Rs. C 250/95 (Futura Singer), EuZW 1997, 446 ff.

von Breunig, Georg, Das bayerische Einkommensteuergesetz vom 14. August 1910, München 1911 (zit.: von Breunig, Das bayerische Einkommensteuergesetz vom 14. August 1910)

von der Groeben, Hans / Schwarze, Jürgen (Hrsg.), Kommentar zum Vertrag über die Europäische Union und zur Gründung der Europäischen Gemeinschaft, Band 1, 6. Auflage Baden-Baden 2003 (zit.: *Bearbeiter* in: von der Groeben/Schwarze)

von der Groeben, Hans / Thiesing, Jochen / Ehlermann, Claus-Dieter (Hrsg.), Kommentar zum EU-/EG-Vertrag, 5. Auflage Baden-Baden 1997 (zit.: *Bearbeiter* in: GTE)

Wachter, Thomas, Errichtung, Publizität, Haftung und Insolvenz von Zweigniederlassungen ausländischer Kapitalgesellschaften nach „Inspire Art", GmbHR 2003, 1254 ff.

Wachter, Thomas, Wettbewerb des GmbH-Rechts in Europa, GmbHR 2005, 717 ff.

Wagner, Adolph, Die Reform der direkten Staatsbesteuerung in Preussen im Jahre 1891, FinArch 1891, 8. Jg., Band II, S. 551 ff.

Wagner, Siegfried, Das „Bosal"-Urteil des EuGH und die Abzugsfähigkeit von Finanzierungskosten bei grenzüberschreitenden Konzernstrukturen, DStZ 2004, 185 ff.

Waldens, Stefan / Foddanu, Frauke M., Gruppenbesteuerung in Österreich: Gestaltungsalternative für internationale Konzerne, PIStB 2004, 194 ff.

Wassermeyer, Franz, Die beschränkte Steuerpflicht, in: Grundfragen des Internationalen Steuerrechts, hrsg. im Auftrag der Deutschen Steuerjuristischen Gesellschaft e.V. von Vogel, Klaus, Band 4, Köln 1985, S. 49 ff. (zit.: Wassermeyer in: DStJG 8 (1985))

Wassermeyer, Franz, Kann eine ausländische Kapitalgesellschaft im Inland unbeschränkt steuerpflichtig sein?, DB 1990, 244 f.

Wassermeyer, Franz, Die ausländische Kapitalgesellschaft, in: Besteuerung der GmbH und ihrer Gesellschafter: Grundfragen des Körperschaftsteuerrechts, hrsg. im Auftrag der Deutschen Steuerjuristischen Gesellschaft e.V. von Widmann, Siegfried, Band 20, Köln 1997, S. 83 ff. (zit.: Wassermeyer in: DStJG 20 (1997))

Wassermeyer, Franz, Zwingt die Rechtsentwicklung zum Abschluß multilateraler Abkommen?, DB 1998, 28 ff.

Wassermeyer, Franz, Besteuerung ausländischer Umwandlungen im Inland, in: Wassermeyer, Franz (Hrsg.), Umwandlungen im Zivil- und Steuerrecht: Festschrift für Siegfried Widmann zum 65. Geburtstag am 22. Mai 2000, Bonn 2000, S. 621 ff. (zit.: Wassermeyer in: FS Widmann)

Wassermeyer, Franz, Diskussionsbeitrag in: Europa- und verfassungsrechtliche Grenzen der Unternehmensbesteuerung, hrsg. im Auftrag der Deutschen Steuerjuristischen Gesellschaft e.V. von Pelka, Jürgen, Band 23, Köln 2000, S. 321 ff. (zit.: Wassermeyer in: DStJG 23 (2000))

Wassermeyer, Franz, Anmerkungen zum Karlsruher Entwurf zur Reform des Einkommensteuergesetzes, DStR 2001, 920 ff.

Wassermeyer, Franz, Überseering aus der Sicht des Steuerrechts, EuZW 2003, 257

Wassermeyer, Franz, Steuerliche Konsequenzen aus dem EuGH-Urteil „Hughes de Lasteyrie du Saillant", GmbHR 2004, 613 ff.

Wassermeyer, Franz, Diskussionsbeitrag in: Lüdicke, Jürgen (Hrsg.), Deutsches Steuerrecht im europäischen Rahmen, Forum der Internationalen Besteuerung, Band 28, Köln 2004, S. 60 ff. (zit.: Wassermeyer in: Forum Bd. 28 (2004))

Wassermeyer, Franz, Reformbedarf im deutschen internationalen Steuerrecht, in: Herzig, Norbert / Günkel, Manfred / Niemann, Ursula (Hrsg.), Steuerberater-Jahrbuch 2004/2005, Köln 2005, S. 11 ff. (zit.: Wassermeyer, StbJb. 2004/2005)

Watrin, Christoph / Sievert, Elke / Strohm, Christiane, Reform der Konzernbesteuerung in Deutschland und Europa, FR 2004, 1 ff.

Wattel, Peter J., Corporate tax jurisdiction in the EU with respect to branches and subsidiaries; dislocation distinguished from discrimination and disparity; a plea for territoriality, EC Tax Review 2003, 194 ff.

Weber, Stefan, Kapitalverkehr und Kapitalmärkte im Vertrag über die Europäische Union, EuZW 1992, 561 ff.

Weber-Grellet, Heinrich, Europäisches Steuerrecht, München 2005 (zit.: Weber-Grellet, EuStR)

Weiß, Wolfgang, Nationales Steuerrecht und Niederlassungsfreiheit, EuZW 1999, 493 ff.

Wenz, Martin, Die Societas Europaea: (SE); Analyse der geplanten Rechtsform und ihre Nutzungsmöglichkeiten für eine europäische Konzernunternehmung, Berlin 1993 (zit.: Wenz)

Wenz, Martin, in: Theisen, Manuel-René / Wenz, Martin, (Hrsg.), Die Europäische Aktiengesellschaft: Recht, Steuern und Betriebswirtschaft der Societas Europaea (SE), Stuttgart 2002, S. 171 ff. (zit.: Wenz in: Theisen/Wenz)

Wenz, Martin, Einsatzmöglichkeiten einer Europäischen Aktiengesellschaft in der Unternehmenspraxis aus betriebswirtschaftlicher Sicht, AG 2003, 185 ff.

Wernicke, Thomas, Anmerkung zu EuGH v. 5.11.2002, Rs. C-208/00 (Überseering), EuZW 2002, 758 ff.

Wernsmann, Rainer, Steuerliche Diskriminierungen und ihre Rechtfertigung durch die Kohärenz des nationalen Rechts – Zur Dogmatik der Schranken der Grundfreiheiten, EuR 1999, 754 ff.

Wessel, Susan / Ziegelhain, Hans-Jörg, Sitz- und Gründungstheorie im internationalen Gesellschaftsrecht, GmbHR 1988, 423 ff.

Widmann, Siegfried / Mayer, Robert (Hrsg.), Umwandlungsrecht: Umwandlungsgesetz; Umwandlungssteuergesetz, Kommentar, Bonn/Berlin, Loseblatt, Stand: 82. Erg. Lief. Mai 2005 (zit.: *Bearbeiter* in: Widmann/Mayer)

Wieland, Joachim, Der Europäische Gerichtshof als Steuergesetzgeber?, in: Gaitanides, Charlotte / Kadelbach, Stefan / Rodriguez Iglesias, Gil Carlos (Hrsg.), Europa und seine Verfassung: Festschrift für Manfred Zuleeg zum siebzigsten Geburtstag, Baden-Baden 2005, S. 492 ff. (zit.: Wieland in: FS Zuleeg)

Wilk, Stefan, Die einkommensteuerrechtliche Behandlung von Auslandsverlusten: eine systematisch-methodische, verfassungs- und europarechtliche Untersuchung, Diss. 1999, Berlin 2000 (zit.: Wilk)

Wimpissinger, Christian, Beyond *Marks & Spencer*: Cross-Border Losses and EC Law, Tax Notes International v. 6.6.2005, Vol. 38, Number 10, S. 923 ff.

Zimmer, Daniel, Wie es Euch gefällt? Offene Fragen nach dem Überseering-Urteil des EuGH, BB 2003, 1 ff.

Zisowski, Frank, Grenzüberschreitender Umzug von Kapitalgesellschaften: eine Untersuchung aus steuerrechtlicher Sicht unter Berücksichtigung gesellschaftsrechtlicher Gesichtspunkte, Diss. 1992, Heidelberg 1994 (zit.: Zisowski)

Zoll, Stephan, Grenzüberschreitende Verlustberücksichtigung bei gewerblichen Betriebsstätten und Tochterkapitalgesellschaften – Nationale und internationale Besteuerungsprinzipien, Diss. 1999, Köln 2001 (zit.: Zoll)

Zorn, Nikolaus, Rechtsangleichungskompetenzen des Rates der Europäischen Gemeinschaften für die Besteuerung von Unternehmen, in: Europa- und verfassungsrechtliche Grenzen der Unternehmensbesteuerung, hrsg. im Auftrag der Deutschen Steuerjuristischen Gesellschaft e.V. von Pelka, Jürgen, Band 23, Köln 2000, S. 227 ff. (zit.: Zorn in: DStJG 23 (2000))

Theresa Franz

Körperschaftsteuerliche Behandlung der grenzüberschreitenden Betätigung von Kapitalgesellschaften innerhalb der EG

Eine Betrachtung unter Berücksichtigung der Rechtsprechung des EuGH, der geplanten 14. gesellschaftsrechtlichen Richtlinie und der Societas Europaea

Frankfurt am Main, Berlin, Bern, Bruxelles, New York, Oxford, Wien, 2006.
XX, 252 S., zahlr. Tab.
Bochumer Schriften zum Steuerrecht. Herausgegeben von Roman Seer. Bd. 5
ISBN 3-631-54824-9 · br. € 45.50*

Bei der Frage, ob Kapitalgesellschaften ihre Rechtsfähigkeit beibehalten können, wenn sie ihren Sitz über die Grenze verlegen, stehen sich bekanntlich Sitz- und Gründungstheorie mit widerstreitenden Ansätzen gegenüber. Inzwischen hat der EuGH in seiner jüngeren Rechtsprechung eine weitgehende Anerkennung zuziehender Kapitalgesellschaften gefordert, wie sie nur mit der Gründungstheorie erreicht werden kann. Die Arbeit untersucht die körperschaftsteuerlichen Auswirkungen der grenzüberschreitenden Sitzverlegung von Kapitalgesellschaften innerhalb der EG vor dem Hintergrund der neueren Rechtsprechung des EuGH. Im Mittelpunkt stehen dabei die Wechselwirkungen zwischen den steuerrechtlichen Tatbeständen einerseits und den kollisionsrechtlichen Auswirkungen auf die Gesellschaftsformen andererseits. Dabei erörtert die Arbeit anhand von Fallgruppen u. a. wie sich Sitzverlegungsvorgänge auf die Einordnung als Körperschaftsteuersubjekt auswirken und welche Fälle der Grenzüberschreitung eine Wegzugsbesteuerung auslösen können und überprüft die so gefundenen Ergebnisse am Maßstab des europäischen Primär- und Sekundärrechts. Zusätzlich berücksichtigt die Arbeit bereits die europäische Gesellschaftsform der Societas Europaea.

Kolibri 360 GmbH
Ferdinand-Jühlke-Straße 7
99095 Erfurt, Deutschland
produktsicherheit@kolibri360.de

Druck:
CPI Druckdienstleistungen GmbH
im Auftrag der
Kolibri 360 GmbH
Ferdinand-Jühlke-Str. 7
99095 Erfurt